地図 2-A.ダンヴィルの地図(1733 年出版)、(Markham,1879)

大ヒマラヤ探検史

インド測量局とその密偵たち

The Exploration in the Great Himalaya

The Survey of India and its Pundits

薬師義美 著

白水社

カイラスとマナサロワール湖（©大西　保）

ヤル・ツァンポ（シガツェ近郊）

ポタラ宮

チョカン寺からポタラ宮

ヤムドク湖

シガツェのタシルンポ寺院

ギャンツェ城

ギャンツェの大チョルテン

カンチェンジュンガ峰

エヴェレスト峰

大ヒマラヤ探検史

――インド測量局とその密偵たち――

はじめに

山の世界に身を投じて、いつか半世紀が経ってしまった。しかし、黒部の水を飲み、朝に夕べに白馬岳や朝日岳を仰ぎ見ていた青春時代は、それほど遠いものとは思えない。黒部の支谷を遡り、北アルプス北端の稜線を駆けずり回っていた。記録のうえで初遡行の足跡を印すこともできたし、ネパールでは無名峰に名前を与えたら、当局がそれを追認してくれた。処女峰の初登頂という栄誉を得ることもあった。それらは文献をあさり、丹念に先人の記録を調べていった、デスク・ワークの賜物であろうと思う。凝り性で詮索好きの自分にとっては、そんな作業はロマンであり、それをフィールドにつないでいったのである。

ヒマラヤの登山史を紐解くと、山登りの前に長い探検の歴史がある。その探検とは未知なるものを探るのだといえば、耳には快くひびく。そしてそこを舞台にしたゲームというと、初登頂をめぐる競争のように聞こえてくる。しかし、《ザ・グレート・ゲーム》はもっと生臭く、ときには血を見る虚々実々の駆け引きもあった。キリスト教の伝道など、宗教的情熱があり、列強の植民地の獲得、勢力圏の拡大という、帝国主義的な野望も渦巻いていた。イギリス、ロシア、中国が利害のためにぶつかり合ってきたのである。

このゲームの尖兵として、ヒマラヤやチベット、中央アジアへ送り込まれて広く歩き、インド測量局の地図作り、情報収集に雇われたのが《パンディット》と総称された現地の人たちであった。彼らはイギリス人の手先ではあったが、ヒマラヤの一九世紀後半の探検史は彼らを抜きにしては語れない。

私はかなり以前からこのパンディットに注目し、資料を集めてきた。そしていま、ようやくインド測量局と、先蹤である。

者としての彼らの活躍をまとめることができた。もちろん、ヨーロッパ人の業績についても相当に触れているつもり

もっと具体的にいえば、一九七四年に故吉澤一郎さんの古希記念文集が編まれたとき、私は「ネパールにおける初期の探検」と題して、パンディットのナイン・シンとハリ・ラムの記録をまとめ、寄稿した。それから十五年して、さらに拙著『雲の中のチベット』でパンディットの記録も含め、本書の骨格をなすような探検史を短くまとめてみた。だから、ヒマラヤの登山前史ともいえる本書の構想は、長期にわたる資料収集があり、長い時間を要している。

ヒマラヤの登山史については、視点を異にするものの、碩学たちの名著、労作がいくつかある。ケニス・メイスン『ヒマラヤ—その探検と登山の歴史』(白水社、一九五七年と一九七五年)、G・O・ディーレンフルト『ヒマラヤ—第三の極地』(白水社、一九七八年)、深田久弥『ヒマラヤの高峰』(全三巻、白水社、一九七三年)などである。そこで最近のものは別にして、基本的な登山史はそれらに委ねよう。なかでもメイスンの書は通史としてすぐれていると思う。

目次

第一章　イギリスのインド支配

(1) イギリスの東インド会社

あの広大な国土と膨大な人口のインド亜大陸、そこの香料や宝石などをめざしたのは、ヨーロッパの列強のなかで、まずポルトガルであった。バスコ・ダ・ガマ（Vasco da Gama　一四六九?〜一五二四年）がインド洋を横断して、インド西岸のマラバル海岸、カリカット（コジコーデ）に上陸したのは一四九八年五月二〇日。バルトロメウ・ディアス（Bartholomeu Diaz　一四五〇?〜一五〇〇年）がアフリカ南端の喜望峰に到達してから一〇年後のことである。それからポルトガル人たちは続々とインドへ渡っていった。

一五〇五年にはF・アルメイダ（Francisco de Almeida　一四五〇?〜一五一〇年）はポルトガル王から初代インド総督に任ぜられ、政治・商業・軍事のすべてを任された。そして一五一〇年、ポルトガルはゴアを獲得、そこに総督府を置いて、インド貿易を独占していった。しかしながら、一六世紀の終わりごろにはポルトガルの勢力も次第に弱まっていく。

イギリスは一六〇〇年一二月三一日、ロンドンで東インド会社（British East India Company）を設立した。喜望峰以東のアジア地域の貿易を独占的に行う特権会社で、わが国では関が原の戦いがあった年である。一方、対するオランダも一六〇二年に東インド会社（Verenigde Oost-Indische Compagnie　略してVOC）を設立する。イギリスはそのオランダと東南アジアで覇権を争ったが敗れ、あとあとインドの経営に力を入れることになった。一六一二年、西海岸のスーラトにイギリス最初の商館を建設し、そこを拠点にポルトガルやオランダの勢力を抑えていく。一六四〇年には東海岸のマドラス（チェンナイ）にイギリスの東インド会社は要塞を建設、南インドの根拠地とした。

一六六一年、ポルトガルの王女とイギリスのチャールズ二世の結婚にさいして、ボンベイ（ムンバイ）はイギリスに譲渡され、一六六八年には東インド会社に渡された。このボンベイはグジャラート王が一五三四年にポルトガルに譲ったものだった。東インド会社はさらに一六九〇年、カルカッタ（コルカタ）に商館を開設。一六九六年にはベンガルのナワブ（太守）から許可を得て、カルカッタの中核、ウィリアム要塞《フォート》を建設した。これは一七〇二年に完成し、カルカッタはベンガルの中心となり、そして一七七二年から一九一二年までインドの首都となる。

フランスも一六六四年に東インド会社を設立した。六八年にスーラトに基地を建設、七四年にはマドラスの南、ポンディシェリーにも基地を作った。

(2) プラッシーの戦い

一六世紀のインド貿易は、ゴアに本拠を置くポルトガルが独占的に活動していた。一七世紀になると、イギリス・オランダ・フランスが競争に加わったが、一六六〇年代からポルトガルの勢力は滅亡寸前だった。一八世紀もなかばになると、イギリスとフランスの対立が激化する。一七四六年、フランスはマドラスを占領したけれど、四八年にイギリスが奪還。六一年にはイギリスがポンディシェリーを占領、二年後に返還したものの、フランスに決定的な打撃を与えた。

ヨーロッパ勢のこのような侵略に対し、インドの王侯たちはほとんど無関心であった。しかし、いつまでもそうではなく、イギリスの侵入の阻止、撃退を試みる。一七五六年、ベンガルの太守はカルカッタを占領し、ウィリアム要塞を略奪してイギリス人を殺害した。

これに対してイギリスの東インド会社はさっそく報復、反撃に出た。ロバート・クライヴ（Robert Clive　一七二四〜七四年）の率いる軍隊は一七五七年六月二三日、カルカッタの北方約一二〇キロのプラッシーでベンガル太守の軍を敗走させた。これが有名な「プラッシーの戦」（Battle of Plassey）であり、イギリスはベンガルの事実上の支配権を確立した。他方、ベンガル軍を支援したフランスは力を弱め、インド進出は挫折、太守はイギリスに忠実な人物に首をすげ替えられた。さらに一八世紀はムガール帝国の衰退期であり、一七六五年にイギリスはムガール皇帝にベンガル地方での徴税権（ディワーニー）を認めさせた。

(3)　イギリスの支配地拡大

その後、マイソール戦争（一七六七〜九九年）、マラータ戦争（一七七五〜一八一八年）などを経て、イギリスはインドの支配地を拡大していく。プラッシーのクライヴ軍は約三〇〇〇人であったが、その大半はインド人傭兵で、彼らを「セポイ」（Sepoy）あるいは「シパーヒー」（Sepahi）といった。

一七七三年、イギリス政府は東インド会社を政府の支配下に置くことを決定。支配地をベンガル、ボンベイ、マドラスの三管区に分割して、最高指揮権を与えられたベンガル総督がそれらを統治することになった。会社ははじめのころ、イギリス本国から銀を運び、コショウやインド産綿布などを買い、中国に対しては専売品のアヘンを輸出して、中国茶を買っていた。

それが一八三三年、東インド会社の商業活動が停止され、純然たるインドの統治機関となった。翌年にはベンガル総督はインド総督と名を改め、その統治機構をインド政庁（Government of India）と呼んだ。そしてこの一九世紀は、東インド会社を表に立てて、イギリスは支配地域を大いに拡大していった。インド各地の藩王国を次つぎと支配下に入れる。ネパール戦争（一八一四〜一六年）でガルワル（クマオン）をネパールから奪取。第一次ビルマ戦争（一八二四

〜二六年）でアッサムを領有した。二度にわたるシーク戦争（一八四五〜四六年と一八四八年）でカシミールとパンジャブ地方を掌中に収め、第二次ビルマ戦争（一八五二〜五三年）では南ビルマを征服した。ただし、ビルマ全土がインド帝国内に吸収されるのは一八八六年である。

(4) セポイの大反乱

イギリスは東アジア、とくに中国でも戦争で多忙をきわめていた。第一次アヘン戦争（一八四〇〜四二年）と第二次アヘン戦争（一八五六年）である。これによってホンコン島や九龍半島を奪い取った。これらが返還されたのはようやく一九九七年、まだ記憶に新しいところである。

ところが一八五七年、インドでは東インド会社のインド人傭兵が大反乱を起こした。いわゆる「セポイの反乱」(the Sepoy Mutiny = Indian Mutiny) である。五月一〇日、セポイ（シパーヒー）といわれるインド人の軍隊が決起し、デリーの北東六〇キロのメラートからデリーに向かって進軍をはじめた。プラッシーからちょうど百年、人数も二三万人となって、三万人ほどのイギリス人に対して八倍もいた。

反乱の直接的原因は、新式銃の使用（豚と牛の脂肪を塗った弾薬筒をかみ切って使う）にあったというが、王侯貴族や地主階級が失った権利を取り戻そうと、民衆の不満を反英に向けさせたもので、反乱は中部から北インドに波及し、インドの三分の一近くを巻き込んだ。ムガール皇帝バハドゥール・シャー二世（在位一八三七〜五八年）の主権復活も宣言した。

イギリスは対ロシアのクリミア戦争（一八五三〜五六年）や対清国とのアヘン戦争（一八五六年）に忙しくして手薄であったが、五八年にムガール皇帝を廃位し、一五二七年に建国したムガール帝国を滅亡させた。同時に東インド会社も反乱の責任をとわれて解散。インドはイギリス本国政府（=国王）の直接統治となる。翌五九年には反乱も鎮圧された。

(5) インド総督とインド省

イギリスの東インド会社が領地を拡大していった一七七四年、ベンガル総督という職制が創設された。イギリス国王の任命で、任期は通常五年、初代の総督はR・クライヴのあとをついだウォーレン・ヘースティングズ（Warren Hastings 在位一七七四〜八五年、一七三二〜一八一八年）で、一八三四年からは呼称がインド総督（Governor-General of India）となる。それが一八五八年からイギリスの直轄植民地になると、インド副王兼総督（Viceroy and Governor General of India）となった。副王とはイギリス国王の代理人という意味である。

一八五八年のインド統治法によるインド副王兼総督は、一九五〇年の廃止に至るまで二〇人を数えた。任命されるのはイギリス政府の閣僚や議員が多かった。そして専制君主的で、七〇〇人の召使いを使い、サラリーはイギリスの首相の二倍だったという。

東インド会社はロンドンに本店を置き、インド総督を頂点とするインド政庁、つまり現地の組織をコントロールしたが、イギリス政府はインド監督局（Board of Control）を設け、会社の活動を監督・規制していた。それがセポイの反乱以降、一八五八年に会社から国王（当時は女王）に所領が移管され、インドが直轄統治になったとき、新しくインド省（India Office）が設けられ、インド監督局や東インド会社のスタッフが合体して、イギリス政府の中央官庁の一部門となった。

インド省の長はインド担当大臣（Secretary of State for India）で、省が存続した約九〇年間に一四人が任命された。省の費用はインド側から出費され、イギリスとインド政庁、とくにインド総督との調整にあたった。つまり、総督はインド担当大臣を通じてイギリス本国政府の指示を受け、インド直轄領とインド藩王国の統治を行ったのである。インド担当大臣は閣内で大蔵大臣、外務大臣と並ぶ要職でもあった。

インド政庁を支えたのがインド高等文官（India Civil Service）で、一〇〇〇人前後のエリート官僚が中央から州や県までポストを占めた。一八五五年から公開学力試験による選抜となり、それ以前はインド監督局と会社の取締役会の推薦によっていた。本田毅彦氏（二〇〇一年）によれば、一九世紀後半の一ポンドは現在の七二〇〇円ほど。インド政庁の各州政府の局長の年俸は二八〇〇〜四〇〇〇ポンド（約二〇〇〇〜二八八〇万円）、本国の省庁局長は二五〇〇ポンド（一八〇〇万円）以下であった。二五年勤務ののちの年金は一〇〇〇ポンド（七二〇万円）で、本国の上層中産階級の生活を十分に保持できたという。インド勤務はおいしい仕事ではあったろうけれど、インドの苛酷な気候・風土にあって、イギリス人にとっては、このような俸給で報われて当然であったのかもしれない。マラリアなどの熱帯特有の病気、それに野外を仕事場にするものには野獣の襲撃も加わった。そして寿命を縮めた。あのジョージ・エヴェレストもインドで勤務中、ひどい熱病にやられ、二度も長期の病気療養休暇をとっているし、インド測量局では数百人の職員が仕事で生命をなくし、健康をそこなった。とくにネパール国境のタライ地域でのマラリアがひどかったといわれる。

一八七七年にイギリス議会がヴィクトリア女王にインド皇帝の称号を与え、インド帝国（Indian Empire）が出現し、一八八六年にビルマもそれに併合された。インド内の藩王たちは「プリンス」と呼ばれ、インド総督は「副王」と称号されるようになる。

第二章　アジア内陸とキリスト教宣教師など

(1) 中国の求法僧からマルコ・ポーロ

アジアの内奥部、中央アジアで記録に残る大旅行、探検の歴史はたいへんに古い。まずは紀元前二世紀、漢の時代の武帝（在位前一四〇～八七年）の命令によって、前一三九年に張騫《ちょうけん》（?～前一一四年）が一〇〇人余の部下をつれて、西方の大月氏国に使いした。途中の匈奴に一〇年間も囚われの身となったが、一三年して前一二六年に都の長安にもどってきた。漢は大月氏と結んで宿敵匈奴を攻略しようとしていたのである。しかし、それはうまくいかなかったものの、張騫は西方の情報を得たうえに、西域への道を開いたのであった。

仏教は中国に一世紀のはじめに伝えられたようだが、二世紀後半から西方の僧侶が中国にやってきた。そして三世紀から八世紀にかけて、中国の僧が仏教の研究に天竺（インド）へ多数出かけていった。なかでも『仏国記』（法顕伝）の法顕《ほっけん》と、『大唐西域記』の玄奘《げんじょう》が有名である。東晋時代の僧法顕（生没年不明）はインドに仏法を求めて三九九年に長安を出発、インド各地で修行して一三年後の四一二年に帰国した。六四歳ごろに旅立ち、七八歳の帰国といい、その旅行記『仏国記』は名著といわれる。唐初の七世紀には小説『西遊記』のモデルとなって有名な玄奘三蔵《げんじょうさんぞう》（六〇二～六六四年）も、法を求めてインドへ行き、一三年間にわたって各地を巡遊。一六年を費やして六四五年に長安に帰ってきた。帰国後は多数の経典を翻訳する。

玄奘と前後して、王玄策《おうげんさく》（生没年不明）は太宗・高宗朝の使節として北インドに派遣された。六四三～四六年、六四七～四八年、六五八～五九年の三度、チベット・ネパール経由で旅したが、その旅行記はほとんど散逸した。だが最近、チベットのキーロン付近で王玄策の三回目のインド行の唐碑が発見された。

八世紀なかばには唐の武将高仙芝《こうせんし》（?～七五五年）が、玄宗（在位七一二～五六年）の命によって小勃律《しょうぼつりつ》（現パキスタンのギルギットおよびヤシン）を七四七年に討った。大軍を指揮してパミール高原からヒンドゥー・クシュ山脈を越えたのである。

一三世紀になると、二人のヨーロッパ人がモンゴルに派遣され、当時の首都カラコルムに皇帝を訪ねた。一二四五～四七年にイタリア中部のプラノ＝カルピニ村（Plano Carpini）生まれのジョヴァンニ（Giovanni ?～一二五二年）、通称カルピニがローマ教皇の命によりモンゴルに行く。またフランドルのルブルク村（Rubruk）生まれのウィリアム（William 一二一五～七〇年）は、フランス王ルイ九世の命令で一二五三～五五年にカラコルムを往復した。カルピニもルブルクもともにフランシスコ修道会に属する托鉢修道士であったが、二人はユーラシア大陸を横断し、東方の様子を西の世界に伝えたのであった。

さらにイタリアはヴェネチアのマルコ・ポーロ（Marco Polo 一二五四～一三二四年）が、父ニコロ・ポーロ（Nicolo Polo）と叔父マッフィオ・ポーロ（Maffio Polo）につれられて、一二七五年にフビライ汗の元の都（いまの北京）に着いた。出発したのは一七歳の一二七一年、パミール高原を越えてシルクロード沿いに三年半もかかっていた。中国各地を旅行したあと、一二九一年、イル汗国に嫁ぐコカチン王女を海路で送り、自分は九五年にヴェネチアに帰る。その四半世紀に及ぶ旅行記『東方見聞録』（正しくは『世界の記述』）はあまりにも有名となった。

(2) イエズス会士の活躍

ヒマラヤやチベットの最深部へヨーロッパ人が入っていくのは、近世も一七世紀以降のことであった。その先駆的

地図1. キリスト教宣教師の足跡

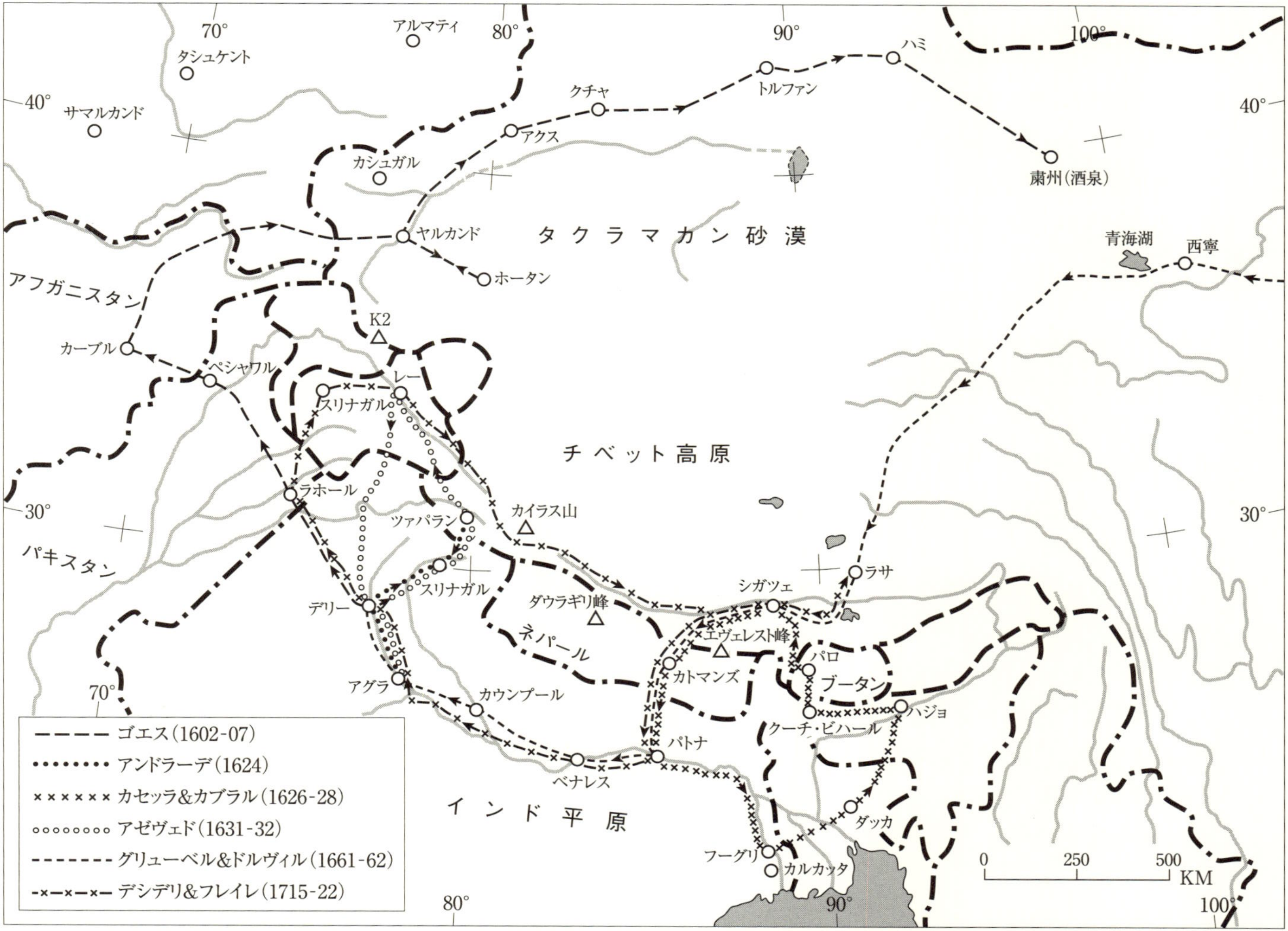

な役割を果たすのはキリスト教の宣教師たちである。なかでもローマ・カトリックのイエズス会士の功績は非常に大きかった。このイエズス会というのはプロテスタントに対抗して一五三四年に設立され、一五四〇年にローマ教皇に公認された。カトリック諸派のなかでも最も学識のある人たちとみられ、全世界に布教活動を展開した。日本に一五四九年にやって来たフランシスコ・ザビエルも創設メンバーの一人であった。東アジアの布教はこのザビエルによって始まったとされるが、一五九八年に中国に来たマテオ・リッチもイエズス会士であった。このイエズス会は一七七三年に一度解散したが、一八一四年に再興し、現在に至っている。

一五八〇年、ポルトガルの根拠地ゴアからイエズス会士の使節団がアグラのムガール宮廷に招かれた。そこで宣教師たちは、山の向こうにカトリック教会のしきたりにそっくりの宗教を守る民族が住んでいる、という話を聞かされた。これが伝説上のキリスト教の文明国である、プレスター・ジョンの王国だろうという推測が強くなった。

さらに一六〇〇年ごろ、ポルトガルの商人ディオゴ・デ・アルメイダ（Diogo de Almeida）がラダックを訪ね、北方にキリスト教国があるらしいと報告した。こういう話を受けて行動を起こしたのはベネディクト・デ・ゴエス（Benedict de Goes　一五六二〜一六〇七年）であった。一五六二年にポルトガルに生まれたゴエスは、一五八九年にゴアにやって来て、そこでイエズス会に入った。一五九五年にアグラのムガール皇帝アクバルのところに第三回イエズス会使節団の一員として派遣されていたとき、マルコ・ポーロのいう「カタイ」（＝カセイ　Cathay）が「シナ」と同一であるかどうかを調査せよ、というゴアの大司教の命令を受けた。

一六〇二年一〇月二九日、ゴエスはアグラを出発。一二月八日にラホールに着き、翌年二月二四日にラホールからカーブルに向かった。アルメニア商人に変装し、ワハン渓谷からパミール高原を越え、同年一一月ごろにヤルカンドに抜けた。ホータンを往復したあと、一六〇四年一一月一四日にヤルカンドを発ち、アクス、トルファンを経て、一六〇五年一二月末に粛州（現在の酒泉）に達する。しかし、そこで軟禁されてしまった。すぐに北京にいたマテオ・リッチに手紙を書く。翌年春には二度目の手紙を出した。監禁からの救出を頼むものである。

リッチらはゴエスのことをインドからの連絡で知っていた。はじめの手紙は届かず、二度目の手紙で急いで救出に向かう。北京から粛州まで四か月、一六〇七年三月三一日にリッチの弟子フェルナンデスが粛州に着いたが、病床にあったゴエスは一一日後の四月一一日に死亡した。彼は「カタイ」と「シナ」が同じであることを確認しながら、わずかに救出が遅れたのだった。

(3) アンドラーデの西チベット行

ゴエスはヒマラヤにもチベットにも触れていなかったが、彼やアルメイダの話を聞き知ったイエズス会士の一人がチベットをめざす。ポルトガルに生まれたアントニオ・デ・アンドラーデ（Antonio de Andorade 一五八〇〜一六三四年）である。一六〇〇年にゴアに来たのだが、四四歳のときの一六二四年三月三〇日、平修道士のマニュエル・マルケス（Manuel Marques 一五九六〜?年）を助手にアグラを出発した。ヒンドゥー教徒巡礼団に加わり、ガンジス川をハルドワルに向かう。ガルワルのスリナガルからバドリナートへ。そこで巡礼団とわかれ、マナ峠（五六〇八メートル）を越えて、チベット西端のグゲ王国の首都ツァパランに八月はじめに着いた。これがヒマラヤを越えたヨーロッパ人の最初の記録である。アンドラーデはグゲ王に伝道の許可を得て、もとの道をもどり、一一月はじめにアグラに帰着した。

写真1. アントニオ・デ・アンドラーデ
(M. Taylor, 1985, p. 36)

翌二五年、アンドラーデとマルケスはゴンサレス・デ・スーサ（Gonzales de Sousa）をつれ、再びツァパランに行った。到着は八月二八日という。そして二六年にチベット最初の教会を建て、布教活動に入った。礎石は一六二六年四月一二日といい、八月に教会は完成した。これを強化するため、マルケスに案内されて、さらにF・ゴディンホ（F. Godinho）ら三人がツァパランに来た。二七年には二〇〇キロ北のルドックにも伝道所が開かれた。神父らの熱心な布教の結果、一説によると、グゲ王も改宗して、キリスト教信者が四〇〇人にもなったといわれる。

そのうちにアンドラーデはゴアの教区長に転任となり、一六三〇年にツァパランを去った。ツァパランをあとにして二、三か月後に大事件が発生した。隣国のラダック王がグゲ王国を攻め、一か月の攻囲でツァパランは陥落。町は略奪され、グゲ王はラダックの首都レーへ連行された。イエズス会士の五人は投獄され、伝道所は閉鎖された。

この事件の原因は、キリスト教に改宗し、神父たちに手厚い保護を加えるグゲ王に対して、ラマ僧たち、チベット仏教教団がラダック軍の支援を受けて反乱を起こしたものであった。もう一つは、グゲ王がラダック王の姉妹の一人と結婚するはずだったのに、グゲに到着寸前に破約したためともいわれる。

(4) アゼヴェドのラダック行き

アンドラーデの片腕であったフランシスコ・デ・アゼヴェド（Francisco de Azevedo　一五七八～一六六〇年）は、グゲの敗戦のことを知り、教会の将来を大いに案じた。彼はポルトガルのリスボンに生まれ、一五九七年にゴアに来て、一六二七年にはムガール使節としてアグラに派遣されていた。

一六三一年六月二八日、アゼヴェドは単身でアグラからツァパランに向かう。そして八月二五日にそこに到着し、情況を把握。ツァパランに五年もいたジョン・デ・オリヴェイラ（John de Oliveira　一五九五～?年）をつれて、さらにレーに行った。レーでようやく教会再開の許しを得て、無事に使命を果たすことができ、帰路はラフールとクルー地方を通り、三二年一月三日にアグラにもどった。途中ではロータン峠（三九八〇メートル）を越えたり、ヨーロッパ人としてはこの地方をはじめて通過した。このロータン峠を日本山岳会の重鎮・故三田幸夫氏が一九三一年の真冬の一月二三日に越えている。

ところで、教会の再開はグゲ王国の敗戦のためにうまくいかず、一六三四年にアンドラーデ御大がツァパランへ行こうとしたが、出発直前の三月一九日、急死してしまった。そこで翌三五年にマルケスの案内でヌーノ・コレスマ(Nuno Coresma 一六〇〇〜四二年?)ら七人がツァパランをめざした。しかし、脱落者があいつぎ、無事に到着(六月か七月)したのはコレスマとマルケスの二人だけであった。さらに現地での圧迫のために教会の維持を断念。一二月一一日に二人はアグラに帰った。

ツァパランをあきらめ切れないイエズス会は、一六四〇年の夏、M・マルケスとマルピキ(Stanislao Malpichi)をチベットに向かわせたが、二人はマナ峠で捕えられてしまった。なんとかマルピキは逃れ、本部に報告したものの、マルケスはツァパランから四一年八月と一〇月付で、絶望的な手紙をアグラに送り、救出を求めた。だが、本部では手が打てないまま、それ以降は消息不明となってしまった。一九一二年になって、インド政庁の役人G・M・ヤング大佐(G. M. Young)がツァパランを訪れたとき、教会の唯一の痕跡として、風雨にさらされた木の十字架を発見したと報告している。

アンドラーデやアゼヴェドらは、チベットとヒマラヤの西端部を舞台にしたものの、イエズス会は最後にグゲの首都ツァパランの拠点を放棄した。そして一七世紀後半からグゲはダライ・ラマのチベット政権に組み込まれていく。ところで、アンドラーデなどのおよそ三〇〇年前にチベットを横断した人物がいるという。それは北イタリアのポルデノーネ村生まれ、フランシスコ会士オドリコ・デ・ポルデノーネ(Odorico de Pordenone 一二八六〜一三三一年)で、一三一四年に海路で中国に至り、北京(カンバリク)に三年間滞在した。帰路は陸路にとり、一三二八年に北京を出発、綏遠、甘粛、青海を経てチベットのラサに着く。さらに西へ進み、イランのエルブルース山脈に出て、ヨーロッパにもどった。前後一六年にわたる旅行記のチベットの部分はごくわずかで、鳥葬のことを記しているが、断片的かつ不明確で、実際にはチベットに行かず、他人に聞いた話であろうとする人もいるし、ラサ訪問の最初のヨーロッパ人とする人もいる。

(5) カセッラとカブラルのヒマラヤ越え

また、アンドラーデはツァパランにいるとき、東方からやってくる商人の話を聞き、東の地方にも伝道のための新天地があると考えた。そこで彼は、ベンガルを起点として、そこへもイエズス会士の神父を派遣すべきだと本部に提案した。それによって一六二六年、ポルトガル人のエステヴァン・カセッラ（Estevão Cacella 一五八五〜一六三〇年）とジョアン・カブラル（João Cabral 一五九九〜一六六九年）がブータンから東部ヒマラヤを越える冒険的旅行を敢行することになる。本来は三人のところ、途中でイタリア人のバルトロメオ・フォンテボア（Bartholomew Fonteboa 一五七六〜一六二六年）が病死したという。

一六二六年八月二日、二人はカルカッタの北方フーグリから出発。ダッカを経て一〇月二一日にクーチ・ビハールに行く。山地の雪どけを待って、翌二七年二月二日にクーチ・ビハールからブータンに向かった。そして三月二五日にパロに到着。彼らはブータンに入った最初のヨーロッパ人であった。

パロではときの支配者ダルマ・ラジャに歓待され、布教を許されたが、目的はチベットであったため、まずカセッラが逃げ出し、二〇日間でシガツェに達した。遅れてカブラルも一二月一八日にパロを離れ、真冬のヒマラヤを越えた。チョモラーリ峰（七三一六メートル）の南、パロの北西の峠テモ・ラ（四七〇〇メートル）を越えて、チベットのパーリに出たと思われる。シガツェには二八年一月二〇日に到着した。だが、二人はチベット仏教のトラブル、紅帽派と黄帽派の宗派の争いに巻き込まれる。それでカブラルは到着して数日した一月末にシガツェを離れ、ネパールのカトマンズに向かった。ルートはティンリ〜トン・ラ〜ニャラム〜コダリと推定され、いまの中国＝ネパール友好公路にほぼ従っている。この道は後年、多くの宣教師たちが利用した。カブラルはネパールでも国王に歓待され、ネパール入りの最初のヨーロッパ人となる。そして二八年の六月ごろにパトナ経由でフーグリにもどった。

一六二九年七月（?）、カブラルはシガツェの伝道に指名されていたマヌエル・ディアス（Manuel Diaz 一五九二〜一六二九年）をつれて、クーチ・ビハールを出発。チュンビ渓谷から再びチベットに向かった。だが、道は困難だったので、シガツェに残っていたカセッラに護衛隊を送るように手紙で依頼し、途中のコーチョという村で待機した。一方、カブラルからの音沙汰がないため、カセッラは連絡のとれていた西チベットのツァパランに行き、ガルワルからインドに帰ろうと、そのころにシガツェからツァパランに向かっていた。しかし、雪が深く、途中からシガツェに引き返し、結局は南ルート（ネパール経由?）でクーチ・ビハールに帰った。

もどったカセッラは、カブラルは無事であり、コーチョ村で待っていることを知って、あとを追い、合流した。そこで一六二九年九月、カセッラとディアスがエスコートなしで、まずシガツェに向かう。カブラルは大量の荷物を持って残った。

これが運命のわかれ道であった。道中はきびしく、二九年一一月三日、ディアスがモランで死亡。カセッラもシガツェに着いて一週間以内の、一六三〇年三月六日、四五歳で死んでしまった。チベットのウツァン王はそのことを、荷物を持って残っていたカブラルに知らせるとともに、護衛も送った。そして三一年六月中ごろ、カブラルはシガツェにもどった。その月末にはツァパランの伝道団にあててシガツェから書簡を送っている。しかし本部の決定で彼はマラバルへ呼びもどされ、三二年の五月か六月にフーグリに帰り、このあと、イエズス会のチベット南部での活動は放棄された。

写真 2. グリューベルのポタラ宮のスケッチ
(M. Taylor, 1985, p. 48)

(6) グリューベルとドルヴィルのチベット縦断

カブラルから三〇年して、北京の宮廷天文台に勤務していた、イエズス会のオーストリア人ヨハネス・グリューベル（Johannes Grueber 一六二三〜八〇年）がローマに帰ることになり、それにベルギー人のアルベール・ドルヴィル（Albert d'Orville 一六二一〜六二年）が同行することになった。当時は海路を行くのが普通であったのに、あいにくとマカオがオランダによって封鎖されていたため、二人は陸路をとることになった。

グリューベルは一六二三年一〇月二八日、ドナウ河畔のリンツに生まれ、四一年にイエズス会に入り、五六年末に中国に向かって出発。マカオには五八年七月に到着し、北京では一六五九年から六一年まで勤務した。もう一方のドルヴィルは二一年八月生まれ、四六年にイエズス会に入り、五六年にローマから中国へ出発。五八年一月末にゴアを出てマカオに同年七月一七日に到着した。北京の天文台には一六六〇年から六一年にかけて勤務した。

二人は一六六一年四月一三日に北京を出発する。六月末に西寧に着き、青海湖を経て、一〇月八日にラサ（蒙古人はバラントラと呼んだ）に到達した。一か月ほど滞在したあと、一一月末にラサをあとにし、ギャンツェ、シガツェ、ティンリ、ニャラムを通り、六二年一月中旬にネパールのカトマンズに達した。三月にアグラに出たが、北京から一一か月かかり、長旅の疲れからドルヴィルは四一歳でアグラにおいて客死した。グリューベル一人がアフガン、ペルシア、トルコを経て一六六四年二月二〇日にローマに帰任する。

当時のチベットとネパールの国境の町ニャラムは、ネパール領となっており、クティと呼ばれていた。また、二人はラサやカトマンズの緯度を測定していた。ラサは北緯二九度六分（現在は二九度四二分）、カトマンズに二七度五分（現在は二七度四二分）を与えた。かくして二人はラサに入った最初のヨーロッパ人となり、グリューベルがスケッチしたポタラ宮はアタナシウス・キルヒャー（Athanasius Kircher　一六〇二〜八〇年）の『シナ覚え書』（*China Monumentis*　アムステルダム、一六六七年）に入れられた。

(7) カプチン派の神父たち

一八世紀になると、チベットとネパールの伝道に、イエズス会と敵対関係にあったフランシスコ会の分派カプチン派が登場してきた。そこがローマ法王の裁定で一七〇二年にカプチン派の管轄布教区に指定されたからである。カプチン派は一五二八年に創立された、ローマ・カトリックの托鉢修道士のグループで、一五〇〇年代にはカトリック諸派のうち、もっとも活躍したという。

一七〇三年にカプチン派神父がインドに上陸し、一七〇五年にはネパールに入国した。そして一七〇七年、ドメニコ・ダ・ファノ（Domenico da Fano）を長とするカプチン派の神父が四人、ネパール経由でギャンツェからラサに入った。ダ・ファノはほどなく帰ったけれど、ジュゼッペ・ダスコリ（Giuseppe da Ascoli）、フランチェスコ・マリア・ダ・トゥール（Francesco Maria da Tours）、フランチェスコ・オラツィオ・デラ・ペンナ（Francesco Orazio della Penna）は一七一一年まで滞在した。また別に、一七〇八年に最初の二人がラサに入り、翌九年に四人がそろったという報告もある。さらにまた、一七〇七年一月にダスコリとダ・トゥールがパトナから出発。カトマンズを経て翌八年にラサに到着し、五か月後にダ・トゥールがパトナにもどって、そこで死亡。九年にドメニコ・ダ・ファノがラサに着くと、入れかわってダスコリが帰り、やはりパトナで死亡した。そして一七一一年にジョヴァンニ・ダ・ファノ（Giovanni da Fano）がラサに入ったが、六か月後に布教をあきらめてドメニコとともにラサを去ったという説もある。いずれにせよ、一七一一年には全員が一応ラサを退去した。伝道の成果が思わしくなかったし、後方からの支援も不十分で、餓死寸前にまで追い込まれていたという。

しかし間もなく布教再開となり、一七一五年にドメニコ・ダ・ファノら四人がラサにもどった。オラツィオ・デラ・ペンナ、ジョヴァンニ・フランチェスコ・ダ・フォッソムブロネ（Giovanni Francesco da Fossombrone）、ジュゼッペ・フランチェスコ・ダ・モロ（Giuseppe Francesco da Morro）が同行していた。この年、同時にカトマンズ盆地のパタンにもカプチン派の教会が開設され、二人の神父が配置された。一七二三年にはラサでの教会建設が許可され、翌二四年にダ・ファノのあとをペンナが継いだ。ある時期には一二名の神父が布教にあたったけれど、そのうちの九人が死亡し、改宗者は増えず、財政難がいぜんとして続いていた。一七三三年四月、営々と一七年間もがんばったペンナも病気になり、ネパールに出て、三六年にローマに帰国した。そのあと、残っていた神父たちも帰国し、またネパールでの教会活動も一七三六年に放棄された。

一七三八年、イタリアのデラ・ペンナ（一六八〇〜一七四五年）の強い訴えの結果、チベットでの伝道がまた再開されることになり、一〇月に九人の神父をつれて、三度、東方に向かった。三九年一二月にインドのパトナに着き、そこに三人の神父を残した。そしてパトナで偶然に出会った、かつてラサに滞在したことのある神父を一人加えて、一行八人はカトマンズ盆地のバドガオンに一七四〇年二月に入った。そこで準備をし、雨季が明けるのを待って、一人を残して七人が一〇月一日に出発。クティ（ニャラム）、ティンリからギャンツェ着は一二月二四日、ラサには四一年一月六日に到着した。その五月には、無事にラサに安着したという報告と、ダライ・ラマのローマへの返書を持って、一人の神父が帰国した。

だが、今回も布教活動は次第に困難になっていった。一七四二年八月、カシアーノ・ベリガッティ（Cassiano Beligatti da Macerata）ら三人がラサを去り、ネパールを経て帰国していく。残ったチーフのペンナらは、さらに伝道に身を捧げるもうまくいかず、四五年四月二〇日、永久にラサから去っていった。ネパールのパタンの教会に六月四日にたどり着いたものの、七月二〇日、失意のうちにペンナはそこで六五歳の生涯を閉じた。

パタンの教会はそれからも維持され、一七六八年まで続いた。翌六九年はゴルカのプリティヴィ・ナラヤン・シャハ王がカトマンズ盆地のカトマンズ、バドガオン、パタンの三国を征服した年で、これによってネパールのマッラ王朝が滅び、現在の王室につながるゴルカ王朝がはじまった。この新しい王朝のもとでは、もはやキリスト教の布教は許されなかったようである。

(8) デシデリのチベット横断

かくして、前後三〇年にわたるカプチン派のチベットでの伝道事業は失敗に終わり、ペンナの死をもって崩壊した。このカプチン派の活動に対して、イエズス会は当初から非常な嫉妬をいだいていた。イエズス会こそがチベット（ツァパラン）で最初に伝道をはじめたのだ、という主張と自負である。そこでイエズス会は、カプチン派の情況を調査し、彼らの信用を失墜させる。またツァパランでの教会の再興を企図して、一人の代表、イタリア人のイッポリト・デシデリ（Ippolito Desideri　一六八四〜一七三三年）をチベットへ派遣することになった。

デシデリは一六八四年一二月二一日、イタリアのピストイアで生まれ、一七〇〇年にイエズス会に入会。一二年八月に神父としての聖職を授任し、そして一か月後の九月二七日にインドに向かってローマを出発する。一年後にゴアに着き、アグラに行く。アグラに来てから同行者をさがし、三五歳のイエズス会士、ポルトガル人のエマヌエル・フレイレ（Emanoel Freyre　一六七九〜?年）を見つけた。フレイレはゴアに来てから一六九四年一〇月にイエズス会に入会し、一七一〇年にはアグラの伝道団で仕事をしていた。チベットからもどったあと、一七一九年以降のイエズス会の名簿に名前はなく、脱会したらしい。二四年に再入会の希望を出した後、消息不明という。

さて、デシデリとフレイレは一七一四年九月二四日にデリーを発った。ラホールを経て一一月一三日にカシミールのスリナガル着。翌一五年五月一七日にそこをあとにし、ラダックのレーに六月二六日に着く。そこでラサに向かう隊商に加わった。キャラバンの隊長は美しいタルタル人の王子妃であったという。レーを八月一七日に出発したが、ツァパランには向かわず、マナサロワール湖からツァンポ河の流域に入る。タドゥム、サカ・ゾン、ティンリ、シガツェを経て、一七一六年三月一八日、ついにラサに到着した。レーから七か月かかっていた。フレイレはラサに約一か月滞在したあと、四月一六日にラサをあとに、ネパールからインドに帰った。

ラサに残ったデシデリは、カプチン派の神父たちと多少の軋轢はあったものの、それも次第に解消していったという。そしてラモチェ僧院（一七一七年三月二五日〜七月三〇日）やセラ寺（同年八月〜一二月）でチベット仏教の勉強をし、チベット語もならった。一七一七年一一月末にジュンガル軍がラサを攻撃し、占領した。ポタラ宮が襲撃され、国王と首相が殺害される。二〇年にはそれを駆逐するために清軍がラサに入城。これらの様子をデシデリは目の当たりにしていた。この難をさけて、デシデリはラサの南東のタクポ地方に一七年一二月から二一年四月まで滞在した。

そうこうするうち、一七二一年、ラサでの布教任務はカプチン派にあるから、イエズス会はチベットから去るように、という命令がローマからきた。そのため、チベット滞在五年のデシデリは、一七二一年四月一六日にラサにもどり、同二八日にラサをあとに、ネパールに向かう。このとき、カプチン派の神父の一人、病気になっていたジュゼッペ・フランチェスコ・ダ・モロが同道した。ギャンツェを通り、五月三〇日に国境の町クティ（ニャラム）に着いた。モロはクティからすぐにカトマンズに行ったが、二か月後にそこで死亡したという。他方、デシデリは乾季を待ってクティに滞在。ようやく一二月二七日にクティを出発し、カトマンズへ。二二年四月二二日、アグラ着。そこでまた長く滞在したあと、一七二七年一月にインドを離れ、一年後の二八年一月二三日にローマに帰り着いた。そしてチベットの宗教・歴史・地理・文化の総合的研究に着手し、『チベット歴史概要』を出版する予定だったが、五年後の三三年四月一四日、四八歳で肺炎のために急死した。

結局、デシデリはチベットでの伝道に対するカプチン派の優位を覆すことはできなかったが、しかし、彼の大旅行は大きな地理学的成果をヨーロッパにもたらした。それはカプチン派以上のものであり、カイラス山やマナサロワール湖の記録を残した最初のヨーロッパ人であった。ところが、デシデリの報告、つまり、上述の手書き原稿が長らく行方不明となり、それが発見されたのはようやく一八七五年になってからで、イタリアのある貴族の書類の中にあった。このイタリア語文書が公刊されたのは、さらに二九年後の一九〇四年。さらにフィリッポ・デ・フィリッピが編集した英語訳『チベットの報告』は一九三一年の刊行である。フレイレの報告も消えてなくなったが、一九二四年にローマの図書館で発見された。

デシデリの報告が英語によって、ヨーロッパで一般的になるのにおよそ二〇〇年もかかったことになるが、一八世紀のチベットに関するもっとも信頼できる記録といわれ、第一級の資料といえよう。なお、デ・フィリッピの英訳本の拙訳『チベットの報告』第一巻第一七章（二九六ページ）に「同じ血」という語句が三か所あるが、イタリア語の原文では「同じ肉」となっているので、そのように訂正をお願いしたい。第二版（二〇〇六年）は決定版である。

(9) 旅行家ヴァン・デ・プッテ

デシデリがチベットから去ったあとに、かわってオランダの旅行家で学者のサミュエル・ヴァン・デ・プッテ(Samuel van de Putte 一六九〇～一七四五年)がチベットにやって来た。一六九〇年にオランダ南西端のゼーラント地方フリッシンゲンに生まれ、二月二六日に洗礼を受けた。いわゆる、その地方の名門の出で、父はゼーラント海軍の中将であった。そして本人は、一七一四年二月一五日、ライデン大学から博士号を取得。そのあと、地元の行政機関で公務員としてのポストを得たが、この安定した職業にもかかわらず、旅にあこがれ、実行する。

一七一八年、彼はまずイタリアへ行き、三年間滞在した。一度、故郷にもどり、しばらくした一七二一年末にゼーラントを出発、以後二度ともどることはなかった。ローマからコンスタンチノープル(イスタンブール)、エジプトのアレキサンドリア、シリアのアレッポに行く。そこで隊商に加わり、イランのイスファハンに達した。

一七二四年一〇月にオランダの東インド会社から「旅行家」として公式の認知を受ける。会社には勤務しなかったが、これによって、東インド会社の居留地でしかるべき処遇、接待を保証された。一七二四～二五年の間はインド南端のマラバル海岸(コーチン)とコロマンデル海岸(マドラスなど)の間を行ったり来たりし、セイロンにも行く。二五年七月にはベンガルに着き、二六年二月、パトナを発って、ムガール皇帝を訪問しようとデリーに行った。二九年ごろにネパールに入り、カトマンズに数か月滞在し、盆地の地図を作成。それからキリスト教神父たちがたどった道をラサに行く。

ラサではオラツィオ・デラ・ペンナらカプチン派の神父たちに厚遇されたようである。そしてラサで隊商に加わり、一七三一年に北京に向かった。青海湖、西寧を経て、北京には三四年五月以降に着いたようだが、中国の皇帝はプッテをスパイか宣教師、としてみていたという。三七年にラサにもどり、しばらく滞在。チベット語をならい、チベッ

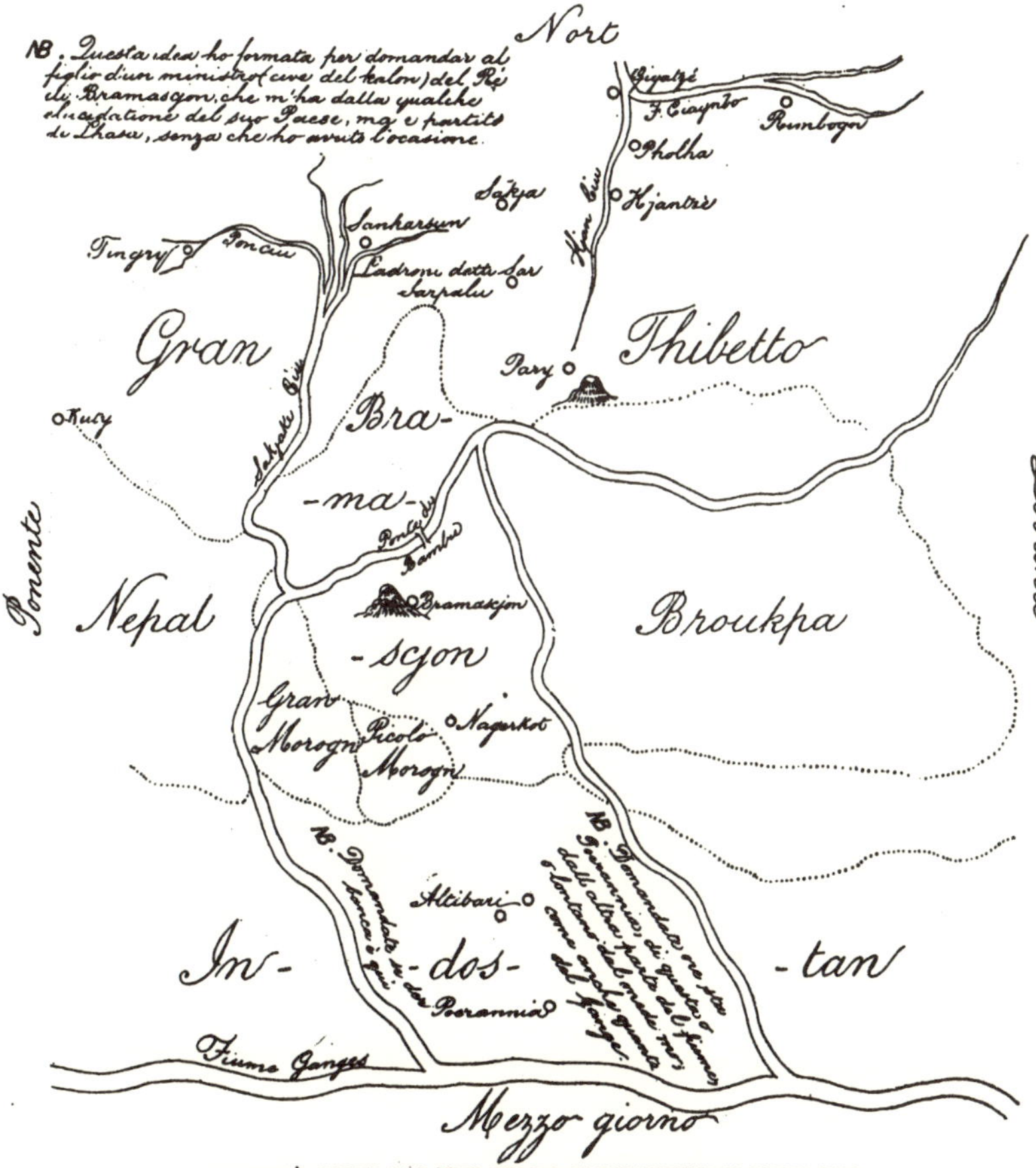

VAN DE PUTTE'S SKETCH MAP FROM THE M.S. IN THE MUSEUM AT MIDDELBURG.

写真 3. ヴァン・デ・プッテの地図
(T. Holdich, 1904, p. 88)

ト仏教を研究したあと、デシデリのルートを西へたどり、カシミールを通って、ラホールからデリーへ。そして一七四二年七月にパトナに帰った。

一七四二年七月一九日付のプッテからベンガルの東インド会社居留地の長官にあてた手紙の主題は、ラサ〜北京〜ラサ〜ベンガルの道程についてであった。その特別のコピーは現存しているという。北京ではイエズス会士のアントワーン・ガウビル（Antoine Gaubil）に会ったが、一七三四年と一七五二年の彼の書簡の中にプッテのことがふれられ、前述のスパイ云々のこともものべているようである。

インドにもどったあと、プッテはベンガルから南に航海し、一七四三年四月一三日にオランダの植民都市バタヴィア（現在のインドネシアのジャカルタ）に着いた。四三年から四四年にかけて、マラッカなどマレーシアを旅し、四五年八月二四日にバタヴィアにもどったが、その九月二七日、友人の家で急死してしまった。

これまでプッテに関して、クレメンツ・マーカムやG・サンドバーグなど、いく人かの著述家が取り上げ、紹介しているけれど、以上がオランダのF・レクインとA・マイアの、最近の研究によるものであり、かつてのものと異なるところが多々ある。また、本人の意思により、旅行の日記類は死ぬ前に焼却されたといわれていたが、自分が編集し、出版する前に死んだなら、それらは焼却されるべきだ、としたという。しかし、バタヴィアの友人P・W・ラムメンス（Pieter Willem Lammens）がプッテの故郷ゼーラントに出向き、プッテの所有物である遺稿などを相続人に手渡した。のちに家族がそれらの書類をゼーラント科学協会に寄贈する。

そしていくつかの手書きの地図や手紙などは、ミッデルブルフのゼーラント図書館に収蔵されているというけれど、これまでにほかの書物に引用・転載された、ネパールからチベットの地図は一九四〇年五月、ナチス・ドイツの空襲で焼失した。それにはネパールのクティ（ニャラム）やアルン川、ティンリ、サキャ、ギャンツェ、シガツェなどが図示されている。

「奇異で類まれな旅行家」あるいは「世界漫遊家」と称されたヴァン・デ・プッテは、一七二一年から四五年八月までに、少なくとも二万三〇〇〇キロは歩いたともいわれる。

(10) いまのラサ＝カトマンズの交通

かつてキリスト教宣教師がたどったラサ〜カトマンズの道は、ギャンツェ、シガツェ、ティンリ、ニャラム（クティ）を経由していた。これは現在の中尼公路、つまり中国とネパールを結ぶ国際道路とほぼ同じルートをたどっている。ラサから国境の町ザンムー（カサ）まで八一九キロ。これは一九六四年四月に開通した。さらにザンムーからカトマンズまでは中国が建設し、約一二〇キロ。一九六七年に完成した。この合計九四〇キロの道は一九八五年春から外国人に開放された。

この中尼公路を車で行くと、順調に急いで三日、ゆっくりで五日ほど。しかし、雨季（六〜九月）には川が氾濫するし、とくにスン・コシ川の上流、ボーテ・コシ（チベットでペ・チューという）の大ゴルジュ地帯、ザンムーとニャラムの間では地滑りや山崩れが頻発し、交通が遮断される。カトマンズとラサ（コンカ空港）を結んで航空路が一九八七年九月から開設された。ヒマラヤ越えの所要時間は一時間二〇分ほどという。

一九〇〇年代に入蔵した日本人は、寄り道しないでこのラサ〜カトマンズ間の所要日数は一か月ないし一か月半という。イエズス会士のイッポリト・デシデリは一七二一年四月一六日、ローマの布教聖省が、カプチン派にチベットでの布教活動の独占的権限を与えた、とカプチン派神父から聞かされ、ラサを去る決意をした。そして四月二八日に出発、ギャンツェを経て五月三〇日にクティ（ニャラム）に着いた。三三日目だったといい、夏の旅は健康に良くないとして、冬になるまでそこに滞在した。ようやく一二月一四日にクティを出発し、カトマンズに同二七日に到着した。インドからラサまでデシデリに同行したフレイレは、ラサに着いてすぐにそこを後にし、帰国した。四二日間の旅のあと、一七一六年四月一六日にネパールのカトマンズに到着している。

黒部峡谷の下廊下を数倍に大きくしたような、ボーテ・コシの大峡谷について、デシデリは次のように記している。

「……クティからカトマンドゥまでの間で、前に述べたような鉄鎖の橋を渡る。道はぞっとするような絶壁の縁に沿って行き、ちょうど爪先を置けるほどの大きさの穴が、階段のように岩にうがたれ、それに足を置いて山を登った。ある地点では、わずかに人の足の幅しかない長い厚板で、深い裂け目を越えた。また、深い谷を流れる大きな川にかかる木橋は、驚くほどに大揺れしたり、ぐらぐらした。最後の何日間かは、次から次と山を登ったり、下ったりした……」。道はきわめて険しく、危険きわまりないものであった。雨季にはヒルが跋扈《ばっこ》し、マラリアなどの風土病もあって、まさに命がけの旅であったろう。八月中旬に車でなんの苦もなく通過したものにも、そのことは容易に理解できた。

第三章　清朝のチベットの地図化とインド測量局のスタート

(1) 清朝康熙帝の地図

一六四四年に明朝が滅んだあと、清朝の中国は西方のトルキスタン（いまの新疆ウイグル自治区）とチベットに絶えず勢力を広げ、版図を拡大しようとしていた。そして康熙帝《こうき》（カンシー　在位一六六一〜一七二二年）は、一七〇八年に中国の地図作成を決定。その仕事は北京にいたイエズス会士に委ねられた。当時、天文台にいたジャン＝バプティスト・レジ神父（Jean-Baptiste Regis）らが中国人に測量の訓練をほどこし、各地に派遣する。このレジ神父は一六九八年に北京の宣教師団に加わり、それから二〇年間も中国の測量と地図の作成にたずさわった。フランスのプロヴァンスに一六六三年六月一一日に生まれ、一七三八年一一月二四日に北京で生涯を閉じている。

チベットへは二人のラマ僧が送り込まれ、二年間をかけて作られた地図は一七一一年に北京へ届けられた。しかし、より正確な地図を求める皇帝は、幾何学と算数を学んだ二人のラマ僧、チュルチン・ザンブー（Curquin Zangbu　楚爾沁蔵布）とランポン・ザンパ（Lanben Zhainba　蘭本占巴）、それに天文台で数学を学んだ経験のある勝住という専門家をチベットへ派遣。一七一四年から一五年にかけて、西寧からラサへ、さらにガンジス川とツァンポの源流のカイラス山近くまで行った。これらの成果は北京のイエズス会士の手に渡され、一七一七年（康熙五六年）に『皇輿全覧図《こうよぜんらんず》』が完成した。これは一七一一年の地図よりすぐれており、康熙帝は満足であったという。

そして一七一九年、満州語による銅版刷りの中国全土の地図が作成され、一七二一年には漢語で木版刷りの、同様

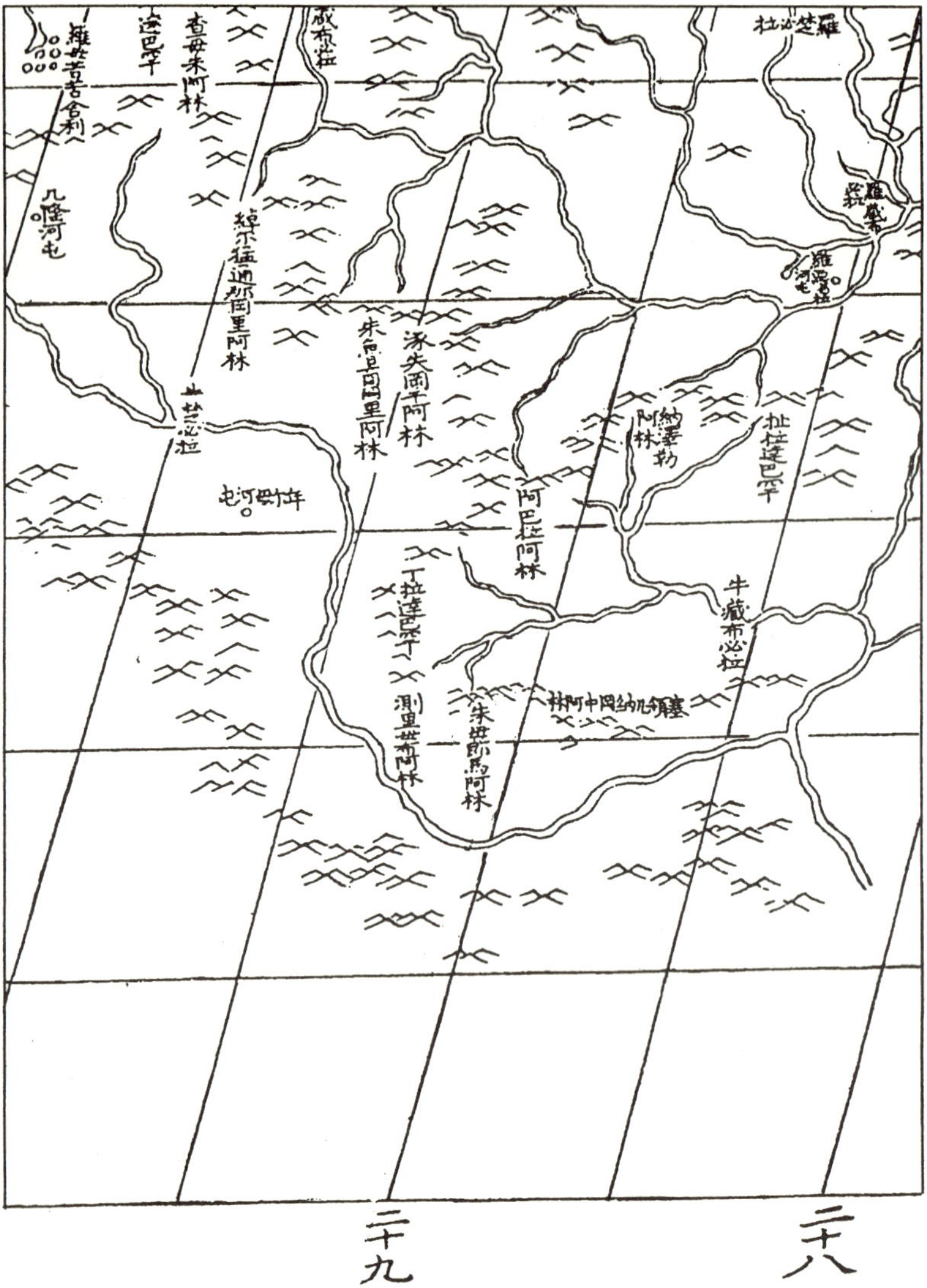

写真 4. 清朝の康煕図（1717 年）の部分図
(M. Ward, 2003, p. 3)

の地図が作られた。この一部がルイ一五世に送られ、ベルサイユの個人的図書館に所蔵されているそうである。

(2) ダンヴィルの地図

この『皇輿全覧図』、略して康熙図のチベットの部分に、「朱母《チュモ》郎馬《ランマ》阿林《アリン》」という地名があった。それは今の世界の最高峰の位置にあり、その名称であると判明するのは、それから二〇〇年ほど経った、二〇世紀に入ってからだが、その現地名がわからないというので、人名を冠して「エヴェレスト峰」と名付けられたのはあまりにも有名な話である。それについてはあとでくわしく触れよう。

フランス人でイエズス会の神父であったデュ・アルド（Jean Baptiste du Halde 一六七四〜一七四三年）は地理学者でもあった。彼は世界各地、とくに中国からのイエズス会宣教師の書簡をまとめ、刊行することを任されていた。またフランスの摂政オルレアン公の聴罪司祭を務めたこともあった。そんなことで、北京のレジ神父から中国の地図や資料が送られてきたし、ルイ一五世に送られてきた康熙図からコピーを一部作った。そして、それらをパリの地図製作者で地理学者のダンヴィル（Jean-Baptiste Bourguignon d'Anville 一六九七〜一七八二年）に渡して、地図の作成を依頼した。その四二葉が完成したのはずいぶんあとのことで、チベットやヒマラヤ地域の図幅はようやく一七三三年四月に編集が終わったのであった。

康熙図の中の「朱母郎馬阿林」は、ダンヴィルの地図（地図2・本書表裏見返しの地図を参照）では「チョウモウル・ランクマ山」（Tchoumour Lancma M.）と表現されていた。かの有名なスヴェン・ヘディンは自著の『マウント・エヴェレスト』（一九二六年刊）にそれを引用し、「チョウモウ・ランクマ山」（M. Tchoumou Lancma）とする地図を転載しているが、経線がかなり斜めになっており、版が異なるのかもしれない。いずれにせよ、中国・チベットで「チョモランマ峰」というのはここからはじまっている。

このダンヴィルの地図四二葉は『シナ新地図集』(*Nouvel Atlas de la Chine, de la Tartarie et du Thibet*. Paris, 1735) としてまとめられた。シナの各省のほかにタルタリー、すなわち中央アジア、シベリア、チベットまでも含んでいた。デュ・アルドは『シナ帝国誌』(*Description Géographique, Historique, Chronologique, Politique, et Physique de l'Empire de la Chine et de la Tartarie Chinoise*. Paris, 1735) 四巻を刊行し、ダンヴィルの地図集を補巻としたのである。一七三六年には仏語の第二版と英語版(ロンドン)が、さらに英語の新版が一七三八～四一年に、ドイツ語版が一七四七～四九年に出版。ダンヴィルの地図集も一七三七年に第二版、英語版は一七三八年に、新版は六四図葉で英語新版につけられたという。

ダンヴィルのチベットの地図では、チョモランマ峰のほか、ラサ (Lasa)、シガツェ (Jikse)、ニャラム (Nialma)、キーロン (Tchiron)、カトマンズ (Palpou Yanpou) などと、現在の地名と照合していると、あきることなく楽しめる。しかし、ダンヴィルはツァンポの大河がアヴァ＝ビルマ(ミャンマー)のアヴァ＝イラワディ(エーヤワディ)川に流れていると信じていた。

(3) インド測量局のスタートとジェームズ・レネル

一七三三年にチベットの地図を作成したブールギーニョン・ダンヴィルは、フランス東インド会社の求めに応じて、一七五二年に『インドの地図』(*Carte de l'Inde*) を公刊、その英語版は一七五四年に出版された。

一七五七年、イギリスの東インド会社は、カルカッタの北方でベンガル太守の軍隊を打ち破り、その背後にいたフランスの勢力を駆逐したプラッシーの戦のあと、これを好機として、商権の拡大から植民地拡大へと方向を転換していった。そして、東インド会社は支配地域の拡大にともなって、地図を整える必要があった。すでにフランスはダンヴィルによる地図を、まがりなりにも手にしている。ベンガルの支配権を得たイギリスも、ちゃんとした地図を作ら

写真5. ジェームズ・レネル
(*GJ*, 134, 1968, p. 342)

ねばならない。

そこでプラッシー戦役の司令官であったロバート・クライヴ（ベンガル総督）は、一七六五年に弱冠二三歳のジェームズ・レネル（James Rennell　一七四二〜一八三〇年）にベンガル地方の測量を命じた。これがインド測量局（Survey of India）のはじまりである。それから実質七年間、レネルはセポイ（現地人兵士）の一隊を連れて、緯度を測量し、耕地を調べ、川や集落、地形に関する情報を集めた。それは主に税務査定、つまり課税のためであった。そして一七六七年一月一日にレネル大尉をベンガル測量部部長（Surveyor-General in Bengal）に任命した。すなわち、これがインド測量局の初代長官といえる。レネルは若くして部長職を一七六七年から一一年間、つまり一七七七年四月まで勤めたが、クライヴも健康をそこね、六七年の一月二九日にカルカッタを去った。余談になるが、クライヴは一七七四年一一月二二日に自殺した。

レネルは一七四二年一二月三日、デボンシアーのチャドリに生まれた。一四歳で海軍に入り、そこで測量を学んだ。一七六三年の二一歳でイギリス海軍から除隊し、東インド会社の軍隊に入る。そこで測量の重要な仕事を任され、六六年に大尉となる。六七年に測量部部長に任命されたとき、月給は諸手当を含めて六〇〇ルピー、当時は八ルピーが一ポンドで、年収九〇〇ポンド。いまなら月給五四万円と換算できる。一七七三年にはベンガル、ビハールの東インド会社の領有地の測量を完了。仕事の中心はカルカッタとダッカだった。七五年に少佐に昇進したが、北ベンガルでは強盗団に襲われて重傷を負ったり、マラリアなどの熱帯風土病、ベンガルの苛酷な気候のために健康をそこね、七七年四月九日、まだ三五歳という若さだったが退職、カルカッタを去った。七八年二月にポーツマ

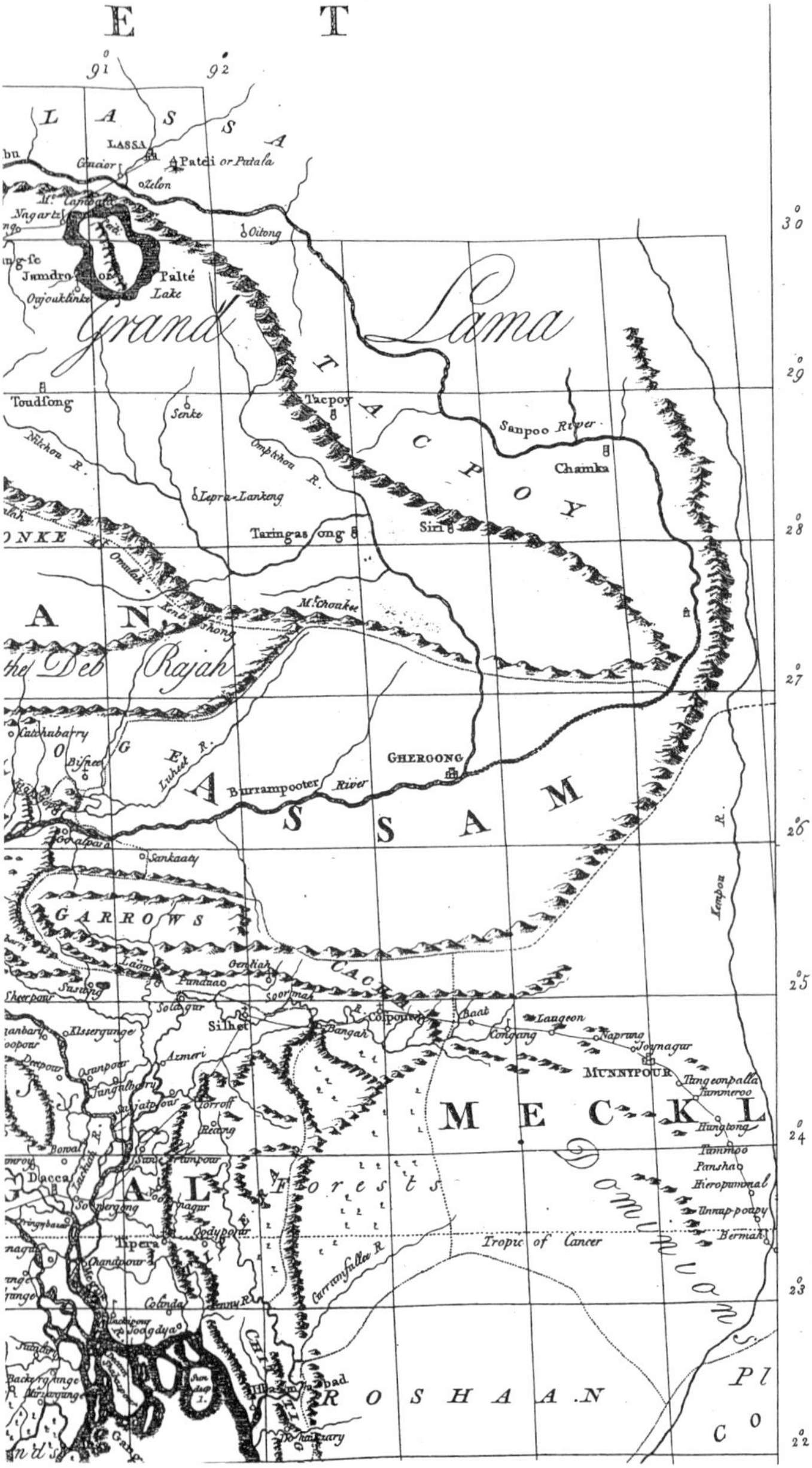

地図3．レネルの『ヒンドゥスタン地図』（1782年）（Phillimore, 1945, p. 66）

T H I B
84
85
86
87
88
89
90
Chammanning
Tepten
Changaprang
Changlaee
Sgigatche
Sanpoo River
Aridsong
Painam
Zuenga
Jagang
Country
of
the
Shiron
Tankia
Tingri
P A U L
Gorkah
CATMANDU
Paridrong
POURO
MOCAUMPOUR
Mocaumpour
TASSASUDON
B O O T
Damsong
M O R U N G
Bettyah
Durbungah
Cooch Behar
Hajypour
PATNA
Monghir
Purneah
Dinagepour
Rungpour
Goragot
B A H A R
Rajamahal
Maulda
Nattore
MOORSHEDABAD
Cossimbuzar
Birboom
B E N
Palamow
Ramgur
Burdwan
Chuta Nagpour
Hoogly
Chandernagore
CALCUTTA
Midnapour
MOHUR

スに着き、ロンドンに居を定める。

イギリスに帰ったレネルは、ダンヴィルと同様にインドとイギリスで資料を集め、一七七九年に『ベンガル地図帳』(*Bengal Atlas*)を作り、一七八一年にカルカッタの東インド会社で出版された。帰国前の七七年はじめには一四葉の地図を完成していたが、八一年には二〇葉となった。さらに一七八二年に『ヒンドゥスタン地図』(*A Map of Hindoostan*)二枚を作成し、翌八三年にロンドンで自費出版した。同時にその解説書ともいえる『論考』(*Memoir*)も発表した。一七八五年にはその『論考』の第二版が出て、ドイツ語版、フランス語版も公刊された。八八年には『地図』と『論考』がともに改訂・新版となり、その後、九二年、九三年と改訂が重ねられる。八八年から『地図』は四枚セットになった。

レネルはアッサムのブラマプトラ河(Burrampooter)とチベットのツァンポ河(Sanpoo)を同じものと考え、二つをつないでいた。これは正しい見解だったのだが、当時、ヨーロッパでは有名な東洋学者で旅行家、ドイツのクラプロート(Heinrich Julius Klaproth 一七八三〜一八三五年)などは「それは間違っており、ツァンポはイラワディ川、すなわちアヴァ川につながる」としていた。

イギリスにもどってしばらくして、レネルは一七八一年に学士院(Royal Society)の会員に選ばれ、九一年にその学士院からコプリー・メダルを受け、一八二五年にはゴールド・メダルを受賞した。インドから帰ってからも、インドの地図化に力を尽くしたが、一八三〇年三月二九日、八八歳で死亡し、ウェストミンスター寺院に埋葬された。その生涯をインドに捧げたレネルは「インド地理学の父」(The Father of Indian Geography)といわれる所以である。

(4) ボーグル、ターナーのチベット使節

プラッシー戦争のあと、一七〇〇年代後半になって、東インド会社、つまりイギリスは支配地、植民地を拡大し、

インド帝国の基盤を確立していく。そして次は当然のように、隣国のチベットやヒマラヤ諸国にも触手をのばしていった。R・クライヴの跡を継いでいたウォーレン・ヘースティングズは、一七七三年のインド統治法により、初代ベンガル総督（一八三三年からこれがインド総督となる）となった。そしてすぐにチベットの調査とその門戸開放をねらい、ブータンとチベットへ使節団を派遣する。

まず、総督の友人でスコットランド生まれのジョージ・ボーグル（George Bogle 一七四六〜八一年）がその任に選ばれた。彼は二三歳で東インド会社に入り、一七七〇年にカルカッタに来た。会社の徴税人で二七歳の一七七四年五月にカルカッタを出発した。同行者は外科医のA・ハミルトン（Alexander Hamilton）で、カルカッタからクーチ・ビハール、ブクサ・ドゥアール、そして六月一四日にタッシスドン（Tassisudon, Tashi-choidzong とも書き、今のブータンの首都ティンプー）に着いた。プナカにも行ったりして四か月滞在。一〇月一三日に出発し、チョモラーリ峰の南西二五キロの低い峠、テモ・ラ（約四七〇〇メートル）を越えて、九日後にチベットのパーリ・ゾンへ。そこに四日滞在したあと、チョモラーリの雄姿を眺めながら、一一月二日にギャンツェ（ボーグルはGiansu という）へと出た。テシュ・ラマ（タシ・ラマ、パンチェン・ラマともいう）は四〇歳ぐらいだったというが、当時のシガツェには天然痘が流行し、タシ・ラマはツァンポ北岸のチャムナムリンに避難していたので、一一月八日、二人はそこへ行った。一か月後にタシ・ラマがシガツェのタシルンポ寺院にもどったので、二人も同道する。

写真6. ジョージ・ボーグル
(F. Younghusband, 1910, p. 8)

ボーグルはタシ・ラマと友好関係を結んだが、ダライ・ラマのラサ当局はインドとの通商協定を拒否した。ダライ・ラマの摂政、その背後の中国が拒否したのである。ボーグルらは七五年四月にシガツェを離れ、帰国の途についたが、ボーグルはタシ・ラマの従姉妹《いとこ》というチベット娘とねんごろになり、連れて帰った。二人の間には娘が二人誕生したという。タシ・ラマとボーグルはヒンドゥスタン語で会話ができ、通訳は不要であった。

ボーグルは六月にインドに帰ったが、チベットのブラマプトラ（ツァンポ）河を見て、渡河したはじめてのイギリス人となった。ヘースティングズはチベットとの通商交渉を再び考えて、一七七九年にボーグルを再度指名する。ところが、タシ・ラマは北京へ行き、しかもそこで天然痘にかかり、八〇年一一月に死去してしまう。ボーグル自身も三四歳の若さでカルカッタにおいて病死する。ふたりのせっかくの細い糸も切れてしまった。

そこでヘースティングズ総裁（在任一七七四～八五年）は、新しいタシ・ラマの転生の祝賀を兼ねて、二度目の使節団を送ることにした。総裁の従弟で東インド会社軍の若い中尉サミュエル・ターナー（Samuel Turner 一七五七か五八～一八〇二年）が起用された。測量官サミュエル・デイヴィス中尉（Samuel Davis ブータンまで）とロバート・ソンダース医師（Robert Saunders）が同行した。一七八三年五月にブータンに入り、タッシスドン（ティンプー）に約一か月滞在し、プナカも往復。タッシスドンを九月八日に出発して、二週間ほどした九月二三日にタシルンポに到着する。二か月ほど滞在する間にシガツェの位置を測定し、北緯二九度四分二〇秒（現在は二九度一三分）、東経八九度七分（同八八度五五分）とした。また主目的の生後一八か月のタシ・ラマ四世（七世）と会見したものの、ほかのことはほとんど実りがなかった。

幼児のタシ・ラマは英知に富み、自分自身は言葉をしゃべれないけれども、驚くばかりの威厳と礼儀作法をもつ、と報告する。ターナーたちはシガツェを八三年一二月二日に離れ、ブータンではプナカのデブ・ラジャを訪問して、八四年春にインドにもどった。翌年にはヘースティングズが死亡し、インドとチベットの関係も切れてしまった。一七九八年にイギリスに帰ったターナーは、一八〇一年一二月にロンドンの街路で脳卒中のために倒れ、一〇日後の一八〇二年一月二日、四三歳でその生涯を閉じた。

地図4．ボーグル，ターナー，マニングのルート図（Markham, 1879）

(5) ネパール（ゴルカ）とチベット

ヒマラヤを境にして国を接するネパールとチベットは、古くから密接な関係を持ってきた。七世紀にはネパールの王女ブリクティ（ティツゥン）がチベット王のソンツェン・ガンポに嫁いだといわれる。国境に近いチベットの町ニャラムは、かつてクティとも呼ばれ、ネパールにたびたび占領されてきた。史実のはっきりしてくる一七世紀には、ネパールはいく度もチベットに侵入し、ヒマラヤの分水嶺の南にあるキーロンを占領したり、このキーロンやニャラムを両国で共同管理したりした。

一七六九年には地方の豪族の一つ、ゴルカのプリティヴィ・ナラヤン・シャハ王がカトマンズ盆地を完全に制圧。マッラ王朝を滅亡させて、今日のネパールをほぼ支配し、現在に至るゴルカ王朝が成立した。同時にまた、チベットとの国境の、キーロンやニャラムにまで勢力を伸ばし、領土の拡大、膨張政策をとり続けた。一七七四年には、当時、チベットの属国であったシッキムに侵入、翌年にはキーロンに再侵入した。一七八八年にはシッキムに再度侵入し、翌八九年にはネパールに併合してしまう。

この一七八八年、ゴルカ王朝はまたまたチベットに軍隊をさし向けた。その理由は次のようなものであった。

①ネパールの通貨（銀貨）をチベットでも流通させることに、チベットがなかなか同意しない。

②チベットの役人がネパールからの商品、輸入品に重税を課した。

③チベットが土砂の混入した粗悪な塩をネパールへ輸出した。

④ラサでネパールの商人が襲撃され、不当な扱いを受けた。

⑤第六代（数え方では第三代）のパンチェン・ラマの弟シャマルパがカトマンズにあり、ネパールの摂政と親しく、侵入を教唆したらしい。

写真7．ペ・チュー（ボーテ・コシ）の大ゴルジュ
（1985年，著者撮影）

そしてネパールはニャラム、キーロン、ゾンカなどに出兵し、そこを占領。一部はシェカル（シガール）を経て、シガツェにまで接近した。当時のチベットは、一七五〇年以来、主権を制限されて清朝の宗主権下にあったため、清朝は四川方面からチベットへ援軍を差し向けた。他方、パンチェン・ラマは一時シガツェからラサへ避難した。こうして清蔵連合軍はゴルカ軍に対したが、ゴルカは清の援軍派遣を知って、すみやかに撤退し、ほとんど戦闘が行われないまま、和平、休戦となった。

講和協定では、ネパールが占領地を返還する代償として、チベットは償金（地租）を年賦で支払うこと。また、ネパールは清の朝廷に朝貢使を送ることなどが決められ、一七八九年にはその第一回の使節が北京へ向かった。一七九一年にはゴルカが再度チベットに出兵し、ニャラムを占領した。チベットが講和の協定にもとづく約束の金を支払わなかったためである。尼蔵戦争の再燃で、ゴルカは続いてキーロン、ゾンカを攻撃し、ティンリ、サキャを占領。八月二〇日にはシガツェのタシルンポ寺院に侵入し、略奪した。そして一七日間にわたって占拠した。パンチェン・ラマはまたしてもラサへ逃れた。

乾隆帝はすぐに援軍を四川と北京から急派した。清蔵連合軍の総兵力は一万二〇〇〇人ほどという。翌九二年にニャラム、ゾンカを取りもどし、さらにキーロンも奪還した。このさいにゴルカを徹底的に叩けという北京の命令によって、六〇〇〇人の本隊はキーロンからトリスリ川を南下。モンスーンに苦労しながらも、ラスア、シャプル、ドゥンチェ、ラムチェ、ダイブン、そして七月三日、ベトラワチ（ヌワコット地区）に至った。そこで七〇〇〇〜八〇〇〇人のゴルカ軍に遭遇し、清蔵軍は大損害を蒙った。ベトラワチからカトマンズまでは三駅で約八〇キロ、ゴルカ軍は必死の抵抗をしたのであった。一方、ニャラムから三〇〇〇人の別働隊がカサ（ザンムー）からネパールのコダリに進出、二隊はカトマンズで会う手はずになっていた。

一九六六年一月、カトマンズからカカニの丘を越えてベトラワチを通り、ランタン谷の入り口シャブルベンシまで行き、さらに東の聖湖ゴサインクンドに登った。そこからキーロンの町が遠望できた。九四年一二月には車でシャブルベンシまで行ったが、このトリスリ川のゴルジュ地帯と、コダリ〜ニャラム間のボーテ・コシの大峡谷を比較すると、後者の方が地形的により険しいと思う。いずれにしても、ヒマラヤの登山隊で百人単位のポーターを通すだけでも時間がかかり、難儀な難場のことを思うと、いくら訓練された兵士とはいえ、数千人が一度に行動するのは、たいへんな作戦であったろう。

ベトラワチの激戦のあと、両軍はにらみ合って対峙し、そのまま講和となった。一七九二年八月二一日、清蔵軍はベトラワチから撤兵、チベットに引き上げた。和平に至ったのは、清蔵軍の兵站線がのびきり、戦力も限界に近づいたこと、冬にヒマラヤの峠が雪氷に閉ざされ、孤立するのを恐れたこと、ゴルカ側は戦費の不足、またゾンカ以来、ダイブンまで連敗を重ね、カトマンズまであと一息のところまで攻め込まれたことなどによる。双方とも潮時であったのである。

こうして第一次ゴルカ＝チベット戦争は終結した。ネパールはタシルンポなどでの略奪品をチベットに返還し、五年に一度、北京に朝貢することになる。ネパールは遠いから五年ごとになり、ルートはキーロン経由と決められた。

第一回の朝貢使はチベットでパンチェン・ラマやダライ・ラマに謝罪したあと、北京に一七九二年一二月二四日に到着した。また、清軍の大将軍福康安は戦功記念碑（ゴルカ戦勝碑）をポタラ宮の前（いまは龍神殿公園の中）に建てた。

(6) チベットの鎖国とマニングのラサ行

ゴルカ（ネパール）は東でシッキム、北でチベットに侵入し、さかんに領土を拡張していったが、南ではイギリス（東インド会社）と紛争を起こす。これについてはあとで述べよう。

さて、ゴルカが一七八八年にチベットに侵入したとき、パンチェン・ラマの摂政が東インド会社に対し、ネパール軍がタシルンポに向かって進撃しているから、救援を要請したいという書簡を送った。しかし、ヘースティングズからベンガル総督を引き継いでいたチャールズ・コーンウォリス（Charles Cornwallis　在任一七八五〜九三年）は、この援助要請を断り、中立を保つことにした。かわって宗主権を有する清朝が四川から援軍をチベットに派遣した。このことはすでに述べたとおりである。このあとの、一七九一〜九二年の第二回の戦役のとき、ゴルカはカルカッタに武力援助を請うたが、イギリスは一七九三年三月、W・カークパトリック大尉（William Kirkpatrick　一七五四〜一八一二年）の使節団をチベットとの仲裁にカトマンズへ派遣しただけで、それも役には立たなかった。しかも、このことが清蔵側に知られ、ゴルカ侵入の背後にイギリスありとして、強い猜疑心を抱かせることにもなった。そしてチベットは一七九二年以降、すべての外国人のチベット入国を禁じ、完全な鎖国政策をとることになる。かくして清（中国）は、チベットに対して宗主権、発言権を強めていった。

この当時の、ネパールからチベットへの峠越えのルートは、一般的にニャラム（クティ）かキーロンであった。ほかに東部ではカンチェンジュンガ峰の西方のティプタ・ラ、エヴェレスト峰の西のナンパ・ラ、中部ではカリ・ガンダキを遡り、ムスタンからチベットのタドゥムへのルートなどがあった。

一七九三年にネパールとチベットの仲裁に出向いたイギリスの使節団は、カトマンズへたどったルート上で測量を行った。コンパスで方位角を、歩いた時間で距離を計算し、地図を作成した。そのあと、一七九五年にイスラム聖者のアブドゥル・カーディル・ハーン（Abdul Kadir Khan　カークパトリック使節団の一員）がカトマンズに派遣され、通商の可能性をさぐり、さらにカトマンズに駐在官を置くことを求めたが、許可されなかった。

ついで一八〇一年、ウィリアム・ノックス大尉（William D. Knox　カークパトリック使節団の護衛官）がネパールとの条約に署名、カトマンズに公邸を設けることを認められ、ノックスが初代の駐在官となった。しかし、市内の政情不安などのため、在任一年にして、一八〇三年にノックスは退去。条約は死文化し、一八〇四年に破棄された。だが、この間にノックスの護衛指揮官であったチャールズ・クロフォード大佐（Charles Crawford　一七六〇〜一八三六年）は、首都カトマンズの緯度や経度を計測し、盆地の大縮尺図を作成した。また盆地の外縁の丘陵からヒマラヤの高峰を観測、一八〇二年一〇月二六日にダイブンから八峰を測量した。クロフォードはベンガル歩兵連隊に属していたが、一八一三〜一五年にベンガル測量部部長を務めていた。

このノックスのネパール使節団に随行していた軍医フランシス・ブカナン（のちに母の名前をとり、ブカナン＝ハミルトンとする。Francis Buchanan-Hamilton　一七六二〜一八二九年）は『ネパール王国の報告』（一八一九年）を公刊した。その中にクロフォードの成果が収録されたが、その後、ネパールでの測量報告は失われたという。

対ゴルカ戦争のあと、ゴルカと通じていたと思われたイギリス（東インド会社）に対して、一七九二年からチベットは固く扉を閉ざしてしまったが、一八一一年に風変わりなイギリス人がラサに入った。その名前はトーマス・マニング（Thomas Manning　一七七二〜一八四〇年）といい、イギリス人としてははじめてであった。

イングランドはノーフォークの出身で、ケンブリッジでは有名なチャールズ・ラムの友人であったマニングは、中国語を学び、それをよくしたといわれる。そして東インド会社に入り、三四歳の一八〇七年、広東の中国駐在員に任命された。三年間滞在したあと、一八一一年にカルカッタの本社に出かけ、チベットのラサで駐在員として働きたいと願い出たが、一蹴された。そこでその年の九月はじめ、個人的にカルカッタを出発。中国人を一人雇い、ブータンを経由し、パロにしばらく滞在したあと、一〇月二〇日に国境を越え、チベットに入った。パーリ・ゾンには一〇月二一日から一一月五日まで滞在し、中国の役人を懐柔する。

その役人にブランデー二本とワイングラスをプレゼントし、さらに医薬品も贈ると、たいへんよく利き、ラサにいる役人に入域許可をマニングに与えるように手紙を書いてくれた。そしてパーリ・ゾンからギャンツェ(マニングはGiansuという)に行き、そこに一六日間滞在。ヤムドク湖、カムバ・ラ(峠)を経て、一八一一年一二月九日、ついにラサに到着した。イギリス人でははじめてであった。

ラサでは一二月一七日、七歳になるダライ・ラマを訪問したが、マニングは中国の官憲の監視下に置かれており、ラサから中国本土への横断は拒否された。そして一八一二年四月一九日にラサをあとにし、五月一日にパーリ・ゾン、ブータンを経て六月一〇日にクーチ・ビハールに帰着した。そしてその後、すぐにイギリスへもどった。

マニングは自分の旅について、あまりくわしくは語っていないが、鳥葬のことを皮肉たっぷりに、「チベット人は鳥を食べない、反対に自分を鳥に食べさせる」と書いた。東インド会社にラサ行の報告をしたとき、関係者を驚かせたという。

写真8. トーマス・マニング
(G. Woodcock, 1971, p. 208)

第四章　大三角測量の開始とヒマラヤ地域の探検

(1) 大三角測量とラムプトン

ある地域の地図を作ろうとするとき、まず地球上の位置、つまり、緯度・経度を天体観測によって知る必要があった。いまならば、人工衛星によって、カーナビで簡単に車の位置を知ることができるように、GPS（全地球測位システム）の小型機器を使えば、自分の大体の位置と高度がわかる。また高さだけなら、気圧計を応用した高度計で、かなりの精度で高度が読み取れる。しかし、昔はそういかなかったけれども、反面、精度の高い数値が求められた。

わが国の高さの基準は東京湾の平均海水面である。それを原点として、測高の基準となる水準点網は全国に広がっている。中国の水準原点は山東省の青島《チンタオ》の検潮所にあり、これをゼロメートルとしている。インドの場合は、ベンガル湾など、インド洋に面した七か所の海岸の平均海水面をゼロメートルとする。したがって、ヒマラヤの峰々はこれら中国とインドの、はるか遠くの水準原点を基準にしているから、両国の国境稜線上のピークでは、高度が一致するとは限らない。ネパールはインドのものを基準としているから、エヴェレスト山群でみたところ、不一致の方が多いのである。

さて、ジェームズ・レネルがベンガル地方の路線測量をR・クライヴから命ぜられたのは一七六五年であった。そして一七六七年にベンガル測量部部長に任じられた。この部長の七代目はC・クロフォード（在任一八一三〜一五年）で、カトマンズ盆地で測量を行っていた。かなり遅れてボンベイ地区にも測量部が置かれ、部長職の初代は一七九六

～一八〇七年、二代目は一八〇七～一五年であった。マドラス地区は一番遅くて、初代部長は一八一〇～一五年。しかし、一八一四年六月、東インド会社はこの三州の測量部を一つに統合することに決定した。そして一八一五年五月一日に「インド測量局長官」(Surveyor General of India)が誕生し、その初代長官にマドラスの部長であったコリン・マッケンジー(Colin Mackenzie 一七五三～一八二一年、長官在任一八一五～二一年)が指名された。彼はマドラス工兵連隊に属し、三〇年以上もマドラスで働いていた。

当初は、三つの測量部がそれぞれに作業を進めていた。だが、広大なインド亜大陸を相手に、次々と勢力範囲を拡大していくイギリス(東インド会社)にとって、統一的な地図の作成が急務であった。その第一歩はインドの主要部をつなぐ、三角測量網を構築することであった。一八〇〇年、イギリス陸軍第三三歩兵連隊のウィリアム・ラムプトン(William Lambton 一七五三～一八二三年、大三角測量部長一八一八～二三年)は、マドラス州庁に三角測量を提案、認可され、その年末から作業がはじまった。まずバンガロールで基線測量が開始されたが、一八〇二年から本格的に着手された。

写真9. ウィリアム・ラムプトン
(Phillimore, 1954, p. 472)

ラムプトンはアメリカ独立戦争に従軍したあと、インドにやって来た。かれは三角測量と同時に、緯度一度分の直線の長さと、異なる緯度における経度一度分の長さを決めたいと考えていた。そのために特別の経緯儀を発注していた。そして一八〇六年、インド最南端のコモリン岬から測量がはじまる。七八度の子午線(経線)にほぼ沿って北上、「大円弧」(The Great Arc=The Great Indian

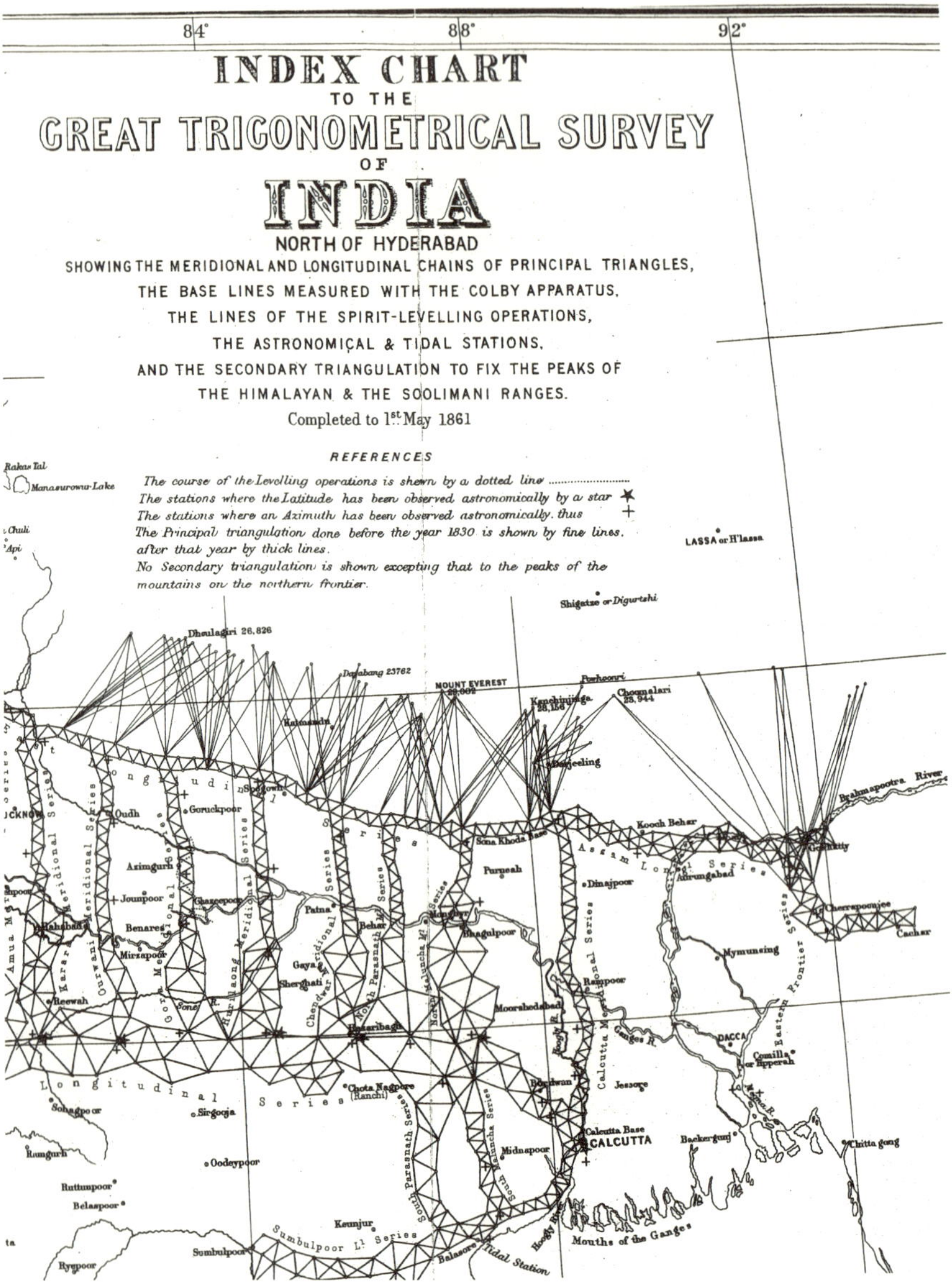

(Phillimore, 1968, p. xvi)

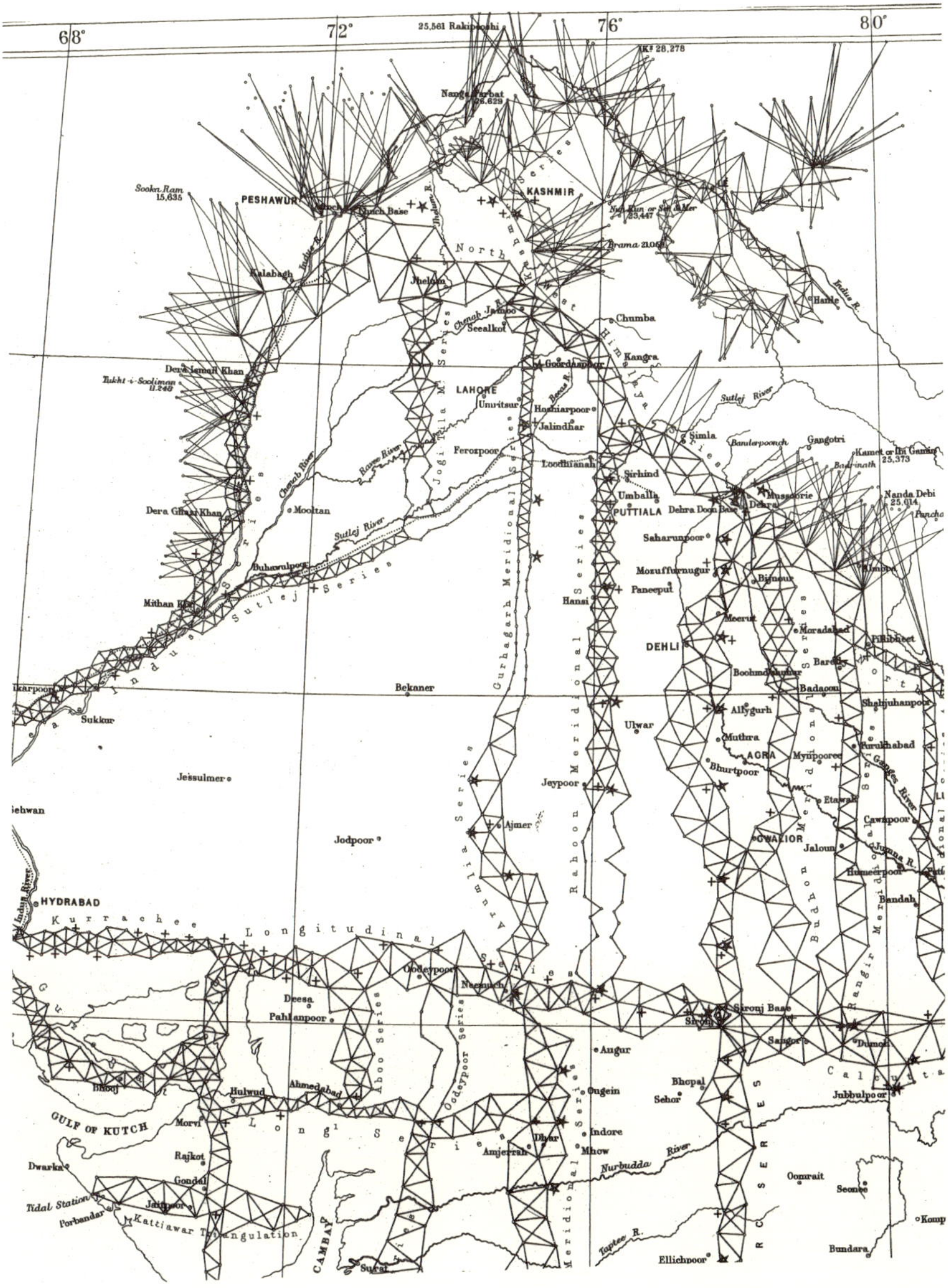

地図5. インド大三角測量網

Arc of the Meridian) の計測の大事業がはじまった。

一八一八年一月一日、「インド大三角測量部」(The Great Trigonometrical Survey of India、一八七八年から単に Trigonometrical Survey となる) が公式に命名され、ラムプトンが初代部長を拝命。同時にあのジョージ・エヴェレスト (George Everest 一七九〇〜一八六六年) が主任助手に指名された。ちなみに、ラムプトンは部長として月給一三〇〇ルピー (約一三〇ポンド=九三万六〇〇〇円)、エヴェレストは月給六〇〇ルピー (四三・二万円)。エヴェレストが加わったときのラムプトンは、大司教か族長のような態度で、三人の助手、約三〇人の護衛、大きな道具とテントのための下男が四〇〜五〇人。測量用の旗竿人夫などが少なくても三〇人。これに家族連れとなると、さらに人夫が加わることもあったという。

ところが一八二三年一月二〇日、ラムプトン中佐はナグプールの南の、野外作業のテントの中で、結核のために七〇歳で死去した。そのため、エヴェレストが三月七日、あとを継いで二代目部長となる。この二三年から大三角測量部はインド測量局長官の管轄下に入っていた。一八三〇年にはエヴェレストはその長官職に就任し、四三年に退職するまで両者を兼務した。

エヴェレストが部長になってからも、三角測量の主基線は着実にのびて、一八三七年までにヒマラヤ山麓のデーラ・ドゥン (インド測量局本部) まで到達。一八四一年には二四〇〇キロの大子午線弧が完成した。ここまで四〇年かかったことになるが、三角測量はさらに続けられ、セポイの反乱の間も中断することなく、カラコルム山脈までものびていった。

(2) イギリス=ネパール戦争

ネパール中部のゴルカ (グルカ) から興ったゴルカ王朝は、カトマンズ盆地のマッラ王朝を滅ぼし、ネパールを統一したあと、たえず近隣諸国に侵入し、領土の拡大を行ってきた。その最たるものはチベットとの戦争である。一七八九年はシッキムも併合していた。一八〇六年には西のカリ川からサトレジ川まで支配して、いまのインドのクマオンとガルワル地方を併合した。一八〇一年にはイギリス（東インド会社）と友好条約を締結したものの、一八〇四年には破棄していた。そして一八一一年には南に国境を越えて、英領インドの土地を占領した。タライ地方の領有権を主張するイギリスは撤退を求めたが、ネパールは拒否し、ここで双方の武力衝突が起こる。

一八一四年一一月、ベンガル総督がネパールに宣戦布告。英＝ネパール戦争（Anglo-Nepali［Gurkha］War）がはじまった。一進一退はあったものの、約三万人の近代的装備のイギリス軍の前に、一五年の初頭にネパール軍の本隊は降伏して、停戦となった。講和の交渉が一五年五月からビハール州のスガウリではじまる。同年一二月、条約の調印が行われたが、ネパール側の批准が遅れたので、イギリス軍がカトマンズに向かった。これを知ったネパール側は一六年三月、条約同意を伝え、英ネ戦争は実質的に終結を迎えた。

スガウリ条約の内容は次のようであった。ネパール側は南部タライ地方を放棄する。それによるネパールの損失に対し、イギリスが毎年二〇万ルピーをネパール側に支払う。さらにカリ川以西のクマオン地方をイギリス領とし、またネパールはシッキムの領域を放棄する。カトマンズにイギリスの駐在官（公使＝レジデント）を常駐させる。ネパールはイギリス側の許可なしに欧米人を雇用しない、などであった。

それまで続いたネパールの領土拡張政策も、この英ネ戦争によって挫折することになる。そしてイギリスは一六年一二月、二〇万ルピーの年金支払いをやめることにし、タライ地方の大部分をネパールに返還。ネパールの領域はほぼ現在の形になった。またネパールは、領内に外国人を入れない政策、つまり鎖国政策をとることになり、イギリスの駐在官もカトマンズ盆地から外に出ることを許されなかった。

イギリスの軍人たちはこの戦争を通じて、ネパールの兵士の勇猛果敢さを知り、スガウリ条約にイギリス軍への傭兵志願の条項を加えた。さっそくにネパール軍のガルワル、クマオン出身者による傭兵連隊が編成された。イギリスはネパールをグルカ（ゴルカ）と呼んでいたので、この傭兵はグルカ（ゴルカ）兵と呼ばれ、これは現在に至っている。この傭兵徴募のためのイギリス軍将校の入国は許可されていた。

一八五七〜五八年のセポイの反乱のとき、ネパールは反乱鎮圧に軍隊を貸したが、その報奨として、一八一五年にイギリスが併合し、一六年に返さなかったタライ地方の残りを一八六〇年に返還した。しかし、ネパールの鎖国はそのままで、これは第二次世界大戦が終わるまで続く。

(3) 西部ヒマラヤの探検

イギリスは一九世紀に入って、いっそう支配地域を拡大していった。ネパール戦争でクマオン（ガルワル）を奪取し、その地域でインドとチベットが直接に国境を接することになる。第一次ビルマ戦争（一八二四〜二六年）でアッサムを併合、二度に及ぶシーク戦争（一八四五年と一八四八年）でカシミールとパンジャブ地方の全域を掌中に収めた。第一次アフガン戦争（一八三八〜四二年）のあと、イギリス人はアフガニスタンに入れなくなったが、これらの作戦にはいつも測量班が加わっていた。一九世紀に入って、「大三角測量」の大事業がはじまり、ヒマラヤを含むインド亜大陸全体の地図を作成するために、積極的に探検と測量が進められた。

一八〇八年の四月から六月にかけて、ベンガル歩兵連隊でベンガル測量部のウィリアム・ウェブ大尉（William Spencer Webb　一七八四〜一八六五年）、F・V・レイパー中尉（F. V. Raper）、H・Y・ハーシー中尉（H. Y. Hearsey）の三人が、ガンジス川の源流バギラティ川を探検、バドリナートまで行った。ウェブはまた、翌九年から一〇年にインド平原からヒマラヤの高峰を測量し、ネパール領内のダウラギリ峰を四か所から観測して、二万六八六二フィート（八一八七・五メートル）とした。現在は八一六七メートルとされ、その差は二〇メートル。直線距離にして一五〇キロ以上も離れた地点からの計測としては、二〇〇年ほど前の時代を考えれば、実に立派な測量であったといえよう。

ネパール戦争のあと、イギリスは国境を接することになった西チベットと、自領となったクマオン、ガルワルに大きな関心をもち、山岳地帯とチベットの国境まで測量することを、総督が測量局に命じた。前述のウェブは五年かけてクマオンの測量を仕上げ、ナンダ・デヴィ峰を七八二四メートルと計測した。ウェブのほかに、ジョン・ホジソン（John A. Hodgson　一七七七〜一八四八年）らも一八一六年夏からクマオンとガルワルの探検・測量を行った。また、ベンガル歩兵連隊のアレキサンダー・ジェラード（Alexander Gerard　一七九二〜一八三九年）とその弟たち、軍医のジェイムズ（James Gerard　一七九三〜一八三五年）、同じく歩兵連隊のパトリック（Patrick Gerard　一七九四〜一八四八年）の三兄弟は、一八一七年から二八年にかけてバシャール、スピティ、ガルワル地方を広く踏査した。一八一八年にはレオ・パルギャル峰（六七九一メートル）を約六〇〇〇メートルまで試登した。またトレイル（Geoffrey Traill）は一八一七年から二八年までクマオンの副知事を務めたが、民政官として一七年から三五年にかけて、クマオンを広く歩き、一八三〇年には有名なトレイル峠（五三九五メートル）を越えた。

写真 10.　ムーアクロフト
(G. Alder, 1985, p. 242)

(4)　ウィリアム・ムーアクロフト

マニングがチベットのラサからもどった一八一二年、同じ東インド会社のウィリアム・ムーアクロフト（William Moorcroft　一七六七〜一八二五年）とハイダー・ヤング・ハーシー（Hyder Young Hearsey　一七八二〜一八四〇年）は、入れかわるように西チベットに入った。ムーアクロフトはランカシア生まれ（フィリモアの『インド測量局史』第三巻では一七八六年ごろに誕生とあるが、六七年が正しいようだ）、リバプールで外科医となり、ロンドンとフランスで獣医学を学び、ロンドンの獣医学校の教授になる。ところが、東インド会社が獣医をさがしていることを聞き、一八〇八年五月にイギリスを出発。同年一二月にベンガル政庁の獣医兼会社の種畜場長になった。四一歳のときで、場所はパトナ近くのプサ、年俸は三万ルピー、約三〇〇〇ポンド（二一〇〇万円）の高給であった。この上は総督や軍の指令長官ぐらいだったという。そして、馬匹改良という仕事上、各地を旅行することになる。

まず一八一一年、一月から八か月間、プサからガンジス川源流のハルドワル、デリー、アグラ、アラハバードなど、約二四〇〇キロも歩いてきた。そして翌一二年五月、ハーシーをつれて西チベットに向かった。それは新しい種馬の買い付けと、チベットとの羊毛交易の可能性を調査するためである。ハーシーはベンガル歩兵連隊の一士官の私生児で、英印混血の東インド会社社員。一八〇八年にはウェブらとガンジス川源流の探検に出かけていた。

二人はカイラス山巡礼のヒンドゥー教のマハント（修行僧）に変装し、アラクナンダ川からジョシマートを経て、カメット峰東方のニティ峠（五〇七〇メートル）を越えて入蔵。ガルトクからマナサロワール湖に八月六日に達した。一一月にインドにもどったが、帰途において、チベットのダバ・ゾンで逮捕された。これをミラム地区から国境を越えてやってきたブティア族のダム（Dhamu）が助け、解放にこぎつけた。しかし、クマオンにもどると、次はそこを支配していたネパール（ゴルカ）人に拘留された。だが、これもうまく脱出できた。ここでついでに触れると、ダムの子供に、兄ビル・シン（Bir Singh）と弟デブ・シン（Deb Singh）がいた。このビル・シンの息子がナイン・シン、デブ・シンの息子がキシェン・シンといい、二人は、のちほどインド測量局で大活躍する、偉大なパンディットであった。彼らの活躍については、あとでくわしく語ろう。

さて、ハーシーはこの探検で政庁から四〇〇〇ルピー（約二九〇万円）をもらった。またムーアクロフトはこの踏査にクマオンのハルク・デヴ（Harkh Dev）というパンディットを雇い、全行程の歩測をさせた。一歩は約六〇センチであった。パンディットとは、ヒンドゥー教の知性と学識のある人という意味である。インド測量局がのちに本格的に雇用する、現地人測量員、密偵、本書の中心であるパンディットの先駆けとなるものであった。

ムーアクロフトはまた、西チベットに向かうとき、将来において自分も出かけるための、予備調査のような形で、現地のペルシア人のミール・イゼット・ウラー（Mir Izzet Ullah あるいは Izzat Allah ?～一八二五年）をエージェント（密偵）として雇い、北方のトルキスタンへ派遣した。ムーアクロフトがマナサロワール湖に行っている間の八月、インダス河畔のアトックを出発し、カシミールのスリナガル、ラダックのレー、さらにカラコルム峠を越えて、一二月二日にヤルカンド着。ついでカシュガル、ブハラ、アフガンのカーブルと調査し、一三年一二月にインドに帰った。猜疑心の強い人たちが住み、しかも危険の多い地域での情報収集は、現地人を使うのが一番であり、有用だとムーアクロフトが考え、そしてミール・イゼット・ウラーは十二分にそれに応えたようである。

ついで一八一九年、ムーアクロフトは馬の品種改良のため、ブハラ汗国のブハラで種馬を入手したいと上申し、許可と資金を得た。そして一〇月にバレイリーを出発する。同行するのは弱冠一九歳の東インド会社の測量士ジョージ・トレベック（George Trebeck　一八〇〇～二五年）、英印混血の薬剤師助手ジョージ・ガスリー（George Guthrie ?～一八二五年、フィリモアによれば外科医助手という）。大旅行は六年間にも及び、最後は不幸にして不帰の客となるものであった。

三人には二人の現地人測量士、ムーアクロフトのかつての同行者ハーシーの部下グーラム・ハイダー・カーン（Ghulam Hyder Khan）、それに信任の厚かったミール・イゼット・ウラーが付き従っていた。バレイリーを出たムーアクロフトは、まずクマオンのアルモラに行き、政務官のG・トレイルに会う。それから北上し、ガルワルのジョシマートに達する。ついで西に向かい、ラホールを往復したあと、カングラ、クルー、ラフールを経てバララチャ峠を越え、二〇年九月二〇日にラダックのレーに着く。出発してから一年も経っていた。

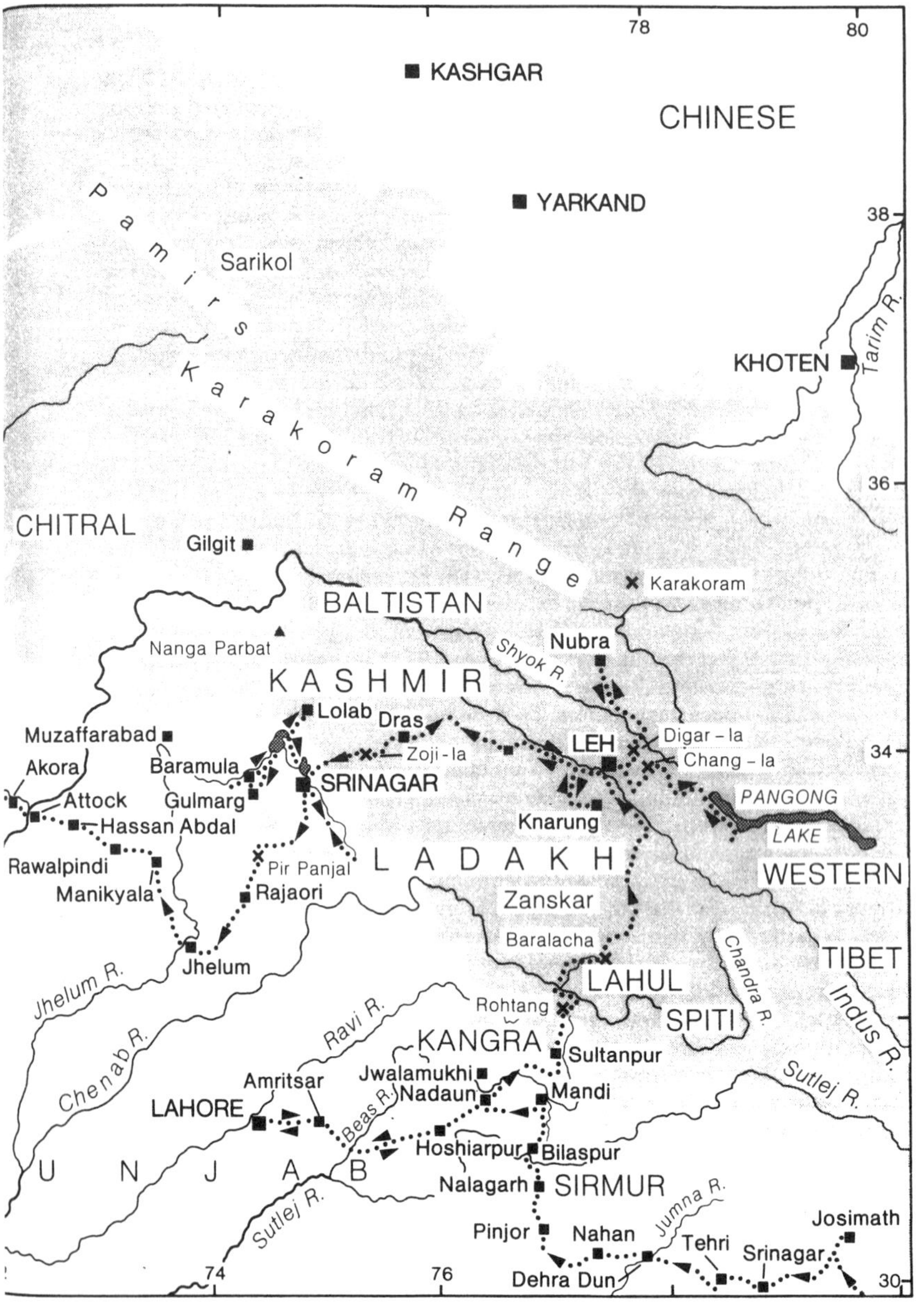

(1820〜25年)(Alder, 1985, p. 226)

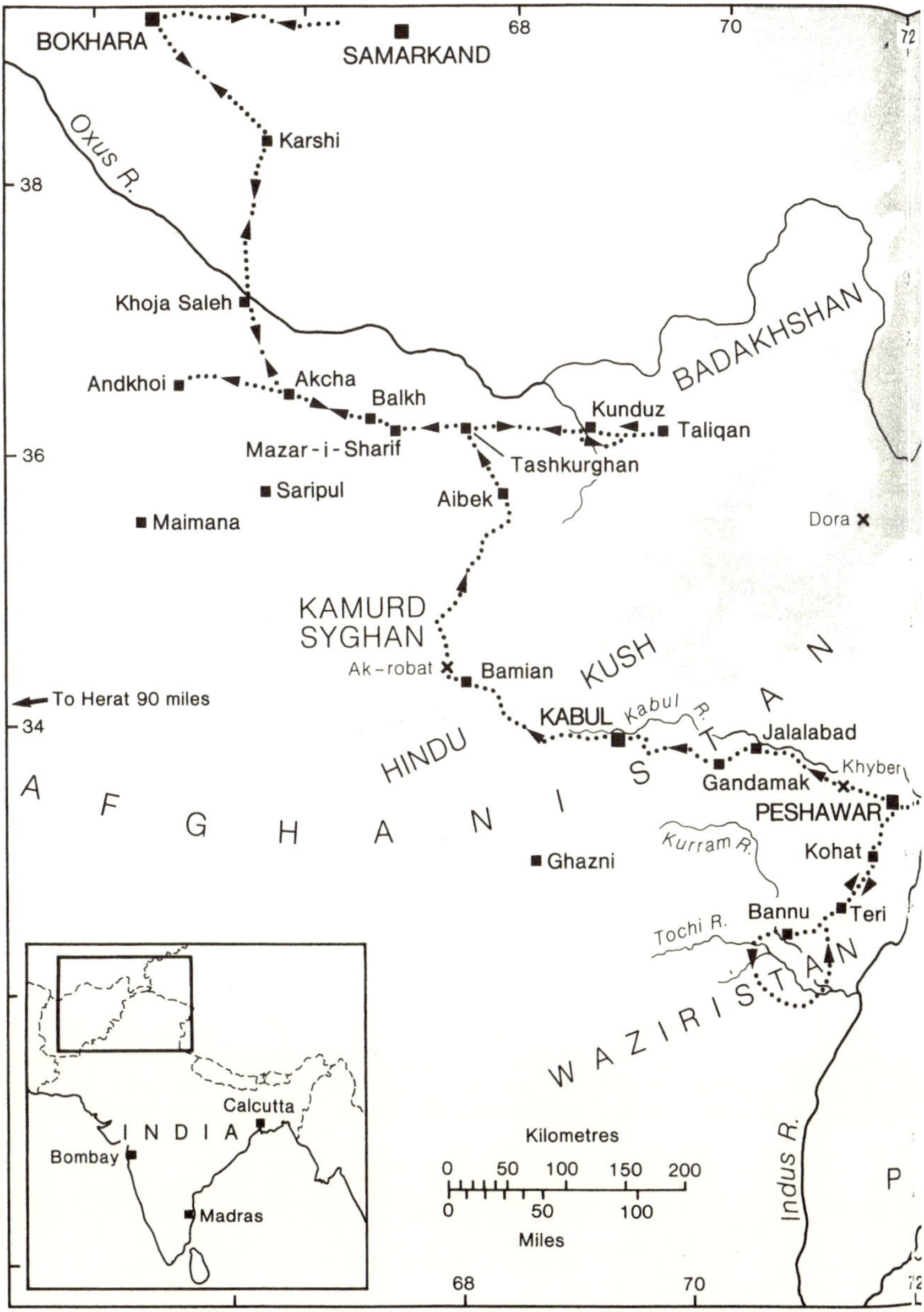

·········· ムーアクロフトのルート　　× 峠

地図 6. ムーアクロフトのルート図

一八二一年八月、ミール・イゼット・ウラーは二か月の予定でヤルカンドへ派遣され、九月二五日にそこに着き、ムーアクロフトの入域の可能性をさぐった。ムーアクロフトはヤルカンドからブハラへ行く意図を持っていたが、それが無理なことがわかり、アフガンを通ってブハラに行くことに決定、ラダックに結局二年間滞在した。二三年九月二〇日にレーを発してゾジ・ラを越え、一一月三日にカシミールのスリナガル着。あちこち踏査ののち、二三年九月に再び出発、パンジャブのランジート・シンの許可を得て、ジェルム、ラワルピンディを経て一二月九日にペシャワルに達する。そこに六か月滞在。

一八二四年五月二四日、ペシャワルを再び出発。ハイバル峠を越えて、六月二〇日にアフガンのカーブル着。カシミール人とゴルカ人の従者はこの先の同行を拒否したが、八月一七日に一行はカーブルを出発した。バーミヤンを通ってタシュクルガンに着き、そこから東のクンドゥズを往復。二五年二月一一日にオクサス川を渡り、二五日にブハラに入った。ミール・イゼット・ウラーはムーアクロフトとクンドゥズを往復したあと、熱病にかかり、来た道を引き返したが、二五年二月にペシャワルで病死した。

ブハラではいい馬を購入できた。八月四日ごろに帰途につき、オクサスを渡りかえす。ムーアクロフトはバルフにトレベックとガスリーを残して、さらに西方に良馬を求めて行った。ところが、ムーアクロフトはアンドクイで死亡、数日後に遺体となって二人のもとに運ばれてきた。彼らはそれを城外に埋葬した。それからほどなくして、ガスリーもバルフで死亡。四か月後にトレベックもマザーリシャリフで病死した。ムーアクロフトは公式には八月二七日ごろ熱病で死亡となっているが、ほかの二人も含め、彼らはロシアの諜報員によって毒殺されたのではないか、という説もある。

七年後の一八三二年、同地に行ったアレキサンダー・バーンズは、ムーアクロフトの墓を訪ねあて、その横にガスリーも眠っていたという。二人の死はトレベックによってインドへ知らされたというが、一八三八年に後述のP・ロード博士がマザーリシャリフで発見した、トレベックの遺品の中のノートに「バルフに八月二五日着、ムーアクロフトは八月二七日に死亡」とあったという。このトレベックの死因も熱病といい、一行の従者グーラム・ハイダー・カーンが一人バレイリーに帰り、ムーアクロフトらの事故を報告した。

ところが、あとで述べるユックとガベーの二人の神父がラサに入ったとき、ムーアクロフトの別の話を聞いた。それによると、一八二六年にムーアクロフトはラダックからラサに入り、一二年間滞在。ラダックへもどる途中で殺害され、持ち物の中からラサにいるときに作成した地図などが発見されたという。しかし、ユックとガベーの紀行書（ハズリット版）を解説する、中央アジアの探検と敦煌文書で有名なフランスのポール・ペリオ（Paul Pelliot　一八七八〜一九四五年）は、ムーアクロフトはアフガンで死んだものとして、ラサ入りを否定している。ムーアクロフトの伝記を書いたアルダーも、インド測量局も一八二五年に死亡と断定している。ムーアクロフトの同行者も相次いで病死しているため、本当のところは不明というしかなかろうが、ミステリアスで面白い話というにすぎないのだろうか？

写真11.　ランジート・シン
(Hopkirk, 1990, p. 114)

(5)　ランジート・シンとシーク戦争

ムーアクロフトが最後の大旅行を行ったとき、一八二二年の秋はラダックからカシミールに入ったが、ランジート・シン（Ranjit Singh　一七八〇〜一八三九年）からカシミールとパンジャブを旅する許可を受けねばならなかった。そのために一八二〇年五月、ラホールを往復し、ランジート・シンと会った。

一六世紀のはじめ、パンジャブを中心にしてイスラム教の影響のもと、ヒンドゥー教からシーク教が派生した。それが一九世紀はじめ、ランジート・シンがシーク教徒を組織化し、一八一九年にカシミールとジャンムを征服して、パンジャブにシーク王国を建国した。一八二二年にランジート・シンはドグラ族の族長グラーブ・シンをジャンムの統治者に任命。そのグラーブ・シンの軍司令官ゾラワル・シンがラダックに侵入して征服、ラダックはパンジャブのシーク王国の属領となった。

ところが一八三九年、ランジート・シンが死去し、シーク王国は後継者争いで分裂、抗争が数年続いた。グラーブ・シンはパンジャブから独立し、ラダックとバルチスタンを占拠した。そして一八四一年、ゾラワル・シンは西チベットに侵入、プラン(タクラコット)まで攻め入った。だが、ゾラワル・シンは戦闘中に戦死、さらに冬にかかったために、チベット軍に敗北ということになった。これをドグラ戦争というが、翌四二年にチベット軍はシーク軍に敗れて降伏。清朝はアヘン戦争(第一次、一八四〇〜四二年)のために援軍を送ることができなかった。

イギリスは一八四三年にシンド地方を併合したが、これはシーク教徒に大きな脅威を与えることになった。明日はわが身かもしれない。一八四五年になって、イギリス軍がサトレジ川の渡河地点の調査を行い、これがシークの感情を大いに激昂させた。そして同年一二月、シーク軍はサトレジ川を渡ってイギリス軍を襲撃した。だが、シークには分裂や裏切りなどがあって、翌年二月、シーク軍は壊滅した。この第一次シーク戦争でシーク側は五〇〇万ルピーの賠償金を支払い、カシミールとジャンムをラホール条約でイギリスに割譲。グラーブ・シンは中立を保ち、仲介者の役目を果たしたので、イギリスはジャンム＝カシミールのマハラジャ(大藩王)として承認した。これにはラダックが含まれ、これをまとめたアムリッツァー条約では、マハラジャの領域内での測量にグラーブ・シンは同意していた。

一八四八年四月、パンジャブでの反英暴動が引き金となり、第二次シーク戦争がはじまった。そして四九年三月、シーク王国のイギリス領への完全併合でこの戦争も終結した。

第五章　エヴェレスト長官とさらなる探検

(1) ジョージ・エヴェレスト長官

一八一五年にベンガル、ボンベイ、マドラスの三つの測量部が統合され、インド測量局となり、その初代長官にマドラスの部長であったコリン・マッケンジーが任命された。これとは別に大三角測量部が創設され、一八一八年にウィリアム・ラムプトンが初代の部長になったことは、すでに述べたところである。このラムプトンの主任助手になり、ハイデラバードで合流したのが、ジョージ・エヴェレストであった。ラムプトンの死後、一八二三年三月からエヴェレストが二代目の部長となって、大三角測量部を率いることになった。

世界の最高峰にその名を残している《EVEREST》は、わが国では「エヴェ（ベ）レスト」と呼ばれているが、彼の親族では《EVE-REST》と発音しているという。つまり、日本式には「イーヴレスト」がよいようである。しかし、いまでは「エヴェレスト」が定着してしまって、「イーヴレスト」峰とはどこの山？　ということになるかもしれない。そして、ジョージ・イーヴレストは「エヴェレスト峰」を、インド平原からも決して見たことはなかった。

ジョージ・エヴェレストは一七九〇年七月四日にロンドン近郊のグリニッジで、ロンドンの弁護士の次男として生まれた。陸軍兵学校と陸軍士官学校で教育を受け、東インド会社に推薦されて一八〇六年にインドに渡った。士官候補生の中尉としてベンガル砲兵連隊に所属する。一八一三年から一六年にかけては、ジャワ島へ測量と地図の作成に

写真12. ジョージ・エヴェレスト
(Phillimore, 1958, p. 434)

派遣された。一七年にはカルカッタとベナレス間の電信線の測量に従事。そして一八一七年一〇月二五日、大三角測量部部長のラムプトンの主任助手として指名され、一八年一月一日から実務につき、同年末にハイデラバードでラムプトンに合流した。しかし、野外での作業は苛酷で、彼はジャングル・フィーバー(悪性マラリア)にかかり、一八二〇年一〇月にその療養のため、マドラスからアフリカの喜望峰に出かけた。二年間も保養したあと、二二年一〇月にもどったが、翌二三年一月二〇日にラムプトンが死亡する。

このため、エヴェレストは大三角測量部長の職を引き継いだ。だが、しばらくするうちにまたひどい熱病にかかり、手足がしびれ、健康は完全にダウン。そこで一八二五年一一月一一日、病気休暇でカルカッタからイギリスへ向けて出航する。イギリスには翌二六年二月末ごろに着いたようだ。この休暇中の二七年三月には、イギリスでもっとも権威がある学士院(The Royal Society)の会員に選ばれた。

一八二九年八月、エヴェレストは大三角測量部長と兼務でインド測量局長官に会社から指名された。そして三〇年六月八日に出航し、一〇月六日にカルカッタにもどり、同八日から部長と長官の職務を開始する。二三年に部長になったときの月給は一三〇〇ルピー、三〇年の長官職は一五〇〇ルピーであった。それが兼務となったので一八〇〇ルピーとなり、手当などが加わって二二四八ルピー(約二二五ポンド)、邦貨に換算すると、一六二万円という高給であった。

一八三五年の五月から一〇月にかけて、健康が悪化したが、一八四一年ごろには、コモリン岬からヒマラヤ山麓までの三角網が完成し、ヒマラヤの山々の位置と高度を決めることが可能となり、子午線弧の算定も完了した。そして四三年五月にエヴェレストはA・ウォーを後継者に指名、会社がこれに同意し、退職した。一二月一日付でそれが公示され、同一六日に出航して、ロンドンに居を定めたのは一八四四年一一月であった。翌四五年二月には王立(イギリス)地理学協会(The Royal Geographical Society)がエヴェレストを特別会員に選出した。

この地理学協会(略してRGS)は一八三〇年五月二四日、ロンドンでスタート。現在まで連綿として続く、世界でもっとも歴史と権威のある学会である。その目的は「もっとも重要で興味深い学問分野、地理学の振興にある」とし、一九～二〇世紀にイギリスから出た重要な《エクスペディション》(expedition 遠征、探検、旅行)すべてに対して、実質的な援助をし、資金を出し、助言をしてきた。アフリカのリヴィングストン、南極のスコット、エヴェレスト峰への遠征登山など、みなそうであった。つまり、学者が寄り集まる学会とはまったく異なった組織で、会報類(Journal と Proceedings)をみれば、探検や登山の報告が幅を利かせており、その分野の歴史をリードしてきたことがよくわかる。ウォルター・ウェストンの日本アルプスの登山記も掲載されている。

したがって、会長には登山家もいた。D・W・フレッシュフィールド(在任一九一四～一七年)、エヴェレスト初登頂隊長のジョン・ハント(一九七六～八〇年)、フランシス・ヤングハズバンド(一九一九～二二年)は後述する「グレート・ゲーム」の大立者であった。ジョージ・エヴェレストは一八六三～六五年にこの協会の副会長に選任された。また協会はすぐれた業績をあげたものに金牌《ゴールド・メダル》を授与してきた。当初は毎年一人であったが、一八三九年からは等価値の二つのメダル(Founder's Medal と Patron's Medal)になり、毎年二人となった。その中にはヒマラヤでの登山家、チベットや中央アジアの探検家の名前がたくさん見られる。とはいえ、この地理学協会はイギリスの国力を背景に、国益に沿った海外植民地の獲得、拡大、支配に大いに力を貸してきたことも確かである。

さて、エヴェレストは一八四六年一一月、五六歳でエマ・ウィング(Emma Wing 一八二三～八九年)と結婚した。ずい分な晩婚で、花嫁は二三歳で三三歳も年下、まるで親子のようであり、義父より六歳も年上であった。それから二男四女をもうける。この世を去ったのは一八六六年一二月一日、七六歳、ロンドンのハイド・パークであり、同八日に教会に埋葬された。エマ夫人は一八八九年一二月二一日に逝去した。

(2) ブハラとA・バーンズ

パンジャブのラホールを中心にしたシーク王国、そのマハラジャはランジート・シンで、彼の領域を通らなければ、カシミールにもアフガニスタンにも行くことができず、ムーアクロフトもランジート・シンの許可を得て行動した。ビクトール・ジャックモン（Victor Jacquemont　一八〇一～三二年）も一八三一年にそうしてカシミールに入った。

ジャックモンは一八〇一年八月にパリに生まれたフランス人で、植物学を専門としてパリの自然史博物館からインドに派遣された。一八二九年五月二五日にカルカッタに着き、北インドをデーラ・ドゥン、スピティ地区で植物採集を行った。三一年五月にカシミールのスリナガルに入り、四か月ほど滞在してカシミールをあとにした。しかし、ボンベイに向かう途中で熱病にかかり、三二年一二月七日、三一歳の若さだったが、ボンベイで客死してしまった。

一九世紀に入って、ナポレオンはインド侵攻計画を立てた。だが、それは挫折し、本人が没落すると、イギリスは安堵したものの、新しく北からの脅威に立ち向かうことになる。それはロシアの南下政策、西トルキスタンへの侵略である。これを防ぐためには、アフガニスタンのカーブルとブハラ汗国のブハラを押さえておかねばならない。しかもその前段階としては、パンジャブのランジート・シンを懐柔しておく必要があった。そこでベンガルの総督ウィリアム・ベンティンク（William C. Bentinck　一七七四～一八三九年、総督在任一八二七～三五年、ただし三三年からインド総督という名称）は、使節団を送ることにし、そのチーフにアレキサンダー・バーンズ（Alexander Burnes　一八〇五～四一年）を指名した。

写真13. V. ジャックモン
(J. Keay, 1977, p. 71)

バーンズは一八〇五年五月一六日、スコットランドのモントローズに生まれた。そして一八二一年の一六歳のときにボンベイに渡り、東インド会社の軍隊に志願兵として入隊、ボンベイ歩兵連隊に所属した。語学にたいへんな才能があり、二〇歳でペルシア語の通訳官をするし、ほかにアラビア語、ヒンディ語

写真14. アレキサンダー・バーンズ
(Hopkirk, 1990, p. 114)

などを自由に操ったという。一八二三年から二九年まではいろんな地域の測量をしつつ、カッチ地方の政務に従事、一八二九～三〇年はラジプターナの測量を行っていた。その一八三〇年末、ラホールへの使節団長に任命され、翌三一年一月二一日にカッチ湾のマーンドヴィ港を出発、インダス河を五隻の舟で遡った。贈り物はイギリス国王からの馬四頭と総督からの四輪馬車であった。インダス河の調査をしながら、五か月かかって一一〇〇キロを進み、六月一八日にラホールに無事到着する。

二か月ほどランジート・シンの歓待を受けたあと、八月にラホールをあとにした。シムラでベンティンク総督に報告をしたバーンズは、ムーアクロフトが果たせなかったブハラ行、さらにカスピ海からペルシアへの探検旅行の希望を述べた。総督や東インド会社にとっては、中央アジアの情勢を知るうえで願ってもない話であった。一二月に総督の許可が出たので、バーンズはデリーでさっそく旅行の準備をする。

一八三二年一月二日、ルディアーナを出発。同行するのはジェイムズ・ジェラード医師、もとはベンガル軍の軍医で、兄のアレキサンダーと一八一七～二八年にガルワルやスピティを歩いていた。測量技師はムハンマド・アリ（Muhammad Ali）、カシミール人のモハン・ラル（Mohan Lal）は数か国語を自由にしゃべった。ラホールに一月一七日に着き、ランジート・シンの厚いもてなしを受け、二月一一日にそこをあとにする。

ラワルピンディでアフガン・ドレスに着替え、ペシャワルに一か月滞在。そして五月一日に第一の目的地カーブルに着いた。そこでは国王のドスト・ムハンマドに歓迎され、ブハラ王への紹介状も書いてもらった。五月一八日にカーブルを出発し、北に向かう。

カーブルでは、近くの村に拘留されていたジョセフ・ウルフ（Joseph Wolff　一七九五〜一八六二年）を救出することになった。彼はドイツに生まれ、イギリスに移住したユダヤ系の牧師で、ユダヤ人の子孫をさがしてエジプトやペルシアなどを歩き回り、いまは西トルキスタンに入り、ブハラを訪れたあと、アフガニスタンにたどり着いたところであった。まことに奇妙な旅人であった。

バーンズ一行が北に向かうと、ウルフもインドへ向かって行った。バーンズはバルフに近づいて、一八二五年に死んだG・トレベックの墓を見つけ、バルフ城外でムーアクロフトとガスリーの土饅頭を詣でることができた。六月一七日にパミール高原から流れ下るオクサス川を渡り、同二七日にブハラに入る。デリーから六か月目、七月二一日まで滞在したが、藩王（エミール）には会うことができなかった。

帰路は西にとり、ペルシアのテヘランからブーシェルに出て、一八三三年一月一八日に海路をボンベイに着き、二月二〇日、ベンティンク総督に報告するため、カルカッタに帰着した。メンバーのジェラードはヘラート、カンダハル、カーブルと、アフガン経由でもどったが、熱病のために各地で長期滞在をし、ラホールに三四年一月三〇日に着いた。しかし、病気はよくならず、一八三五年三月に死亡した。他方、バーンズの『ボハラ踏査記』（全三巻、一八三四年）はベストセラーとなり、イギリス地理学協会はその功績を称えて一八三五年にゴールド・メダルを贈った。

(3)　アフガン戦争

一八〇九年に東インド会社は、フランスのナポレオンのインド侵略の可能性に対抗するため、アフガニスタンと防衛協定を作ろうと、M・エルフィンストーン（Mountstuart Elphinstone　一七七九〜一八五九年）をチーフにして、密使をカーブルに送っていた。幸い、ナポレオンは杞憂に終わったが、北からのロシアの南下が次第に大きく懸念されはじめていた。事実、その後の歴史が如実に物語るとおり、一八六五年にコーカンド領のタシュケント、一八六八年にブハラ領のサマルカンド、一八七三年にヒヴァが落ち、七六年にはコーカンドが併合され、八四年にメルヴのオアシスも占領されて、この地域のロシアによる併合はほぼ完成した。そのような時期の一八三六年、ペルシアがアフガンの西のヘラートに侵攻。そこでアフガンがインド（イギリス）に援助を求めてきた。イギリスはここぞとばかりに、権力争いで内紛状態にあったアフガンへ、バーンズの使節団をカーブルに送り込んだ。バーンズはアフガンからブハラに命がけの旅をし、その旅行記とあわせてロンドンでも有名人になっていた。また、ロシアの浸透を牽制するために、カーブルに通商事務所を置くべきだと主張していたから、カーブルの通商代表としてはまさにうってつけであった。

一八三六年一一月、彼はボンベイからカーブルへ出発した。この使節団にはインド海軍のジョン・ウッド大尉（John Wood　一八一一〜七一年）、ボンベイのパーシヴァル・ロード医師（Percival Lord　一八〇八〜四〇年）、ボンベイ工兵連隊のロバート・リーチ（Robert Leech　一八一三〜四五年）の三人が随行した。バーンズは三七年九月にカーブルに代表部を開設、統治者のドスト・ムハンマド（Dost Muhammad Khan　一七九三〜一八六三年）と密接な接触を続けた。しかし、事態は好転せず、一八三八年四月二六日、バーンズとマッソン（Charles Masson　一七九八年ごろに生まれたらしいが、没年不詳）は急いでカーブルを離れた。使節団は失敗に終わったのであり、その結果、第一次アフガン戦争（Anglo-Afghan War　一八三八〜四二年）がはじまった。

一八三八年一二月に二万人からなる「インダス軍」がカンダハル経由でカーブルに入り、占領した。だが、アフガン情勢は次第に険悪化し、四一年の春からさらに悪くなり、同行していたバーンズはその一一月二日、狂乱状態のアフガン人暴徒に襲撃され、自分の弟とともに殺害されてしまった。インドにもどることのできたものは、ごくわずかであったという。

ちなみに、マッソンというのは、本名をジェームズ・ルイスという東インド会社軍の脱走兵で、コインなどを求める骨董商。アフガンからペルシアを放浪し、一八三三年以来、カーブルに滞在していた。会社軍は特赦を条件に情報部員として利用していたのだった。

また、バーンズにカーブルへ同行したジョン・ウッドは、インド海軍の士官で、一八三五年から三六年にかけてインダス河の調査を命じられ、実施していた。アフガンではヒンドゥー・クシュ山脈の峠道の調査にあたり、さらにカーブルから北方に派遣され、オクサス川（アム・ダリア）源流のワハン渓谷を探検した。かつてマルコ・ポーロも通ったところであり、オクサスというのはギリシア語である。一八三七年一二月一一日、ウッドはロード医師をクンドゥズに置き、従者を数人つれて出発。バダフシャンの中心ジェルムに一二月二六日から一月三〇日まで滞在した。それからワハン谷に入ると、カラ・パンジャで谷が二分、大きさはほぼ同じだったが、北の支流を遡った。厳冬の三八年二月一九日、ついに《シル・イ・コル》湖に達する。これをウッドは《ヴィクトリア》湖と命名した。

写真 15. ドスト・ムハンマド
(Hopkirk, 1990, p. 114)

湖面は凍結し、あたりは一面に白銀の世界で、東西約一四マイル（二二・四キロ）、幅は平均一マイル（一・六キロ）。沸点による計測では海抜一万五六〇〇フィート（四七五四メートル）、西端での天測で北緯三七度二七分、東経七三度四〇分であった。ウッドは、この湖をヨーロッパ人としてはじめて発見し、これがオクサスの源流だと主張した。広島大学医学部山岳会の平位剛氏は、二〇〇〇年夏と二〇〇一年の夏、二度にわたってこの湖を踏査した。日本人としてはじめての素晴らしい記録であるが、二〇〇〇年のGPSによる数値は、高度約四一五一メートル、北緯三七度二六分五七秒、東経七三度四二分四一秒であった。アフガニスタンの地形図では四一二五メートルとなっており、湖名は《ゾル・クル》という。キルギス語でゾルは大きい、クルは湖の意味。オクサスの真の源流は南の支流で、中国と国境をなすワフジール峠から流下するものである。

ヴィクトリア湖から引き返したウッドは、三月一一日にクンドゥズでロード医師と合流、四月一二日にそこを発ち、五月一日にカーブルに帰着した。バーンズが四月二六日に去ったあとだったので、すぐにインドのボンベイにもどった。

ウッドはそれから間もなくの一八四〇年二月、軍を退役し、イギリスに帰った。そして四一年に『オクサス川源流の旅』を出版し、同年に王立地理学協会からパトロンズ・ゴールド・メダルを受賞した。この輝かしい業績にもかかわらず、ウッドの後半生は芳しくなかった。四九年にインドでの再就職が断られ、五二年にオーストラリアに移住したが、五年で破綻して帰国。五八年にカラチの船会社にマネジャーとして行くも、インダス河の蒸気船は失敗、六一年に別の会社に移り、シンドで死ぬまでそこに勤めていた。

(4)《ザ・グレート・ゲーム》

イギリスの東インド会社の軍隊が、アフガンのカーブルに向かって侵攻していた一八三八年一二月、イギリスの軍人チャールズ・ストッダート大佐（Charles Stoddart　?〜一八四二年）がテヘランからブハラに入った。これはブハラと同盟を結ぶために派遣されたものといわれるが、もうひとつよくわからない。情報収集が主な目的であったようで、ブハラに入って数日後にスパイ容疑で捕えられ、投獄されてしまった。それから三年した一八四一年一一月、ストッダートの救出のためにアーサー・コナリー大尉（Arthur Conolly　一八〇七〜四二年）がブハラに送り込まれた。しかし、コナリーもスパイとして逮捕、投獄されてしまう。

コナリーはベンガル騎兵連隊に属し、一八二九年夏、休暇からもどるとき、ロンドンからロシア、ペルシア、ヘラート、カンダハル経由で帰り、三四年に二巻からなるその報告を公刊していた。そして三四年から三八年にはラジプターナの政務官をつとめ、第一次アフガン戦争のとき、一八四〇年にカーブルへ政務スタッフとして派遣された。そしてトルキスタンへ諜報活動に向かったのであろう。当時、ブハラと敵対関係にあったヒヴァ汗国やコーカンド汗国を訪ね、イギリスの勢力を扶植することも目的にしていたようだ。結局、二人は翌四二年の夏、ブハラで首を刎ねられてしまった。フィリモアの『インド測量局史』では六月一七日となっている。

この二人の消息については、いろいろ噂されたが、コナリーと面識があり、ブハラ王国をよく知るジョセフ・ウルフが救出に向かうことになった。一八四三年一〇月一三日、サザンプトンを出航し、コンスタンチノープルを経て四四年二月三日にテヘラン着。メルヴを通って四月二七日にようやくブハラに入ったが、途中では、二人がまだ生きているというのから、打ち首にされてしまった、という話にかわってきていた。そして悪名高い藩王（エミール）ナスルラー・バハドゥールに謁見すると、ウルフは王から直接にストッダートとコナリーを処刑した、と聞かされた。ウルフもまた、たえず刺客に生命をねらわれて、気の休まることがなかったが、ペルシア皇帝からの使者などのおかげで、ようやくのこと、八月三日にブハラをあとにした。この帰路でも命が危なかったけれど、一八四五年四月一二日、無事ロンドンに帰ることができた。

写真 16. アーサー・コナリー
(Hopkirk, 1990, p. 114)

当時、帝政ロシアはペルシアに大きな勢力を保持し、さらに勢力の拡大をはかっていた。これに対抗するため、イギリスはたえずアフガニスタンの問題に介入し、軍事遠征を行ったのであった。もちろん、いつも成功するとは限らなかった。そして、政治的軍事的優位のための競争、スパイ合戦がペルシア、アフガン、トルキスタン、チベットなど、パミール高原からヒンドゥー・クシュ山脈、カラコルムからヒマラヤ地域で演じられる。これを《ザ・グレート・ゲーム》(The Great Game) と呼んだ。この言葉は一八四二年にブハラの暴君ナスルラーに殺害されたコナリーの造語だという。コナリーも《グレート・ゲーム》の不幸なプレーヤーだったといえよう。

日本語にすると、「暗闇の試合」、「壮大な勝負」、「世紀の大勝負」などといわれ、中央アジアに影響力を及ぼそうとするイギリスとロシアの抗争を意味する。この語句を有名にしたのは、イギリス人初のノーベル文学賞の受賞者ラドヤード・キプリング (Rudyard Kipling 一八六五〜一九三六年) である。一九〇一年に発表した小説『キム』(*Kim*) の中でこの言葉を使った。この本については、あとで触れることになるが、登場人物はインドの現地人探検家パンディット (Pundits) と呼ばれる人たちで、これが本書の最大テーマである。「ザ・グレート・ゲーム」=アジアの覇権をめぐるイギリスとロシアの争い、そこでチェス・ゲームの駒のように動かされたのはパンディットであった。なお、「ビッグ・ゲーム」(Big Game) というのは「狩猟」のことであり、「グレート・ゲーム」と区別しなければならない。そして一九〇七年、英露協定の締結により、グレート・ゲームは公式に終わったとされる。

(5) 東部ヒマラヤ、アッサムの測量

東インド会社がチベットのシガツェに一七七四年に派遣したジョージ・ボーグルも、一七八三年のサミュエル・ターナーも、チベットを西から東に流れる大河ツァンポはアッサムのブラマプトラ河に流れる、という情報と判断を持ち帰っていた。これより五〇〜六〇年前のイエズス会士イッポリト・デシデリも、同様の情報を『チベットの報告』に記している。しかし、ツァンポはビルマのイラワディ川に流れ込むのだという説も語られていた。

イラワディ川流域の、ビルマ中部にアヴァ王国が栄えていた。これが西方への領土拡大をはかり、アッサムからベ

ンガルの東部へと侵略してきた。一八二四年三月、イギリスはとうとう看過できず、ビルマに対して正式に宣戦布告をした。第一次ビルマ戦争（一八二四〜二六年）である。イギリス軍はビルマ軍を東へ押し返したものの、イギリスは兵員の三分の一以上を赤痢とマラリアで失ったという。しかし、イギリスはこの戦争でアッサム地方を奪取したが、百年後の日本軍が同じ地域のインパール作戦で大惨敗を喫したことは、もうなにをかいわんやではなかろうか。その後、イギリスは第二次ビルマ戦争（一八五二〜五三年）で下（南）ビルマを併合し、第三次（一八八五〜九〇年）で上（北）ビルマも併合したが、一八七七年にヴィクトリア女王がインド皇帝につき、インド帝国が成立していたので、ビルマもその中に組み込まれたのであった。

アッサムを西に流れるブラマプトラ河は、途中で大きな支流を北側から受けている。下流からスバンシリ川、ディハン川、ディバン川、そしてロヒット川で、あとの三支流はごく近接して、サディヤの町の近くで合流する。ツァンポとブラマプトラがつながるものとすれば、どの支流と結ばれるのか。一番確かなのは、三つの支流をそれぞれ上流へ遡ってみることである。アッサム地方を併合したイギリス軍には測量班も同行したが、さらにブラマプトラ河を探検、調査し、地図化する好機が到来したのである。ビルマ軍が敗北して撤退するとき、三万人のアッサム人を奴隷として連れ去ったという。イギリスはそのあと、この地域をアッサム茶の大農園に変身させて、その茶葉をヨーロッパへ運んでいく。

一八二四〜二八年にアッサムの測量に従事する主だった測量官は三人、ベンガル歩兵連隊のジェームズ・ベッドフォード大尉（James Bedford　一七八八〜一八七一年）とリチャード・ウィルコックス中尉（Richard Wilcox　一八〇二〜四八年）、ベンガル砲兵連隊のフィリップ・バールトン中尉（Philip Burlton　一八〇三〜二九年）であった。ベッドフォードはウィルコックスを助手にして、ディハン川とディバン川をさぐったが、アボール族などの現地民に前進を阻止され、二六年にベッドフォードはカルカッタに去った。ウィルコックスとバールトンは二七年にサディヤからブラマプトラの流域を越えて、イラワディ川の岸に達した。

サディヤにもどったウィルコックスは、このまま滞在を続ければ、雨と高温多湿の焦熱地獄に殺されてしまうと、カルカッタに去ったが、残ったバールトンは同僚とともに二九年四月、アッサムの南、カーシ丘陵で原住民に殺害されてしまった。結局、ツァンポ＝ブラマプトラの実証は二〇世紀に持ち越されるのであった。

(6) 西部ヒマラヤの探検

ジョン・ウッドがアフガニスタンからパミール高原のオクサス川源流を探検していたころ、一八三五年から三八年にかけて、カシミールからカラコルムを広く踏査したのは、G・T・ヴァイン（Godfrey Thomas Vigne 一八〇一～六三年）であった。これまでわが国ではヴィーン、ヴィーヌ、ヴィーニュなどと呼ばれてきたが、発音は〈vine〉（ヴァイン、ぶどう樹あるいはつる植物の意）が正しいという。

ヴァインは一八〇一年九月一日にロンドンで生まれ、家は東インド会社に火薬を供給していた富裕な商家だった。一八三二年一〇月にイギリスを出発、ペルシアを経て三四年の元旦にインドのボンベイに到着した。ランジート・シンの許可を得てから三五年八月にカシミールのスリナガルに入る。その年にデオサイ高原を越えてスカルドに行き、チョゴ・ルンマ氷河を往復、カルギル、ゾジ・ラを越えてスリナガルにもどった。一八三六年にはアフガニスタンに入り、カーブルの南のガズニを訪れ、さらに南のバルチスタンを歩く。三七年にはスリナガルからスカルドへ行き、シャイヨーク川を途中まで遡り、インダス河へ越えてレーに至り、レーから山脈を北に越してヌブラ川を往復。帰路はインダスをスカルドへ下降して、スリナガルにもどった。三八年には三度スカルドに入り、サルトロ川からビラフォンド氷河に達する。

ヴァインはヒマラヤやカラコルムの山波を越えて、中央アジアへのルートをさがしていたが、よいルートを発見できなかった。しかし、カラコルム山系をよく調べ、西部ヒマラヤも広く踏査。一八三九年五月にボンベイをあとにし、イギリスへ帰国した。「自由な立場の旅行家であり、スポーツマン」と評され、一八四〇年にアフガニスタンの紀行書を刊行し、四二年にカシミール、ラダック、カラコルムの報告（二巻）を上梓した。いずれもヒマラヤの古典となっているが、一八六三年七月、六二歳で死去した。

第一次アフガン戦争（一八三八～四二年）がはじまり、ヒンドゥー・クシュ方面への道が閉ざされると、一八四〇年代の探検調査は、カラコルムから西チベットへとその重点を移していった。なかでもカニンガム、トムソン、ストレイチー兄弟は、多くの地理学的成果をあげた。

写真17. G. T. ヴァイン
(J. Keay, 1977, p. 86)

アレクサンダー・カニンガム（一八一四～九三年）（Alexander Cunningham）はベンガル工兵連隊に属していたが、のちにインド政庁の弁務官となった。弁務官とは植民地などに派遣されて、政治的な事務を処理する役人のことであるが、カニンガムは一八三九年六月にシムラを発してクルー地方へ向かい、九月にスリナガルに達した。四〇年から六一年まで公共施設事業局に勤務し、六一～六五年は政庁の考古学調査官、そして七〇年から八五年は考古局の局長として、後半生は考古学の分野に貢献した。

写真18. トーマス・トムソン
(J. Keay, 1977, p. 166)

一八四六〜四七年にカニンガムはチベット国境委員会の委員として、ラダックからスピティにかけて踏査し、カラコルム山脈はほぼ東西に走っている、一つの山脈であることを判然とさせた。このカニンガム弁務官に随行した軍医がトーマス・トムソン（Thomas Thomson　一八一七〜七八年）であった。

トムソンは一八一七年一二月四日生まれで、グラスゴー大学では有名な植物学者ウィリアム・フーカーのもとで学び、さらに同大学で一八三九年に医学を修め、翌四〇年にカルカッタに来た。そしてベンガル軍の医療隊に入り、第一次アフガン戦争に従軍したとき、ガズニで捕虜となったが脱走。一八四五〜四六年の第一次シーク戦争にも従軍する。四七年には上述のカニンガムに従ってラダックへ出かけた。一〇月にレーに着き、シャイヨーク川の上流をたどり、スカルドで越冬。四八年四月にスリナガル、レーへもどる。その夏に再びレーからカラコルム峠に立った。

高山病のために頭痛に悩まされながらも、八月一九日、峠に達した。沸点の計測で一万八二〇〇フィート（五五四七メートル、現在五五七五メートルとする）。「一マイル進むと、突然に右へ曲がった。岩屑が散乱する非常に急な坂道を四〇〇〜五〇〇ヤード登ると、そこがカラコルム峠であった」。峠を越えて、さらに北のトルキスタンへは進まなかったが、カラコルム峠に到達したはじめてのヨーロッパ人であり、『西部ヒマラヤとチベット』（一八五二年）の紀行はヒマラヤの古典の一つである。

トムソンはこのあと四九〜五〇年に、後述するJ・D・フーカー（ウィリアム・フーカーの息子）とカシア山地へ植物調査に出かけ、一八五四〜六一年はカルカッタの植物園の園長を務め、六三年に退職した。六六年には王立地理学協会から「西部ヒマラヤとチベットの調査とその業績」に対して、ファウンダーズ・ゴールド・メダルが与えられた。

カニンガムと同じ時期に、ストレイチー兄弟が西部ヒマラヤからチベット西部に入った。まず一八四六年九～一〇月、兄のヘンリー・ストレイチー中尉（Henry Strachey　一八一六～一九一二年）はカリ川からランプヤ峠を越え、「ツォ・ラナク」（いまはランガク・ツォまたはラカスタールという）と「ツォ・マパム」（マパム・ユムツォあるいはマナサロワール）に達し、タクラコット（プラン）を経てインドにもどる。彼は、マナサロワール湖の南のグルラ・マンダータ（ナムナニ）峰のことを「モモナンリ」といい、七六八一メートル（現在七六九四メートル）としたが、当時はベンガル原住民歩兵連隊に属し、病気休暇という口実を使った。途中でムーアクロフトの旧友デヴ・シン・ラワトに出会う。四七年にはチベット国境委員会のカニンガム隊にトーマス・トムソンとともに同行し、東ラダックを探検したあと、インダス河をレーからスカルドにたどった。

写真19. ヘンリー・ストレイチー
(Snelling, 1990, p. 89)

一八四八年には弟のリチャード・ストレイチー中尉（Richard Strachey　一八一七～一九〇八年）はウィンターボッタム（J. E. Winterbottom）といっしょにラカスとマナサロの二つの聖湖を訪ね、カイラス山（カン・リンポチェ、現在六六三八メートルとする）の位置を決め、高度を二万二〇二七フィート＝六七一四メートルと計測した。弟もベンガル工兵連隊で、病気休暇と称してクマオンに行き、デヴ・シン・ラワトの息子マニ・シンの案内によって入蔵した。植物学と地質学に造詣が深かったという。

四九年にはヘンリーとリチャードの兄弟は、二人

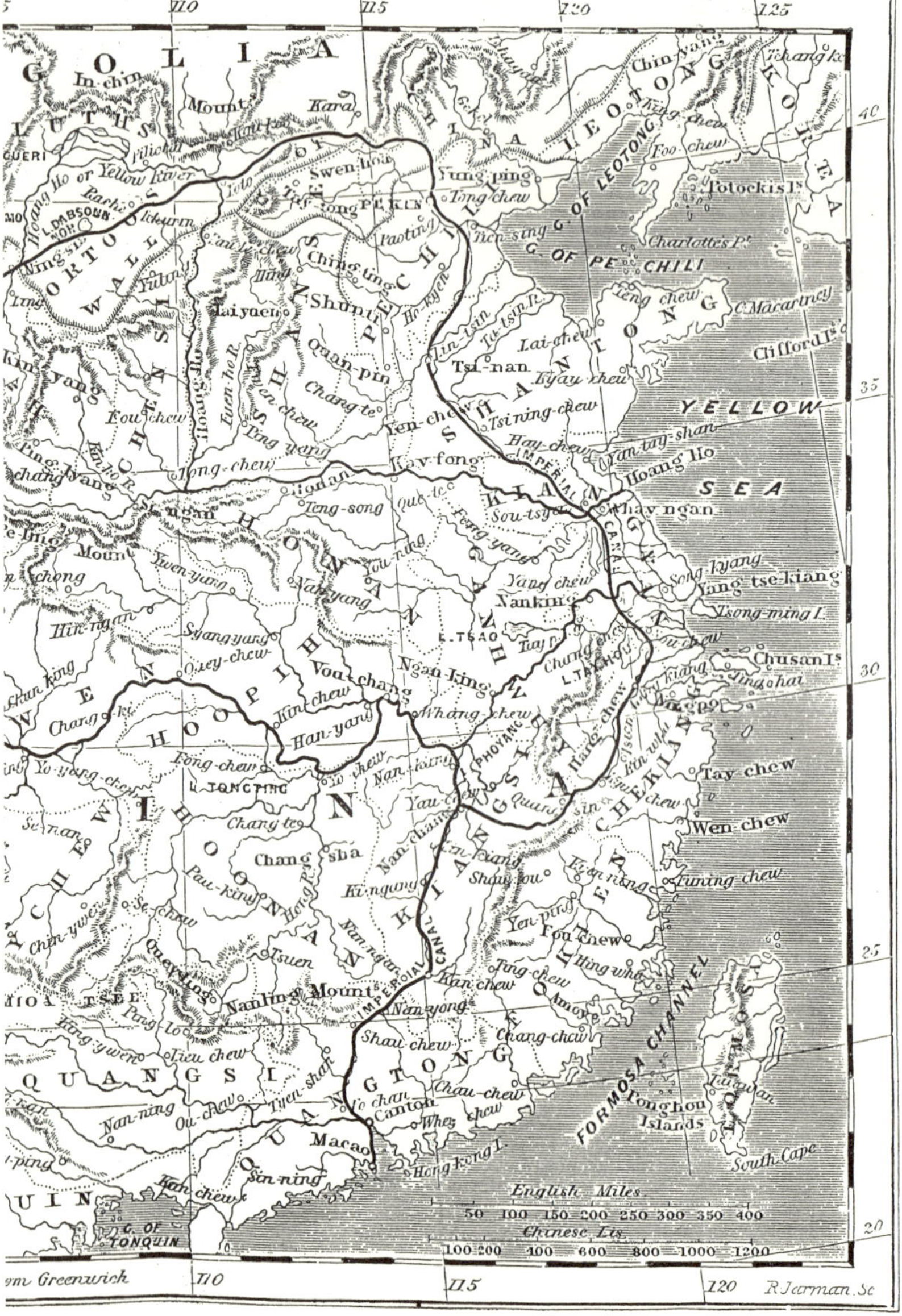

(1852年) (Huc & Gabet, 1852)

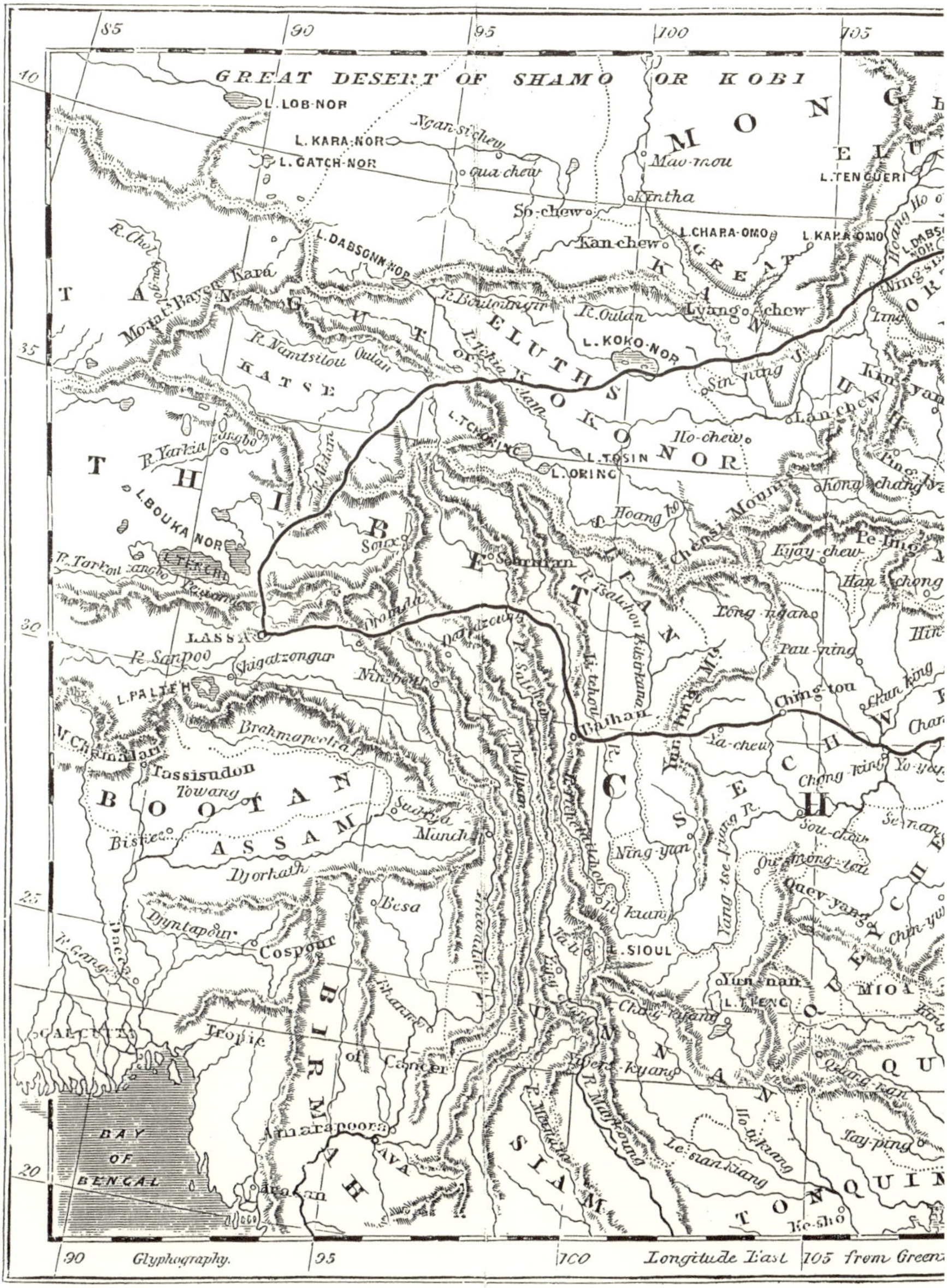

地図7. ユックとガベーのルート図

でガルワルと西チベットを探検。ニティ峠からチベットに入り、ンガリ・コルスム（フンデス）の西部、サトレジ川の源流、ダバまで達した。兄のヘンリーはこれら西チベットの探検の功績により、一八五二年に王立地理学協会からパトロンズ・ゴールド・メダルを受け、六一年に少佐で退役、弟は七五年に中将で退役した。

(7) ユックとガベーのチベット行

一八二五年にブハラへ行き、その帰路に病死したはずのW・ムーアクロフトが、その後、チベットのラサに入り、一二年間も滞在していたという伝聞を持ち帰ったのは、フランス人神父エヴァリスト・ユック（Evarist Huc 一八一三〜六〇年）とジョセフ・ガベー（Joseph Gabet 一八〇八〜五三年）であった。二人はラザロ派で、ガベーは一八三四年に中国に向かい、三七年に北京の北、内モンゴルの黒水に来た。ユックは三九年七月にマカオに着き、四三年に黒水で伝道地区長のガベーといっしょになった。

そして、モンゴル人の風俗習慣を研究し、教区を広げる可能性を調べるため、西方へ旅することになる。ラサにたどり着いたのは偶然であったというが、一八四四年夏に出発した。二人は満州語と蒙古語を勉強し、チベット語の知識もあったという。だから、言葉には不自由しなかったようである。内モンゴル、オルドス砂漠を通って西寧に行き、ラマ僧に変装してクムブム（タール）寺に九か月も滞在した。

ちょうど北京からラサへもどるダライ・ラマの使節団が通り、それに同行して一八四五年一〇月末にチベットに向かった。ツァイダム盆地の東端、タングラの峠、ナクチュを経て、四六年一月二九日にラサに到着した。黒水の谷を出発してから一八か月目であった。

ラサには彼ら以外にヨーロッパ人はいなかった。二人は部屋を借り、許可を得て伝道活動をはじめたところ、清朝から派遣されていた駐蔵大臣・琦善によって追放命令が出された。しかもインドへの近道を許されず、護衛つきで中国本土へ護送される。ラサを出たのが四六年三月一五日、チャムド（昌都）、タチェンルー（康定）を経て、六月に四川省の成都に達した。途中で護衛の隊長が死亡したり、ガベーが病気になったりしたが、一〇月にマカオ（澳門）に出た。ガベーはすぐの一一月にマカオを出航し、翌年一月にマルセイユに帰り、一方のユックはマカオに四八年末か四九年はじめまで滞在し、一八五二年にフランスに帰国した。

二人は一八五〇年に二巻本の旅行記を出版したが、一九二八年の英語訳ハズリット版に解説を書いた、中央アジアの探検と敦煌文書で有名なフランスのポール・ペリオは、二人がラサに到着したのは一八四五年一二月末で、ラサを出たのは二月二六日だとする。また、二人が聞いたという、ムーアクロフトのラサ入りを否定し、アフガンで死亡したものだとした。

(8) J・D・フーカーとシュラーギントワイト兄弟

進化論のチャールズ・ダーウィンの親友、植物学者のジョセフ・ダルトン・フーカー（Joseph Dalton Hooker 一八一七〜一九一一年）は、一八四八年から四九年にかけて東部ネパールとシッキムを探検した。彼の父ウィリアム・ジャクソン・フーカーはグラスゴー大学の植物学の教授を務め、ついでロンドンの王立キュー植物園の初代園長に指名されていた。そんなことから、ジョセフは植物学に傾倒し、グラスゴー大学では植物学と昆虫学を学ぶ一方、医学で外科学も修めた。

二二歳の一八三九年にジェームズ・ロスの南極探検に参加、医師としてよりも植物学者としての海軍の勤務である。帰還したのは四三年で、まる四年にわたる大規模な科学的探検であった。ついで一八四七年、政府の資金援助を得て、ネパール東部とシッキムのヒマラヤに向かった。

一八四八年、ダージリンを基地にし、ネパールの許可を得て、アルン川の支流タムール川を遡り、チベットとの国

写真 20. J. D. フーカー
（Allan, 1967, p. 193）

写真 21. ジャヌー峰（絵）
(J. D. Hooker, 1854, Vol. 1, p. 264)

境の峠ワランチュンなど、カンチェンジュンガ峰の西側を踏査する。翌四九年にはシッキムの奥地へ二度目の踏査旅行に出てティースタ川を遡る。コングラ・ラマ峠、ドンキア峠を越え、チベットに少し入ったりしたが、帰途においてトゥムルーンでシッキム当局に逮捕、拘禁された。しかし、その年のうちにはダージリンにもどった。

一八五〇年にはグラスゴー大学からの学友であり、カラコルムの探検を終えたばかりのトーマス・トムソンとダージリンで合流し、ブラマプトラ河南岸のカシア山地に調査に入る。そしてイギリスには五一年三月に帰り、一般向けの『ヒマラヤ紀行』を上下二巻で五四年に刊行した。これは正確で科学的な報告として高い評価を受け、ヒマラヤ探検の古典となり、フーカー自身もヒマラヤのパイオニアの一人となった。

フーカーは、父ウィリアムが死亡した一八六五年に、キュー植物園の園長の職務を引き継ぐ。七三年から七八年までイギリス学士院の会長を務め、また、一八六六年からは王立地理学協会の特別会

写真22. ヘルマン・シュラーギントワイト
(Müller & Raunig, 1982, p. 67)

員として遇されていたが、八三年に科学的地理学への貢献に対して、同協会からファウンダーズ・ゴールド・メダルを受けた。一八八五年に六八歳でキュー植物園を辞して引退。海軍時代からの公務員生活は四七年にも及んだという。

　イギリスの植民地となったインド亜大陸と、その背後に広がるヒマラヤ地域は、もちろん、イギリス人の独壇場であったが、ときにはイギリス以外の人たちも登場してきた。一九世紀後半でもっとも広範囲に踏査・探検をしたのはドイツのシュラーギントワイト兄弟（Schlagintweit）である。

　一八五三年四月、ドイツの大地理学者アレキサンダー・フォン・フンボルト男爵の書簡を持って、ロンドンのドイツ大使館がイギリス学士院にアプローチ。二人のドイツ人科学者ヘルマンとアドルフのシュラーギントワイトによる、ヒマラヤの科学的調査の支援を頼む、というものだった。二人は地理学者のフンボルトとカール・リッターの愛弟子であり、さらに当時のプロシア王のフリードリヒ・ヴィルヘルム四世が援助・支援した。兄弟はすでにアルプスでの登山と学術調査で業績をあげており、ヒマラヤの調査を熱望していた。そこで東インド会社は、公務の名目で磁気の研究を委嘱する。会社はヘルマンに手当として月六〇〇ルピー（約四三・二万円）、旅行手当月額一五〇ルピー（約一〇・八万円）を支給することになった。

シュラーギントワイトは四人兄弟で、いずれもミュンヘンの生まれであった。長兄ヘルマン（Herman 一八二六～八二年）、次男アドルフ（Adolf 一八二九～五七年、カシュガルで殺害）、三男ロベルト（Robert 一八三三～八五年）、四男エミール（Emil 一八三五～一九〇四年）。もとは六人兄弟だったといい、インドに出かけたのは上の三人で、末弟のエミールはドイツで資料の整理をした。彼は公務員で、仏教およびチベットとインドの言語の専門家であった。

三兄弟は一八五四年九月二〇日にイギリスを出発、一〇月二六日にボンベイ着、翌年の三月六日にカルカッタに入った。ヘルマンは単独でまずダージリンに向かったが、シッキムもネパールの入国も拒否され、シンガリラ尾根などイギリス領のみを歩き、ついでカーシ丘陵やアッサムをディブルガールまで踏査。五六年三月にカルカッタにもどり、デリーに行って五六年四月末にシムラ着。

一方、アドルフとロベルトはクマオンへ行き、ムーアクロフトのように西チベットのガルトクまで侵入した。ジョハール谷に入ると、デヴ・シン・ラワトに会い、一族の三人、マニ・シンと二人のいとこドルパとナイン・シン（二五歳という）を雇い、五人でガルトクに行った。この帰り道で二人はチベット側からイビ・ガミン（いまのアビ・ガミン、七三五五メートル）を約六七〇〇メートルまで登る。五五年一〇月にはバドリナートとケダルナートを経由してムスーリーに着く。二人は一一月にムスーリーを出て、中央インドから南インドを探査、このあと海路をカルカッタへもどり、五六年四月にヘルマンとシムラで合流した。

五六年五月末、三人はシムラを出発。それぞれ別のルートでラダックとカラコルムを旅し、一〇月にカシミールのスリナガルで合流。この間、ヘルマンとロベルトは七月二四日にレーを出て、サセル峠とカラコルム峠を越え、コンロン山脈を少し越えた。レーにもどったのは九月一二日だった。アドルフはスカルドにもどり、それからナンガ・パルバット峰の周辺の山と氷河を探っていた。

スリナガルで落ち合った三人は、一一月はじめまで滞在、それからラワルピンディに行く。五六年一二月一七日、そこで三人はまた、それぞれ別のルートで踏査に出た。ヘルマンはネパールの許可を得てカトマンズに入った。五七

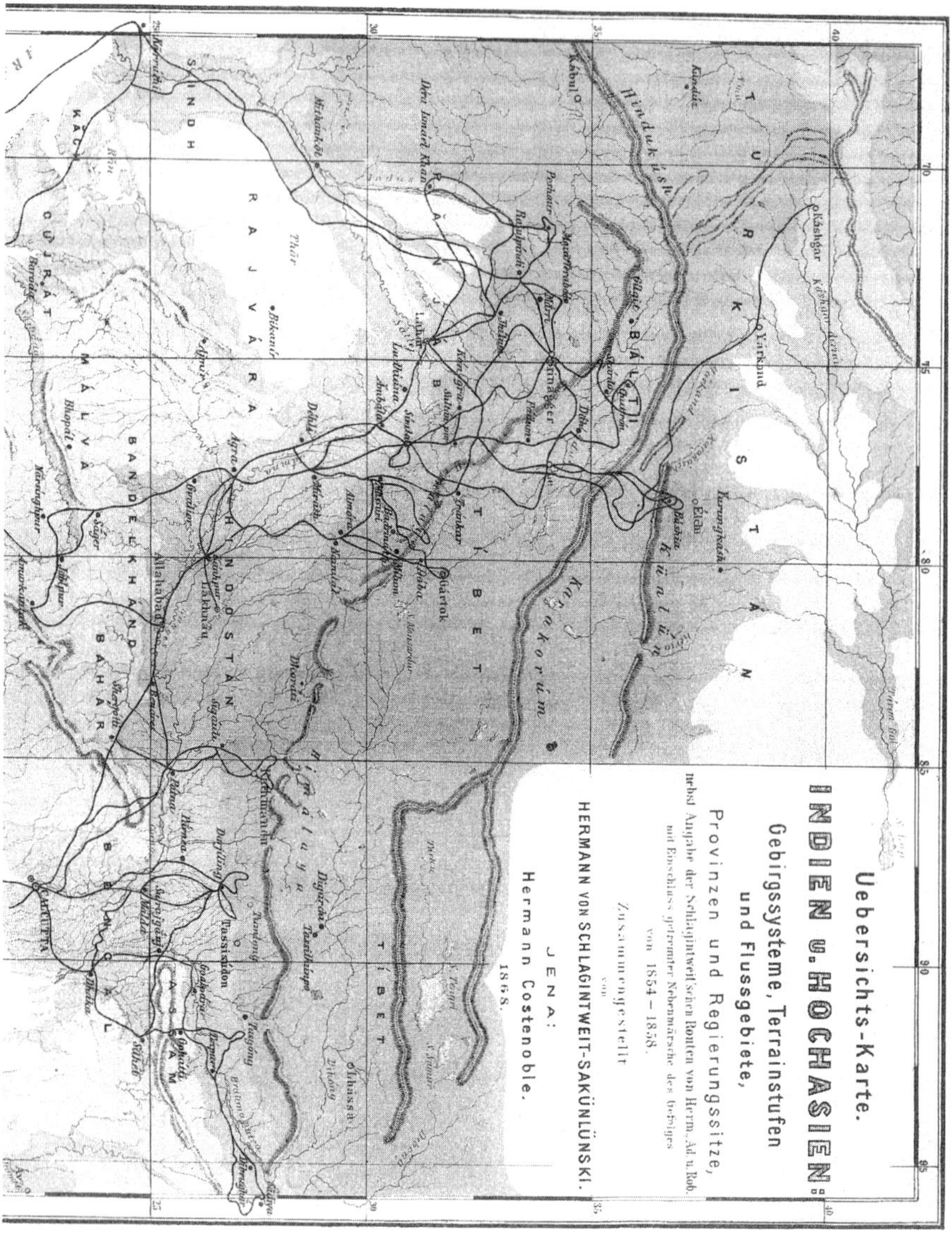

地図8. シュラーギントワイト兄弟の踏査ルート図（Schlagintweit, 1869）

写真23. アドルフ・シュラーギントワイト
(Heichen, 1921, 口絵)

年はじめに盆地の郊外のカウリアの丘から東方を観察、カトマンズのイギリス駐在官ホジソンが《デヴァドゥンガ》(Devadhunga) と呼んだ世界の最高峰は、現地では《ガウリサンカル》(Gaurisankar) といわれているとした。あとでまた触れるが、地理学者や登山家の間では、しばらくそのように信じられていた。しかし、インド測量局はこれを受け入れず、また兄弟三人は測量士でもなく、インド測量局は彼らの探検を快く受け入れなかったともいわれる。ヘルマンは一八五七年四月二二日、カルカッタから船に乗ってヨーロッパへ向かった。

ロベルトはパンジャブからシンド地方を通り、カラチに出たあと、セイロンを訪ね、そこから五月一四日に船に乗った。カイロでヘルマンと出会い、いっしょに故国へ帰った。

他方、一二月一七日にラワルピンディを出たアドルフは、ペシャワル、ハイバル峠などを歩き、ついでラホールから五七年五月三一日にバララチャ峠を越え、カングラとクルーを行く。さらにラダックを通り、カラコルムとコンロンの山脈を越えて八月はじめにヤルカンドに達した。予定ではさらにオシュ、コーカンドから西トルキスタン、アフガニスタンを通って、インドにもどるというものであった。ところが、ヤルカンド、カシュガルではコーカンド軍とシナ軍が戦火を交えていた。八月二五日にカシュガルに着いたアドルフは、この戦乱に巻き込まれ、一八五七年八月二六日、部下二人とともに、なんの尋問もなく、カシュガルの市外で斬首された。二八歳の若さであった。彼の遺体は下男の一人がインドに持ち帰ったという話もあるが、ノートや記録類のほとんどは探し出され、ドイツに送付されたという。

インドのシンド地方から東はアッサムまで、南はセイロンから北は新疆のカシュガルまでと、非常に広範囲な地域、西チベット、シッキムやネパールにも足をのばした。そして、彼らは東インド会社のために、まず英文の四巻の報告書を一八六一～六六年に刊行。もとは九巻の予定だったという。続巻は出なかったが、四巻以外にカラーのエッチングの版画や地図が四四葉入った大判の《アトラス》(図録集、九五×六三センチ)がある。これらの『インドおよび高地アジアの科学調査報告』の揃いのセットを国内で二組実見している。一つは故深田久弥さんの九山山房(現在は国立国会図書館所蔵)、もう一組は京都の小谷文庫(故小林義正氏の高嶺文庫から小谷隆一氏へ移り、二〇〇三年に信州大学へ寄贈)のものである。

小林さんの『山と書物』によれば、戦前に東京の丸善が少なくとも四セット輸入したようだという。その最初のものは一九〇八(明治四一)年一二月、隣家の失火によって罹災した丸善で焼失。日本山岳会の第三代会長小暮理太郎さんが会に寄贈したものは、太平洋戦争の戦火によって虎ノ門のルームで焼失した。あとの二組あるいはそれ以上のセットは戦火で焼失していなければ、どこかの図書館などに所蔵されているかもしれない。ここ数十年来、ヨーロッパの古書店にも出たことはないが、一九七九年に東京の古書展示即売会に《アトラス》のみが七五万円で出品された。ただし、タイトルとヴィクトリア女王への献辞のページ、地図一枚が欠けているとあった。

ところが、二〇〇五年の秋、日本山岳会に会員の松﨑中正さんが《アトラス》を寄贈された。これは七九年のものとは別で、やはり東京の古書展で入手されたと聞く。松﨑さんとはその昔、立山の登山研修所でいっしょだったことがある。私は上京した折、特製の帙入りのそれを山岳会のルームで特別にとくと拝見させてもらったが、色彩も鮮やかで、一四〇年ほどの時間的経過をほとんど感じることはなかった。故松方三郎さんが寄贈され、ルームの壁に掲げてある第二図「カンチェンジュンガ峰」を見比べてみても、それは歴然としており、先に見ていた二組よりも素晴らしい。一番上の薄い紙にペンで記された「18/289」の18は、版画の印刷の順番とすれば、これは非常にいい位置にあたろう。また、289が印刷部数を示すものであるなら、世界にこれだけの数しか出なかったことになる。

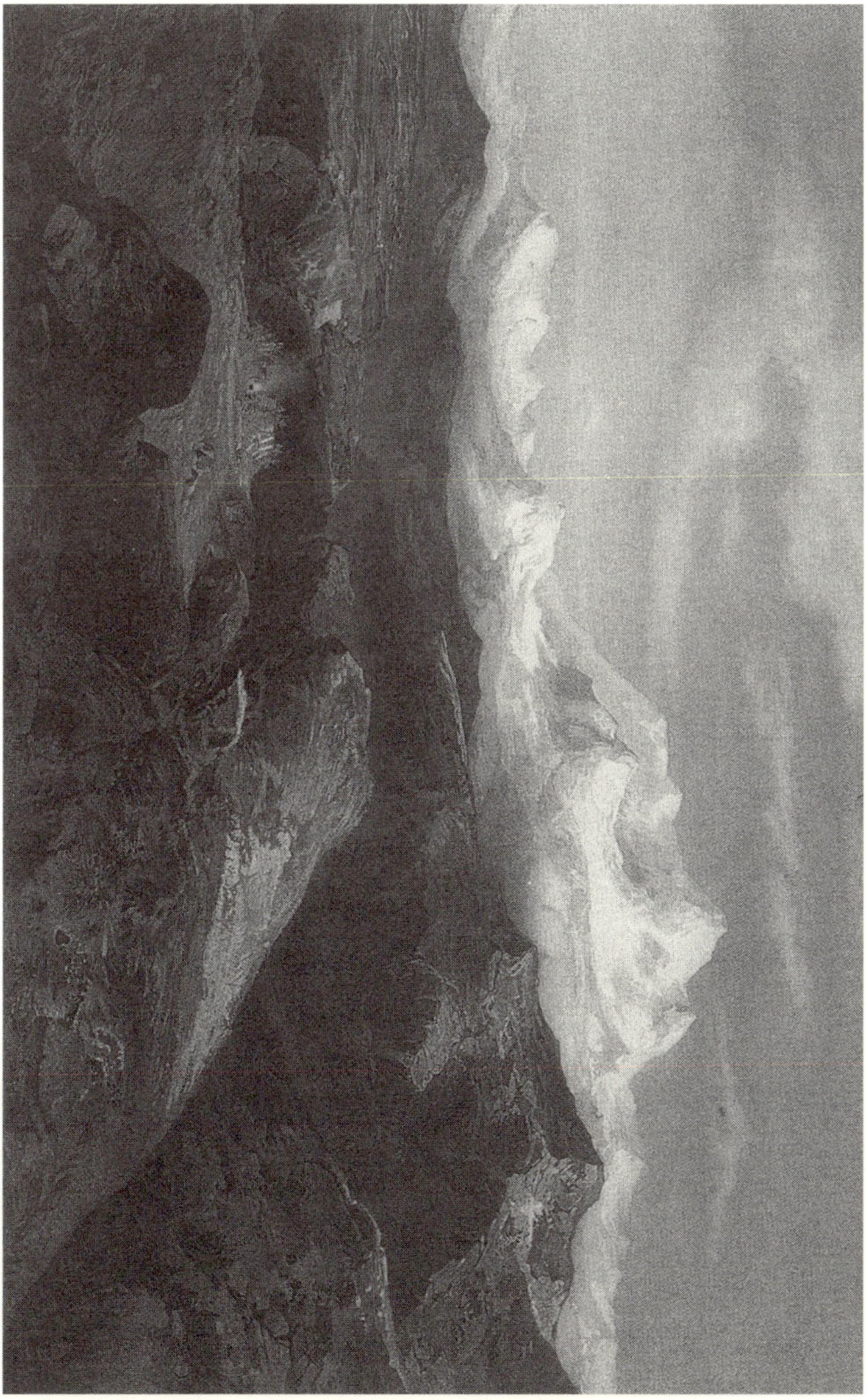

写真 24.「ガウリサンカル，すなわちエヴェレスト峰」
(H. シュラーギントワイトの絵，1861)

しかも、ヨーロッパも日本も戦火のためにどれだけ失われたものか。一枚一枚を手にして見ていると、印刷用紙の厚さにむらがあることもはじめて知った。わが国には、これら以外に東洋文庫にも存在するようだが、実際に見ていないので、詳細については語れない。

シュラーギントワイトの英語の本文テキストの第一巻は緯度経度の決定と地磁気、第二巻は測高法、第三巻は路線ノートと現地語による地理用語、第四巻は気象についてであり、一般的な読物ではない。そしてドイツ語の報告は英語版のあとに、『インドおよび高地アジアの旅』(一八六九〜八〇年)として四巻で出版された。これは紀行文であり、彼らの歩いたルートをくわしく知るためには不可欠であるが、ドイツ語のため、一般的に知られた本ではなかった。日本でフーカーほどに有名でないのは、このせいかもしれない。

第六章　インド測量局とエヴェレスト峰の発見

(1) エヴェレスト長官の後継者たち
——A・ウォー、J・ウォーカー、モントゴメリー

ジョージ・エヴェレストが一八四三年にインド測量局を退任するとき、自分の助手をつとめていたアンドリュー・ウォー（Andrew Scott Waugh　一八一〇〜七八年）を後任に推薦した。ウォーは四三年一二月一六日、測量局長官と大三角測量部長の両方を、エヴェレスト同様に兼務した。さらにウォーが一八六一年三月一二日に退職したとき、長官職と部長職はもう一度分離されて、一八四七年からウォーの副長官をしていたヘンリー・トゥイリア（Henry Edward Thuillier　一八一三〜一九〇六年）が長官になり、ジェームズ・ウォーカー（James Thomas Walker　一八二六〜九六年）が大三角測量部長に任命された。そしてトゥイリアが一八七七年末に退職したとき、ウォーカーが七八年はじめから八四年まで両方の長を、エヴェレストやウォーのように兼務した。

この四人の長官の期間に、その仕事の成果が大いにあがった。一八四六年からヒマラヤ山麓沿いに三角測量が開始され、大経緯儀でヒマラヤの巨峰が測定された。六四年までにはネパールの西部国境より西方の測量が中国・チベットとの国境まで進められた。これはシーク戦争のあと、カシミールやパンジャブのヒマラヤ山地へ容易に接近できるようになったからである。

アンドリュー・ウォーはマドラスの陸軍主計局長の息子として一八一〇年に生まれ、二七年にベンガル工兵連隊に

写真 25. インド測量局の 3 人（上）
(左からウォー，ウォーカー，トウィリア)

写真 26. J. T. ウォーカー（下）
(Phillimore, 1968, p. 141)

入隊。三二年七月にエヴェレスト大佐の大三角測量部に加わり、四三年にエヴェレストが引退したとき、その後任に指名されて、一二月一六日に大三角測量部長と測量局長官の職務についた。そして六一年三月一二日に退職するのだが、その年に少将に昇進し、ナイトに列せられる。彼の在任中には世界の最高峰と第二位のK2が発見された。五七年には王立地理学協会からパトロンズ・ゴールド・メダルを授与され、イギリスに帰国後はその協会の有力な特別会員となり、さらに六一年から七二年は評議員をつとめ、その最後の五年間は副会長に就任した。世界の最高峰に《エヴェレスト》の名前を冠したのは、後述するようにこのウォーである。一八七八年二月二一日、ロンドンのケンジントンで六八歳の生涯を閉じた。

ヘンリー・トウィリアは三二年にベンガル砲兵連隊に入隊し、三六年から測量局に加わった。四七年からカルカッタのオフィスでウォーの副長官をつとめ、ウォーの退職で六一年三月一三日に長官職を引き継いだ。在任中に二度、病気休暇などでイギリスへ帰り、長期に休んだが、その間、ウォーカーが代理をつとめた。退職したのは七七年一二月三一日である。

他方、大三角測量部長を引き継いだウォーカーは、トウィリアが長官職を辞任したあとを受けて、一八七八年一月一日から二つの長を兼任した。彼は四四年にボンベイの工兵連隊に入り、パンジャブ地方で第二次シーク戦争（一八四八～四九年）に従軍し、五七年にはセポイの反乱のとき、デリーでの戦いで負傷していた。そして一八七八年、ウォーカーが二つの長を兼務したと述べたが、大三角測量部（The Great Trigonometrical Survey）、地形測量部（The Topographical Survey）、税務（歳入）調査部（The Revenue Survey）の三部門がインド測量局（The Survey of India）に統合され、長官（The Surveyor General）が全体を統括することになった。つまり、行政改革が行われたのである。

余談になるが、一八七七年のウォーカー大佐の部長職最後の月給は二五六五ルピー（二五六・五ポンド）、およそ一八五万円、トウィリア少将の長官職はちょうど三〇〇〇ルピー（約二一六万円）。平《ひら》の測量官で三〇〇～五〇〇ルピー（二一～三六万円）、現地人の製図士は朝六時から正午までの勤務で月給三〇ルピー前後（約二万円）、なんという落差か。

写真 27. T. G. モントゴメリー
(Phillimore, 1968, p. 489)

ウォーカーは一八八四年一月一二日に大将の位で退任した。

一八五〇年代から六〇年代にかけて、大三角測量部のフィールド調査でもっとも中心的な役割を果たしたのは、T・G・モントゴメリー（Thomas George Montgomerie　一八三〇～七八年）であった。そして、イギリス人が入域の困難な地域に、訓練をほどこした原住民をスパイとして送り込むことを立案し、実行した。このことについてはあとで詳述しよう。

モントゴメリーは一八三〇年四月二三日生まれ。四九年にベンガル工兵連隊の中尉として、東インド会社に入社、五一年六月にインドに来て、五二年八月から大三角測量部に勤務した。それから七三年まで勤めるが、エヴェレストのあとを継いでいたウォー長官は、モントゴメリー大尉にカシミールの地形測量を任せた。一八四六年の第一次シーク戦争後に、イギリスはパンジャブを併合、カシミールは隣国ジャンムの支配者グラーブ・シンに譲渡されていたので、グラーブ・シンを説得して測量が進められた。後述するW・H・ジョンソンを補佐に、チームは五五年一月一日にスタート、約一〇年間も続けられた。五七年にはセポイの反乱（インド暴動＝Indian Mutiny）の間も作業は中断されることはなかった。カラコルムからラダック、中国領トルキスタンとチベット国境へと広げられた。六四年一一月には作業は一応完了となる。

この間、モントゴメリーは五六年にカラコルムの山々を眺め、五七年からその測量をはじめ、五八年にはいまのK2峰の高度を計算。それが地上第二の高峰二万八二五〇フィート（八六一一メートル）と判明した。また彼は、大三角測量部長のウォーカーのもとで、一八六一年から部長代理もつとめていた。五二年からずっと休むことなく働きつづけ、その間《ジャングル熱》に絶えず苦しんでいたから、六五年二月、イギリスへ医療休暇に出かけた。そしてそこで結婚する。また王立地理学協会は、カシミールでの測量と地図化の業績に対して、同年五月にファウンダーズ・ゴールド・メダルを授与した。加えて、同協会の特別会員に推された。

六七年五月にインドの職場にもどったモントゴメリーは、トウィリア長官が不在の間に代理をつとめたり、七〇年から七二年には地形測量部長（Superintendent of Topographical Survey）を務めた。しかし、一八七三年はじめ、医療休暇のためにイギリスへもどったものの、病気のためにインドへ復帰できず、大三角測量部の副部長、大佐として七六年三月に退役せざるを得なかった。そして七八年一月三一日に没した。

⑵ 世界最高峰の発見と命名

ヒマラヤの高峰の測量は、一八四五年ごろからインド平原より行われ、それは直線距離でおよそ二〇〇キロ以上も離れていた。四六年から四七年にかけて多数の雪山を測量したなかで、《ピークb》（Peak b）とされた山が極端に高かった。遠方で入域できないネパールの山々など、ほとんどの山名はわからず、記号で呼ばれていたが、一八四九年一一月から五〇年一月の測量では、同じ《ピークb》を《ピークh》、ついで《ピークXV》として、七か所の基点か

写真28. ラダナート・シクダール
(Phillimore, 1968, p. 527)

ら二四インチ（六〇センチ）の大経緯儀で観測した。直線距離で一七三〜一八九キロも離れていた。

ジョージ・エヴェレストのあとを継いだアンドリュー・ウォー長官は、その測量結果を計算するように、主任計算士ラダナート・シクダール（Radhanath Sickdhar　一八一三〜七〇年）に命じた。その結果の平均値は二万九〇〇二フィート＝八八四〇メートル、ただし大気には光に対する屈折作用があるため、高度の決定は一八五六年まで公表されなかった。この高度はベンガル湾に流入するフーグリ川の河口の海面を基準とし、それをボンベイやカラチの海面からの水準を延長し、照合したものであるという。

この一八五二年二月一〇日の最高峰の発見に、まことしやかな俗説が誕生する。これがいまも実話のように流布しているのだから面白い。「一八五二年のある日のこと」、ベンガルの主任計算士ラダナート・シクダールがウォー長官の部屋に駆け込み、「閣下、私は世界の最高峰を発見しました」と、息をはずませて叫んだという話である。後年、一九一〇年から一九年に長官をしていたバラード（Sidney Gerald Burrard　一八六〇〜一九四三年）が、ことの真相を調査した結果、根拠のない話だとした。ラダナートは主任として、エヴェレスト峰の計算の責任は持っていたが、当時はカルカッタにおり、ウォー長官の事務室はデーラ・ドゥンにあり、山々の高度計算はすべてそこで行われていたのだという。したがって、ラダナートが長官室に飛び込むはずはない。『インド測量局史』をまとめたフィリモアもそのことを追認している。

このラダナートは一八一三年一〇月、カルカッタのブラーマンの家に生まれ、三一年に大三角測量部長の事務所で計算士となり、四五年に主任となった。月給は四〇〇ルピー（約二・九万円）だったが、五五年一〇月には六〇〇ルピー（四・三万円ほど）になった。そして六二年に退職し、年金生活者となる。ウォー長官が引退後、六一年に大三角測量部長となったウォーカーは、計算事務所のデーラ・ドゥン集中を政庁に上申し、承認されたので、ラダナート引退の六二年に移転を完了させた。主任を頂点にその下に一四人のスタッフで新しくスタートした。

さて、ピークXVの高度が確定し、東経八六度五八分五・九秒、北緯二七度五九分一六・七秒と位置も固定されたが、山の存在するネパールにもチベットにも入国ができず、インド測量局では現地の名称がわからなかった。しかし、すでに述べたように、一七三三年のダンヴィルの地図には「チョウモウ・ランクマ山」とあり、そのもとをなす中国の康熙図では「朱母《チュモ》郎馬《ランマ》阿林《アリン》」と明示されていたから、イギリスの当局者も本気になって調査・研究すれば、山名は容易に判明していたかもしれない。チベット人は「チョモランマ」という名前を知っていた。

一八五六年三月一日付でインド測量局のアンドリュー・ウォー長官が王立地理学協会の会長ロデリック・マーチソン卿（Roderick Murchison）に書簡を送った。その内容はピークXVの発見とその数値の報告とともに、その山に地方名、原住民による名称がないから、測量局の前任者エヴェレストの名前をそれにつけたいと提案していた。はじめは《Mont Everest》と書き、一年後に《Mont》を《Mount》と訂正した。ジョージ・エヴェレストがこの山を自分の目で見たことは決してなかったのだが、ロンドンのインド担当大臣は心からこれを支持したという。

五六年八月六日、ベンガル・アジア協会の会合で、測量局のトゥィリア少佐は世界の最高峰の発見を発表し、その九月には王立地理学協会は《マウント・エヴェレスト》の名称を渋々ながら受け入れ、またインド政庁も承認した。

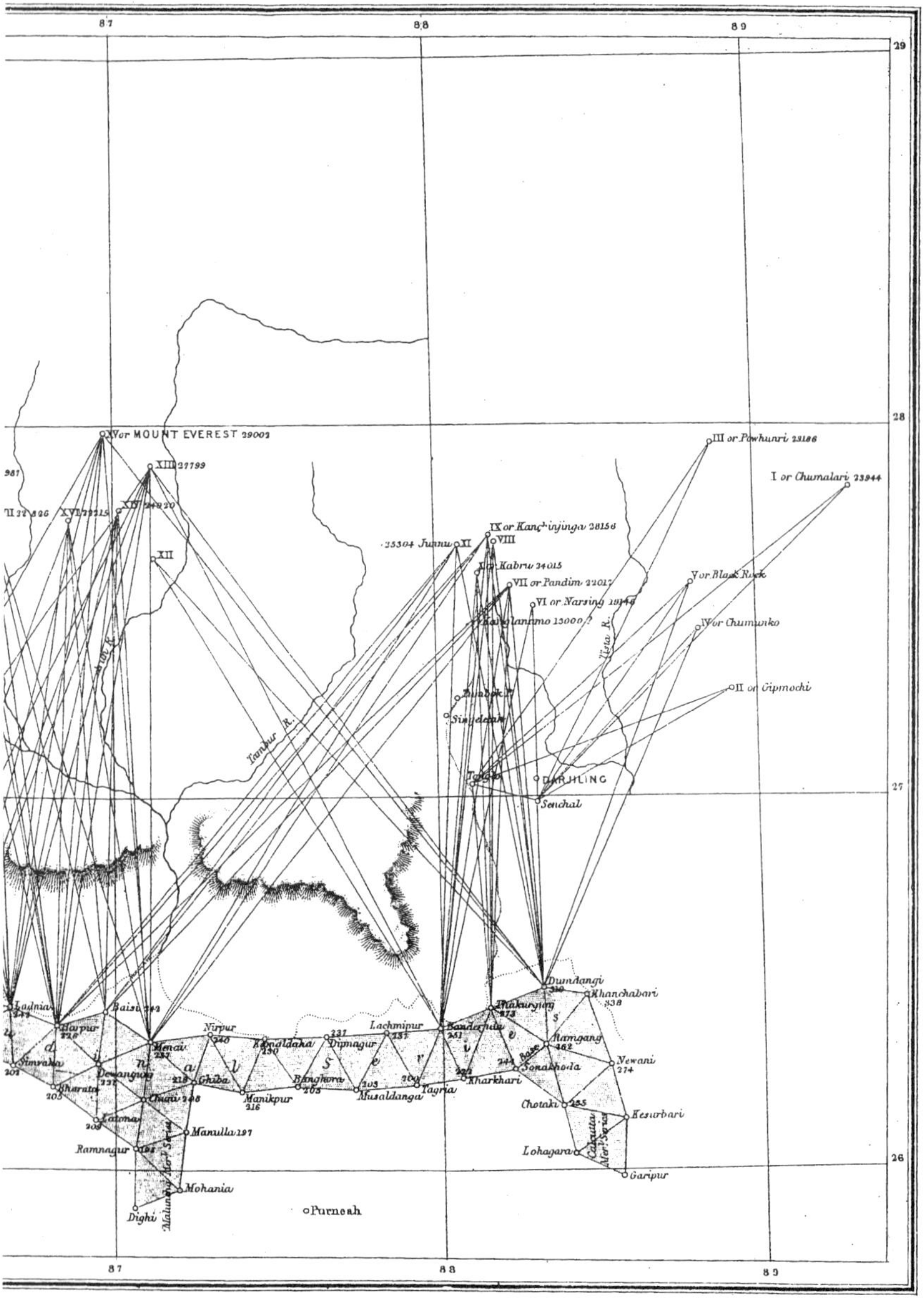

〔付録〕高度表付（*PRGS*, OS-2, 1858, p. 115 & p. 139）

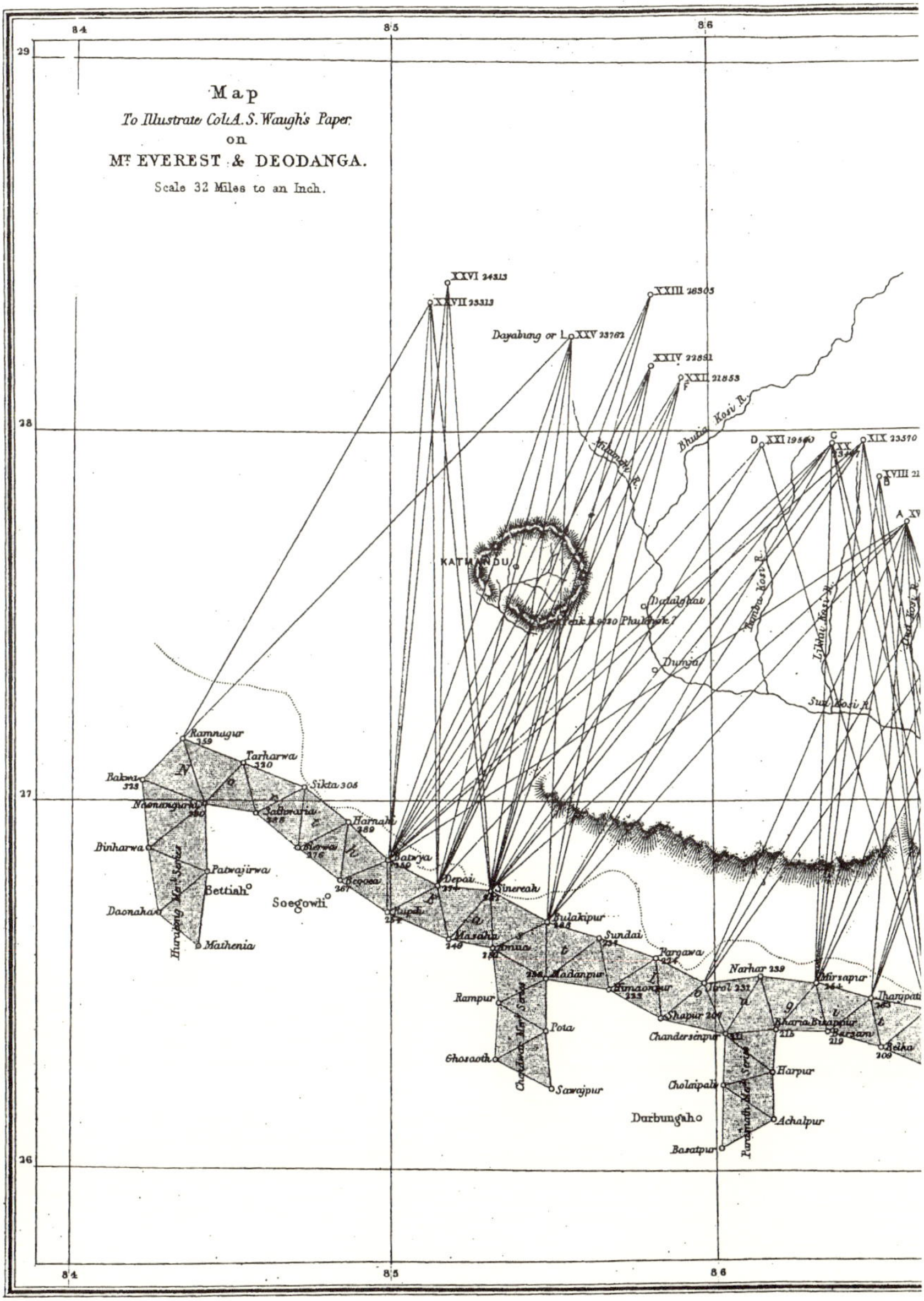

地図9．ウォー「ネパールの山々」（インド平原から）

地図9付録. Waugh's Paper (1858)

No.	Name (1858)	Name (現)	Height(ft.)	=m.	m.(現)	
I	Chumalari	Chomolhari	23944′	7298. 1	7314	
II	Gipmochi		——	——		
III	Powhunri	Pauhunri	23186′	7067. 1	7128	
IV	Chumunko		——	——		
V	Black Rock		——	——		
VI	Narsing		19146′	5835. 7		
VII	Pandim	Pandim	22017′	6710. 8	6691	
VIII	——		——	——		カンチの南
IX	Kanchinjinga	Kangchenjunga	28156′	8582	8586	
X	Kabru	Kabru	24015	7320	7318	
XI	Junnu	Jannu	25304	7712. 7	7711	
XII	——		——	——		マカルーの南
XIII	——	Makalu	27799	8473. 1	8463	
XIV	——	Chamlang	24020	7321. 2	7319	
XV	Mount Everest	Mt. Ev./Chomolangma	29002	8840	8848	
XVI	——	Peak 43 (Kyashar) ?	22215	6771	6767?	
XVII	—— A	Numbur	22826	6957	6957	
XVIII	—— B	Takargo?	21987	6702	6793?	
XIX	——	Menlungtse	23570	7184	7175	
XX	—— C	Gaurisankar	23447	7146. 6	7134	
XXI	—— D	Chaduk Bhir?	19650	5962	5940?	
XXII	—— F	Phurbi Chyachu	21853	6661	6637	
XXIII	——	Gosainthan, Shisha Pangma	26305	8017. 8	8027	
XXIV	——	Dorje Lhakpa	22891	6977	6966	
XXV	Dayabung L	Langtang Lirung	23762	7243	7245	
XXVI	——	Ganesh Himal I (Yangra)	24313	7410. 6	7421	
XXVII	——	Ganesh Himal IV (Pabil)	23313	7106	7110	

ウォー長官の動き、提案のことを知ったブライアン・ホジソン（Brian Houghton Hodgson　一八〇〇～九四年）は、一八五六年一〇月に、このエヴェレスト峰のことを、ネパールの古文献では《デヴァドゥンガ》（Devadhunga）、あるいは《バイラヴタン》（Bhairavthan）といっており、ウォー長官は間違っているとした。デヴァドゥンガの意味は《Divine Rock》、つまり《神の岩》という。だが、ホジソンもその山を見たことはなかった。

ホジソンはイギリスのカトマンズ駐在官の補佐官として、一八二〇年から滞在し、二五～三三年は駐在官補、三三～四三年は駐在官、いまでいうネパール駐在イギリス公使を務めた。ネパールの滞在は都合二三年間、引退後は四五年から五八年までダージリンに住み、ネパール、チベット、ヒマラヤに関する多数の学術論文を書いたが、イギリスに帰国して九四歳で死去した。

ドイツのシュラーギントワイト兄弟がヒマラヤを踏査したとき、長兄のヘルマンが一八五五年に、ネパールとシッキムの国境をなすシンガリラ尾根に行った。その尾根上のファルートから山の絵を描き、のちほどそれに「ネパール・ヒマラヤのガウリサンカル、すなわちエヴェレスト峰」（九九ページの絵）と題名をつける。二年後の五七年はじめには、許可を得てカトマンズに入り、郊外のカウリア丘陵（Kaulia Hill、カカニの丘の近く）から、ホジソンがデヴァドゥンガと呼んだ山を見て、この山の地方名を《ガウリサンカル》（Gaurisankar）と認定した。つまり、世界の最高峰の名前は「ガウリサンカル」だといった。ヘルマンはそのことを一八六二年の報告書（第二巻）で公表。それ以後、ヨーロッパでガウリサンカルとエヴェレスト峰が混同して使用され、しばらくはそのように信じられたこともあった。

しかし、インド測量局はそれを受け入れなかった。二〇世紀に入って一九〇三年、ネパールの入国を許され、インド総督カーゾン卿（George Nathaniel Curzon　一八五九～一九二五年、在任一八九九～一九〇五年）の命令で、測量局のヘンリー・ウッド大尉（Henry Wood　一八七二～一九四〇年、測量局勤務一八九八～一九二七年）は、カウリア丘陵を訪ね、主なピークを観察した。そして、そこからピークXVは見えず、エヴェレスト峰とガウリサンカルは別の山と確認した。

ガウリサンカルはピークXXであり、高さは二万三四四七フィート＝七一四七メートル（現在七一三四メートル）、エヴェレストの西方約六〇キロにあった。また、ヘルマンの描いた絵のピークは測量番号XIIIで、いまのマカルー峰（Makalu 二万七七九九フィート＝八四七三メートル、現在八四六三メートル）であることが判明する。さらにデヴァドゥンガという名称は聞かなかったという。

ヘンリー・ウッド大尉は翌一九〇四年にヤングハズバンドのチベット（ラサ）遠征隊に加わり、エヴェレスト峰を北（チベット）側からも同定した。一九〇七年にはネパール政府の許可を得て、インド測量局のインド人測量士ナタ・シン（Natha Singh）が、ヨーロッパ人を連れずに、大急ぎでソル・クーンブを探査。ドゥード・コシ川を遡り、クーンブ氷河の末端まで行ったが、写真撮影は許されず、測量用の平板も持たなかった。エヴェレスト峰のことを《チョー・ルンブ》（Chho Lungbhu）と呼んでいるのを聞く。《デヴァドゥンガ》の名前は聞かなかった。

(3) チョモランマとK２の発見

一八五七年一二月二二日、世界初の登山クラブ「アルパイン・クラブ」（The Alpine Club）がロンドンで結成された。翌五八年六月一八日にはじめて夏の晩餐会が催され、ヘルマンとロベルトのシュラーギントワイト兄弟がゲストとして招かれた。エヴェレスト登山の可能性が、メンバーの心の中にあったようだといわれている。

このイギリスの「山岳会」は一九〇七年に五〇周年を迎え、その記念行事の一つとして、ブルース（C. G. Bruce）、マム（A. L. Mumm）、ロングスタッフ（T. G. Longstaff）ら、当時の錚々たる登山家がチベットからの登山遠征の提案をもって、王立地理学協会と接触した。しかし、この計画はインド総督モーリー卿に拒否された。かわりにこのグループはガルワル・ヒマラヤに行き、ロングスタッフは一九〇七年にトリスル峰（七一二〇メートル）に初登頂する。

一九〇八年にはカトマンズのイギリス駐在官、副領事のマナーズ＝スミス少佐（J. Manners-Smith）がネパールの総理大臣と、イギリス＝ネパール合同エヴェレスト登山について討議し、翌九年にネパール政府がこれを許可しようとしたのに、最後の瞬間にイギリス政府が不適当と判断し、キャンセルしてしまった。準備は放棄された。この準備のなかで、エヴェレストの情報を集めていたブルースは、一九〇九年春に雇ったクーンブ地方出身のシェルパたちから《チョモ・ルンモ》(Chomo Lungmo) という名前を聞かされた。デヴァドゥンガの呼称は聞かれず、ホジソンはネパールの文献からそれを知ったものであろうという。

一九世紀末にはチョモカンカル (Chomokangkar) という名前が浮上してきたが、インド測量局は「マウント・エヴェレスト」をそのまま踏襲してきた。一九五〇年代に入って、新中国はチベット名「チョモランマ」(Chomolangma 珠穆朗瑪) を採用する。チョモは女神、ランマ (ルンマ、ロンマ) は地域、マは女性語尾。ランは「非常に高い」、あるいは「いっそう高い頂上」の意味といい、チョモランマは「世界の母神」である。

一九六〇年代に入って、ネパール当局は中国との国境画定交渉のなかで「サガルマータ」(Sagarmatha) という名称をエヴェレスト峰に持ち出した。そして現在、ネパールではこれが採用されているが、《サガル》は「大空」とか「世界」、《マータ》は「頭」「頂上」の意味で、つまり、「世界の頂上」(Top of the World) を意味する。これはネパールで有名な歴史家バブラム・アチャルヤ (Baburam Acharya) が一九三八年にネパールの文芸雑誌『シャルダ』(Sharda) に紹介、説明しているという。しかし、この名前は地方の名称で、一九六一年までカトマンズでは知られていなかった、ともいっているようである。

エヴェレスト峰の高さについては、インド測量局が測量するたびに変わってきた。一番はじめの計測は一八四七年で八七七八メートル、つぎが一八四九年の八八四〇メートル、一八九二〜一九〇三年は観測地点の高度の変更によって八八三七メートル、一九〇五年は一八四九年の数値の再計算で八八八二メートル、これを補正した一九二二年は八八八五メートルであった。第二次大戦後の一九五二〜五四年の測量で八八四八メートルとなり、現在に至るが、一九五四年までは一八四九年の八八四〇メートルが公認されてきた。一九七五年には中国が山頂にビーコンを設置して、八八四八メートルを追認する。最近は人工衛星を利用するGPSが使われ、新しい数値が出された。まずイタリアのデジオ教授（Ardito Desio）は一九八七年に八八七二メートルを提示、九二年にイタリア＝中国合同の調査で八八四六メートルがGPSで出され、九四年八月に発表された。一九九九年にはGPSによる再計算で八八五〇メートルが提示されている。さらに二〇〇五年一〇月、中国当局は八八四四・四三メートルと発表した。GPSとレーダーで山頂の氷雪の厚さ（三・五メートル）を計測したものというが、氷雪を加えれば、ちょうど八八四八メートルとなる。

一八五八年三月、インド測量局のウォー長官はヒマラヤの高峰のI峰からLXXX峰までのリストを公表した。もちろん、エヴェレスト峰は第XV峰、第I峰はブータンとチベット国境上のチョモラーリ（Chumalari　七二九八メートル、現在はChomolhari　七三一四メートル）。ヘルマン・シュラーギントワイトにエヴェレストと間違われたマカルー（Makalu）は第XIII峰（八四七三メートル、現在八四六三メートル）。ダージリンからよく見えるカンチェンジュンガ（Kang-chenjunga　八五八六メートル、当時はKanchinjinga　八五八二メートル）。ダウラギリ（Dhaulagiri）は第XLII峰、一八〇九年には八一八七メートルとされ、ウォー長官の発表では八一七六メートルとなり、その後八一六七メートルとなって現在に至っている。

カラコルム山脈の本格的組織的な測量は、一八五六年九月からはじまった。T・G・モントゴメリーがスリナガルの北方約四〇キロのハラムクから観測。その年、測量番号K2（ケイトゥー）のピークを二万八四〇〇フィート（八六五六メートル）と計算した。K2はカラコルムの二番という記号で、偶然に世界で第二位の高峰となる。そのあと、いくつかの地点からの測量数値を平均し、一八五八年に二万八二八七フィート（八六二二メートル）を得て、一八六〇年に公表（付地図では誤植なのか二万八二七八フィート）した。そして世界第二位が確定する。現在では二万八二五〇フィート（八六一一メートル）が採用されているが、ではK1はどこか。それはマッシャーブルム東峰（Masherbrum East）で、当時はその高度が二万五六七六フィート（七八二六メートル、現在二万五六六二フィート＝七八二一メートル）であった。

このK2峰も人里から遠く離れた無人地帯にあったため、山名はわからなかった。一八五六年にヒマラヤのピークXVが、エヴェレスト峰と称されるようになったことを受けて、一八六〇年にエヴェレスト長官の後継者、ウォー長官の名前からK2に「マウント・ウォー」(Mount Waugh)、ヴィクトリア女王の夫君の名前から「マウント・アルバート」(Mount Albert)が提案されたけれど、どれも受け入れられなかった。さらに一八八六年、カシミールからカラコルム山脈の測量で功績のあった測量官の名前から「マウント・モントゴメリー」、また「マウント・ゴドウィン=オースティン」にしようとする試みもあった。だが、王立地理学協会、インド政庁、インド測量局はエヴェレストを例外とし、山に人名をつけるのはよくないと、ともに賛成しなかった。

写真29. ゴドウィン=オースティン
(Mason, 1955, p. 76)

一九〇五～六年にはムガールの皇帝の名前から「マウント・アクバル」(Mount Akbar)などという案も出されたけれど、インドではどれも認められず、ずっと「K2」としてきた。ただし、ヨーロッパの二、三の地図はいまだに「ゴドウィン=オースティン峰」としているのがある。それに倣ってか、わが国でも文部科学省が検定したという、お墨付きの学校用地図帳に、それを使用しているのがある。ナンセンスの一語だ。

現在はパキスタンもK2を正式名称とするが、中国は「チョゴリ」(Chogori 喬戈里)とする。これはチベット語の方言のバルティ語からきており、チョゴは大きい、リは山で、つまり「大きい山」という意味である。

さて、ゴドウィン＝オースティン（Henry Haversham Godwin-Austen　一八三四〜一九二三年）とはいかなる人物であったのか。一八五二年に歩兵連隊の士官としてインドに来た彼は、すぐに第二次ビルマ戦争に従軍。一八五六年にはモントゴメリーの協力者として推薦され、翌五七年から六三年までカシミールの測量に従事した。五九年にイギリスへもどったが、六〇年にインドに帰任して、はじめてカラコルムの山々を見る。

一八六一年にベンガル参謀本部付となったが、この年、K２へのアプローチ、バルトロ氷河やチョゴ・ルンマ氷河など、K２周辺の平板測量を完成させた。一八六二年から六三年は東部ラダックへ移動し、六三年にはレーからパンゴン湖を踏査。六四年一〇月から六五年四月はブータンとのドゥアール戦争に従軍し、その後はナガ丘陵やカーシ丘陵など、アッサムの辺境で測量にたずさわり、七五年にはダフラ軍事遠征に参加した。しかし、このアッサムでは熱病にかかり、一八七七年六月、中佐で引退し、病気のまま、帰国した。だが、ゴドウィン＝オースティンはその後、四〇年以上も年金生活をおくった。一八五三年に母方のゴドウィン姓を父方のオースティンに加えたため、長い名前になってしまった。一八八八年に王立地理学協会の会合で、J・T・ウォーカー将軍がK２に「マウント・ゴドウィン＝オースティン」の命名を提案したが、どこからも反対された。一九一〇年には、インド北東辺境地区の地理学的発見と測量の功績により、王立地理学協会からゴドウィン＝オースティンにファウンダーズ・ゴールド・メダルが贈られた。

(4) 特異な探検家・冒険家たち（その1）――ドリュー、ヘイワード

一八五〇年代の後半はインドにとって大激動の時期であった。五七年にセポイの反乱が起こり、反英運動が拡大していった。イギリスは五八年に皇帝を廃位し、ムガール帝国を滅亡させる。同時に、東インド会社も反乱の責任をと

われ、解散させられ、イギリスの本国政府がインドを直接に統治することになった。インド省が新しく設置され、その担当大臣が本国政府の指示をインド総督に伝えた。しかしインド測量局は、坦々として業務・作業を進めていた。そして一八六四年までには、ネパールから西方の地域の測量はチベットの国境まで達していた。

インド測量局とは直接的な雇用の関係などはなかったけれど、カシミール地方を広範囲に歩いたのは、フレデリック・ドリュー（Frederic Drew　一八三六〜九一年）であった。一八五三年に王立鉱山学校に入学、二年後の五五年にイギリスの地質調査所に入り、イングランド南東部で働いた。それから七年後の一八六二年、カシミールのマハラジャ、ランビル・シン（父はグラーブ・シン）に雇用され、約一〇年間、カシミールの鉱物埋蔵資源の調査にたずさわった。つまり、一八六二年から七二年まで滞在、後半はラダックの知事になった。この間にスリナガルやレーを拠点に、スカルド、チョゴ・ルンマ氷河、ビアフォ氷河入口、インダス河、モリリ湖、パンゴン湖、アクサイチン高原などを広く踏査した。

インドからもどってイートン校の科学教師になり、そこで没した。一八五八年には地質学協会、地理学協会、学士院の会員になっていた。カシミールにいた一八七〇年一二月二一日、ヤシンで殺害された知人のヘイワードの遺体を収容し、ギルギットに埋葬したのはドリューだという。彼は帰国後の一八七五年に『ジャンムとカシミール地域』と題する六〇〇ページ近い大冊を上梓した。

ドリューの知人だったヘイワード中尉（George Hayward　一八三九〜七〇年）もインド測量局と関係はなかったが、工兵であったことから、測量はできた。一八五九年にイギリスで工兵隊に入り、六四年にインド陸軍工兵連隊に勤務。しかし、翌六五年（六七年ともいわれる）にすぐ除隊し、カルカッタで政庁当局の、北西辺境地帯の情報に関する仕事に公的に、あるいは秘密裏に従事した。

一八六八年、王立地理学協会から装備と資金の援助を受けて、トルキスタンに向かった。インド総督は支援を拒否したというが、測量局のモントゴメリーは支持していた。そして八月二〇日にパンジャブのムルリーを出発、スリナ

写真30. G・ヘイワード
(J. Keay, 1979, p. 215)

ガルを経て九月二一日にレーに到着する。そこでヤルカンドへの準備をし、ガイド一人と馬方一人を雇った。ヤルカンドへは三つのルートがあったが、その中のチャン・チェンモの道を行くことにする。

九月二九日夕方にレーを出発。一〇月五日にタンクセ、それからチャン・チェンモに入り、リンツィタン平原からアクサイチン高原を越えて、カラカシュ川源流に出る。一一月二〇日にシャドゥラに着き、そこからカラコルム峠の北方からヤルカンド川の源流を踏査。シャドゥラにもどったのち、一二月二一日、トルキスタンのサンジュに来た。

ヤルカンドに一二月二七日に着く。町は南北二マイル（三・二キロ）、東西一・五マイル、城壁七マイル、高さ四〇〜四五フィート、四万戸数に一二万人、モスクが一六〇に、隊商宿が一二を数えていたという。シャドゥラでヤルカンド川源流へ行っている間に、後述するロバート・ショーがシャドゥラから先行し、一〇日ほど前にヤルカンドに来ていた。ここヤルカンドとカシュガルでの五か月の間、ヘイワードとショーは当局からいっしょになることを許されず、通信もできなかった。道中ではショーはヘイワードのことを知らなかったが、二人ともスパイの疑いをかけられていた。

ヘイワードはヤルカンドで庭から外へは出られなかったが、二か月滞在する間に一一回の観測を行い、北緯三八度二一分一六秒、東経七七度二八分、高度一一六七メートルの数値を得た。そして六九年二月二四日、カシュガルへ向かい、三月四日、猛吹雪の中、カシュガルに到着した。翌五日朝、ヤクーブ・ベグ（Yakoob Beg　別名 Atalik Ghazee 一八二〇〜七七年）に面会に行き、アドルフ・シュラーギントワイトの暗殺犯人ウリー・ハンを二年前に処刑したと聞かされた。

このヤクーブ・ベグとは、一八六五年はじめに、西方のコーカンドからカシュガルに進出してきた将軍である。一八六二年に陝西省で回教徒の漢人に対する東干人《ドンガン》、ウイグル人の反乱が起こり、翌六三年に甘粛全域に拡大し、さらに東トルキスタン（一八八二年に新疆という省制）へ広がって、そこでの清朝の支配が一掃された。これは「東干の反乱」、「同治の回乱」ともいわれ、東トルキスタンは大混乱していた。そこにヤクーブ・ベグが入って、新疆西半分の諸都市を席捲し、一二年間ほど独裁的に支配した。しかし、一八七七年三月、清朝は左宗棠《さそうとう》(ツォーツンタン　一八一二〜八五年)を送り込んで反撃に出、トルファン陥落の報を聞いたヤクーブ・ベグはコルラで自殺する(毒殺かともいわれる)。一二月にはカシュガルも解放された。

さて、ヘイワードはカシュガルに四〇日ほど滞在し、そこを北緯三九度一九分三七秒、東経七六度一〇分、高度一二六九メートルとする。四月一三日にカシュガルを出発したが、四月二五日にヤクーブ・ベグとの最後の会見をしたため、ヤンギサールに一三日間も足留めされた。ヤルカンドにもどってからも五月末まで、さらに一か月ほど滞在。ロバート・ショーとの面会をようやく許された。サンジュを六月一二日に出発し、七月にレーに帰った。

翌一八七〇年、ヘイワードは王立地理学協会からファウンダーズ・ゴールド・メダルと六〇〇ポンド(約四三〇万円)を授与された。ヤルカンドとカシュガルへの旅ですぐれた地図を作成し、地理学に大きな貢献をしたという理由である。そしてこの年、パミール高原とオクサス川源流の探検に出た。トルキスタンを通り、ロシアからイギリスに帰ろうと考えていた。五月にスリナガルに行き、スカルド、ギルギットを経て、七月一三日にヤシンに着き、族長のミール・ワリに迎えられる。そこからダルコット峠を越えようとしていたのだが、同一七日にダルコット村に行き、テントで寝ていた一八日に、五人の従者ともどもワリの配下のものに殺害されてしまった。

ヘイワードの遺体は、のちに友人のF・ドリューによって、ギルギットに埋葬されたが、国境越えの探検は、たとえ現地人に変装していても、きわめて危険なものであった。

(5) 特異な探検家・冒険家たち(その2)
――ショー、フォーサイス、ジョンソンなど

このヘイワードと相前後して東トルキスタンに入ったのはロバート・ショー(Robert Shaw　一八三九〜七九年)で

あった。彼は軍人志願であったので、サンドハースト士官学校に合格したけれど、若いうちにリューマチにかかり、軍人になることをあきらめた。そして一八五九年、二〇歳でインドに渡り、ヒマラヤ山麓のカングラで茶の栽培、茶園の経営をはじめた。しばらくすると、トルキスタンからもどって来たインド人から、トルキスタンは動乱の巷にあり、中国本土からのお茶の供給がとまっている、という話が入ってきた。それではヤルカンド、カシュガルを訪ねて、お茶の交易の可能性を調査しようと思い、ショーはラダックのレーに来る。

一八六八年九月二〇日、ショーはレーを出発。ヘイワードと同じルートで一二月八日、ヤルカンドに到着した。この旅は私的な性格が強かった。ヤルカンドで六九年の新年を迎え、一月四日に出発、カシュガルに同一一日に着く。イギリス人としてははじめてであった。そして、当時の支配者ヤクーブ・ベグにも会見できた。インド政庁の役人でもない、一私人に会ってくれたのは、ロシアと中国の圧迫もあって、インド（イギリス）と外交通商関係を開きたいと希望していたからだ。ショーは、このことをインド政庁に伝えてくれるよう、依頼された。

写真31. ロバート・ショー
(Keay, 1977, p. 166)

ヤクーブ・ベグがつぎに会ってくれたのは、ようやく三か月後の、四月五日だった。ヘイワードもカシュガルに到着したのを知ったけれど、軟禁されている場所がわかっただけで、二人が会ったのは五月三一日、ヤルカンドにおいてであった。その後、カラコルム峠を越えて、急ぎインドにもどり、政庁に報告。一八七〇年一月、イギリスに帰った。

ショーは帰国してすぐ、インド政庁がヤクーブ・ベグに使節団を送るという話を知り、参加を申し出て承諾された。一八六九年一一月にスエズ運河が開通していて、インドへは早く行けるようになっていた。団長

写真 32. カラコルム峠
(T. E. Gordon, 1876, p. 23)

はパンジャブの行政官であったダグラス・フォーサイス(Thomas Douglas Forsyth 一八二七〜八六年)で、これにショーら二人の随行員が同行した。一行はカラコルム峠を越えて七〇年八月三日、ヤルカンドに到着したものの、ヤクーブ・ベグはトルファン、ハミ方面へ出陣していて会うこともできず、このヤルカンド行は失敗に終わる。この第一次使節団にはインド政庁の別働スパイが二人加わっていた。これについてはあとで述べよう。

再びイギリスにもどったショーは、カシュガルへの旅の報告を『高地タルタリー、ヤルカンド、カシュガルへの旅』と題して一八七一年に公刊し、王立地理学協会からは七二年にパトロンズ・ゴールド・メダルを受けた。中央アジア・カラコルムの探検、チベットへの軍事遠征で有名なヤングハズバンドの伯父にあたるが、七一年にラダックの合同弁務官に任命されてレーに滞在。七八年にはビルマのマンダレーの駐在官になったけれど、翌七九年六月一五日、四〇歳の若さにもかかわらず、その任地で急死した。リューマチ性の熱病といわれる。

フォーサイスの二度目の使節団は一八七三年に組織された。本隊は九月二〇日にレーに集結、カラコルム峠を越えてヤルカンド、カシュガルに向かう。団員には優秀なメンバーを加えていた。ゴードン大佐（Thomas Edward Gordon 一八三二～一九一四年）、軍医のベリュー少佐（Henry Walter Bellew）、ビダルフ大尉（John Biddulph 一八四〇～一九二一年）、チャプマン大尉（E. F. Chapman）、地質学者のストリツカ博士（Ferdinand Stoliczka 一八三八～七四年）、測量のトロッター大尉（Henry Trotter 一八四一～一九一九年）の六人だったが、ストリツカは帰路において病死し、レーに埋葬された。過労によるものかという。隊は翌七四年に帰国する。この隊にはほかにナイン・シンら、インド測量局のパンディットなどが六人加わっていた。これについてもあとで詳述する。

カシュガルではヤクーブ・ベグと協定を結んだあと、隊員はそれぞれの調査に従事した。そして、フォーサイスの公式報告書のほかに、ゴードンの『世界の屋根』（一八七六年）など、隊員は個人的な旅行記や学術報告を書いたが、ヤクーブ・ベグはほどなく没落し、協定は空手形、東トルキスタンの大市場は幻に終わった。

ヤルカンドの東方約二七〇キロの、タクラマカン砂漠の南縁にホータンという町がある。そこへイギリス人としてはじめて行ったのがW・H・ジョンソン（William Henry Johnson 一八三二～八三年）であった。両親はイギリス人であったが、本人はインドで生まれ、そこで教育を受けたため、エリートにはなれなかったようで、一八四八年の一六歳の早くから大三角測量部に入った。彼は文官服務規程によらず、登用試験もなければ、恩給もない身分で、測量官補佐という立場だった。一八五七年から六三年にかけてはモントゴメリーの指揮下でカシミールの三角測量に従事。六四年にはカラコルム峠を越えて、少し北方まで往復していた。

それが一八六五年、レーにいるときに、ホータンの王バドシァーからイルチ（ホータン）への招待状をもらった。政庁の役人は国境を越えることを禁じられていたが、ジョンソンはチャンスとばかりに招待に応じた。当局にいえば不許可になることを予想し、一・五万ルピー（約一〇八〇万円）を借金して自ら準備し、七月にレーから出発した。チャン・チェンモ経由でアクサイチンを越え、九月一七日にホータンに着く。そこに一六日間滞在し、一〇月四日に帰路についた。帰りはサンジュ経由、カラコルム峠越えのルートで、レーには一二月一日にもどった。

この旅行中にジョンソンは三つの無名峰、E57（六六三五メートル）、E58（六六九七メートル）、E61（七二八二メートル）に登頂したといったが、J・ウォーカー部長はあやしいとして、これを公表しないことにした。また、ウォーカー部長はインド政庁に対して無断越境をかばい、借金もカバーさせることに成功する。しかし、ジョンソンは譴責のごたごたに嫌気がさしたか、測量局を六六年一〇月に辞任し、カシミール政府の役人になる。一八七二年からF・ドリューの後任として、ラダックのワジール（大臣）、つまり知事に任命されたが、八三年二月三日、五一歳にしてジャンムで急死した。毒殺かともいわれている。

王立地理学協会は一八六六年に彼を特別会員に選び、さらに七五年に金時計を授与した。これをかつての上司、イギリスに引退していたモントゴメリーが代理で受け取った。

第七章　《グレート・ゲーム》と《パンディット》の誕生

(1)《パンディット》とは

一八六四年までには、ネパールから西の地域の測量は、チベットの国境にまで達していた。しかしインド政庁は、その国境を越えることをイギリス人測量官や旅行者に禁じていた。一八六三年の東干の反乱で中国領トルキスタンは混乱しており、チベットは一七九二年から鎖国して排外的、北西辺境の藩王国では盗賊が横行、ネパールは条約により一八一五年から門戸を閉ざし、シッキムは非友好的、ブータンも非協力的などと、インドの国境の向こう側は空白部が多かった。ヤルカンドは地図上で一六〇キロも位置がずれていたり、中央チベットは不明で、ラサの緯度は憶測の域を出ていなかった。

そしてアドルフ・シュラーギントワイトのように、生命を落とすことすらある。一八七〇年にもヘイワードがダルコットで殺害された。さらにヒンドゥー・クシュ山脈の北、アフガンの北側ではロシアが虎視眈々として南方をうかがっている。一九世紀の西トルキスタン（ヒヴァ、ブハラ、コーカンドの三汗国）へのロシアの侵略は、急ピッチであった。一八四七年にカザフの大オルダがロシアに併合され、カザフスタン全土がロシア領になり、一八六七年にはタシュケントを首都とするトルキスタン総督府が置かれた。翌六八年にブハラ汗国、七三年にヒヴァ汗国がロシアの保護国となり、七六年にコーカンド汗国も併合。一八八〇年にはトルクメン族を征服し、八四年にメルヴを占領するに及び、ロシアによる西トルキスタンの征服が完了した。

このようにアジアでは、ロシアとイギリスの領土拡大政策がぶつかり合い、コナリー大尉のいう《ザ・グレート・ゲーム》、つまり「大勝負」が本格化する。ゲームといっても、これは命がけのゲームである。これをさらに有名にしたのは、ノーベル賞作家ラドヤード・キプリングの小説『キム』であった。

インドの大三角測量部のトーマス・G・モントゴメリー大尉は、カシミールとラダックで測量に従事しているとき、インドの原住民はラダックとヤルカンドの間、イギリス領とロシア領の間を自由に往き来しており、国境などなきに等しいことを知っていた。そこで彼らを訓練し、商人や巡礼に変装させ、測量器具をひそかに使わせることができないか。このような考え、構想を一八六二年四月、モントゴメリーはベンガル・アジア協会の集会で発表した。これを当時の大三角測量部長J・ウォーカーと測量局長官のH・トゥィリアが支持した。彼らはヨーロッパ人の近付けない地域に入ることができ、少ないサラリーで経済的、しかもスピーディに有益な情報を集めることができよう。

このような試みは一八世紀の終わりごろから、インドの領土内ではあったが、すでに行われていた。最初の記録は一七七四年、グーラム・モハメッド（Ghulam Mohammed）というセポイの士官が、ベンガルとデカン高原の間の探検に派遣された。当人を雇った測量官が訓練した。また、ベンガル測量部の第二代部長トーマス・コール（Thomas Call 一七四九〜八八年、部長在任一七七七〜八六年）は、『インド地図帳』（*Atlas of India*）の作成のために情報収集しようと、一七八三年ごろの一年半の間に六人のムーンシ（Munshi または Moonshee、教育を受けたイスラム教徒のこと）と三〇人のハルカロー（Hurcarrow または Harkara、通信伝達者の意味）を総督の許可のもとに雇用していた。ムーンシの月給は二五ルピーであった。

ベンガル工兵連隊のF・ウィルフォード（F. Wilford）も、一七八六年から九六年の間にミルザ・モグール・ベグ（Mirza Mogul Beg）という人物を雇って、チトラルからヒンドゥー・クシュを含む地域の地理的、政治的情報を集め、『デリーの西方地域の地図』（*Map of the Countries West of Delhi*）を作成した。

ボンベイの測量部長のチャールズ・レイノルズ（Charles Reynolds 一七五六〜一八一九年、部長在任一七九六〜一八〇七年）も一七九三年から地元の助手、ムーンシ、通訳など、多数のインド人を各方面へ派遣していた。現地人測量士はインド各地から集められ、一組がもどったと思ったら、また別の者が出て行くという具合で、インド各地に散らばった二七組の測量士から、必要な情報がもたらされ、一七九九年までに七万ルピー（約四九〇〇万円）も出費していた。マドラスの測量部では一八一七年に二九人の現地人測量士を雇用していたという。

インド測量局長官のもとでの三角測量や地形測量は、インド政庁の陸軍省の監督下にあったが、税務調査は各州政府の税務局に監督されていた。そして測量局の測量官はほとんどが陸軍の砲兵連隊と歩兵連隊から出ており、その助手として混血のインド人、あるいはヨーロッパ人の若い学生から選抜されていた。さらに、十分に教育を受けた若いベンガル人は、計算士として多数雇用されていた。その中でも優秀だったのは、すでに述べたラダナート・シクダールといわれていた。税務調査ではインド人の調査士が広く雇われ、一八五〇年ごろのベンガルの税務調査部に約二五人のインド人調査士がいた。

また、一八一二年にムーアクロフトは調査の歩測のために現地人を雇った。さらに彼は、すでに述べたミール・イゼット・ウラーを雇って、一八一二～一三年にスリナガル～レー～カラコルム峠～ヤルカンドを往復させ、一八一九年にはカシミールからヤルカンド、カシュガル、ホータン、サマルカンド、ブハラ、アフガニスタン、インドと、いずれも路線測量をさせていた。一八三二年のA・バーンズのブハラ行にも現地人の測量士、ボンベイの技術専門学校を出たインド測量局のムハンマド・アリがメッカに行く巡礼に変装し、同行していた。一八五五年のシュラーギントワイト兄弟の探検にもパンディットが加わっている。

トーマス・モントゴメリーの意図した《パンディット》（Pundit）のもともとの意味は《インド人（ヒンドゥー教徒）学者》のことであったが、インド政庁の文書ではインド測量局の「スパイ、秘密諜報員」と呼ばれていた。しかし、英領インドの北部国境地帯の範囲は広く、人種・民族・言語・宗教も複雑で多様であった。パミール高原やオクサス川源流、東西のトルキスタンの探検では、イスラム教徒であり、現地語（パシュトゥ語やペルシア語など）をしゃべるパターン（パシュトゥーン）人がよいとされた。だが、北西辺境地帯はインド人でも危険であり、パターン人は勇気と度胸を持ち合わせるものが多いものの、一〇〇人中九九人までが文盲であった。教育を受けたイスラム教徒は《ムーンシ》と一般的に呼ばれ、書記などをするものが多く、《ムラー》(Mullah) というのはイスラムの法律と宗教を学問した学者の意味である。

ネパールやブータン、チベット、中国の支配下の地域、つまり仏教徒の住む地域の探検には英領ヒマラヤ地域の渓谷の上流部に住む住人、仏教徒で、ブ（ボ）ティア人やチベット系の人種が適任である。したがって、インド測量局はヒンドゥー教徒はもとより、イスラム教徒も仏教徒も採用し、彼らを総称して《パンディット》と呼んだ次第であった。

帝政ロシアでも一八六〇年代にモンゴル系のブリアート人やカルミーク人を、パンディットとして雇用しようと試みたようだ。前者はバイカル湖から東シベリアにかけて住む。後者はボルガ河下流に住み、コサック兵にもなった人種だが、いずれもインドのようにはうまくいかなかったようである。

(2) パンディットの発掘・リクルート

一八六〇年のこと、インド総督カニング卿 (Charles John Canning　一八一二〜六二年、総督在任一八五六〜六二年) の命令で、ムラーであるアブドゥル・メジド (Abdul Mejid) がインド政庁の使者として、ペシャワルからカーブル、パミール高原を経て、タシュケントの南東一六〇キロのコーカンドの支配者に書簡と贈物を届けた。測量の訓練は受けていなかったが、ロシア人の駐留の状況を観察し、翌年にペシャワルにもどった。メジドはその業績に対して、王立地理学協会から金時計をもらう。

このメジドの成功にモントゴメリーは大いに刺激された。そして一八六二年、彼はパンディット計画をインド政庁に提出。パンディットの訓練に一〇〇〇ルピー、彼らの月給は一六〜二〇ルピー（約一・二〜一・五万円、イギリス人秘書は二〇〇〜二五〇ルピーだったから、およそ一〇分の一）と予定し、翌六三年にそれが認可された。この認可にはイギリス人による二つの調査隊の失敗も関係していたようである。

広東で生じたアロー号事件の紛争で、イギリスと中国は一八五八年に天津条約（一八六〇年に批准）を結んだ。その第九条に、イギリスの国民は中国のすべての地域を遊興・交易のために旅行できる、とあった。それにもとづき、サレル中佐（H. A. Sarel）、ブラキストン大尉（Thomas W. Blakiston）、バートン博士（Alfred Barton）の三人が一八六一年二月、揚子江を遡り、チベットを東から西へ横断する計画であった。しかし、四川省での暴動のためにだめになった。一方、エドムンド・スミス少佐（Edmund Smyth 一八二三〜一九一一年）らは一八六二年三月にアルモラに集まり、チベットに入る予定をしていたのに、サレルらの帰国により、六一年一〇月にインド政庁から停止命令が出された。このように、イギリス人の領域外での調査や探検は、生命はもとより、政治的にも極めてむずかしい。ならば、費用も安上がりの原住民の雇用、活用がよい、というのが当然の成り行きであろうか。

そこでウォーカー大三角測量部長とモントゴメリーは、クマオン地区の初代教育行政官のエドムンド・スミス少佐に、同地区のブティア族からしかるべき人物を発掘してほしいと依頼した。ブティア族はチベット当局から交易目的での入国を許された唯一のグループで、六〜一一月に峠を越えて行った。

E・スミスはラグビー校を卒業後、陸軍に入り、一八四二年にインドに来て、ベンガル歩兵連隊に属した。一八四八〜四九年の第二次シーク戦争に参戦する。そして一八五一年七月、狩猟のために入蔵し、聖湖マナサロワールでひそかに泳いだという。五三年にも出かけ、五六年にはインド陸軍のジョン・スピーク中尉（John Speke）とマナサロワール湖付近を何か月か旅したと、王立地理学協会に手紙を送っていた。その前の五四年夏には二人の弟たちとアルプスの登山を楽しんでいた。J・G・スミス（James Grenville Smyth 一八二五〜一九〇七年）とC・スミス（Christopher Smyth 一八二七〜一九〇〇年）はともに教会の聖職にあり、また二人ともアルパイン・クラブのメンバーでもあった。そして三人はスイスのシュトラールホルン（四一九〇メートル）とモンテ・ローザ（四六三四メートル）の東峰の初登頂をなし、翌五五年には二人の弟がモン・ブラン（四八〇七メートル）のガイドレス初登頂を行った登山家兄弟であった。

一八六四年夏にはエドムンド・スミスは三人の仲間とグルラ・マンダータ（ナムナニ）峰の山麓からツァンポの源流へ行った。アルモラ地区の森林調査官兼中央州の森林保護官のT・W・ウェッバー（Thomas W. Webber）、バレイリーの地方行政官のR・ドラモンド（Robert Drummond）、それにH・ホジソン（Henry Hodgson）である。ドラモンドは一八五五年か六〇年にもマナサロワール湖でゴム製ボートを浮かべた。このことで、チベットの関係する知事が首になったといわれるが、スミスらはインド政庁の役人でありながら、政庁の禁制を公然と無視してチベットに入ったのだった。

さて、エドムンド・スミスは一八六一年、新設のクマオン地区社会教育局の視学官に任命され、インド人の現地語学校を創設するように訓令を受けていた。インド測量局のウォーカーとモントゴメリーは、そのスミスにクマオンのブティア族から適任の《パンディット》を探し出してくれるように依頼したのだった。スミスはナイン・シン（Nain Singh）とその従兄のマニ・シン（Mani Singh）を選抜し、測量局本部のデーラ・ドゥンに送り出した。この二人は一八一二年にムーアクロフトを助けたデヴ・シンとビル・シンの兄弟の息子たちであった。彼らはチベット国境に近いクマオンのジョハール谷ミラム村の一氏族、ラワト（Rawat）のクランで、マニ・シンはデヴ・シンの子、ナイン・シンはビル・シンの子であった。

このマニ・シンとナイン・シンにドルパ・シン（Dolpa Singh）が加わった一族は、一八五五〜五七年のシュラーギントワイト兄弟の探検に参加している。ドルパ・シンはアドルフ・シュラーギントワイトの通訳をし、ナイン・シンは五六年のヘルマン・シュラーギントワイトのラダック踏査に同道。彼はチベット語の読み書きができ、のちに大三角測量部でもっとも有名なパンディットとなったが、それはまたあとで述べよう。マニ・シンは年上だったけれど、ナイン・シンほどに積極的ではなく、聡明でもなかったといわれる。

(3) パンディットの訓練と器具

シュラーギントワイトの探検行で、もっとも明敏さを示したナイン・シンを、E・スミスは一八六一年にナンダ・デヴィ峰の北東の、ミラム村の学校長に任命していた。またマニ・シンは地区の現地役人のチーフをやっていた。モントゴメリーから二人を、と依頼されていたスミスは、三三歳のナイン・シンと、それより少し年上の従兄のマニ・シンを選んで、六三年にデーラ・ドゥンへ送り、それから二年間、実地踏査・路線測量（ルート・サーヴェイ）の訓練がはじまった。

写真 33. 測距車（パランビュレイター）
(Phillimore, 1958, p. 176)

まずは距離を測ることである。一八世紀末では一〇〇フィートの真鍮製、あるいは五〇フィートのスチール製のチェーンが使われていたが、ジェームズ・レネルは能率を上げるために、乳母車式のパランビュレイター（測距車）を使った。直径が二・一メートルと一・六メートルほどの二種類があって、ダイヤル盤はマイル、ファーロング（1/8マイル）、ヤード、フィート、インチが標示され、二人がかりで使用した。これは約一〇〇年間も利用されたそうだが、インド平原のような平坦地はよいけれど、ヒマラヤの山岳地帯や、禁断の地チベットなどではその使用は論外である。

そこでパンディットたちは、徹底的に歩測の訓練を受けた。当初は時計を使って二点間の距離を測定したが、どうも具合がよくなく、再検討

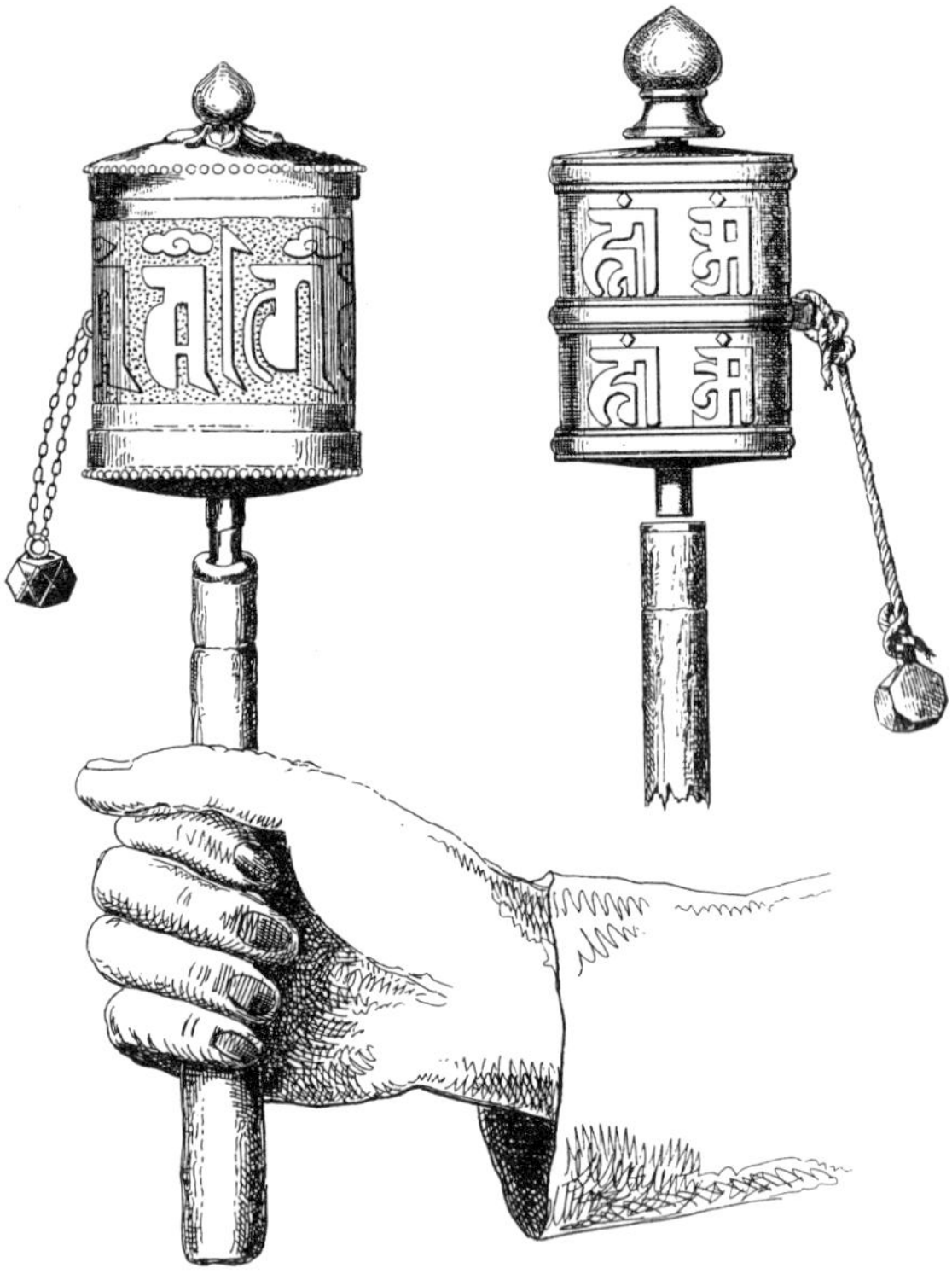

写真 34. マニ車
(Cunnigham, 1854, p. 375)

して歩く速さの計算をやめた。そして地形に関係なく、上りでも下りでも一定のペース、歩幅で歩くこと。つまり、一マイル（一六〇九メートル）を二〇〇〇歩で歩くことにした。左右の足を一度ずつ前に出しての一歩（一複歩という）は八〇センチ。デーラ・ドゥンではイギリス人の特務曹長が太鼓と歩行杖を使って、練兵場で特訓を行った。

　ちなみに、幕末のわが国の伊能忠敬は、はじめのころに歩測を行い、その歩幅は六九センチだったという。身長は一六〇センチぐらいだったようで、現代の通常の一般人は平均して七五センチといわれる。

　では次に、歩数はどのように記録したのか。これには数珠《じゅず》、サンゴに似せた赤い模造品を利用した。仏教徒の持つ一〇八個の数珠玉を一〇〇個にし、一〇〇歩を歩いて一個を落とす。一〇個毎に少し大きな、黒っぽい襞のついた玉を入れ、それを落とすと一〇〇〇歩ということになる。左手にこの数珠を持ち、右手にマニ車（チベット仏教での祈禱筒）を持って回す。そのときは「オム・マニ・ペメ・フム」（蓮の花の宝石に栄光あれ）の真言を唱える。ラマ僧の常の習慣のように、旅の仲間とも会話をせず、都合よく歩測に集中できるという次第である。だから、ラマ僧でなくても、マニ車を回し、真言を唱えている人を見ると、他人は普通話しかけなかった。

特製のマニ車の大きさは、柄も入れて長さ二五センチほど、筒の直径は七・五センチぐらいで、本来はその回転する円筒の中に経文などの巻紙が納まっている。パンディットはそれに記録用の用紙を入れて、観測した数値やメモを記録した。また、取りはずしできるマニ車の頂部には磁石《コンパス》を組み込み、方位を測定した。このマニ車はチベットの役人などの検査対象ではない利点があった。

杖は頭部に穴をくりぬき、非常用の金貨や銀貨をひそませ、ときには温度計を仕込んだ。温度計はいくつか持ち、大気温を測るものや、高度を測るための沸点温度計など、数本用意していた。ほかに気圧計、水速計、小型望遠鏡、顕微鏡、道の傾斜をはかるクリノメーター（傾斜計）のついたポケット・コンパス、普通の時計、経度測定用の精密な時計（クロノメーター）。このクロノメーターはシルバーで六〇〇ルピー、ゴールドで一二〇〇ルピー（約八六万円）だったという。

さらに経緯度の測定のために六分儀の使用法と大きな星の識別方法も訓練された。六分儀は禁断の地の人前では使うことができず、だれも見ていない間の、夜の星の観測が主だった。しかも、扱い方がむずかしかった。本来は海の水平線上の太陽、あるいは星の高さを六分儀で測って緯度を決めるのだが、陸上では水銀の皿か、黒くしたガラス板で人工水平線を作る必要があった。パンディットは両方を使用した。水銀はココヤシの実の中に入れて運び、予備品は貝殻に入れてワックスでシール。チベット系の人たちが飲食に使う木の椀の中に水銀を入れて、人工水平線を作っていた。

デーラ・ドゥンのインド測量局本部で変装（商人、巡礼、僧侶など）の仕方、器具の使い方、記録のつけ方などを訓練したあと、既知のルートを歩かせてテストした。しかし、パンディットがデータの改ざんをできないように、自分で緯度や経度を計算する方法、路線測量の地図化の方法は教えなかった。持ち帰った結果は大三角測量部の部長事務室で計算された。パンディットの測量は地図ではなく〈ルート・マップ〉、つまり路線地図で、通った地域の地形、通過地域の各種記録（人間、習慣、経済、政治、軍事など）を取ることであった。とはいえ、七〜八人を訓練しても、パンディットとしてものになるのは二人ほどだったという。

(4) パンディットの呼称など

精度の高い人工衛星によって、地球の表面は丸裸という現在でも、地図は門外不出という国がある。戦時中のわが国もそうであったし、かつては国家の最高機密文書であった。したがって、パンディットたちに簡単に地図を作成されては困るのであって、彼らは基本的なデータを持ち帰って来ればよかったのである。地図にまとめあげるのはイギリス人の仕事であった。

パンディットの活躍は一八六三年から九三年ごろまでの約三〇年間であった。任務に従事中は本名を使わず、記号や番号で呼ばれた。名前が明らかになると、生命が危険にさらされることもあるし、入国を阻止されたり、次の仕事ができなくなる恐れもあった。ナイン・シン（Nain Singh）は「NO・1《ナンバー・ワン》」とか、記号で「A」あるいは「ザ・パンディット」などと呼ばれた。名前の頭文字を使うときは最後と最初の文字を組み合わせた。キシェン・シン（Kishen Singh）はクリシュナ（Krishna）と登録されていたので「AK」、ハリ・ラム（Hari Ram）は「MH」という具合である。以下にその記号や略称を表にする。

Nain Singh＝No. 1, A, The Pundit, Chief Pundit
Mani Singh＝No. 2, GM, The 2nd Pundit, The Patwar
Kalian Singh＝C, GK, The 3rd Pundit
Hari Ram＝No. 9, MH
Kishen Singh（Krishna）＝D, AK
Mirza Shuja＝The Mirza

Ata Mahomed (Muhammad) ＝The Mullah
Abdul Subhan＝The Munshi, A-S, NA
Lala＝L
Nem Singh＝GMN, NMG
Kinthup＝KP
Mukhtar Shah＝MS
Chhumbel＝LC
Sarat Chandra Das＝DCS, The Babu
Ugyen Gyatso＝UG
Sukh Darshan Singh＝GSS
Phurba＝PA
Ganga Datt＝TG

このように、パンディットを略称や記号で呼び、インド政庁のファイルでも秘密のエージェント（スパイ、密偵）と記述していた。しかし、大三角測量部のモントゴメリーは、くわしい地図をつけて、パンディットの踏査の詳細を王立地理学協会の会報類（JournalやProceedings）に公刊していた。だから、これはほとんど秘密とはいえず、ロンドン、パリ、ベルリンはもとより、セントペテルスブルグでも読まれていた。

(5) キプリングの小説『キム』

一九〇七年にイギリス人ではじめてノーベル文学賞を受賞したラドヤード・キプリングは、わが国では『ジャングル・ブック』（一八九四年に発表）で有名であり、また、誤解されることもあるが、「ああ、東は東、西は西、両者の出会うことなく、……」のよく知られた詩句もある。ボンベイに生まれたキプリングの最高傑作かといわれる『キム』(*Kim*) は七年かけられたといわれ、対ロシア戦略の《ザ・グレート・ゲーム》を一九〇一年に公刊した。

主人公のキム少年は一三歳で、アイルランド人の血を引くインド生まれの孤児であった。ラホールに住む彼は、ラホール博物館の前で、一人のラマ僧と出会うところから話ははじまる。そのラマ僧とインドを旅し、グレート・ゲームのスパイの手下として活躍する。このキムを見出し、教育するクレイトン大佐は、インド測量局のモントゴメリーであろうとされる。クラブ・ジョンズはエドムンド・スミスか。コード・ネームでE23はナイン・シンであろうか。後述するサラット・チャンドラ・ダスはR17であり、ハリー・バブーとかハリー・チャンデル・ムーケルジーで登場してくる。ほかにC25とかM4も出てくる。

『キム』が書かれたときには、パンディットの時代はすでに終わっていたが、これによって《パンディット》の存在がイギリスでも広く知られるようになった。この種の情報・諜報機関がいまも世界のあちこちで暗躍しているのは、いわずもがなであろう。

なお、《サーヴェイ・オブ・インディア》(Survey of India) は《インド測量局》と和訳すべきで、《サーヴェイ》が曲者だが、《調査局》ではなんの調査をするのかわからない。《グレート・ゲーム》も一九〇七年の英露協定の調印によって、幕を閉じたとされている。

第八章　最初の試み—アブドゥル・ハミドとナイン・シン

(1) アブドゥル・ハミドのヤルカンド行

すでに第四章でミール・イゼット・ウラーのことを述べたが、東インド会社のウィリアム・ムーアクロフトが彼を雇用し、情報収集のためにトルキスタンへ派遣した。一八一二年夏から翌年にかけて、カシミールのスリナガル、レー、そしてカラコルム峠を越えてヤルカンドに到着。それからカシュガル、ブハラ、カーブルと調査した。ついで一八一九年からもムーアクロフトに従ってカシミールを歩き、二一年に単身、ヤルカンドを往復。二四年にムーアクロフトとアフガンからブハラに入ったが、熱病にかかり、一人でインドにもどり病死した。

ミール・イゼット・ウラーはインド測量局とは直接に関係がなく、路線測量などを行っていた。しかし、その活動状況からみて、いわゆる《パンディット》の先駆的な役割を担っていたといえよう。一八六〇～六一年にはインド政庁の使者として、アブドゥル・メジド（Abdul Mejid）という現地人がペシャワルからアフガンのカーブル、そしてコーカンドへ行った。測量の訓練は受けていなかったというが、彼もまた、パンディットの走りの一人であったろうか。

この時期の北西辺境地帯と、その周辺地域では、たえずイスラム教徒の暴動が起こり、ヨーロッパ人にとって、たいへん危険であった。インド測量局としてはその地域の情報を集め、より正確な地図を作りたい。だが、測量官の逮捕や暗殺は絶対に避けねばならない。第六章で述べたT・G・モントゴメリーは、現地人の雇用を考え、ベンガルのアジア協会でそれを提案し、支持を受け、最終的にインド政庁がその実行を承認した。そして、一八五九年から六五年までパンジャブの総督代理（Lieutenant Governor）であったロバート・モントゴメリー（Robert Montgomery 一八〇九～八七年）はこの提案を取り上げ、パンジャブ州政府がヤルカンドへの試験的な探検に費用を出すことになった。ヤルカンドの住民はほとんどイスラムであるから、この仕事にはイスラム教徒がよい。北インドやパンジャブで数年間雇われていた、ムーンシといわれるアブドゥル・ハミド（Abdul Hamid 別に Mahomed-i-Hameed また Mohammed-i-Hamid とも綴る）がこれに選ばれる。ムーンシというのはイスラム教徒で、教育を受けた現地語の教師あるいは書記を意味し、ヒンドゥー教徒のパンディットに相当する。

一八六三年五月、ハミドは有能な探検家とみなされ、カシミールのトーマス・モントゴメリーのキャンプへ送り込まれた。そこで約一か月の特訓を受ける。測量の知識を持ってはいたが、携帯用六分儀での緯度の計測、気温と水の沸点の記録の方法などを教えられた。

そして六三年六月一二日、大三角測量部の支隊に同行してカシミールを出発、七月四日にレーに到着した。このレーに至るまで、大雑把な路線測量を行ったが、このルートはすでに測量されていたから、ハミドの仕事振りのテストができた。その結果は満足すべきものであり、ヤルカンドの位置を決定すべく、前進命令が出された。ハミドは交易人に変装し、二人の下男とポニーを一頭つれて、ヤルカンドに行くキャラバンに同行、八月二三日にレーを出発した。最小の大きさの装備は以下のようであった。

携帯用六分儀一台、人工水平線の黒いガラス一個、プリズム・コンパス一台、ポケット・コンパス一台、温度計二個、飾りのない銀時計二個、温度計の沸点用の銅製水差しと石油ランプ一個、小さなブリキ製ランタン（夜間に六分儀を読むため）一台、記録用ノート二冊。

九月八日にカラコルム峠を越え、二五日（同一の報告の中に三〇日とする箇所もある）にヤルカンドに達したが、高所では高山病にかかり、頭痛を訴えている。手に持つ杖の頭部は普通のものより大きく、そこにコンパスがのるように細工してあった。ヤルカンドでは旧友のアワズ・アリ（Awaz Ali）に出会う。ヤルカンドでは越冬し、約六か月間滞在。その間に一一回の観測を行い、その平均値を北緯三八度二〇分、東経七七度三〇分とした。ちなみに、シュラーギントワイトは北緯三八度一〇分、東経七四度一〇分、地理学者のフンボルトらは北緯三八度一九分、東経七六度一八分としていた。六四年一月一九日から二六日にかけて降雪があった。ロシアの動きなどを探ったりしているうちに、中国の役人が疑っていると、友人から知らされる。

この注意を受け、三月末に友人のアワズ・アリとヤルカンドから同じルートを引き返す。ヤルカンドでの三月二七日の記録が最後であった。ところが、ラダックにごく近くなって、二人とも死亡してしまった。それは四〜五月にたくさんある、有毒な野生の大黄を食べての中毒死だと、キャラバンのメンバーがいったという。

幸いにも、W・H・ジョンソンの大三角測量部のキャンプが近いところにあったため、ハミドの死を聞いて、ジョンソンはすぐに事態を調査。ハミドの時計、器具、記録用紙などが無事に回収され、六五年はじめにはモントゴメリーの手元にそれらはもどった。ちょうどモントゴメリーがイギリスに向けてインドを離れようとしているときだった。

かくして、インド測量局の《パンディット》第一号は悲劇的な結末に終わったが、測量の点からみると、大成功であった。モントゴメリーは気をよくし、さらにパンディットの派遣を予定する。

(2) ナイン・シンとマニ・シン

ハミドがヤルカンドに行っているとき、モントゴメリーは二人のパンディットを訓練した。二人はクマオンの教育局の視学官E・スミス少佐が見出し、推薦してきたもので、一八六三年はじめ、デーラ・ドゥンの大三角測量部の本部と、その近くのルールキーの工科専門学校で訓練がはじまった。二人はマニ・シンとナイン・シンといい、従兄弟同士だった。出身地はナンダ・デヴィ峰の北東、クマオンのジョハール地区のミラム村、チベット国境から三〇キロほど。一八一四〜一五年の英＝ネパール（ゴルカ）戦争のあと、英領に併合された地域である。

二人の父親は兄弟で、そのまた父、つまり祖父は、一八一二年にムーアクロフトとハーシーが西チベットで拘留されたとき、その解放に手を貸した。またマニ・シンは少し年上だったが、二人はストレイチー兄弟に雇われて西チベットを歩き、一八五五〜五七年にはドイツのシュラーギントワイト兄弟にしたがって、ヒマラヤ地域を踏査していた。マニ・シンはジョハール地区の富裕な家の出で、「パトワリー」（地区の地元役人の長のこと）であったが、ナイン・シンはシュラーギントワイトによると、たいへん頭の切れる男で、英語を教え、ヨーロッパに連れて行くことも考えたという。

インド測量局での訓練の最初はJ・T・ウォーカーが監督し、六三年一一月に彼が休暇を取ったとき、モントゴメリーが引き継いだ。この六三年でナイン・シンはおよそ三三歳で、五八年から六三年まで自分のミラム村で政府の作った学校の校長をしていた。王立地理学協会の報告では、シン一族はブラーマンといい、チベット語の読み書きもできた。そして小さなザミンダール（地主）の息子であり、田畑を耕作し、チベットとの交易も行っていた。その交易の知識がイギリス人の注意をひき、クマオンの「名門校」の一つの校長に任命したのだという。一方の従兄のマニ・シンは「ナイン・シンより意志が弱く、故郷では金持ちだったので、探検のようなつらい生活を甘受できなかったようだ」とスミス少佐がいっている。

一年間の訓練ののち、一八六四年三月、二人はデーラ・ドゥンからミラムにもどった。そしてクマオンから西チベット、マナサロワール湖を経てラサへ行き、ラサの位置の測定などをする予定であった。しかし、天文用の精密時計（クロノメーター）の一つが故障し、その修理のために出発が遅れ、しかもチベットの国境守備隊の警戒が厳重であり、顔もよく知られていて、具合がよくなかった。その夏にミラムから北に向かうと、ちょうどスミス少佐が反対側から来るのに出会い、二人は彼に相談した。そこで六四年一二月、デーラ・ドゥンのモントゴメリーのもとに戻る。そしてネパールからの入蔵を申し出た。

その当時、ヒマラヤを越えて西チベットに行くほとんどの物資は、パンジャブ国境の州バシャールのバシャール人か、ガルワル、クマオンのチベット系ボティア族によって運ばれていた。そして二人は、ボティア商人の所有物が西チベットで間違って押収され、それを取りもどすのにラサに代理人を派遣するように、クマオンのイギリス弁務官に訴えた。弁務官はすぐに二人をそれに指名し、カトマンズのイギリス駐在官に紹介状を書いてくれた。

一八六五年一月八日、二人は再出発し、カトマンズへ向かった。モントゴメリーはそれを見送り、二月二〇日に病気休暇でイギリスに出かけた。一八五二年以来、ずっとフィールドに出ていたから、マラリアの熱に悩まされていた。

ナイン・シンとマニ・シンの探検については、あとで詳しく語ろう。

この一八六五年には、パンジャブ州政府の職員であったパンディットのマンフール（Manphool）は、イギリス諜報機関の手先として三人の仲間と中央アジアに向かった。目的はロシアの政治的軍事的な情報の収集にあった。マンフールと一人はバダフシャンへ、他の二人はブハラへ行って、六六年に帰ってきたが、インド測量局とは無関係だったし、測量の訓練も受けていなかった。六八年にもマンフールはペシャワルからバダフシャンの踏査に出たという。しかし、くわしい記録は残されていない。

第九章　北西辺境地帯の探査—ミルザ、ハヴィルダール、ムラー

(1) ミルザ・シュジャ

一八六七年はじめにモントゴメリーはインドにもどった。そして少佐に昇進し、《パンディット》の職務に任命される。一八六一年にはウォーカーのもとで大三角測量部の部長代理をしていたが、一八六八年五月から六九年一月、インド測量局の長官トゥィリア大佐が公務でイギリスへ行っているとき、モントゴメリーは長官代理をつとめ、またクマオンとガルワルのヒマラヤ地域の測量の責任も与えられていた。

この二年間で彼はパンディットの探検を四つ実行した。その第一は、一八六七年五月、デーラ・ドゥンにもどってモントゴメリーにラサの報告をしたナイン・シンの聞き及んだ話、つまり、西チベットの金鉱山についてであった。彼はすぐに調査隊を派遣することにした。ナイン・シンとマニ・シンの二人に、従弟のカリアン・シンを加えた。二番目は一八六八年にカリアン・シンを単独で西チベットのルドックへ送り、さらにラサに向かわせるという計画だった。三番目は同じ六八年にハリ・ラムをエヴェレストの北方地域へ。四番目は同年にミルザ・シュジャをパミール高原からヤルカンドへ出すものであった。

アフガニスタンをほぼ統一したアミール（君主）のドスト・ムハムマドが死んだあと、五年ほどは兄弟、叔父と甥、部族の争いと、アフガンは内乱状態にあった。そのアミールの息子たちに英語を教えたのがミルザ・シュジャ（Mirza Shujah あるいは Mirza Sajad、単に The Mirza とも呼んだ。一八二二年以前～七三年）である。

ミルザの父はペルシアのメシェド（現イランのマシュハド）に本拠をおいたトルコ商人で、母はペルシア人。ミルザはそこで生まれた。その彼が父といっしょにアフガン北西部のヘラートに旅したとき、ベンガル砲兵連隊の士官エルドレッド・ポッティンジャー中尉（Eldred Pottinger 一八一一〜四三年）の目にとまった。ポッティンジャーは一八三七〜三八年、ペルシアに対するヘラート防衛の準備に手を貸していた。彼はヘラートを去るときにミルザをカーブルへ連れて行き、英語を学ばせる。さらに現地のパシュトゥ語とペルシア語を勉強させ、測量の訓練も受けさせた。もちろん、トルコ語は自在であった。

一八四九年に第二次シーク戦争が終わったあと、ペシャワル地区の測量をすることになり、J・T・ウォーカーは二人のペルシア人を雇用した。その一人がミルザ・シュジャで、測量隊といっしょにペルシアに三年間滞在した。五五年にウォーカーのもとに戻って来たが、ウォーカーは「ミルザは実地の略図も書けなかったし、計算もできなかった」という。しかし、ウォーカーは大三角測量部の正式職員として長官にミルザを推薦し、ミルザはウォーカーのもとでさらに二年間訓練を受け、緯度・経度、距離、方位角、気温の測定などを学んだ。

そして一八五七年一〇月、ウォーカーから六か月の休暇を取った。ペシャワルの商人が金を持って行方をくらましたので、それを取り返しにカーブルへ行くという理由だった。だが、それから一〇年間もカーブルに滞在してしまった。その間、種々の情報をペシャワルのイギリス人に送り続け、アミールのドスト・ムハムマドの息子たちに、家庭教師として英語を教えたりしていた。その中に第三子で、アミールの後継者となるシェル・アリ（Sher Ali ?〜一八七九年）もいた。もしもミルザが一八五七年の休暇のあと、すぐにインドにもどっていたなら、パンディットの第一号はアブドゥル・ハミドでなく、このミルザであったろうといわれる。

一八六七年にアミールのシェル・アリが退位したので、インドにもどり、大三角測量部に再雇用され、デーラ・ドゥンの本部へ行く。そこで「訓練コース」に入って、再教育を受けた。再訓練が終わったところで、六七年末にペシャワルに派遣され、いよいよパンディットとしての大きな仕事を開始する。目的はオクサス源流、パミールからヤル

地図 10. 北西辺境地帯のパンディット

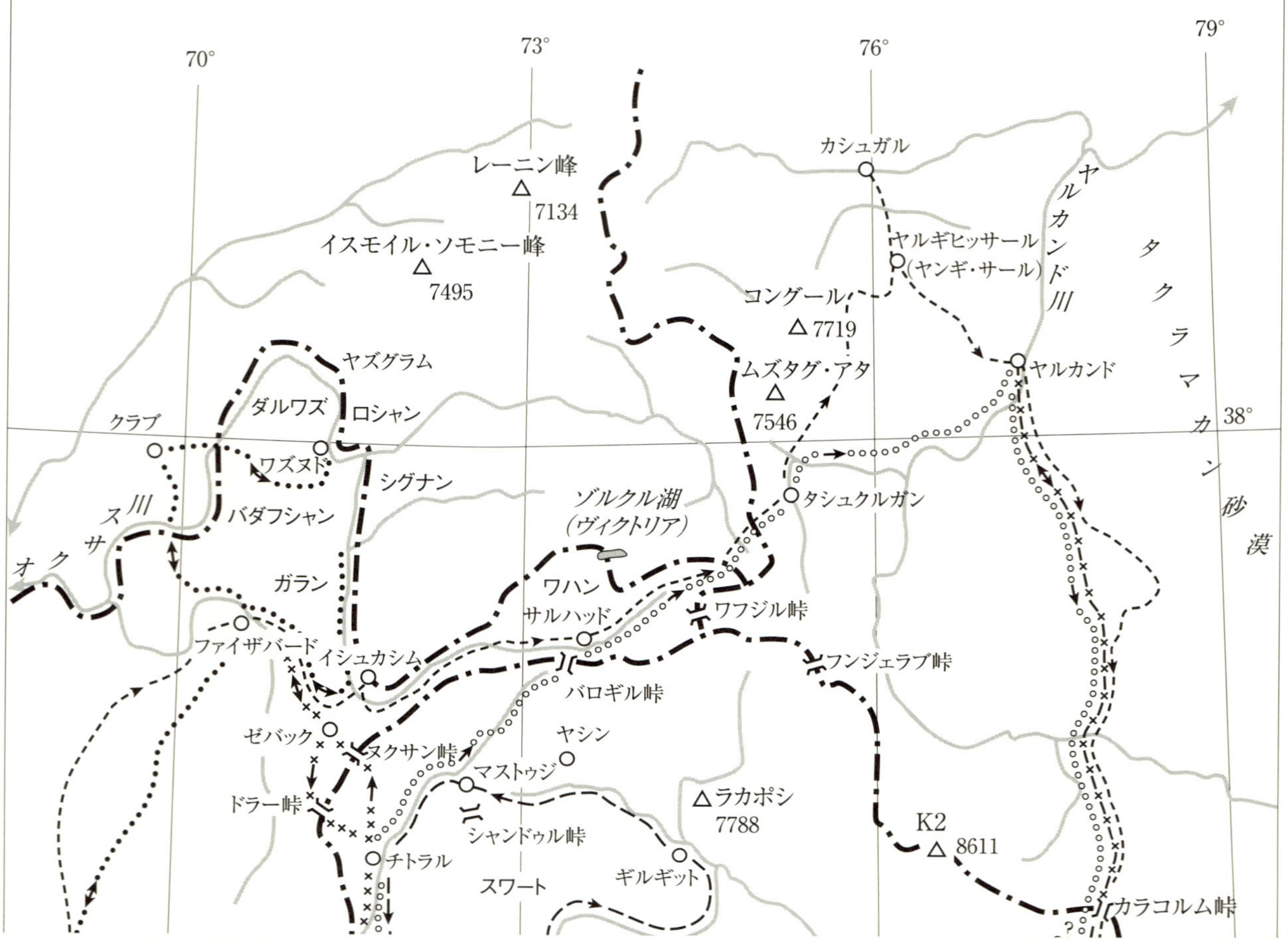

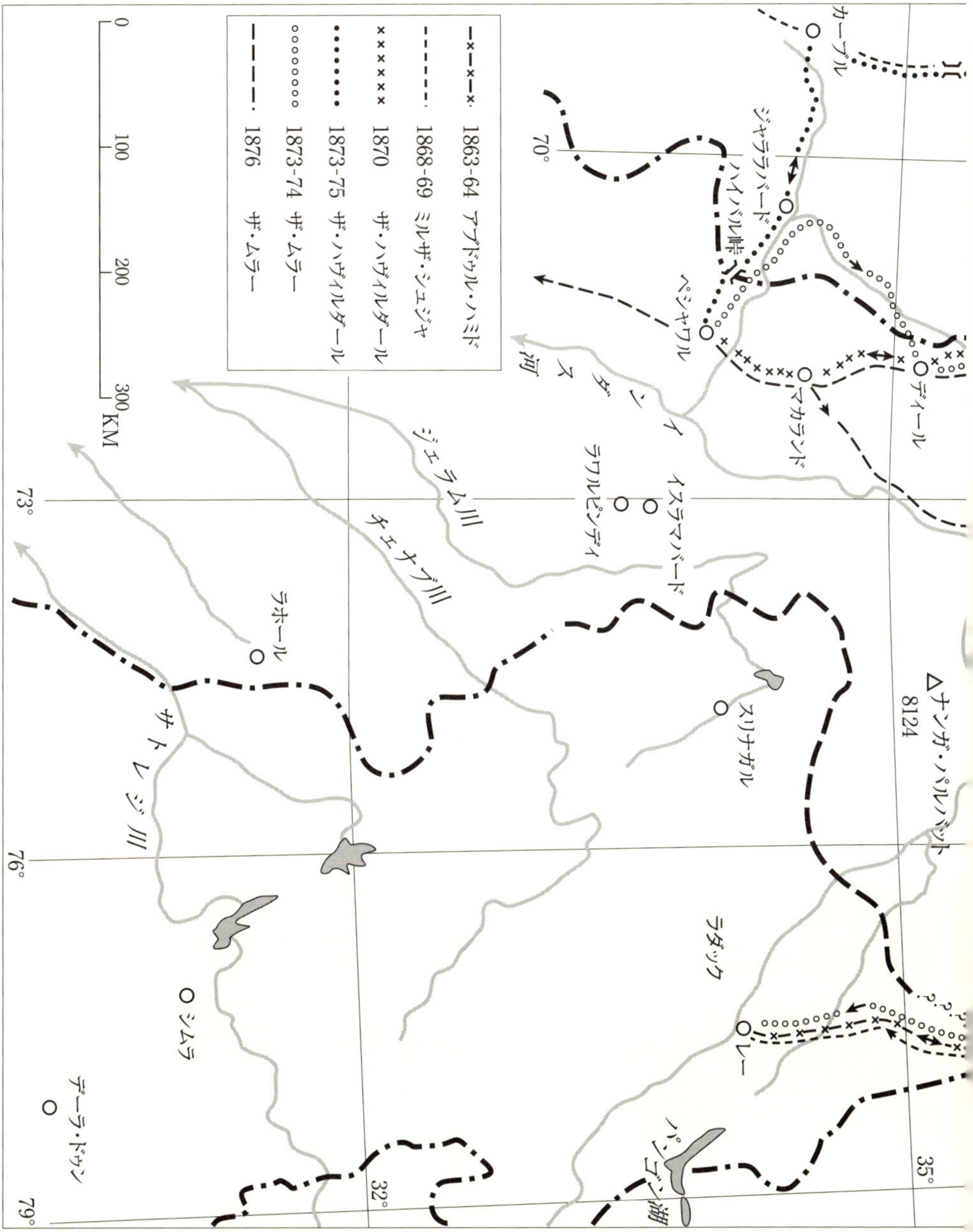

1863-64 アブドゥル・ハミド
1868-69 ミルザ・シュジャ
1870 ザ・ハヴィルダール
1873-75 ザ・ハヴィルダール
1873-74 ザ・ムラー
1876 ザ・ムラー
0
100
200
300
KM
カーブル
ジャララバード
ハイバル峠
ペシャワル
ディール
マカランド
インダス河
イスラマバード
ラワルピンディ
ジェラム川
チェナブ川
ラホール
スリナガル
ナンガ・パルバット
8124
サトレジ川
ラダック
レー
パンゴン湖
シムラ
デーラ・ドゥン
70°
73°
76°
79°
32°
35°

カンドへのいろんなルートを探り、カシュガルに行くことだった。当初はチトラル経由でバダフシャンに行くよう指令されたが、季節が遅く、チトラルを経由できず、また、通常のルートでカーブルへ行くこともできなかった。

商人に変装してペシャワルを出発したものの、峠が雪に閉ざされたり、住民の敵愾心や、当時のアフガンの内戦による不安定な情勢のため、前進は遅々としていた。そのため、インダス河を下降してサッカルに至り、大迂回してアフガンのカンダハルに入った。ちょうど、アミールのシェル・アリがそこを占領したときで、カーブルへ進軍する彼の軍隊に加わり、六八年六月末に着いた。

このカーブルで、ミルザはバダフシャンへ行くマンフールに出会った。彼はミルザの探検を妨害しようとした。イギリスの当局は呼び戻そうとしたが、マンフールは拒否した。測量の知識がなかったから、モントゴメリーだったら雇わなかったろうといわれる。いろいろ問題があったらしく、ブハラの領事にと考えていたインド政庁は、これを取りやめにしたという。

ミルザは一〇月一〇日にようやくカーブルを出発。変装して六人の下男をつれ、北のバーミヤンの通常ルートからヒンドゥー・クシュ山脈を越えた。ついでクルム・タシュクルガンを経てファイザバードに入る。ここでミールの宮廷に出頭。イギリスのスパイとして告発されて立場が微妙だったため、自分の状況を話してミールを買収した。

ファイザバードはバダフシャンの中心的な町であり、奴隷貿易がさかんで、チトラルからの少女の奴隷が隊商宿（サライ）や民家にいっぱいいて、馬や物品と交換されていた。通常では真冬のパミール越えをするキャラバンがないので、隊商のリーダーの息子に手配を任せたが、自分の六人の下男、息子アブドゥル・ワハブと案内を含む六人、合計一二人をつれ、ずいぶんと遅れたけれど、六八年一二月二四日にスタート。五行程でゼバックに着く。

ゼバックを年が改まった六九年一月一日に出発、ワハン谷の入り口イシュカシムに到着。さらにキラ（カラ）・パンジャへ向かう。川は凍結し、どこでも渡ることができたが、一二月から三月まではこの状態だという。たびたび降雪があり、パンジャの途中で、この先のシリクルの支配者アリフ・ベグ（Alif Beg）に会った。カシュガルのアタリク・ガージ（ヤクーブ・ベグ）に武力で自国を追い出されたところだった。

パンジャに着くと、ワハンのミールの息子のところに連れていかれ、バダフシャンのミールの手紙に贈物をつけて差し出した。ミルザは大いに歓迎され、パミール高原の横断に手を貸そうと約束してくれた。しかし、二〇日分の食料と道案内の準備は容易ではなかった。ワハンのミールは通行証を与え、男を何人かつけてくれたので、一八六九年一月八日、ミルザはキラ・パンジャを出発。サルハッド・ワハンの最後の村パトゥールを経て、パミール・クル（別にバルクート・ヤーシンという。クルとはキルギス語で湖のこと）の凍結した湖に達した。毎日のように降雪があり、雪上に寝ることもあった。

この湖の高度は一万三三〇〇フィート（四〇五四メートル）、すべての川は凍っており、この湖はパミールとトルキスタンのほぼ分水嶺をなして、「水の一部は西へ、一部は東へ」と記録している。現在は「チャクマクティン湖」と呼ばれ、三九六八メートル、あるいは四〇一五メートルとされているが、近年、このワハンに潜入した平位剛氏は、その高度が三九九〇メートルだったといい、湖水は東流してアクスー川、そして北から大迂回してオクサス川に入る。ミルザが通過したときは雪に埋もれていたためか、これがワハンの水源と見誤ったようだという。だが、高度についてはかなりな数値を出している。この三〇年前にヴィクトリア湖（シリクル）を探検したジョン・ウッドは、キラ・パンジャを北緯三七度二分、東経七二度四一分とし、ミルザは北緯三七度五分、東経七二度三九分と測定しており、測量の腕は確かなものである。

パミール・クルの峠から四行程でシリクルの中心タシュクルガンに着いた。パンジャからパミールを越えてここまでの一二日間は、非常に困難な進行で、最後の村をあとにしてから、八日間は食料を入手できなかった。この高地の希薄な空気に対する「治療薬」はニンニク、玉ネギ、乾しリンゴといい、動物にもニンニクを与えたという。タシュクルガンとは「石の砦」という意味で、大きな石の砦が廃墟として残っていた。知事に会うと、護衛を連れて行くように強要され、事実上、拘禁状態に置かれた。

タシュクルガンに一週間ほど滞在したあと、一月二七日にカシュガルに向かう。お目付け役のキルギス人は馬で先に進んでいたから、測量は十分にできた。そして二月三日の雪の中、カシュガルの南約八キロの新しい町ヤンギ・シャールに到着した。その翌朝にミルザはアタリク(ヤクーブ・ベグ)に会うと、上官たちと朝食をするようにいわれる。アタリクは広く中国領トルキスタンを制圧し、絶頂期にあった。

朝食の席では、最近、イギリス人がカシュガルに入ったと聞かされた。それはロバート・ショーであったが、その人とコンタクトを取りたいという申し出は断られた。アタリクの副官からは疑いの目で見られ、しっかりと見張られていたけれど、ミルザはカシュガルの測量を行った。ショーは一月四日にカシュガルに入っており、ミルザは二月一一日にショーとの接触をあえて試みる。自分はインド政庁から調査に派遣されたものだが、時計が壊れたので、天体観測用時計を貸してほしい、さらに正確な西暦の日付を教えてほしいと、英語の手紙を召使いにもたせた。しかし、ショーはミルザが挑発的なスパイかと思って、これらの要請を断った。ヘイワードは三月五日にカシュガルにやって来たが、ミルザは彼に連絡は取らなかった。

ヤクーブ・ベグはミルザら三人をスパイと考えたのか、しばらく彼らは拘禁の状態に置かれた。しかし四月に入って、九日にショーがカシュガルからヤルカンドへ出発、一三日にヘイワードがカシュガルからパミール高原へ向かった。最後になって、ミルザも六月七日にメッカへ行く巡礼の一行と出発を許された。通行許可証にはミルザをカーブル人旅行者としてあり、ベグのシールが付けてあった。カシュガルの滞在は四か月に及んだ。カシュガルは冬はたいへん健康的であったが、春は嵐が多く、埃と靄のために、日の出から数時間は太陽をはっきり見ることはなかった。

六月一二日にヤルカンド着。町にはモスクと学校が一二〇、隊商宿が一二あり、知事は五〇歳ぐらいだった。このヤルカンドで厄介なことが起こった。従者の一人がヤルカンドの女と恋仲になったのである。その女といっしょになってあとに残ることを認め、さらに大金をくれなければ、ミルザについて知っていることを、すっぱ抜くとおどしてきた。彼は測量や天体観測のことなど、すべてを知っていた。ミルザは、女に狂っているその男をどうしたらよいものかと、途方にくれる。しかし、よく考えたすえに、自分から離れるならば、間違いなくヒンドスタン人の奴隷として、アタリクにさらわれるであろう、とカーブルから来ている別の従者にいわせるように仕向けた。その結果、このもっともらしい話に男は驚き、少額のお金でことを収めることができた。ミルザの勝ちであった。

ヤルカンドに一か月滞在したあと、通行許可証を得て、七月一四日に出発。約三〇〇人のメッカへ行く巡礼（ほとんどは男性）のキャラバンに同行する。カラコルム峠を越え、八月にラダックのレーに着き、ついでカシミールを経て、デーラ・ドゥンの大三角測量部の本部にもどった。

ほぼ二か年の探検は大成功であった。路線測量は三四八六キロ、その中でも重要なのはカーブルからカシュガルの間の一六六七キロ、とくにそのうちの五六〇キロはほとんど未知の地域で、歩測はきわめて正確だという。二八地点で沸点によって高度を計測し、四八か所で緯度を測定していた。真冬のパミール高原でよくこれだけの仕事を遂行したといえる。

ミルザは二度目の探検に一八七二年に出発。今度は婿養子といっしょだった。ヘラートからマイマナに達し、それからブハラに向かったが、一八七三年、そのブハラへの途中で、彼らの案内人の裏切りによって殺害された。モントゴメリーはこのことを休暇でイギリスにいるときに知らされた。インド省の地理部局の学者で、のちに王立地理学協会の会長（在任一八九三〜一九〇五年）を務めたC・R・マーカム（Clements R. Markham　一八三〇〜一九一六年）によると、ミルザは「もっとも熱心で誠実、かつ聡明な探検家であった」という。

一八六九年にはパターン人（氏名不詳）がスワート川を源流までさぐったが、スワートで殺害された。しかし、文書類は回収されたという。またナイン・シンが訓練した一人のパターン人が、ナイン・シンの金時計を盗んで、その人物をJ・T・ウォーカーが首にしたといい、のちに彼はヘイワードに取り入って雇われたが、一八七〇年にダルコットでヘイワードといっしょに暗殺されたようだともいう。

(2) ザ・ハヴィルダール

インド大三角測量部の部長、T・G・モントゴメリー少佐は、一八七〇年のハヴィルダールの探検報告をイギリス地理学協会の『会報《ジャーナル》』に載せた。ミルザがもどって来たあと、ヒンドゥー・クシュへモントゴメリーが送り出したものであった。

《ザ・ハヴィルダール》(The Havildar) というのは、インドの軍隊のなかでの、現地インド人下士官の一般的名称であった。モントゴメリーは今度のパンディットにその名称を使ったが、本名はハイダー・シャー (Hyder Shah) といい、イスラム教徒のパターン人で、ペシャワル南の町コハトの出身、ベンガル工兵連隊の下士官であった。指令はペシャワルからバダフシャンの首都ファイザバードへの踏査。助手が一人と、多くの下男が付き従った。助手は《ザ・ムラー》(The Mullah) といい、本名はアタ・マホメッド (Ata Mahomed)。「ムラー」というのはイスラム神学者、学問のある人という意味だが、このムラーはそののち、優秀なパンディットとなった。

一八七〇年八月一二日、彼らはペシャワルを出発する。マラカンド峠を越えてスワート川に入り、一五日にスワートの中心アラダンド (三〇〇戸) に達した。イギリス領はマラカンド峠までで、一七日にパンジコラ川を渡り、二三日にディール (約四〇〇戸) に着く。そこからチトラルへ行くには、カフィール人の住むカフィリスタンを通らねばならない。そこでは旅人が襲撃され、殺害される恐れが多分にあり、交易のキャラバンもよく襲われていた。そのためにハヴィルダールは二五人の武装護衛をディールの村長に頼み、六日間進んだ。途中でカフィールの盗賊から銃砲火を受けたけれど、八月三一日の夜に無事チトラルに入った。

このカフィリスタンをくわしく探査するのはウィリアム・マクネア (William MacNair 一八五〇〜八九年) である。インド生まれのインド測量局のイギリス人雇員で、一八八三年四月、自分の休暇中にインド政庁の許可を得ず、測量局の支援だけを受けて入域した。マラカンド峠～スワート～ロワライ峠～チトラルと、ハヴィルダールと同じルートであり、二人のパンディット、サイウド（Syud）とメアー（Meah）をつれていた。自分はハキム（現地人医師）に変装していたが、この業績に対して、イギリスの地理学協会は一八八四年にマーチソン賞を与えた。五年後にムスーリーで腸チフスによって死亡する。一八歳からその死に至るまでインド測量局に勤務していた。

さて、ハヴィルダールはチトラルに着く前日の三〇日、ヘイワードの暗殺の悲報を耳にした。チトラルから北東に七日行程ほどのオーシュグーム（ヤシンのこと）というところで、そこの村長ミール・ワリ（Mir Walli）の命令で殺害され、いっしょにいた八人の下男のうち七人が殺され、一人だけ逃れることができたという。現場はヤシン谷の源頭ダルコットであった。暗殺者たちは七〇〇ティラーの金片（一つは六ルピー相当で、現在の時価に換算すると約三〇〇万円という）、ほかに衣類、銃、ピストル、時計、本なども略奪した。

九月四日、ハヴィルダールがチトラルのバドシャー（藩王）、アマン・イ・ムルク（Aman-i-Mulk）に呼び出されて行くと、そこにムルクの客人として件《くだん》のミール・ワリが来ていた。二人の間に座らされたとき、これでは生きて帰れないかと覚悟し、なにかあれば二人を撃とうと、ポケットのピストルを握りしめていたという。バドシャーはヘイワードの銃を横に置いていた。ヘイワードはこのアマン・ムルクの命令で殺害され、ミール・ワリは単なる道具にすぎなかったようだ。

会見はなにごともなく終わった。チトラルでは奴隷貿易が行われていたが、九月五日、そこを出発。チトラルとバダフシャンを結ぶヒンドゥー・クシュの重要なヌクサン峠（五一八〇メートル、現在四七六九メートルとする）を一五日に越える。その峠では高山病にかかり、生の玉ネギがそれに利くといわれ、かじった。ゼバックを経て九月二五日、バダフシャンの首都ファイザバードに着く。二年前にミルザがここに来たとき、バダフシャンのミール（藩王）はジェハンダール・シャー（Jehandar Shah）だったが、カーブルのアミール（藩王）のシェル・アリに支援されたマームード・シャー（Mahmood Shah）に代わっていた。

一行の最終目的地は北方のコーカンドであったが、道は藩王の命令で閉鎖されていた。そのためにファイザバードに一か月滞在し、いろいろ情報を集める。そして一〇月二七日に来た道を戻ろうと出発、三一日にゼバックに着く。そこで交易のキャラバンに合流し、一一月三日に再び出発した。それにはヘイワードの暗殺者ミール・ワリが加わっていた。彼は馬の足蹴で膝と踝《くるぶし》の間を骨折していて、たいへんに痛がっていた。その様子を見て、ハヴィルダールが骨はつながらないだろうとみて、いい気味だと満足げに報告している。

一一月ではヌクサン峠が雪に閉ざされるため、四〇キロ西のドラー峠（現在四五一〇メートルとする）へ向かった。この道はカフィリスタンを通るから、通常は避けるのだが、キャラバン隊にミール・ワリの武装護衛隊が同道しているので問題はなかった。六日に峠を越え、一六日にチトラル着、同二三日に出発して一二月一三日にペシャワルに帰着した。そのあとデーラ・ドゥンへ行ったが、測量は正確で、ミルザのものと一致していた。これまで測量されていなかった地域の路線測量は四五八キロであった。そしてチトラルなどの重要地点の位置を決定するなど、この地域の地図作成に大いに役立ったのである。

ハヴィルダールの二度目の探検は一八七二年で、ルートはカーブルからバルフ、カルシ経由でブハラの往復であった。しかし、その路線測量の報告は「未発表」である。当時の大三角測量部の部長J・T・ウォーカーは、一八七〇年一二月から休暇でイギリスにもどり、インドに帰ったのは七二年。その間T・G・モントゴメリーが部長代理となり、ハヴィルダールを送り出していたのだが、一八七三年にモントゴメリーは病気休暇でイギリスへ行き、そのままインドに戻れなかった。そしてウォーカーからハヴィルダールがデータを改ざんしていたと、イギリスで聞かされた。記録の「未発表」はその改ざんのせいであるといわれる。なぜ改ざんの必要があったのか。その理由として、イギリスの手先だとして身分を暴露される危険よりも、データを改ざんして、それを見破られ、インド測量局から解雇される道を選んだようだ、ともいわれている。

だが、ハヴィルダールはすぐには首にならず、翌七三年に三度目の調査にオクサス地方へ派遣された。モントゴメリーはこれらパンディットの元締めのような立場にあったが、イギリスに帰ってしまい、そのあとを引き継いだのはヘンリー・トロッター（Henry Trotter　一八四一～一九一九年）であった。彼はイギリス軍の工兵隊に一八六九年から九〇年までいたが、大三角測量部に一八六三年から七五年まで属していた。そしてハヴィルダールの三回目の調査報告について、「やや不十分だけれども、信用できる」といった。

一八七三年九月一九日、ハヴィルダールの一行は六人でペシャワルを出発した。彼の二人の召使い、工兵連隊から下士官が一人、彼の従兄弟、助手の「ザ・ムラー」、そして本人である。みんなは布地商人に変装したが、下士官がリーダー役になり、ハヴィルダールはその召使いとなった。今回の目的は未探検地域を進み、オクサス川の源流を地図化することであった。ムラーはジャララバードまで同行し、そこからはモントゴメリーが手配した独自の探検に出ていった。

一一月にハヴィルダールの一行はカーブルから真北へ向かい、新しいルートで一一月一九日、ファイザバードに入った。ここでミルザの測量と自分の一八七〇年の調査に結合させることができた。このファイザバードに七四年四月まで滞在したあと、ルスタクとサムティを経てクラブに北進し、ついでオクサス川に沿ってダルワズ、ロシャン地方へと向かう。しかし、さらに南進（上流へ）するも、シグナンに着く前で止められ、引き返す。仕方なくファイザバードにもどり、イシュカシムからオクサス川を下流へ北進し、再度シグナンをめざすも、またも国境で入域を阻止されてしまった。結局、オクサス川の測量を完成させることはできなかった。

一八七四年一二月八日、カーブルに帰着。翌七五年一月一一日にペシャワルに帰る。この踏査行はきわめて重要で、英露の国境画定に役立った。大三角測量部長のJ・T・ウォーカーの、ハヴィルダールのデータ改ざんの見解にもかかわらず、フォーサイスの第二回ヤルカンド使節団の測量官でもあったH・トロッターは、ハヴィルダールを評価し、正当に信頼していたようだ。しかし、このあとハヴィルダールはウォーカーによって解雇されたのか、年金を与えられて退職したのかは不明である。ただし、一八七九年にアフガニスタンのジャララバードの町でコレラのために死亡していたから、もう一度、パンディットとしての仕事に派遣された可能性はあるという。

ハヴィルダールが阻止されたのは七四年七月九日で、その二か月ほど前の五月一一日、《ムーンシ》(The Munshi A―SまたはNA)というパンディットがオクサス(ワハン)川を上流から北に向かって下って来て、足止めされた。イシュカシムから北約一四〇キロの地点で、ガラン、シグナン地方を通過していたが、二人はともにその存在を知らなかったし、二人が止められた二つの地点の間の距離は四〇キロほど。わずかに長い一日の行程であったというが、オクサスの路線測量はつながらなかったのである。

ムーンシというのは一般的に、教養のあるムスリム(イスラム教徒)の現地語の教師、あるいは事務官をいい、ここでのムーンシは測量局に雇用されたインド人測量士であった。それがフォーサイスの第二回ヤルカンド使節団にナイン・シンやキシェン・シンらと加えられ、測量を行った。本名はアブドゥル・スバーン(Abdul Subhan)といい、使節団がヤルカンドから帰国するとき、測量官のヘンリー・トロッターから命じられて、ワハン(オクサス)谷の探検に入ったのである。そしてオクサスの流路の地図化に成功したのだが、同時に政治的な情報も多く収集した。

このムーンシの情報によると、ガラン地区はバダフシャンのミール(藩王)の直接統治下にあり、シグナンとロシャン地域はバダフシャンの属国という関係にあった。この三国はオクサス川の両岸にまたがることを確認、バダフシャンのミールはカーブルのアミール、シェル・アリの権威を認めていたから、アフガニスタンの領土はオクサスの右岸(東側)にまで広がることを意味した。ところが、一八七三年の英露のゴルチャコフ＝グランヴィル協定の一部と矛盾することになった。協定ではアフガニスタンはアミールの支配下のすべての領域としていたからで、そうすると、オクサス川が国境ではなかったのである。

ムーンシはカーブル経由でインドにもどった。一八七六～七七年にはデリー南西のウダイプールの危険地域での測量に雇用され、それからアフガンでの地図作成に従事。さらにパミールでの探検から二〇年以上たって、ムーンシはアフガンのアミール(エミール)に仕えている、とトロッターが記していた。

(3) ザ・ムラー（アタ・マホメッド）

一八七〇年にハヴィルダールに従ってペシャワルからチトラルを通って、バダフシャンのファイザバードまで往復した《ザ・ムラー》（イスラム神学者）、本名アタ・マホメッド（モハムマド、ムハムマド、Ata Mahomed, Mohammad, Muhammad）は、一八七三年九月にハヴィルダールといっしょにペシャワルを出発したが、この二度目の探検ではアフガンに入ってすぐ、ジャララバードで一行とわかれた。それからはモントゴメリーの指示によって、独自の調査に出発した。

このムラーはペシャワル生まれのパターン人。モントゴメリーにパンディットとして教育されたグループの一人で、一八六九年にスワートで殺害された工兵隊員の弟であった。教育を受けて、アラビア語を流暢に話した。一八七〇年にハヴィルダールの探検の助手をしたとき、ハヴィルダールはムラーの訓練をした。そしてムラーは暗殺された兄の文書と所有物を取りもどすことに成功していた。一八七三年九月二八日、ムラーはジャララバードでハヴィルダールとわかれ、独自の探検に出発。下男一人と布地や絹を積んだポニー一頭を連れて北東に向かう。ディール、チトラル、マストゥジと、クナール（チトラル＝ヤルフン）川の流路を地図化し、バロギル峠でヒンドゥー・クシュ山脈を越えてワハン谷に出た。

ワハン谷ではヤルカンドからもどるフォーサイス使節団のメンバーと〈合流〉した。そのあと、タシュクルガンを経てヤルカンドに達した。ジャララバードからワハンのサルハッドまでプリズム・コンパスで一八三か所、つまり三キロごとに方位を測定し、インダス河の未知のコースを究明したが、最初の部分の六〇〇キロの測量が重要であった。ヤルカンドからはカラコルム峠を越え、ラダックのレーからインドに帰る。

報告を提出し、一年間休んだあと、七五年に再びインド平原からインダス河をギルギット川の出合いまで遡って調査するよう、指令を受けた。直線距離で二四〇キロ、徒歩で三五〇キロ。ムラーは地元の男サイイド・アミール(Sayid Amir)を雇い、七五年の遅くにペシャワルで会って交易人に変装。一二月にまずアミールが先発、ムラーは二人の召使いを連れて七六年二月一三日に出発した。三月二一日にアミールと彼のセオ村で会い、八日間休んだあと、インダス河を遡行する。ナンガ・パルバット峰の麓を過ぎ、ギルギットに到着、そこで二週間滞在。ヤシンには六月二七日に着き、さらに西のマストゥジへ旅を続けた。ムラーはマストゥジに七三年に来ていた。そして七六年一〇月一日にペシャワルにもどる。

この報告では、ムラーの正体、疑惑を消すために一年間もかかり、そのくわしい報告はインドの安全保障を損なうものとして、インド測量局のウォーカー長官が非難を受けたといわれる。

ムラーは一八七八年にはスワートの材木商人に変装し、その地域へ派遣された。四月二三日、ペシャワルを出発。スワート川を渡ろうとしたとき、渡し場の船頭が、かつてペシャワルから来たパターン人がこの川岸で銃によって殺害されたといった。それはムラーの兄であった。ムラー自身は幸いにも阻止されずに前進ができ、六月一五日、スワート地区のイッサールに着く。スワート谷の情報を多く集めることができたが、この谷はそれまで探検されたことはなかった。八月三〇日にペシャワルにもどる。

このあと一〇年して、一八八八年にムラーは五度目の探検にアフガニスタンに行ったようだが、内容は大したことがなかったのか、報告された文献は見当らない。そして、インド測量局は一八七〇年代のはじめから、北西辺境区(NWF)から「閉ざされた大国」チベット方面へと、多大の努力を傾けるように軸足を移し、方向を転換していくのであった。

第十章　チベットへ、さらにそれを越えて—ナイン・シンの一族

(1) 改めてナイン・シンとマニ・シン

第八章で少し触れたナイン・シン（Nain Singh　一八三〇ごろ〜八二年?、あるいは一八二五〜八〇年）は、インド測量局からチベットに送り込まれた最初のパンディットであった。クマオンのミラム村生まれで、NO・1とか、記号でA、あるいは〈ザ・パンディット〉、〈チーフ・パンディット〉（Chief Pundit）と呼ばれた。ナイン・シンに同行するのは従兄のマニ・シン（Mani Singh）で、NO・2とかGM、または〈The 2nd Pundit〉、〈The Patwar〉とも呼ばれていた。『ヒマラヤン・ジャーナル』第六巻（一九三四年）によると、二人の祖父はダム（Dhamu）といい、その上の息子（マニ・シンの父）はデヴィ・シン（Devi Singh）、下の息子（ナイン・シンの父）はビル・シン（Bir Singh）といった。

デーラ・ドゥンの大三角測量部で約一年間の訓練を受けた二人はクマオンから入蔵を試みた。指導官のモントゴメリー大尉は、ガルトクとラサを結ぶ重要な道沿いに路線測量を行うように指令する。もし探検がうまくいけば、マナサロワール湖からラサの彼方へ流れている大河を明らかにできよう。この大河の流域で正確な位置がわかっているのはただ一か所、一七八三年にサミュエル・ターナー大尉が計測したシガツェだけで、大チベットの首都ラサの位置、そのラサとシガツェの間の道程についても、現地人の情報にもとづく、もっともらしい推測によるものだけであった。実際、マナサロワール湖からラサまでの道は、探検のすばらしいフィールドであったのである。

写真35. ナイン・シン
(Holdich, 1904, p. 237)

一八六四年の末、二人のパンディットがミラムから北に向かうも、チベットの国境守備隊が警戒体制をとっているし、また、二人とも顔をよく知られているため、越境はむずかしいとして、いったんデーラ・ドゥンに引き返した。そしてモントゴメリー大尉と相談の結果、ラサへはカトマンズ（ネパール）経由がよかろうとなった。ネパール政府とラサ当局とはある種の関係を保っており、双方の商人たちも往き来している。カトマンズでならば、ラサへ行く商人に同行するチャンスがあるかもしれない。

一八六五年一月八日、二人は再度デーラ・ドゥンを出発。二三日にバレイリー着、ここから路線測量を開始した。器械類は大きな六分儀二台（ラサへは一台持参）、箱型六分儀二台、プリズム型とポケット型コンパス各一台、大気用温度計と沸点用温度計、経度測定用精密時計、一般用時計などを持参していた。ネパールガンジで国境を越え、カトマンズには三月七日に着いた。

ナイン・シンがクマオンから入蔵をめざしたとき、そこでジョハール谷に住む商人に会った。彼らはチベット西端のガルトクで盗賊に会ったといい、もしラサ政府からその補償を取れるものなら、ラサへ行くという二人に自分たちの代理人となって、補償金を受け取ってほしいと求めた。二人はそれに同意したが、旅のいい口実ができたというものである。カトマンズでは、ラサへの最良のルートを調べ、ニャラム（クティ）からティンリ平原を通るルートがよいとわかったものの、三〜四月という早い季節では積雪のためにたいへん困難になると判断し、そこでキーロン経由ニャラム・ルートよりも早い季節に通過できるといわれ、準備をととのえて、二人は四人の召使いを雇い、六五年三月二〇日にカトマンズを勇躍出発した。

道すがら、パンディットたちは変装し、自分たちはシムラ北東のバシャール地方、ビサヒリ（バシャール）人であり、チベットへ馬を買いに行くのだが、あわせてラサのお寺を巡礼するといいふらした。バシャールの人たちは古くからラサ地方への旅行の特権を与えられており、二人はミラム出身であったけれど、このことを知って、ビサヒリ人を装ったのである。

二五日にガンダク川（トリスリ川）とレンディチュー川の合流点近くのシャブルー村（いまのシャブルベンシ）に着く。ここには税関があり、すべての物資に課税され、さらに旅行者一人あたり四アンナの税金を支払う。二七日にテムリア・バンサール（現在のティムレ）に来ると、ネパールの警察と税関があり、きびしい検査があった。幸いにも秘密の仕切りに隠した器具は発見されず、税金として四ルピー支払った。この夕方にはラスワガーリに着く。そこはネパール＝チベット戦争のとき、一八五五年に建設された城塞があり、トリスリ川とレンディチュー（現在ランデ・ツァンポという）が近くで合流し、このレンディ谷がネパールとラサ領の国境をなしており、そのことを記した中国語の碑文が石に刻まれていた。

二八日の正午、キーロン地区の警察の近く、トリスリ川の左岸のペマネサ宿営地に来た。ここで旅行の目的を聞かれ荷物を調べられた。荷箱の偽装仕切りが巧妙だったので、今度も測量用器械は見つけられなかった。しかし、旅のもっともらしい理由は疑われた。つまり、バシャール（ビサヒリ）人が通る道はマナサロワール経由で、このルートではない。カトマンズからラサへの通常ルートはニャラム（クティ）経由であるから、このキーロンの道を通すことはできない。キーロンの知事に照会してもらった結果がこれで、二人は三一日、しぶしぶシャブルーに引き返した。

シャブルーでは、キーロンの知事と親しい役人に頼んだらと教えられ、翌朝にその役人を訪ね、キーロンの知事宛の手紙を書いてもらった。それには、自分たちは怪しい者ではなく、目的は馬を買いに行き、ラサの寺院を巡礼し、あわせてラサの住人に貸した金を取りもどすことだとあった。四月二日、早朝にその手紙を持ってシャブルーを出発したが、昼ごろにドンカンの隊商宿に着いて、出会った数人の旅人から、次のような話を偶然に耳にした。すなわち、キーロンの知事はかつてマナサロワール湖近くのタクラコット（プラン）の知事をやっていたし、ガルトクでも役人のチーフをしていた。これを聞いて、二人の淡い望みも消えてしまった。というのも、キーロンのその知事はマニ・シンの兄弟を知っていたから、手紙を持っていけば、二人がビサヒリ人でないことはすぐにばれるであろう。即座にキーロン・ルートを断念、引き返して四月一〇日にカトマンズに帰った。はじめはマニ・シンと三人の従者を引き返させ、ニャラム経由で行き、ナイン・シンは下男を一人つれてキーロンへ進むことも考えたが、二人だけでは盗賊のいいカモになるだけだと、断念したのだった。

ナイン・シンは一人でも突破することを考えていたが、カトマンズで入蔵方法を改めて調査した。その結果、二つの機会を聞きこんだ。一つは大王兼首相のジャン・バハドゥール・ラナが、ラサへ送ろうとしている代理人のグループに同行すること。もう一つは、チベット系の人種ボテ（ボティア、ブティア）の商人に連れて行ってもらうことである。成功のチャンスを高めるために、一人はネパール大王の代理人と、もう一人は商人と同道することにした。代理人の方は、はじめ一人を連れて行くことに同意していたのだが、最終的には断られてしまった。

マニ・シンにとっては、キーロンの知事に知られているため、キーロン・ルートを取ろうとしているボテの商人に同行することはできなかった。そこで彼は、ムクティナート経由の遠回りの道を試みることにしたが、これもだめだった。マニ・シン自身の報告では、健康がすぐれなかったことと、道路状態が安全ではなかったというけれど、彼自身の決断力の欠如が主因のようにいわれている。彼はネパール北西部を横断して、イギリス領に帰ってきたが、その報告はあとにしよう。

一方のナイン・シンは、ボテの商人といっしょに行くことになった。その商人、ダワ・ナンガルはラサへ連れて行く条件として、一〇〇ルピー（約七万二〇〇〇円ほど）の金を貸してくれるようにいい、さらに出発を次つぎと遅らせた。最後は商人が四、五日のうちに追いつくからというので、ダワの召使いの一人と出発した。ナイン・シンはラダック人の服装をし、頭を弁髪にして変装する。キーロンの役人の目を避けようというのである。

六月三日の夜、自分の従者の一人チュンベル（Chhumbel）と、ダワ・ナンガルの下男をつれて出発。ダワは遅くてもシャブルーで合流すると約束した。チュンベルは、この後もナイン・シンやキシェン・シン、カリアン・シンのコック兼ポーターとして働いた。ラダックのザンスカールの出身で、パンディットたちとはよく気が合い、「誠実で忠実」、病気になったり、凍傷で足指を失ったり雪盲になっても、決して主人から離れることはなかったといわれる。今回は途中でナイン・シンが悪性の熱に襲われて、六日間も遅れ、六月二〇日にシャブルーに着いた。

シャブルーではダワ・ナンガルの一族に親切に迎えられたが、本人は一向に現れず、約束を守るつもりのないことがはっきりしてきた。困ったパンディットは、ダワ・ナンガルの叔父にそのことを訴え、どうしたものかとたずねる。村の有力者であったその叔父は同情して、キーロンへの通行証を与え、ラサからキーロンにちょうど帰ってきたダワ・ナンガルの兄弟宛に手紙を書いてくれた。それにはナイン・シンのラサ旅行の手配をし、必要ならば安全のための処置も講ずるようにと記してあった。

七月六日、叔父の下男の一人を連れて出発、キーロンに向かう。七日にキーロンに入り、チュン・チューという名の、ダワ・ナンガルの兄弟に会った。事情を聞いた彼は、ラサへ行く手助けはするが、ダワ・ナンガルの借金を返すことはできないといった。しかし、直行ルートはだめだったけれど、なんとか旅行許可を取ってくれたぶん、彼はダワ・ナンガルよりもよい人物のようだった。キーロンの町には一五～二〇軒の店があり、ネパール人とボティア族が経営し、人口は三〇〇〇～四〇〇〇人、城砦が一つに大きな寺院が一つある。米は輸入し、塩を輸出していたが、小麦と大麦、「ネ」と呼ばれる大麦の一種、ソバなどが栽培されていた。

入蔵許可はすんなりと出たのではなかった。チュン・チューがキーロンの知事に引き合わせてくれ、ナイン・シンは旅行許可を求めた。しかし、知事はティンリの上級役人にうかがいを立てた。一五日ほどして返事がきたけれど、ネパールへ送り返せというものだった。ビサヒリ人の取るべきラサへのルートは、マナサロワール経由だという。そこでナイン・シンは再び食い下がり、同郷の者に会いたいので、パティ・ヌブリへ行く許可を、とキーロンの知事に懇願する。知事はまた伝令をティンリへ送り出し、八月一〇日にもどってきた。

許可は出たが、ティンリの知事は自分の行動を保証せよという。それでチュン・チューに保証してもらい、年内にラサに行かないという約束をナイン・シンが破った場合、チュン・チューがチベット政府に罰金を支払う。もし年内にラサでパンディットが見つかったら、命がないことをチュン・チューに誓い、キーロンの役人が文書を清書し、ナイン・シンがそれにサインして封印された。キーロンの役人はそれでも疑念を和らげず、監視のために部下をつけ、パティ・ヌブリに着いたら、部下に引き返すように命令した。

八月一三日、ようやくキーロンを出発、サンダから一七日に西側背後のラジョク・トゥムバの尾根を越えた。これはガネッシュ・ヒマール山群の北稜である。まっすぐ北のゾンカ・ゾンへは行かせてもらえなかったのだ。ブリ・ガンダキ川の流域に入って、それをつめていく。この支流はシャール・コーラといい、ネパール領である。二三日に左股のルエに達し、二四日にはタドゥム経由でマナサロワールへ行く大きな隊商に出会い、それに同行を許された。キーロンからのお目付け役は帰っていった。二六日には国境を越え、再びチベットに入る。三〇日にタラ・ラブロンに着き、ラサの方へ流れる大河（ツァンポ川）をはじめて見た。九月三日に川岸のムナ・ガートに着く。そこには木の枠と皮で作った舟があったが、このとき、渡し舟が浸水して、パンディットの目の前で三人の男が行方不明になるのを見た。これは彼に強烈な印象を与えたのだった。

隊商はもっとよい渡し場を求め、少し上流に行き、リクチェで川を渡った。九月六日、無事に渡河し、タドゥムの僧院に着いた。住民からいく度も何者かと聞かれ、ビサヒリの商人で、パティ・ヌブリとムクティナートでニルビシ（薬用植物、ショウガのようで甘い香りをもつ）の根を大量に買い付け、別の道でそれらをマナサロワールへ送っている、ここには巡礼に来ただけだという。一方、隊商に対しては、マナサロワールへいっしょに行かないための口実として、ナイン・シンは病気を装い、あとに残ったのであった。

仮病を続けるうちに、ラサへ行く好機がめぐってきた。一〇月二日、カシミールのマハラジャに雇われたラダックの商人がラサへ行く途中、このタドゥムで宿営したのである。チーフのチリン・ニルパルに頼み込むと、すぐにラサへ連れて行くことに同意してくれた。タドゥムには大きな僧院が一つ、宿駅の宿舎が八、九軒あった。たいへん広い平原だが、穀物は生育しないという。

三日の朝、さっそくナイン・シンはチリンの一行と出発した。一二人ほどの男たちと約七〇頭のヤク、大道に沿って東へ進む。一〇月八日、サルカ・ゾンの町に着く。ここまでスムーズに来たのに、ここで当局の取り調べを受け、驚いた。さらに予定が大幅に遅れ、資金も底をつきはじめた。これら二つのことがパンディットを非常な不安におとしいれたが、ラサへの旅は続けることにした。一九日にララン着、タドゥムからここまでは耕作が見られなかったけれど、ラランからは毎日のように耕作地が見られるようになった。二二日にブラマプトラ（ツァンポ）河を舟で渡り、ジャングラチェの町に入った。ここには城砦と見事な僧院がある。多くの商店はネパール人の経営であり、ここでキーロンへの道がわかれると聞く。二三日は滞在していると、ラダックの商人の別の隊がヤクを一〇五頭つれて合流してきた。ここからシガツェまでは人も物資も舟で運ばれることが多いけれど、彼らは陸路を選んだ。

二五日に旅を再開、二六日にプンチョリンに着く。僧院があり、鉄鎖とロープでの釣橋が大川にかかっていた。そして一〇月二九日にシガツェに達した。シガツェではクンカンという隊商宿に滞在し、チリン・ニルパルの主人を待つことになった。彼は一一月一六日にやって来た。ナイン・シンがラサへの同道を頼むと、それを認めたうえ、援助さえ約束してくれた。

シガツェは高度一万一八〇〇フィート（三五九七メートル、現在三八三六メートル）、人口は約九〇〇〇人。別にタシルンポ大僧院に約三三〇〇人の僧がいた。この僧院の大ラマはパンジャン・リンポチェ（パンチェン・ラマのこと）といい、その気はなかったものの、ラダック人たちと一一月一日に表敬訪問をした。絹布のお供えをすると、一一歳の大ラマはそれぞれの頭に手をのせて祝福してくれ、「お国の王様はご機嫌いかがですか」「お国は繁盛していますか」「あなたのご健康はよろしいですか」と、簡単な質問を三つした。それから大ラマは絹の細長い布片を各自の首にかけてくれ、お茶をいただいて辞した。

町には中国人兵士一〇〇人、チベット人兵士四〇〇人が駐屯していた。一一月一六日にはカシミールの藩王の商人（代理人）がやって来たし、二八日にはカトマンズのジャン・バハドゥールの代理人がやって来たけれど、その一行の中にマニ・シンの姿はなかった。ナイン・シンはここシガツェでインドの計算方法をネパール商人に教え、数ルピーを稼いだ。

シガツェの町を一二月二二日に出発、ナリチュー（ブラマプトラ）の支流ペナナンチューの川沿いに道は行き、ペナジョン、タクチェと泊まり、二五日にギャンツェに着く。ギャンツェは大きな町で、中国兵が五〇人、チベット兵二〇〇人が駐屯し、ブータンとの国境まで三日という。ブータンからは米、タバコを輸入していた。ここでは小麦、大麦など穀物がよくでき、羊毛の織物も有名である。この時期は川が凍結し、人がその上を歩くことができた。ギャンツェを二八日に出発し、三〇日にカロ・ラ（一万六七〇〇フィート＝五〇九〇メートル）を越え、三一日にヤムドク湖畔のナンガンツェゾン（ナガルツェ）に到着した。

年が改まり、一八六六年一月一日、湖岸に沿って進むも、二日に盗賊に襲われた。幸いにも馬があったので、それで逃げのびたが、この間の歩測は帰り道で行った。その二日は無事にデマルン村に達し、翌日はそこに滞在。サソリのような形をしたヤムドク湖は、その形状がよくわからなかった。湖からの出口があるのかないのか、大きさや形については一周しなければならない。湖の高度は一万三五〇〇フィート（＝四一一五メートル）、魚が多数いた。

一月四日、カンバラの峠を越え、ブラマプトラ河の右岸のカンバ・バルチ村に来る。そこから小舟に乗り、チュシュルに着く。チャクサム・チョリ村は通過したが、そこの鉄鎖とロープの釣橋は古くて不安なため、ほとんど使用されていなかった。チュシュルには三日間滞在。八日に出発。キ・チュー川に沿って一八六六年一月一〇日、ついにラ

地図11A. ナイン・シン（1865–66年）（*JRGS*, 38, 1868, p. 129）

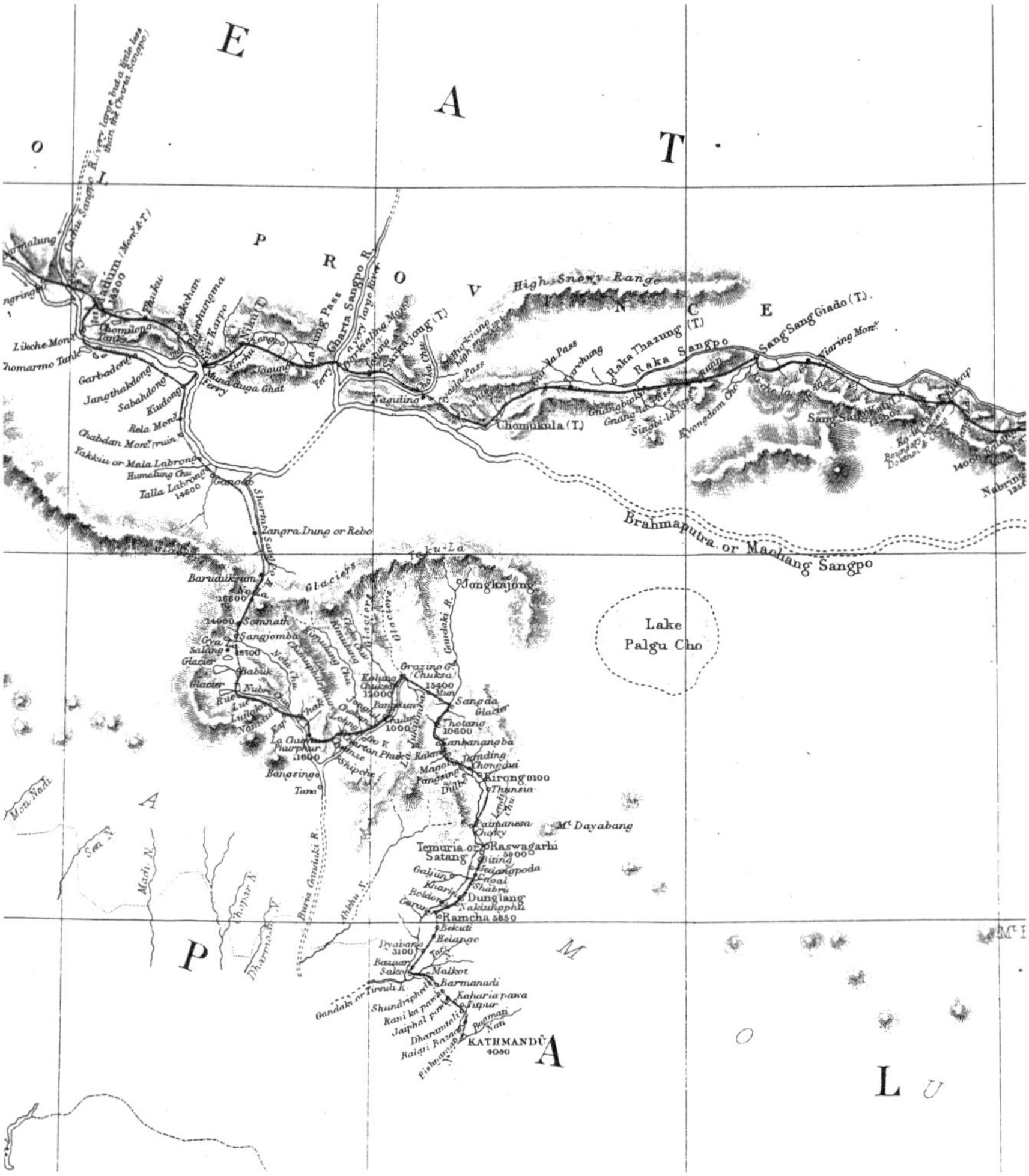

地図 11B. ナイン・シン（1865–66 年）（*JRGS*, 38, 1868, p. 129）

サに到着した。

ラサでは隊商宿の二部屋を借り、天体観測などをする。二〇回の観測で北緯二九度三九分一七秒、東経九〇度五九分四三秒、海抜高度は一万一七〇〇フィート（＝三五六六メートル）の数値を得た。中国科学院による現在の数値は北緯二九度四二分、東経九一度〇八分、海抜高度は三六五八メートルで、それらを比較すると、ナイン・シンはたいへん素晴らしい成果をあげていた。ラサではセラ寺、ガンデン寺、デプン寺をはじめ、有名な寺院を訪ね歩き、また二月七日にはポタラ宮で大ラマ（ギャワ・リンポチェ、ダライ・ラマのこと）に拝謁した。一三歳といい、色白で弱々しそう、一・八メートルの高さの玉座に座っていた。その右側の九〇センチの高さの席にはギャルポといわれる大臣が座っており、周囲には僧たちが並んでいた。絹布などの供物を捧げると、各自の頭に手を置き、タシルンポ寺のパンチェン・ラマと同じように三つの質問を受ける。

二月一五日ごろからの新年祭（ローサル）についてもくわしい見聞を報告、またラサの常備軍はチベット兵一〇〇〇人、中国兵五〇〇人とも伝える。そして、資金不足を補うためにネパール商人にインドの計算法を教えたりし、ラサ滞在中は一応平穏無事であった。しかし、三か月もすると、ラサに住むカシミール出身の、二人のイスラム商人に変装を見破られ、事実を白状させられた。だが、二人は秘密を守ってくれ、その上に時計を担保にお金を貸してくれた。それはよかったけれど、もう一つ驚いたことは、ラサの街路でキーロンの知事を見かけたのである。ラサに行ったら生命がないものと約束していたからで、しかも、セラとデプンの二つの僧院の間に喧嘩の種をまいた中国人が、公衆の面前で打ち首になった。パンディットが見つかれば、処刑は明白である。このあとは注意をして、居所をかえ、あまり外へ出なくなった。

四月のはじめ、ラサまでいっしょに来たラダックの商人が、大量のお茶などを持って、ラダックへ帰ろうとしていると聞く。すぐに商人を訪ね、同道を頼むと、それを受け入れ、しかもうれしいことに、マナサロワールまで面倒をみようともいってくれた。

四月二一日、ラダックのキャラバンとラサをあとにし、来た道（ジョンラムという大交易ルート）を逆にたどる。二七日ギャンツェ、五月一日シガツェ、六月一日タドゥムの僧院、六月一七日にマナサロワール湖の北側を通ってタルチェン（ダルチャン）に着いた。そこはカイラス山（カンリンポチェ）の南麓である。ここでクマオンの住人に出会い、彼から金を借りて、ラダック人に負債を支払う。時計を質草にした借金は残ったが、あとで行くから時計はガルトクに置いておくよう、ラダックの商人に頼んだ。

ナイン・シンはそのラダックの商人たちとタルチェンでわかれた。ラダック人たちは北のガルトクに向かい、パンディットは金を貸してくれた男の息子を二人つれ、六月二〇日にタルチェンを出発。ラダックのザンスカールから来ている忠実な従者チュンベルが、病気になっていたので、あとで迎えに来るからと約束し、給金を支払ってわかれる。西の国境山脈に近づくと、低いところまで雪がおおっているのを見て驚く。クングリビングリ峠もニティ峠も雪におおわれていた。二七日に国境を越え、イギリス領に下る。二九日にウンタドゥラ峠を越えてマスリに着くと、病気の回復したチュンベルが追いついてきた。

イギリス領にはラサ行に失敗し、ネパール北西部を探検してきたマニ・シンがいた。彼はチベットに潜入し、ナイン・シンを助けるようにと指令を受けていたが、国境地帯の大雪のため、待機していたのである。さっそくに時計の質受けと、路線測量のためにガルトクへ向かった。いずれにも成功し、無事に帰ってきたところで、二人は一八六六年一〇月二七日、大三角測量部の本部デーラ・ドゥンに帰還した。

かくして、ナイン・シンは一二〇〇マイル（約一九二〇キロ）を旅し、チベットの南の交易ルートを明らかにし、ツァンポ流域を六〇〇マイル（約九六〇キロ）もくわしく調査。三一か所で緯度の観測、三三か所で海抜高度の測定を行った。月給は二〇ルピー（約一万五〇〇〇円）に成功報酬が加算されたという。一八六八年にはナイン・シンにイギリスの地理学協会から金時計が授与されたが、六か月後に盗まれた。犯人は彼の教え子の一人かといわれる。

さて、ナイン・シンの相棒で従兄のマニ・シンは、カトマンズでナイン・シンとわかれたあと、分配された資金と若干の器具を持ち、召使いを一人つれて行動した。カトマンズをいつ出発したのかはわからないが、一八六五年七月二二日にトリスリ・ハティ（五三七メートル、多分トリスリ・バザールか？）でキーロン・ルートとわかれ、西に向かった。地図には示されていないが、ポカラの町を通ったと思われる。ダウラギリの東麓、レニ・ガンダキ川（カリ・ガンダキのこと）を遡り、八月五日にムクティナート。七日にトルボの入口デンジア・ラの峠（五二七六メートル、いまトジェ・ラ、五一二四メートルという）を越え、ダウラギリ山群の北側を横断。九月一五日にジュムラに着く。一〇月八日、カルナリ川の川岸、一五日、シルガーリ、二〇日にセティ川のセティガート、二九日はカリ川の川岸のジュラガート。現在はこのカリ川がネパールとインドの国境をなしている。そして一一月一一日にピトラガールに達して、マニ・シンの踏査は終わった。このあとはナイン・シンの支援に向かうのである。

(2) チベットの金鉱山の探検

一八六六年の一〇月末にデーラ・ドゥンにもどったナイン・シンとマニ・シンは、しばらく休息したあと、翌年に次の仕事に出発した。目的は四つあった。①サトレジ川源流の位置、②インダス河の東の支流、③ラダックの一般測量とガルトクの連絡、④ガルトクの東方の金鉱山と塩の鉱山の探検、である。ナイン・シンがツァンポ流域の路線測量中にもトク・ジャルン金山の話を聞き、イギリス当局は大きな関心を持っていた。そこでナイン・シンとマニ・シンを再び派遣することになったが、度胸のないマニ・シンをカバーするため、第三のパンディットに訓練をほどこし、同道させた。その第三の男はカリアン・シン（Kalian Singh 記号C、GK、あるいはthe 3rd Punditともいう）といった。ケニス・メイスンはナイン・シンの弟と考えているが、インド測量局に長年勤め、パンディットの探検をまとめたシン一族のインドラ・シン・ラワトは、ナイン・シンの従弟で、クマオンのミラム村出身のボティア族であるとしている。そうすると、三人は従兄弟ということになる。

休暇でイギリスに帰っていたT・G・モントゴメリーが、大三角測量部に一八六七年五月一日に正式に復帰した。非公式にはその前から出勤していたようだが、三人のパンディットは一八六七年五月二日にムスーリーを出発。準備はその春に行われ、バドリナートに五月二四日に着く。ここでチベットの金山の道を知る三人の男を雇用し、ロバを購入、盗賊に対するために武器を借りた。六月三日にマナに到着。

しかし、その先のマナ峠（一万八五七〇フィート＝五六六〇メートル）は積雪のためにまだ開けられていなかったので、マナ村でチベットが正式に峠を開けるのを待って待機する。チベットは峠をオープンする前に、インドでの伝染病や飢饉の発生状況を確かめるのだった。七月九日になってチベットのチャプラン（ツァパラン）の知事から派遣された三人の男が到着し、ガルワルの交易人にマナ峠を開けると宣言する。七月二六日にナイン・シンの一行一一人は、ロバ一二頭、ポニー一頭をつれて勇躍出発し、二八日にマナ峠を越えたが、二九日にルマルティという野営地に着くと、もっと多くの交易人が来るまで待てといわれた。役人は面倒だからまとめて荷物を検査し、税金をかけようというのである。

そこで、マニ・シンがチャプランの知事に取り入るために先発し、ナイン・シンの一行だけが先に進む許可を得ることに成功。荷物を調べられたが、測量用器具は見つからなかった。八月六日にサトレジ河畔のトトリン（トーリン）に着く。そこの僧院に泊まったが、僧侶は五〇～六〇人。川にかかる片持ち梁橋は長さ二三メートル、幅二メートル、水面から一二メートルあり、長さが三〇センチほどの8の字の鉄鎖が使われていた。この橋を四〇年ほどあとに、ヤングハズバンド隊のC・G・ローリング大尉や、大探検家スヴェン・ヘディンも使用した。マナとこのトーリンの間には農耕が見られないが、トーリンではネという大麦が作られ、播種は四月、収穫は九月であるという。

トーリンでサトレジ川を渡り、ガルトクの方に向かう。八月九日にボゴラの峠（一万九二二〇フィート＝五八五八メートル）を越え、一四日にググティ峠（一万九五〇〇フィート＝五九四四メートル）、二〇日にパバ峠（一万七六四〇フィート＝五三七七メートル）を越えてギアチュラフの野営地（一万五七三〇フィート＝四七九五メートル）に達した。一行はビサヒリ人だといい、サンゴを売り、かわりにパシュム（ショール用羊毛）を買うのだといったが、村長は信じてくれなかった。その理由は、前の年にビサヒリ人が天然痘をチベットに持ち込んだとして、この年、入国を禁じるとし、峠を開けるときにこの命令を公布したという。普通ならば、ビサヒリ人はチベットでの自由な交易が許可されていた。

ナイン・シンはいく度も抗弁し、賄賂を贈り、ようやくのこと、人質を置いての前進を許された。そこで度胸がいまひとつのマニ・シンをギアチュラフに残すことにする。そして八月二二日、二人は出発。カリアン・シンは下男を一人つれてインダス河の路線測量におもむいた。ナイン・シンのほうはチモロン峠（二万八七六〇フィート＝五七一八メートル）を越えるとき大雪に降られ、二四日、二五日と停滞し、二六日、ようやくトク・ジャルン（一万六三三〇フィート＝四九七七メートル）に着いた。トクはチベット語で金、あるいは鉱山のこと。ナイン・シンはギアチュラフの村長の手紙にインドの最高のタバコを添えて、トク・ジャルン金山のチーフに差し出した。

チーフはラサ当局から派遣された四五歳ぐらいの男で、この年はビサヒリ人の入蔵を許さないという命令がきているから、すみやかに来た道をもどれといった。パンディットはその鉱山長に取り入り、鉱山長の妻にサンゴを売って、鉱山から退散した。

鉱山の長さは約一・六キロ、深さ八メートル、幅は七〜一五〇メートルで、壕の底に小川が一本流れ、そこに掘り出した土を流すと、金が川底に残るのであった。当時、ここでは金一オンス（約二八グラム）が三〇ルピー（約二万一六〇〇円）、鉱山は一九〇六年に廃鉱になったという。鉱夫のテントは黒いヤクの毛で作られ、風を避けるために二〜二・五メートルほど掘り下げていた。鉱夫は寒いけれど、冬季に働くのを好み、テントは夏に三〇〇張、冬に六〇〇張になるという。燃料はヤクや羊などの家畜の糞アルゴルを使い、食料は主に煮た肉、大麦のケーキ、バター茶で、チベット人は中国茶をよく好む、とナイン・シンは報告している。

ナイン・シンがギアチュラフにもどると、カリアン・シンがもどっていた。彼はインダス河の本流ともいえる東支流を遡って、水源まで三〜四日と聞かされたジアチャンまで達したが、盗賊に襲われてギアチュラフに引き返して来た。残った部分は一九〇七年にスヴェン・ヘディンが探検することになる。カリアン・シンはインダス上流を騎馬の盗賊がうろついていると聞いていた。そしてジアチャンまではなにごともなかったのに、そこで下男が二人の武装盗賊に襲われ、温度計と水銀の入った容器を奪われた。幸いにも、近くにいたカリアン・シンが悲鳴を聞いて駆けつけ、盗賊の一人を捕え、振り回して奪われたものを取り返した。

ギアチュラフに全員が集合したところで、九月四日にインダス河を下りはじめる。一二日にインダスとガルトク川の合流点に着く。そこでインダス河をラダック地区までトレースするようにカリアン・シンを送り出す。ナイン・シンは一四日にガル・グンサに着く。ここはガルトクの当局者の冬の居住地で、大きな家が三軒、小さな家が八軒、他はテントに住むといい、草は長くて豊富であった。一六日にガルトク着。約二〇〇のテント群があったが、ほとんどは交易人のものであった。ナイン・シンはイギリスの雇われ人だという話をだれかが広めたと告げられ、急いで帰国することにした。

九月二六日にトーリンにもどり、カリアン・シンを待つと、二九日に合流してきた。彼はインダス河をラダックのデムチョクまでたどってきた。ついで、マニ・シンとカリアン・シンはサトレジ川をシプキまで行き、そこから南へ路線測量を進め、サンギョク峠からガンジス川源流のニラングに出た。一方、ナイン・シンはトーリンからインドのバドリナートへほとんど往路をたどった。最後に三人はまた合流し、一八六七年一一月はじめイギリス領に帰った。

ガルトクの位置は東経八〇度二三分三三秒、北緯三一度四四分四秒、高度四三四〇メートルであったが、前年にマニ・シンが最初に決定しており、ガルトクを含む西チベットが東ラダックの正規の測量とつながった。三人の路線測量、つまり歩測は約一三六〇キロ、七五地点で八〇回の高度測定と一九〇回の緯度観測を行った。そして、ナイン・シンとカリアン・シンの歩測の平均値は七六センチであった。

モントゴメリーは高地アジアの地図化に関して、大計画を構想していた。それは、西はシンド地方からバルチスタンとカーブル、オクサス川からパミール高原、さらにカラコルム山脈、ラダックからインダス河、マナサロワール湖

郵 便 は が き

おそれいりますが切手をおはりください。

101-0052

東京都千代田区神田小川町3-24

白 水 社 行

購読申込書

■ご注文の書籍はご指定の書店にお届けします．なお，直送をご希望の場合は冊数に関係なく送料300円をご負担願います．

書 名	本体価格	部 数

★価格は税抜きです

(ふりがな)

お 名 前 (Tel.)

ご 住 所 (〒)

ご指定書店名（必ずご記入ください）	取次	（この欄は小社で記入いたします）
Tel.		

『大ヒマラヤ探検史』について　(3046)

■その他小社出版物についてのご意見・ご感想をお書きください。

■あなたのコメントを広告やホームページ等で紹介してもよろしいですか？

1. はい（お名前は掲載しません。紹介させていただいた方には粗品を進呈します）　2. いいえ

ご住所	〒　電話（　）		
（ふりがな）お名前	（　歳）1. 男　2. 女		
ご職業または学校名		お求めの書店名	

■この本を何でお知りになりましたか？

1. 新聞広告（朝日・毎日・読売・日経・他〈　〉）
2. 雑誌広告（雑誌名　）
3. 書評（新聞または雑誌名　）　4. 出版ダイジェストを見て
5. 店頭で見て　6. 白水社のホームページを見て　7. その他（　）

■お買い求めの動機は？

1. 著者・翻訳者に関心があるので　2. タイトルに引かれて　3. 帯の文章を読んで
4. 広告を見て　5. 装丁が良かったので　6. その他（　）

■出版案内ご入用の方はご希望のものに印をおつけください。

1. 白水社ブックカタログ　2. 新書カタログ　3. 辞典・語学書カタログ
4. 出版ダイジェスト《白水社の本棚》（新刊案内・隔月刊）

※ご記入いただいた個人情報は、ご希望のあった目録などの送付、また今後の本作りの参考にさせていただく以外の目的で使用することはありません。なお書店を指定して書籍を注文された場合は、お名前・ご住所・お電話番号をご指定書店に連絡させていただきます。

からツァンポ川、シガツェ、ラサに至るもので、一八六八年までには基本的に完了していた。残る大きな地域はラサの東方からアッサム地方であった。

一八六八年四月、カリアン・シンはザンスカール出身のラダック人チュンベル(Chhumbel)を従者として、東に向かって出発した。バシャール(ビサヒリ)商人に変装し、本物のバシャール商人の一行に加えてもらい、スピティからラダック経由でチベットのデムチョク村に入った。最初の段階ではインダス源流の東の分水嶺を越えることで、ルドックから出発したら、前の年に行ったトク・ジャルンの金山を越え、さらにその先のトク・サルルンを通り、ナムツォ(テングリ・ノール)の湖、そしてラサへ行く。それができなければ、ツァンポ川のタドゥム僧院へ進む、というものだった。商人らしく、若干の商品をたずさえていた。

デムチョクからチュルカン、ルークスムを経て北のルドックに達し、緯度や高度を測定する。パンゴン湖東端にあるルドックは海抜一万四九〇〇フィート(四五四一メートル)、一七世紀にツァパランにいたアンドラーデがここに支所を開設し、しばらくの間、神父が二人滞在したことがあった。町には石で造った城砦があり、それに近接して僧院が四つ、僧侶が一五〇人住む。人家はその丘の麓に一五〇軒ほどあった。二、三日滞在したあと、七月二二日にルドックをあとにした。

ルークスムにもどり、ついで東方へ向かう。ラウン、ティンチェを過ぎ、トク・ジャルンの金山に着く。それからトク・サルルンの金山に行く。深さが一〇メートルほど、幅六〇メートル、長さが三キロほどの金山だが、トク・ジャルンの発見で放棄された。トク・ジャルンまでの道中で、一五〇もテントがある幕営地で強盗の略奪を受けた。そこでカリアン・シンは召使いの一人チュンベルをツァンポ沿いにラサへ行くようにと、物品のほとんどを持たせて送り出し、自分は残った物資と召使いをつれて、東方にやって来たのだった。

さらに、カリアン・シンは北方ルートからラサへ行きたいと希望したが、知事は許可せず、仕方なく第二の目標、セリプク僧院からマナサロワールをめざす。トク・ジャルンから南東へ九日間の旅でキンロへ。ついで南西方向のマ

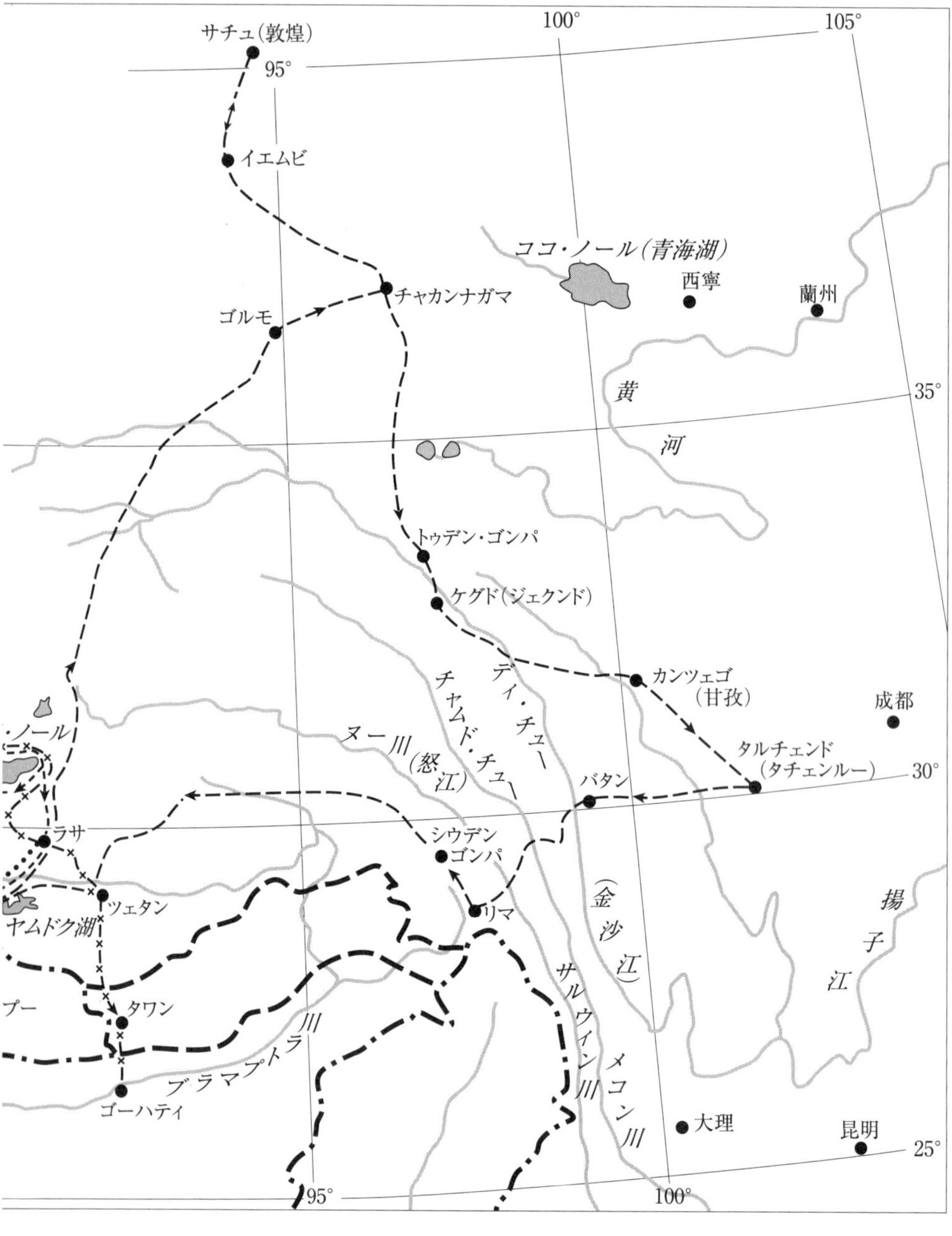
サチュ(敦煌)
イエムビ
チャカンナガマ
ゴルモ
ココ・ノール(青海湖)
西寧
蘭州
黄
河
トゥデン・ゴンパ
ケグド(ジェクンド)
カンツェゴ
(甘孜)
成都
タルチェンド
(タチェンルー)
ディ・チュー
チャムド・チュー
ヌー川(怒江)
・ノール
バタン
ラサ
シウデン
ゴンパ
リマ
ツェタン
ヤムドク湖
(金沙江)
揚
子
江
サルウィン川
メコン川
プー
タワン
ブラマプトラ川
ゴーハティ
大理
昆明
95°
100°
105°
35°
30°
25°

1865-66 ナイン・シン
1865 マニ・シン
1868 カリアン・シン
1871-72 キシェン・シン
1874-75 ナイン・シン
1878-82 キシェン・シン
地図12. ナイン・シン一族の探検ルート
85°
90°
タクラマカン砂漠
80°
K2（チョゴリ）
カラコルム峠
35°
レー
パンゴン湖
ノー
チベット高原
ルドック
デムチョク
トク・ジャルン
ガルトク
トク・ダウラクパ
インダス川
カイラス
タルチェン
デーラ・ドゥン
テングリ
30°
ミラム
タドゥム
ジュムラ
シガツェ
デリー
ツァンポ川
キーロン
ネパールガンジ
エヴェレスト
カトマンズ
ガンジス川
ティン
ダージリン
0
200
400
KM
80°
85°
90°

ナサロワール湖に出た。この道中では野生動物に多数出会ったけれど、人間には会わなかった。マナサロワールではラサへ行くラダックの隊商を待ったが来ないので、さらにシガツェまで行ってキャラバンを待った。しかし、ガルトクの役人（ガルポン）の急使が来て、前進まかりならぬという。マナサロワールからシガツェまで、道中の北や南のピークの方位を測定していたが、ここで素直にすぐ引き返した。

先にラサへ送り出したチュンベルは、タドゥム僧院でラダックのガルポンの急使によって止められたが、そこから南下し、ネパールからムクティナートを経てインドに抜けた。このネパール縦断はカリアン・シン自身だという説もあるが、それは誤りのようである。

(3) フォーサイス使節団とナイン・シン

パンジャブ政府の弁務官T・D・フォーサイスのヤルカンド使節団については、第六章で簡単に触れたが、大三角測量部はその使節団にパンディットを参加させ、測量をさせた。その一人、ナイン・シンは二度とも加わったのである。大三角測量部のモントゴメリーは、一八七〇年の第一回使節団にナイン・シンを送り込んだ。彼はレーに来ると、変名で旅をしたものの、訓練を受けたスパイであることが広く知られ、ヤクーブ・ベグの使者ミルザ・シャディの疑惑を招いた。そのためにナイン・シンはレーを出発したものの、すぐにデーラ・ドゥンへ帰されて、結局、大三角測量部からはだれも同行しないことになった。

第二回のヤルカンド使節団は一八七三年であったが、大三角測量部長J・T・ウォーカーがカルカッタでフォーサイスに偶然出会って、使節団のことを聞き、測量のためにメンバーとパンディットをぜひ送りたいと主張し、政庁の支持を得た。そしてパンディットが四人参加することになった。ナイン・シン、カリアン・シン、キシェン・シンのシン一族に、アブドゥル・スバーン（ザ・ムーンシ）であった。キシェン・シンはナイン・シンの従弟であり、マニ・シンはすでに退職し、年金生活に入っていた。キシェン・シンとフォーサイス使節団のことはまたあとで述べよう。

一八七三年九月、使節団は二隊にわかれて出発した。大三角測量部のH・トロッターらの先発隊はレーからリンツィ・タン高原を通る、遠回りのルートを取り、フォーサイス団長とゴードン副団長らの本隊はレーを九月二九日に出発。一〇月一二日にカラコルム峠を越え、一一月八日にヤルカンド着。一二八日にそこを出発し、カシュガルの新市(ヤンギ・シャール)には一二月四日に到着した。ナイン・シンはこの本隊に入り、路線測量を行ってヤルカンド、カシュガルを踏査した。

使節団の目的の通商については、成功とはいえなかったが、カシュガル周辺を地図化し、ワハン渓谷からバダフシャンを踏破し、それなりの成果をあげた。そして、一八七四年六月一七日にはフォーサイスらはカラコルム峠を経てレーに帰着し、その二九日にはゴードン副団長らもレーにもどって来た。

一八七三年にはモントゴメリーがインドを去り、その後任として大三角測量部のパンディットの元締めを引き継ぐのはヘンリー・トロッター大尉(Henry Trotter 一八四一〜一九一九年、イギリス工兵隊一八六〇〜九〇年)であった。そのトロッターもヤルカンド使節団に参加していたが、レーにもどって来ると、そこからチベットへナイン・シンを派遣することにした。一八六五年にナイン・シンがたどったルートより北寄りの道をレーからラサまで横断する。さらに、ラサから北京へ向かうキャラバン(三年毎に出るという)にもぐり込むよう試みる。それがだめなときはツァンポ=ブラマプトラ河を下降するか、ブータンを通ってインドに帰る、という計画だった。はじめは後述のキシェン・シンを連れて行く予定のところ、ホータンからの帰りの旅で病気にかかり、同行することはできなかった。

一八七四年七月一五日、ナイン・シンは忠実な従者チュンベルと二人のチベット人、タンクセの村長がつけてくれたクンチュ・ドゥンドゥクというボティア族の男をつれ、五人でレーを出発した。しかしパンディットは、インド政庁に雇われていることが知られており、国境をうまく越えることがすべてのカギであった。そこで、カシミールのマハラジャに仕えていたラダックのワジール（宰相）、W・ジョンソン（一八六四年にホータンを訪問して有名になった）が、チベット国境に近いタンクセの村長とはかって、ナイン・シンのために多数の羊を集め、商品をヤルカンドへ運ぶとみせかけた。また、必要な資金をラダックからラサへ三年に一度行くロプチャク（貢物）使節団にあずけ、ナイン・シンはラサで受け取ることにする。さらにトロッターは、北京に達して海路でカルカッタに帰ることを想定し、北京のイギリス公使宛の紹介状を彼に与えた。

タンクセ村を通って九日後に国境の村に着く。そこでラダックの仏僧に変装、ヤルカンドに行くようにチャン・チェンモ街道を北に進む。だが、二日後に東へ向きをかえ、パンゴン湖の北岸のチベット領に入る。湖北東岸のノーの小村から道は湖をまいていくが、村に二〇軒ほど小屋があった。パンゴン湖東端の位置を決定したあと、中央チベットの湖（ほとんどは塩湖）が点在する広大な平原を東に向かっていく。時どき、わざと道を離れた。それは盗賊の目を避けるためである。九月一七日にトク・ダウラクパの金山に着く。ここの金は良質といわれ、海抜高度は一万五二八〇フィート（四六五七メートル）あった。鉱夫は地面に穴を掘って住む。プクパといわれる住居は三二戸、それぞれに五～二五人が生活している。パンディットが見た最大の金塊は一オンスほど（約二八グラム）、飲料水は鉱山の一マイル（一・六キロ）以内では見つけられず、皮袋に入れてロバの背で運ばなければならなかった。ここで一日滞在する。

九月二八日、オムボ村着。ここの住人は「オム・マニ・パドメ・フム」のかわりに、マニ石やマニ車に「オム・マテ・モエ・サレンドー」と刻んでいた。パンゴン湖畔のノーから六四日かけてナムツォ（テングリ・ノール）の湖の北西隅に達した。一一月一二日にバクナク峠（五四三八メートル）を越えて低地へ抜け出る。ラサに近づくと、イギリスのスパイがインドから来つつあること、最近、ネパール経由でインドから中国人が入蔵し、逮捕されて拘留されたと聞いた。ナイン・シンはラサの手前のランドンに一日滞在し、ラサ生まれの下男の一人ネンダクを先発させた。旅人宿に一部屋を予約し、レーからのロプチャク使節団のキャラバン到着の情報を調べさせた。下男が戻っていうには、情報はなにもないという。そのために資金不足となり、この先の計画は縮小せざるを得ないようだった。

翌日の一八七四年一一月一八日、ラサに入った。レーを出てから四か月、一日平均一五キロほどで進行し、二六頭の羊のうち、五頭ほどが全行程をいっしょに踏破してきた。ラサではナイン・シンの正体を知る、レー出身の商人に出会った。かつてはラサに三か月も滞在したのだが、密告を恐れて今回はわずか二日間、そそくさと一一月二〇日に逃げ出した。これに先立ち、それまで得た各種データを持たせて、二人の召使いをレーへ送り返した。彼らは七五年一月、無事にトロッターのもとに着く。

一方、パンディットは大いにかさばって、あまり値打ちのない所有物を集め、古い毛布にそれらを包んで小包として宿屋の主にあずけた。ラサの北方へ一〇日間の予定で寺院の巡礼をしてくるから、もどって来たら返してほしい。そういって二人の下男をつれ、追っ手をまくため、午後から北に向かって出発。しかし、夕方に暗くなると、すぐに向きをかえてインドへの旅をはじめた。資金が欠乏し、北京経由の帰国は問題外であった。一週間後の一一月二七日、サムイェ僧院に着く。僧院は周囲二・四キロの石壁に囲まれ、その上に一〇三〇基のチョルテンがあり、カンギュールとテンギュールの経典を所蔵するという。

ツェタン近くでツァンポの大河を小舟で渡る。川幅四五〇メートル、水深五・四〜六メートル、五〜七月は一番増水するという。ツェタンは大きな町で、ツァンポの支流ヤルルン川の右岸に二つの大僧院があり、七〇〇人の僧侶がいたという。ツェタンから南下、インドをめざす。道中のチョナ・ゾンは市場として重要で、三〇〇〜四〇〇店が軒を並べ、商人のほとんどはタワンの住人で、モンパといわれ、品物をアッサムから輸入していた。商品には一〇%の税がかけられ、米はラサ政府の専売品であった。

タワンには一二月二四日に着く。ここはインドとチベットとの伝統的交易ルート上にあるが、チョナ・ゾンからここまでの道は一月から五月ないし六月まで雪で閉ざされるという。タワンには大僧院があり、六〇〇人のラマ僧がいた。ここで南へ行く許可が得られず、二月一六日まで足止めされた。一七日にようやく出発、手元にあった自分たちの物品のほとんどをあずけ、巡礼をしたあとに、取りにもどるといって出た。そしてディラン・ゾンを経由し、三月一日にイギリス領のウダルグリに到着する。地方役人のところに出頭し、トロッターに電報を打ってもらい、ゴーハティで汽船に乗り、一八七五年三月一一日にカルカッタに着いた。

路線測量はパンゴン湖北東端のノーからはじまった。レーからそこまでが二七七キロ、ノーからラサまで一四七五キロ、ラサ〜タワン間は三四〇キロ、タワン〜ウダルグリは一五五キロ、合計二二四七キロ。沸点での高度測定四九七か所、天文観測二七六か所。そして、ツァンポ＝ブラマプトラ河の北方に、それと並行して雪山が連なることを報告し、いくつかの峰の位置と高度を決定した。これらの成果はたいへん素晴らしく、重要なものであった。ツェタンの地元民は、ツァンポがアッサムに流下すると信じている、とも報告する。

当時のタワンとその南の丘陵地帯はチベットの領域範囲であった。イギリス領インドはアッサムの平原地帯で、ナイン・シンの地図によれば、ウダルグリ（海抜高度一三七メートル）から英領アッサムとなっている。一九一三〜一四年のシムラ会議でマクマホン・ラインが提示されて、イギリスがヒマラヤ山脈を国境線としたいといったけれど、第一次世界大戦が勃発して、それがうやむやになった。第二次大戦後、インドが独立すると、新インドはタワンなど、ヒマラヤ山脈の南側斜面を実効支配し、今日に至っている。一九六二年にこの地域で中印国境紛争が生じ、両国が激しい戦闘を行った。国境はヒマラヤ山脈（マクマホン・ライン）か、丘陵地帯とアッサム平原が接するところか、いまもってそれは明確にされていない。

さて、ラサ北方のテングリ・ノール（ナムツォ）の湖を一八九〇年にフランスのボンヴァロ（Gabriel Bonvalot 一八五三〜一九三三年）とアンリ・ドルレアン（Henri d'Orléans 一八六七〜一九〇一年）がヨーロッパ人としてはじめて訪れていた。イギリス人としては一九二二年にヘイドン（H. H. Hayden）とコッソン（C. Cosson）がそこにはじめて鉱物資源調査に入り、ナイン・シンなどの測量の正確さを実証した。

ナイン・シンは一八七五年にデーラ・ドゥンにもどって、第一線から引退することになった。長くて過酷な探検で健康が損なわれ、視力も低下していた。それでもインド政庁の勤務は続いたが、若手のパンディットの訓練にあたった。あとで登場するサラット・チャンドラ・ダスを教えたりして、その仕事を一八七九年まで続けた。

インド測量局は、インド政庁が年金に加えて、ナイン・シンに金銭的手当を支給し、また王立地理学協会も表彰すべきだといった。政庁はウォーカーの推薦で、土地からの歳入評価が年一〇〇〇ルピー（約七二万円）相当の、ロヒルカンドの一つの村を与えるようにと、一八七六年一二月にロンドンに提案、インド担当大臣はこれを是認した。一八七七年にはパリのフランス地理学協会から金時計を、同年にイギリスの王立地理学協会からパトロンズ・ゴールド・メダルを授与された。一八六八年には王立地理学協会から金時計をもらっていたが、それが盗まれ、かわりの時計をほしいと願っていたものの、同協会は応じなかった。盗難というのは、自分が訓練したパターン人に、家へ届けてくれるように頼んだのに、どうやら横領されたようで、手元には六か月しかなかったのである。

一八七八年一月一日、カルカッタの総督官邸で金時計とメダルの贈呈が行われ、同日に官報でCIE（インド帝国勲爵士）に任ずると告示された。この式のとき、ナイン・シンは総督リットン卿に、二人の息子をイギリスで教育を受けさせたいと、援助を書簡で求めたけれど、約束はされなかった。

次世代の測量訓練でナイン・シンは数年すごしたあと、自分の家にもどった。夏の間は生まれたミラム村、冬はインド平原の暖かいところで過ごす。最後は政庁から与えられたインド平原の村、ウッタルプラデシュのモラダバードで死亡した。『ザ・タイムズ』紙（一八八二年三月一五日付）によると、スミス大佐の報告ではその年の一月、アラハバードの定期市でコレラにかかったという。ウォーカーによると一八八一年一〇月一日から八二年九月三〇日の間とし、八一年二月一日という説もある。また、一八九五年に心臓麻痺が原因というのもある。ここでは一応、一八八二年としておく。いずれにしても、まだ五〇歳台なかばであった。最後の正式名はライ・バハドゥール・ナイン・シン・ラワト・ミラムワリといった。

(4) キシェン・シンの活躍

ナイン・シンのもう一人の従弟にキシェン・シン（Kishen Singh 一八五一〜一九二一年。記号はD、別にAK、クリシュナとも呼ぶ）がいた。ケニス・メイスンは一八四〇年代はじめの生まれとするが、甥のインドラ・シン・ラワトは一八五一年としている。ラワトもミラム村の生まれで、一九一九年にクマオン連隊に入り、のちインド測量局に四一年間勤め、退役後にパンディットの業績をまとめた。キシェン・シンももちろん、ミラム村の出身。父はデヴィ・シン、そしてマニ・シンの弟という。叔父はビル・シンといい、祖父はダム。この祖父が一八一二年にムーアクロフトらを西チベットでチベット人による拘束から救出したことがあった。

キシェン・シンは一八六七年にデーラ・ドゥンに連れて来られ、モントゴメリーとナイン・シンから訓練を受けた。優秀な生徒であったといわれ、メイスンも先生格のナイン・シンに匹敵する、偉大で勇敢な探検家であったという。一八六九年にまずテスト探検が行われた。出身村のミラム村から出発、ラカスタール湖を経てコジャルナートを通過。西ネパールに入り、カルナリ川を下降、インドのカタイガートに出る。踏破した距離は約六四〇キロ、報告は未公刊という。

一年おいて一八七一年から本格的な探検に乗り出す。弱冠二一歳のキシェン・シンに四人の助手がついた。モントゴメリーは報告の中で、キシェン・シンのことを〈半チベット人〉（semi-Tibetan）といい、ケニス・メイスンもそれを踏襲しているが、いわゆる〈ボティア族〉のことである。クマオンからチベット領のフンデス（ナリ・コルスム）地方に入り、七月末にマナサロワール湖に近づくと、時どき騎馬の盗賊の一団に前進を阻まれた。うまく彼らを避けることができたけれど、当初の予定のようにマナサロワールからシガツェへ直接行かずに、プラン（タクラコット）へ迂回しなければならなかった。

ネパールの国境に寄りながら、それでも一一月二四日にシガツェに着いた。そこで一二日間滞在し、テングリ・ノールの湖へ行く準備をする。この旅には羊が最善というので、羊を五〇頭買い、その背に荷物を積んだ。ヤクにとっては道に石ころが多く、またロバには寒すぎた。一二月六日にシガツェをあとにし、七日にツァンポを渡り、一四日にナムリンに着く。ナムは空、リンは庭園の意味だといい、人家は二〇〇軒、五〇〇人のラマ僧を有するゴンパ（僧院）があり、ゾンポン（知事）がいて、五〇〇人のチベット兵が駐屯していた。二〇日、八〇年前に建てられたというラブダン・チュリン僧院に来る。一〇〇歳だといわれるシャプトゥン・リンポチェがいた。川は寒さで凍結し、風は強くてテントが破れ、その修理に五日間滞在。二八日にチュタン・チャカ、そこには温泉が一五あり、風呂が八か所あった。硫黄の臭いが漂っていた。三〇日のペティン・チュジャでも温泉の自噴井が一二〜一五メートルの高さに

写真 36. キシェン・シン
(Mason, 1955, p. 77)

吹き上げていた。

一八七二年一月二日、ナイスム・チュジャ（湯元の意味）。川の水は温泉のために熱く、そこから下流五キロは凍結していない。右岸に温泉が二つ、噴水は一八メートル、落下した水は氷柱となるが、それが約九メートル。ここで助手の一人が病気になり、三日間滞在。八日にカラムバの峠を越えた。峠の沸点は八二度、高度は五二四三メートル。積雪が多く、反対側への下りはたいへん危険であったが、翌日に測量のために、キシェン・シンは峠にもどった。山羊の糞が唯一の燃料であった。一月一三日、ガイカというキャンプ地からテングリ・ノール（ナムツォ）の大きな湖がはじめて見えた。ここで道を調べるため、二人の男を乞食に変装させて先へ行かせる。

一八日、シンジャム。ドクパ（牧民）のテントが七〇張ほどあり、武装した男たちに守られていた。ひどい雪のために二日間滞在。二一日にタラでテングリ・ノールの湖岸に立つ。湖は完全に凍結していた。湖の東西の長さは約八〇キロ、南北の幅は二五〜四〇キロ。翌二二日にドルキア・ルグ・ドンの僧院に来る。ここで湖を完全に一周して測量をしようと決めた。そこで盗賊を恐れて三人の下男と持ち物をゴンパにあずけ、他の三人と出発。北岸をたどって湖の北東端のドクマルに三〇日、さらに二月一日に南岸の南東端のタシ・ドチェ・ゴンパに達した。僧院にはラマ僧が三五人いた。この南西にニンチェンタンラといわれる壮大な雪山が展開していた。ラマ僧は、最高峰を神といい、他の小さいピークはその下僕だという。湖は塩水で飲用に適さないが、それにもかかわらず、一一月には凍結する。高度は四六三三メートル（現在は四七一八メートルとする）、魚が多く、岸辺には小さな貝もたくさんいた。巡礼者はそれをたくさん集めている。

湖の南岸では降雪にあって、みじめな露営もしたが、二月七日にもとのドルキア・ゴンパにもどって来た。一五日間で湖を一周したことになる。僧院に三日間滞在し、一一日に再び前進を開始。一四日にナンバ・ドに着く。付近にはボラックス（硼砂の一種で、ブルという）が見られ、ラサやシガツェの住人は肉料理の香辛料、お茶、布地の洗濯、入浴などに使うという。一七日に湖北東隅のチャン・パン・チュジャの平原に着く。そこには温泉がいくつかあり、温度は五四度。翌一八日に出発しようとしているとき、六〇人もの騎馬武装の強盗グループが襲いかかり、略奪をはじめた。当局に見つかれば厄介なことになる測量用の道具と、最小限の食料は残していった。各人に布地一枚、二匹の羊、食料二袋、料理用の鍋、各人の木の椀を置いていく。これ以上ごたごたいうなら殺害すると、盗賊がいう。仕方なくそれに甘んじなければならなかった。

キシェン・シンはテングリ・ノール（ナム湖）から北に向かい、西寧までも行こうと考えていたが、盗賊に遭ったため、それは不可能となり、できるだけ早く南のラサに行くことにする。二〇日にナイ・チューの川岸に着く。そこで従者の一人が病気になり、翌日は停滞するも、賊にテントを持っていかれ、雪と風にさらされることになった。それから峠を三つ越え、三月二日にジャン・タルンの大僧院に着く。ヘッド・ラマが二人おり、一〇〇〇人のラマ僧がいるという。

一八七二年三月九日、ついにラサに入る。所有物のほとんどを奪われ、最後は餓死寸前のたいへん困難な旅だった。ラサでは、ガルトクへ行こうとしている商人から、アネロイド気圧計とコンパスを担保に、どうにか一五〇ルピーを借りた。西寧に行くのに十分な金はとても借りられず、商人は気圧計を大きな時計と思ったらしい。またパンディットはガルトクまで同道させられた。

帰路も長くて困難な旅であった。ラサからシガツェへ、そして往路のツァンポ川沿いにマナサロワールからガルトクに行き、一八七二年の夏にデーラ・ドゥンの大三角測量部の本部にもどった。参加者全員が無事で、五〇〇キロ以上の路線測量を行い、ツァンポ川の北に走る「巨大な雪の山脈」の存在を明示した。

(5) フォーサイス使節団とキシェン・シン

フォーサイスの使節団がヤルカンドに行った二度目のとき、インド測量局はパンディットを参加させた。その中にキシェン・シンも選ばれた。すでに述べたように、隊は二つにわかれる。一八七三年九月、トロッター率いる先発隊がレーを出発、キシェン・シンはそれに加わった。チャン・チェンモ渓谷からリンツィ・タン（アクサイチン）高原を経由する、遠回りのルートを取り、ヤルカンドからカシュガルに入った。

翌年三月一七日、使節団はカシュガルを去り、ゴードンらはキシェン・シンをつれてパミール高原に向かう。ヤンギ・ヒッサールで南西へ進み、タシュクルガンからワハン、バダフシャン、カーブルを経由してインドへもどろうとしたが、カーブルの許可は得られなかった。しかし、パミール高原からバダフシャンの探検は行うことにし、支隊は四月二日にタシュクルガンを出発。このとき、キシェン・シンはヒンドゥー教徒だからと、アフガン行をやめることになった。そこでキシェン・シンはヤルカンドからレーへ帰る途中、ホータンを探検することになる。

ヤルカンドでフォーサイスとわかれ、カルガリク、グマを経て、五月一八日にホータン（イルチ）に到着し、六月七日まで滞在して町の地図を作成。一八六五年にW・ジョンソンが非公式に訪問し、測量を行っていたが、この二人の計測によるホータンの位置は、地図上で四八キロも開きがあった。スヴェン・ヘディンは「パンディットの測量は役に立たない」と非難したけれど、トロッターは弁護し、信頼を寄せていた。

キシェン・シンはさらに東方に進み、六月一八日にケリア着。そこからソルガク金山へ三日間の脇道をし、ケリアから南に向かう。国境のポルーの村からコンロン山脈をグボリクの峠（約五三〇〇メートル）で越え、チベットのチャンタン高原をかすめて、パンゴン湖東端のノーに出た。草地や燃料が豊富であったが、四〇〇キロの間は人家もなく、旅人にも出会わなかった。このキシェン・シンの一一年後の一八八五年、アンドリュー・ダルグリーシュ（Andrew Dalgleish）とA・D・ケアリー（Arthur Douglas Carey）の二人がパンディットのルートを逆にポルー、ホータンへと抜け、彼の測量が正確なことを知ったという。

キシェン・シンはパンゴン湖の北岸、ノーの村の国境に来ると、荷物の検査をされそうだと気付き、器具類やノート類を村はずれの藪の中にかくした。そのあと、それらを回収し、七月末にレーに着く。パンディットの路線測量はたいへん正確であったけれど、ルートのかなりの部分は無人地帯で、中国当局もこのルートの存在を知らなかったという。したがって報告された地域のある部分は、いまも中印の紛争・不和の種になっているところである。

(6) キシェン・シン最後の大探検

ナイン・シンの後継者と目されたキシェン・シンは、一八七八年にインド測量局長官兼大三角測量部長のJ・T・ウォーカー大佐から、ラサを経てモンゴルに至るまでの調査をするように指令を受けた。この準備はウォーカー大佐(のちに将軍)が直接に行った。モントゴメリーは一八七三年に健康上の理由からインドを去り、よくならないまま一八七六年に大佐の位で退役、一八七八年一月三一日に動脈炎と気管支炎のために自宅で死去。モントゴメリーの仕事をH・トロッターが引き継ぎ、第二回ヤルカンド・フォーサイス・ミッションにパンディットの探査を組み込んだ。そのあと、トロッターは外交部門の仕事のため、インド測量局から去る。それでキシェン・シンの準備、指導はウォーカー自身の職務となったのである。余談になるが、キシェン・シンが探検からもどって、一八八二年一二月にカルカッタで再会したとき、ウォーカーはちょうど退役しようとしており、その二か月後にインドを去っていった。

今度のパンディットの目標は、チベットの大高原を南から北へと縦断し、モンゴルまで踏査。帰路は並行する違うルートを取り、大街道の一つで中国の海岸に出る。そして海路をカルカッタに達する、という指示であった。装備は次のようである。九インチの六分儀(緯度計測用)、水銀用お椀(人工水平線用)、プリズム・コンパス(遠方のピーク測量用)、ポケット・コンパス(路線測量の方位角用)、アネロイド気圧計、数個の沸点温度計、数珠(歩測用)、マニ車(記録用紙)。そして一マイル(約一六〇〇メートル)を二〇〇〇歩で歩くこと。

キシェン・シンは旅する商人に変装し、二人を帯同した。一人はナイン・シンらのパンディットと行動をともにしてきたチュンベル(報告書ではL-cの記号)で助手役。キシェン・シンより年上だが、忠実で頼りになる友人。同じミラム村の出身という説と、ラダックのザンスカール出身という説がある。もう一人は召使いのガンガラム（報告ではM‐gの記号）というが、危機に直面したときにキシェン・シンを見捨てた男であった。

一八七八年四月二四日、十分な資金を持ってダージリンを出発した。五月六日にジェレプ峠を越え、一八日にパーリ・ゾン着。チョモラーリ峰がよく見えたが、ここでガンガラムが病気になり、三か月滞在。ようやく八月一六日にそこを出発、二一日にギャンツェに着く。そこの僧院には五〇〇人のラマ僧がおり、大きなパンゴン・チョルテンもあり、人家は一〇〇〇軒といい、六日間滞在する。八月三〇日にカロ・ラを越えて翌日ナガルツェ着。ヤムドク湖には魚が多数おり、ラサへ持っていって売られている。九月二日、カムバ・ラの峠を越え、ツァンポ川に下り、渡し場のカムババルジに着く。そして九月五日、ラサに入った。

ラサではモンゴル方面へ行くキャラバンをさがして一年あまり滞在。その間にモンゴル語と仏教経典を勉強する。仏教経典とはお経のこと、村から村を歩いてお経をあげ、ラマ僧を装ってお布施をもらうのである。ポタラ宮やお祭りのこと、市民生活などについても観察した。

一八七九年九月一七日、ようやくラサを出発。全体で一〇五人の大キャラバンで、そのうち六〇人ほどはモンゴル人の男女、残りはチベット人であった。自分のグループはチュンベルとガンガラム、新しく三人の召使いを加えて六人。盗賊を避けるため、あまり利用されない道を真北に向かう。モンゴル人はすべて騎馬、チベット人はほとんど徒歩。身を守るために槍や火縄銃、刀で武装し、毎日、日の出に出発し、野営は二～四時。夜は二人のチベット人と二人のモンゴル人を番人に配置し、昼は乗馬者を先行させた。

ラサから一〇〇キロほどでラニ峠（四八〇〇メートル）を二二日に越え、チャンタンに出た。農耕はなくなり、二九日にはシャブデン・ゴンパに来る。僧侶は一〇〇人、人家は一五〇戸、住人四〇〇人ほど。一〇月八日、タング・ラ（四九九三メートル）を越えたが、六〇センチほどの積雪があった。翌九日に五人の騎馬の盗賊に出遭う。一一日にディ・チューの谷、二二日にマ・チューを渡る。いずれも揚子江の源流だが、マ・チューでは燃料もなく、食物もなしで寝た。

一〇月二七日にコンロン山脈を越え、ツァイダム盆地に下り、二八日にナイチに着く。ここで五日間滞在し、キャラバンとわかれた。高度は二七〇〇メートルほどになり、比較的暖かくなってきた。一一月一〇日に遊牧民のテント場ゴルモ（ゴルムド）。五〇ほどのテントが散在し、幅一〇キロ、長さ一六〇キロの森林が分布していた。樹木の高さは二メートルほど、ここに一〇日間滞在し、一一月二一日に出発する。二七日にティンカリに来ると、テントが一〇〇、人家一〇戸ほどあり、ナイチでわかれたキャラバンの本隊に追いついた。盗賊の心配がなくなり、キャラバンの全メンバーが集まって、心からのお祝いをする。そしてモンゴル人たちは自分の家へ向かっていく。チベット人とパンディットのグループはここでしばらく滞在、動物を休ませ、食料の補充をし、野生ヤクや野生ロバの狩猟もした。

そして一二月五日、さらに北へ向かって出発しようと準備していたとき、チャモゴロク族の二〇〇人の騎馬盗賊に襲われた。賊は銃、刀、槍で武装し、ティンカリの住民を略奪し、キャンプしていたキシェン・シンは駄獣のすべてと、資金用の交易品のほとんどを持ち去られた。幸いにも測量用器具と、ガラス玉のような小物がわずかに残った。チベット人も商品を取られ、ラサへもどることになる。全体でポニーなど三〇〇頭が連れ去られた。しかし、パンディットはロプ・ノールとゴビ砂漠へ行くことにし、チベット人の三人の召使いは解雇する。

一二月一三日、ティンカリをあとに、三人は三頭の牛を雇ってツァイダム盆地を横断。一九日にトスン（トス）・ノールの湖畔のチャカンナマガに着く。翌二〇日にスカイ、盗人が残していった値打ちのないもの、ガラス・ビーズなどの商品を売るため、ここでゆっくりと機会を待つことにした。ある日、テントが一〇〇ほどの、近くのキャンプ地へ出かけたら、そこでギャンツェ出身のチベット人に会う。彼は二〇年前にこの地に移住し、結婚、定住。この地の資産家・有力者になっていた。パンディットたちを見て、たいへん親切にしてくれ、資金不足を補うために、春まで彼のラクダを世話することになった。宿舎と食事付きである。スカイとホイドゥタラで世話になり、かたわら、緯度や高度の計測を行った。ホイドゥタラで九二〇〇フィート＝二八〇四メートルあった。

一八八〇年三月一九日、荷物用にラクダを三頭借りて、再び北西に向かって行動を開始。二週間後の四月二日、アルティン・ターグ山脈の南麓、タイタンのイエムビに着く。付近に三〇〇のテントがあり、七五〇人ほどが生活し、ラマ僧が一五〇人いた。ここでロプ・ノール方面へ行く隊商を待って三か月滞在、残っていた商品を売ったり、交換したりして処分し、銀で二〇〇ルピーと馬を七頭購入した。ところが、召使いのガンガラムは、回教徒が中国と交戦状態にあると聞き、この先のイスラム地域へ前進するのをいやがった。そしてチュンベルをそそのかしたが、キシェン・シンとチュンベルの意志は固かった。それでガンガラムは二人から金を奪い、逃亡する機会を狙っていた。

七月のある日、キシェン・シンもチュンベルも外出で不在のとき、一五〇ルピー相当の銀、馬二頭と子馬三頭、小型の望遠鏡を持って脱走する。次の日に二人がもどって来ると、テントにはほとんどなにも残っていない。二人の手元にはわずか五〇ルピー相当のものしかなかった。再び彼らは馬と山羊の世話をする、下男として働くことになる。約五か月間、家畜の番をしたが、その仕事に疲れ、自分たちの限られた、手持ち資金で行動することに決めた。

一八八一年一月三日、サイトゥ（サチュ＝沙州、砂漠の町の意。現在は敦煌という）へ山羊と羊を穀物と交換しに行くキャラバンがあり、同行させてもらうことになる。アルティン・ターグ山脈を越えて一月八日、イエムビから六日目に中国人がトゥンファン（敦煌）と呼ぶ町に着いた。チベット人はサイトゥ、モンゴル人はサチュと呼んでおり、マルコ・ポーロも来ていて、サチュといっていた。一八七九年にハンガリーのセーチェーニ伯爵、ロシアのプルジェワルスキー（一八三九〜八八年）も来ていた。町の人家は二〇〇〇戸、住人一万二〇〇〇人、仏教徒たちで、知事の住む大きな砦があり、気候は健康的だという。

一八八一年一月一八日、ロプ・ノールへ行く商人の一行に加わって出発した。しかし、町から一キロ半も行かぬうちに、敦煌の知事が差し向けた男が追いつき、引き返させられる。知事は二人を盗賊かどこかの国のスパイと疑っているという。彼は二人にどこへ行くのか、何者かと聞いてきた。そして、素性がはっきりするまで知事の監視下におかれ、七か月も拘束されてしまう。馬を持っていると出費がかさむので、すぐに売り払った。生計のために果物売りをはじめたが、ここで地元民が〈バム〉と呼ぶ熱病にかかってしまう。歩行は困難になった。この病気は足に赤い斑点ができ、歩行も立ち上がることもむずかしくなり、熱と食欲不振、ある場合には歯がゆるんでくる。これはある特殊な土壌を裸足で歩くとかかるという。きちんと治さなければ、下肢は不具になる。加熱した酔い薬を飲まされ、ぬり薬もつけられたが、もっとも効き目があったのは、足に大根の汁をすりこみ、布でしっかり包んで、暖かくすることだった。これで発汗し、次第によくなっていった。ここで緯度や高度を観測する機会はなかった。

八月になって、サイタンで知り合ったラマ僧がやって来た。近くのサンゲ・クトン（千仏像）という有名な寺院の参拝に来たのだが、力のある僧であり、パンディットたちを監視している男の古い知人であったから、二人を解放し、チベットへもどすよう、許可を取ってくれた。ラマ僧はタルチェンドへの道中にあり、これから南約九六〇キロの、トゥデン・ゴンパの自宅にもどるのだが、二人を下男として連れて行こうといった。二人に異存はなく、喜んでその申し出を受ける。

かくして八月八日にサイトゥを去り、一五日にイエムビにもどって、そこに一九日間も滞在した。自分たちの限られた資金と安全性を考えると、チベットに直接もどることはできない。九月三日、イエムビから来た道をもどり、一七日にチャカンナマガに着く。ここで来た道とわかれ、南東に向かう。ラマ僧は盗賊の襲撃から逃げるため、馬に乗るようにいった。歩測はできなくなったが、馬の一歩の長さを見積もり、数を数えていったら、信頼のできる結果を得た。

ツァイダム盆地を横切ったところのジュン地区で、ガンガラムが定住していることを聞き、人を送ってもどるようにいったが、拒否された。逆に彼は、山羊、羊、馬を買っており、その地は盗賊がいっぱいだから、つらい旅をやめて彼に合流するようにいったという。一〇月七日にガクチャルナマガを出発、九日にナモホン峠でコンロン山脈を越え、ついで黄河源流の一つ、マ・チューを渡る。盗賊として有名なチアモゴロク族の地なので、できるだけ急いで通過し、一〇月二一日、主人のラマ僧のトゥデン（ドゥブデン）・ゴンパに達した。しかし、二人はそこで賃金の支払いを待って二か月も滞在する。このゴンパは揚子江の源流の一つ、ディ・チューの川岸に位置していた。

ようやくお金の支払いを受け、一八八一年一二月二六日にトゥデン・ゴンパを出発。ラマ僧はケグド（ジェクンド、いまの玉樹＝ユイシュ）にいる友人にあてた紹介状を書いてくれた。翌二七日にそこに着く。紹介状はラサへ行く二人を助けるよう、またタルチェンド（中国名タチェンルー、いまの康定＝カンティン）へ行こうとしている商人に、二人の面倒をみるよう、頼んでくれというものだった。ケグドは人家二〇〇軒ほどの、大きな交易の町であったが、ここに一六日間滞在する。ラサから西寧とタルチェンドへの、交易ルートの分岐点としてたいへん重要である。高度は三五九七メートル。

一八八二年一月一二日、商人の召使いとしてキャラバンに加わり、タルチェンドに向かう。しばらくディ・チューに沿い、分水嶺を越えてザ・チューの谷に入る。一九日にゾクチェン・ゴンパ、人家二〇〇戸、テントは一〇〇ほど。翌二〇日、ミリ・ラの峠近くで一〇人の騎馬の盗賊グループに遭う。幸いにもチベット人の役人が近づいて来たので、追い散らされた。二三日にダゲ・ゴンパ着、ラマ僧が一〇〇〇人に、人家が三〇〇戸。二日間滞在する。二五日にカンツェゴ（甘孜）の町に来た。二〇〇〇人の僧を有する大僧院があり、二五〇〇戸の人家があって、中国の役人が二人で治めていた。

一八八二年二月五日、タルチェンドの町に入る。これはチベット名で、タチェンルーは中国名。二五日間で六七〇キロ歩いたが、町は一二〇〇戸、人口は一万一六〇〇人、僧侶四〇〇人。そしてここは人種的、言語的にチベットと中国本土の境界線であり、茶の交易の中心であった。冬は数週間にわたって降雪があり、気候はきわめてきびしい。

ここタルチェンドにはフランスのカトリック宣教師が住んでいたので、測量局のウォーカーはキシェン・シンに紹介状を与えていた。そこでパンディットはビエ神父（Biet）を訪ね、インドへもっとも安全かつ確実に行けるルートについてたずねた。ビエ神父は、船でインドへ行くより、バタン経由でチベットから直接インドにもどったほうがよいといった。神父には迷惑をかけたくなかったので、借金の話は切り出せなかったが、彼は六ルピーをくれ、またバタンとダージリンの同僚に紹介状を書いてくれた。さらに当時インドにいた有名なデゴダン神父（Abbé A. Desgodins 一八二六～一九一三年）に宛てて、「パンディットは健康で安全にタルチェンドに着いた。いまインドにもどろうとしているので、ウォーカー長官に知らせるように」という手紙も書いてくれた。チベット経由でインドに行くなら、わずか四〇日だが、また中国で必要なパスポートは、チベットでは必要としないだろうともいわれた。

インドでは、ウォーカー長官はキシェン・シンの消息を四年も聞いていなかったし、また従兄であり、仕事上の先輩のナイン・シンのところには、パンディットたちはラサで当局に逮捕され、チュンベルは処刑、キシェン・シンは両足を切断されたという、たいへん痛ましい噂が届いていた。ちょうどウォーカーは、カトマンズとラサのカシミール政府の窓口、代理人を通じて、この噂の事実を照会していた。そんなところにビエ神父の報告を知らされ、長官はじめ、みんなは大満足であった。

キシェン・シンはタルチェンドに一一日間滞在したが、曇り日や連日の降雪のため、緯度の観測はできなかった。しかし、沸点観測はでき、八三一〇フィート＝二五三三メートルとする。そして一八八二年二月一六日、タルチェンドを発し、バタンへの道を西へたどる。一八七七年夏にウィリアム・ギル（William Gill）がたどったルートである。二二日にナクチュカに着く。ここのナク・チューの川を渡るには、ナクチュカの村長の許可が必要で、泥棒に疑われたため、なかなか許可が出ず、二八日にやっと出発できた。三月四日、リタン着。ゴンパには二五〇〇人の僧がおり、商店が一〇〇軒ほどに人家は二五〇〇戸あるという。リタン地区には天然痘が流行しており、チベット人はこれを非常に恐れていた。

三月一三日、バタンのチオティ・ゴンパにたどり着き、三泊する。この僧院にはタパ（修行僧）は一〇〇〇人、人家二〇〇〇戸に商店五〇軒、人口は三〇〇〇人という。川の左岸に町は位置し、イエズス会の神父の家もあった。流れの速い川はディ・チュー（金沙江）といい、一六日にバタンを出発し、ドゥバナの渡し場で一七日に舟で渡る。一八七七年にW・ギルはバタンから西への前進を阻止されて、金沙江を下降し、ビルマのバーモへ出たし、一八七九〜八〇年のハンガリーのベーラ・セーチェーニ (Béla Széchenyi) の探検隊もここでラサ行を止められ、ギルと同じルートをたどっていた。

三月二二日、ガルトク (マカムともいう) 着、戸数七〇〇、僧院があり、知事もいた。二六日にチャ・チョルテンに着く。雪のために三日間滞在。三一日にゴトゥ・ラの峠を越えて二泊。四月二日、ダユル・ゴンパ、人家一〇〇戸。六日、タンシュ・ドゥカでヌ・チュー (怒江＝サルウィン川) を舟で渡る。九日、ハカを経てジー泊まり。雪のために八日間も滞在した。二〇日にティラ・ラ (四九〇七メートル) を越えてザユール渓谷に入る。これはブラーマクンドを経て北部アッサムに流れ、ロヒット・ブラマプトラ川といわれる。キシェン・シンはラサへの本道から離れ、アッサムからイギリス領へ横断しようと考えていたが、このインドへの近道では、しばらく前に二人のフランス人宣教師が、サマ村に近いところで暗殺されたことを知り、ラサへもどることにした。ニコラス＝ミシェル・クリック神父 (Nicolas-Michel Krick) とブーリ神父 (Boury) は、一八五四年にチベットに入ろうとして殺害されたのだった。

一年後にこの殺害に対するイギリスの懲罰隊が派遣された。その結果、ミシュミ族の首長の息子三人が殺され、首長は逮捕され、絞首刑にされた。一八六九年にはイギリス人T・T・クーパー (T. T. Cooper) が、同じルートからチベットに入ろうとしたけれど、インドに引き返させされ、フランス人が達したところまでも行けなかった。

四月二五日、リマ村のシカに着く。北からくるロン・トド・チューとザユール・チューの合流点で、人家四〇軒、一六〇人の村。ザユール地区の役人の冬の居住地であり、海抜高度一四一七メートル。ここでは甲状腺腫は一般的な病気だ。シカに入るや、渡舟料として一ルピー支払わされたが、天然痘の流行する地域から来たので、検疫のために二一日間もの隔離、滞在を命じられた。

五月二三日に旅を再開。ザユール川沿いにサマ村まで行く。七軒と二八人の住人、パンディットがチベットで達したもっとも低いところであり、イギリス領からわずか二五キロ。そこでアッサムのミシュミ地域を通る準備をしてみたが、リマで出会ったミシュミ族の商人は、自分たちの地域をだれも通さないといい、彼らはチベットとアッサムの交易を支配していた。取り引きには子供も含めた奴隷をチベットに売っているという。ミシュミ族を信用すると、殺害されることは間違いないともいわれたから、ラサ経由の迂回ルートで危険を避けるほかなかったのである。

リマの周辺は高度が低いため、チベット人にはたいへん暑くて不快な地とされていたから、ラサ政府は罪人の額に焼印を押して、ここへ流していた。さて、ラサへ向かうことにしたキシェン・シンは、途中のアタ・ガン・ラの峠が雪で通れないといわれた。そこで所持する金が少なく、長い旅には心もとないと、サマや近隣の村の家から家へと行き、お経をあげて、二〇ルピーほど手にすることができた。そして七月九日、北に向かってロン・トド谷を遡る。途中でアッサム出身の七歳の少年を見たが、昨年、ミシュミ族に奴隷として売られたという。また、ある村の村長が三〇歳ほどの奴隷を所有しており、一六年前にミシュミ族がアッサムから連れてきたのを買ったと聞いた。七月二八日にアタ村に着き、六泊する。

八月三日、旅を再開。翌四日にネチン・カングラ山脈上のアタ・ガン・ラ（約一万五〇〇〇フィート＝四五七二メートル）の峠を越え、氷河上を四キロ進み、さらに川沿いに二・八キロ行くと、無人の家に着く。雨のためにそこに五泊した。海抜高度四四七八メートル。九日に出発し、一〇日にシウデン（シュグデン）・ゴンパに来る。ゴンパには僧（タパ）が一〇〇人、一五〇戸の人家が周囲を取り囲んでいた。高度四一六〇メートル、一九一一年にF・M・ベイリー（Bailey）が成都、東チベットからアッサムへ横断したさい、シュグデン・ゴンパを訪ね、また一九三三年にF・キングドン＝ウォード（Kingdon-Ward）がザユール地区を探検して、立派なシュグデン僧院の写真を自著に載せている。日本人でここをはじめて訪ねたのは一橋大学山岳会の中村保氏で、一九九五年秋であった。僧院には僧が一二人いたといい、九九年五月に再訪されている。中国語で休登寺というそうだ。

旅で汚れ、物悲しげな様子、たいへんみすぼらしい貧相な格好から、キシェン・シンとチュンベルは、逃亡した罪人と疑われ、このゴンパで逮捕・拘留されてしまった。幸いなことに、数日すると、リマで知り合った有力者が偶然に僧院に来て、二人を自由の身にしてくれた。八月二〇日、再びラサをめざす。九月六日、ロ・ゾン。ここでタルチェンドから直接来る道が合した。ゴンパには二〇〇人の僧がおり、人家は一五〇軒。九月二七日、ギャムダ、三〇〇戸、一五〇〇人の村である。そして三一日にギア・ラの峠を越える。峠はウ＝ツァンとカム地方をわける境界になり、それからラサの南の山やまをめぐる巡礼道に入った。

一〇月五日、ツァンポの川岸のカタ村、人家は五戸。八日、小舟でツァンポを渡り、ツェタンの町に入った。人家は一〇〇〇戸、四二〇〇人といい、ゴンパに僧が八〇〇人、城塞も一つある。ここに三泊し、この先は右岸を行く。一二日にチティシオ・ゾン、一〇〇〇軒に五〇〇〇人が住み、砦、バザールがある。一三日、ゴンカ・ゾン、六〇〇戸に二四〇〇人、僧が一〇〇人という。そして一〇月一五日、カムババルジの渡し場に着き、今回の路線測量を終わった。四年前にラサへの道中で通ったところに達し、大三角形を完成させたのであった。そして一一月一二日、大雪に苦しめられながらも、ついにダージリンに帰って来た。

キシェン・シンはダージリンにしばらく滞在したあと、ウォーカーに報告のため、カルカッタに出た。地図と報告は副長官のヘネシーのもとでまとめられた。ウォーカーによれば、「二人は窮乏し、資金の欠乏に悩み、ぼろ服でやつれた状態であった」といい、踏破した総延長は約四五〇〇キロ、新しい土地はそのうちの二七〇〇キロであった。風景についての記録はほとんど残されなかったが、ラサに滞在中は町のスケッチ・マップを作成し、これは一九〇三〜四年のヤングハズバンドの遠征隊に利用され、「たいへん正確」だと絶賛された。緯度は二二地点で、高度は沸点温度計で七〇か所を計測。南東部では緯度・経度ともW・ギルのものとよく一致し、F・キングドン＝ウォードも、ザユールからK・メイスンに宛てた手紙（一九三三年五月二五日付）で、路線測量はすばらしく、彼の報告は正確であるとする。ただし、シュグデン・ゴンパより北では役に立たないともいった。また、ツァンポはインドのアッサムに流れ、ブラマプトラの源流であり、ビルマに流れるのではないし、イラワディ川に流れるのでもない、と確証した。

パンディットが道中で借金した場合、インド測量局があとで処理するのだが、キシェン・シンには返済すべき借金はなかった。かえって一度は盗賊に、一度は自分の従者に金品を奪われたし、資金不足を補うために、下男のチュンベルと二人で家畜番などの仕事をしてきたのだった。しかも、家に帰ってみたら、一人息子は死んでおり、家庭は崩壊していた。長旅で健康は損なわれ、長生きできないだろうと心配された。それで帰国してから、それまでのような第一線の活動をやめたが、一八八五年まで月一〇〇ルピー（七万二〇〇〇円）の給料を受けていた。それ以後はインド政庁からライ・バハドゥール（Rai Bahadur）という称号を与えられ、ナイン・シンと同様に、シタプール地区のイタルヒ村からの地代収入を得て、引退生活に入った。年間の総地代は一八五〇ルピー（一三三万円ほど）で、ほぼ三六年間、それを受けて安泰に暮らした。

一八八一年のベニスでの国際地理学会議のとき、イタリア地理学協会が金と銀のメダルを設け、その金メダルがキシェン・シンに贈られた。一八八六年にはパリのフランス地理学協会からもゴールド・メダルを授与されたが、肝心のイギリスの地理学協会（RGS）は、業績を賞賛はしたけれど、メダルを与えるにふさわしいとは考えなかった。それでマーチソン賞と金時計を授与した。一九〇五年にT・ロングスタッフ（Tom Longstaff）がチベット探検の折、クマオンのマンシアリ村でキシェン・シンに会ったが、ヨーロッパ人から買ったという、石造りの立派な茶園の家に住んでいた。そして彼は、大きなヒマラヤ杉で作った箱を持ち、その中に地図類、政庁の報告書、各国の地理学協会から贈られたメダルなど、たくさん入れていたという。

一八八四年時点でのキシェン・シンの評価は、六分儀での緯度測定、大横断の探検によって《大パンディット》（ナイン・シンのこと）以上だとされ、「正確、誠実、勇敢、有能」という評言もあった。一九二一年二月、彼が死去したとき、かつてインド測量局に勤務したヒマラヤの大家ケニス・メイスンが「これによりインド測量局とアジアの探検のロマンティックなページは閉じられた」といった。なお、余談ながら、一九六五年五月にインド登山隊の一員として、エヴェレスト峰に登頂したハリシュ・チャンドラ・ラワト（Harish Chandra Rawat）は、キシェン・シンの孫であった。

第十一章　フォーサイスのヤルカンド使節団とパンディット

(1) 第一回フォーサイス使節団

一八六二年以降、中国の甘粛省と陝西省でイスラム教徒の反乱が発生し、それが東トルキスタンに拡大。政情が不安定となり、その地域への中国政府の支配・統制が及ばなくなった。これをドンガン（東干）の反乱とか、同治の回乱と呼ぶが、そこに新しい支配者ヤクーブ・ベグが登場してきた。インド政庁にとっては、これに新しいチャンス、つまり、増大する交易がきわめて魅力的であった。好都合なことには、ヤクーブ・ベグ（アタリク・ガーズィ）はロシアに対して好意的ではなかった。加えて、一八六九年のミルザ、G・ヘイワード、ロバート・ショーのカシュガル訪問はさらに新しい知識をもたらし、とくにショーの報告は通商の将来性を確信させるものであった。すなわち、ヤクーブ・ベグと中国の敵対で、中国茶をインド茶に置き換えるよい機会であった。一八六九年にはインド総督がローレンス卿からメイオー卿に交代しており、七〇年にはヤクーブ・ベグがインドに使者を送って、東トルキスタンでベグに会うインド政庁の役人の派遣を要請。使者はパンジャブ総督代理とインド総督の双方から歓迎された。

そして一八七〇年、パンジャブの弁務官ダグラス・フォーサイスがヤルカンドへ派遣される。彼は行政官であり、中央アジアの専門家でもあった。同行はロバート・ショー。彼はロンドンから急行し、ラダックで合流。ヤルカンドの経度の測定など、いくつかの観測をし、カラコルムとコンロン地域を探検した。もう一人のジョージ・ヘンダーソン（George Henderson）は医師であり、博物学者。パンゴン湖の写真をはじめて撮った。フォーサイスとその使節団については、これまでいく度か触れてきたが、この第一回の使節団は、結局、失敗に終わった。というのは、ヤクーブ・ベグがヤルカンドを遠く離れて、トルファン近くに出征中で、会見できなかったのである。使節団は冬になる前に帰路についた。

すでに述べたが、この使節団にモントゴメリーのパンディットを一人加えることになり、ナイン・シンがレーに来ると、変名で旅し、訓練されたスパイであることが広く知られ、ヤクーブ・ベグの使者ミルザ・シャディの疑惑を招く恐れがあった。そこでナイン・シンはデーラ・ドゥンへ帰され、大三角測量部からはだれも同行しないことになった。しかし、大三角測量部には所属していないし、また、そこでの訓練も受けていなかった、二人の政治的な別働スパイが随行していた。ファイズ・バクシュ（Faiz Buksh）とイブラヒム・ハーン（Ibrahim Khan）である。

ファイズ・バクシュは使節団に参加する前、インドの北西辺境地帯から中央アジアを広く歩いていた。一八六五年九月、アフガニスタンに入り、ジャララバードからカーブルに行き、バーミャン、タシュクルガン、バルフを経てオクサス川を渡る。ついでカルシ、ブハラ、サマルカンド、ジザフ、ホージェント、タシュケントを歩く。帰路はカルシからホザル、シェラバード、コンガラトを通ってオクサス川を越え、タシュクルガンにもどった。そこからクンドゥズ、バダフシャンを経てヒンドゥー・クシュ山脈を越え、パルワン、チャリカルを通ってカーブルへ。一八六七年一一月にカーブルを発し、インドに帰った。同年一二月に再びカーブルへ行き、六八年六月にパンジャブにもどる。一八六九年七月にはハイバル峠を越えてジャララバードからカーブルに、さらにバルフ、カルシ、サマルカンドに行き、バーミャン、カーブルを経て一八七〇年二月にパンジャブにもどった。

一八七〇年五月末、ファイズはヤルカンドで会うように指令を受ける。訓練された測量士ではなかったが、パミール高原を越えてヤルカンドに向かった。ルートはペシャワルからジャララバード、カーブル、タシュクルガン（別名クラム）、バルフ、バダフシャン、ワハン、パミール高原、サリコル、ヤンギ・ヒッサール、そしてカシュガルであった。

フォーサイスの使節団とは九月四日にヤルカンドで会った。その翌五日にはフォーサイスはヤルカンドを去ってインドへ。ファイズ・バクシュは輸送のためにあとに残ったが、フォーサイスのキャンプにはサンジュで合流。ラダック、スリナガルを経由して、一〇月二九日にパンジャブの、ラワルピンディ北東のマリーにもどった。当時、ファイズ・バクシュは自称三四歳といい、コス（行程）と所要時間を使って、通過した地域の地誌的な記述をまとめたという。パミール高原では高山病にかかり、頭痛に悩まされ、脈拍は一分間に八九。二七歳の下男の一人も熱病にかかり、脈拍は九九だった。加えて、地表の雪と塩に太陽光線が反射し、そのために眼を痛めることにもなった。

もう一人のイブラヒム・ハーンはギルギット、ヤシンを経てヤルカンドに達した。そのルートはスリナガル、アストール、ブンジ、ギルギット（人家一〇〇戸といい、商店はない）、ガクーチ（カシミールのラジャの領土の最後の村）、ヤシン、ダルコット、バロギル峠からワハン谷に入り、ババ・タンギを経てパンジャ（ワハンの統治者ミール・ファッテ・アリ・シャーの居住地）を往復。そのあと、サルハッド、ランガル、サリクル砦、タシュクルガン、そしてヤンギ・ヒッサール近くのキシュラク（ここに一八七〇年八月一日まで三日間滞在）に出てヤルカンドに着いた。

(2) 第二回ヤルカンド使節団

インド総督メイオー卿の派遣したフォーサイスの使節団は失敗に終わったが、メイオー卿は二度目の計画をしなかった。そして一八七二年に死去し、ノースブルーク卿がその後任となった。その間、ロシアは七一年にイリを占領した。そこはロシアの支配地拡大にとって、戦略上の重要地点であり、ヤクーブ・ベグはロシアの使節団を受け入れ、七二年に条約を調印する。一〇年後の一八八一年、セントペテルスブルグ条約でイリ渓谷のほとんどは中国に返還されたが、その見返りにロシアはカシュガリア（東トルキスタン）での通商特権を得た。

それはともかく、ロシアの敵トルコのスルタン（皇帝）がヤクーブ・ベグを認知し、エミール（藩王）の称号を与

わたしの知らない母

ハリエット・スコット・チェスマン［原田 勝／訳］

記憶が乱れ、長く隠してきた戦争の傷が蘇ってしまう認知症の祖母、その記憶に触れまいとする母、祖母の過去を知りたいと願う孫娘……家族という「他者」の心の秘密に迫る感動作。（8月中旬刊）四六判■1995円

シェイクスピアの驚異の成功物語

スティーヴン・グリーンブラット［河合祥一郎／訳］

シェイクスピアに学ぶ「勝ち組」の物語！　偉大なる劇作家の人生と作品の関わりを、サクセスストーリーとして大胆に読み解く。アメリカを代表する新歴史主義の領袖による、評伝の決定版。（8月下旬刊）四六判■4410円

石の葬式

パノス・カルネジス［岩本正恵／訳］

ケンタウロス男、ホメロスを暗唱するオウム、「歴史」という名の馬……近代化から取り残されたギリシアの寒村

新刊

大ヒマラヤ探検史

インド測量局とその密偵たち

薬師義美

大ヒマラヤの探検と聞けば耳に快い。だが、この地の探検といえば、生臭く、血を見る虚々実々の駆け引きのもと、帝国主義的な野望の渦巻く苛酷な「グレート・ゲーム」でもあったのだ。（8月下旬刊）A5判■7140円

フィレンツェ歴史散歩

中嶋浩郎、中嶋しのぶ

ローマ帝国の植民都市として拓かれ、黄金のルネサンス文化を謳歌した「花の都フロレンティア」。この街に刻まれた様々な記憶を、ダンテやヴァザーリ、メディチ家の人々とたどる。（8月下旬刊）四六判■2310円

白水Uブックス

断食芸人

フランツ・カフカ［池内 紀／訳］

死を前にして喉頭結核のため絶食を強いられたカフカが、『断食芸人』の校正をせっせとこなす。なんとカフカ的な

えた。一八七三年、ヤクーブ・ベグの使者はコンスタンチノープルでの交渉後、トルコからの武器援助を受け、カシュガルに帰国しつつあった。ロシアはヒヴァの攻略に忙殺され、一方、中国は甘粛省を奪還して、中央アジアの政情は混沌としていた。

そんな情勢のなか、新総督ノースブルーク卿は一八七三年、第二回のヤルカンド使節団を送ることに決定した。隊長はもちろんフォーサイスである。

◉ダグラス・フォーサイス隊長（全権公使、Thomas Douglas Forsyth　一八二七～八六年）
◉T・E・ゴードン大佐（メイオー卿付特別武官、のちにラホール地区の高級副官補、Thomas Edward Gordon　一八三二～一九一四年）
◉H・トロッター大尉（ベンガル工兵連隊で大三角測量部、Henry Trotter　一八四一～一九一九年）
◉J・ビダルフ大尉（総督付武官、John Biddulph　一八四〇～一九二一年）
◉E・F・チャプマン大尉（騎馬砲兵連隊、使節団の書記官兼物資係、E. F. Chapman）
◉H・ベリュー博士（医師兼博物学者、Henry Walter Bellew）
◉F・ストリツカ博士（地質学者、Ferdinand Stoliczka　一八三八～七四年）

すでに第十章で述べたのだが、大三角測量部長のJ・T・ウォーカーが偶然にカルカッタでフォーサイスに会い、使節団の測量に測量局の部員とパンディットを参加させることになった。モントゴメリーは健康が思わしくなく、イギリスで病気休暇中であったから、パンディットの担当をH・トロッターが引き継いでいた。彼は一八六〇年にイギリス工兵連隊に入り、二一歳のときにインドに来て、六三年に大三角測量部に所属した。ヤルカンド使節団のときは三二歳、一八七五年に外交官勤務に転任したが、工兵連隊としては一八九〇年まで所属していた。

当時、インドは国境を越えて、できるだけ遠くまで測量を広げ、ロシアとの間の地域を探検し、二つの国の測量をつなぎたいと望んでおり、トロッターはチャプマンとビダルフをデーラ・ドゥンで、測量の短期集中の訓練をする。

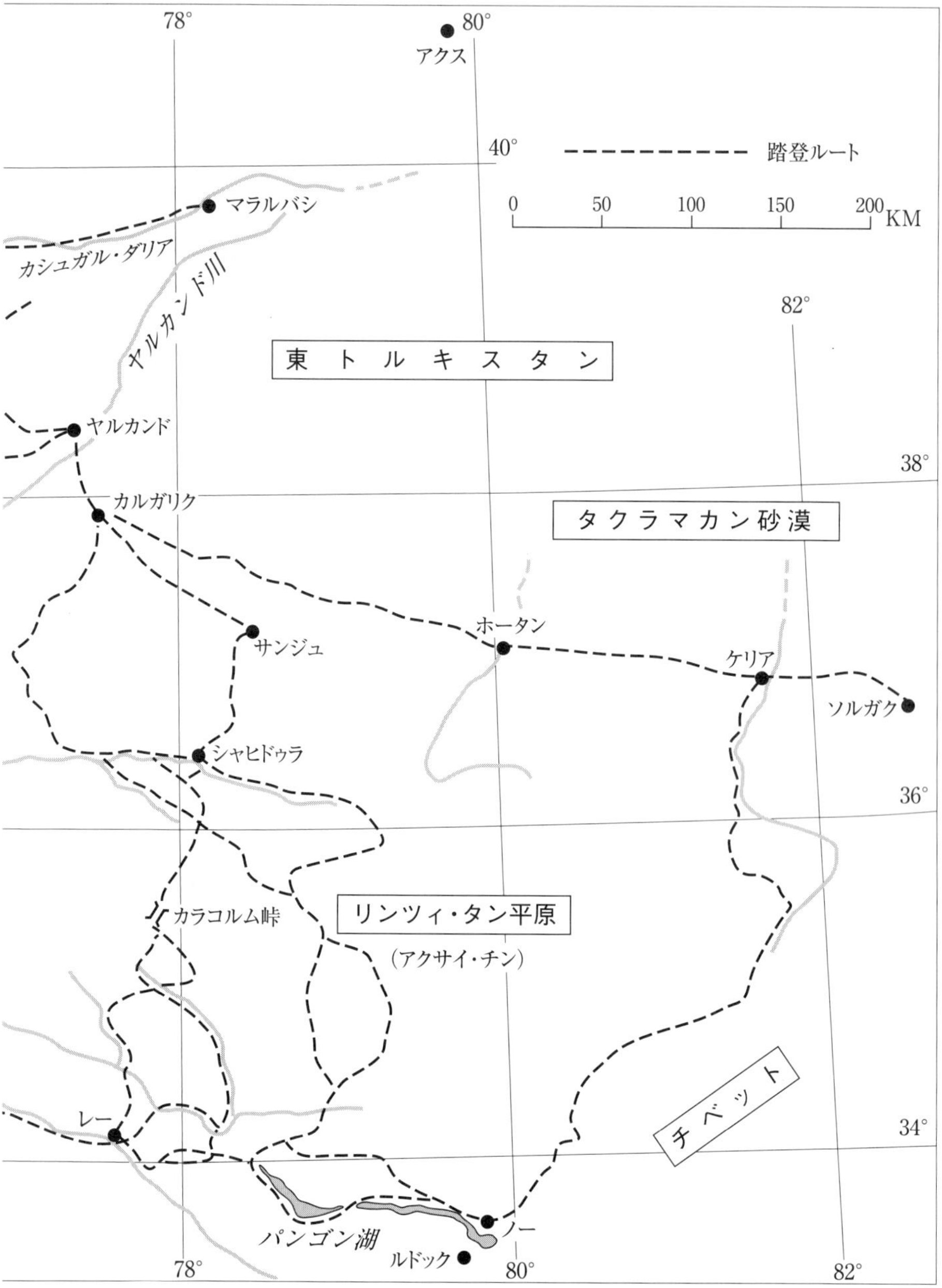

地図 13. 第 2 回フォーサイス・ヤルカンド使節団 (1873–74)

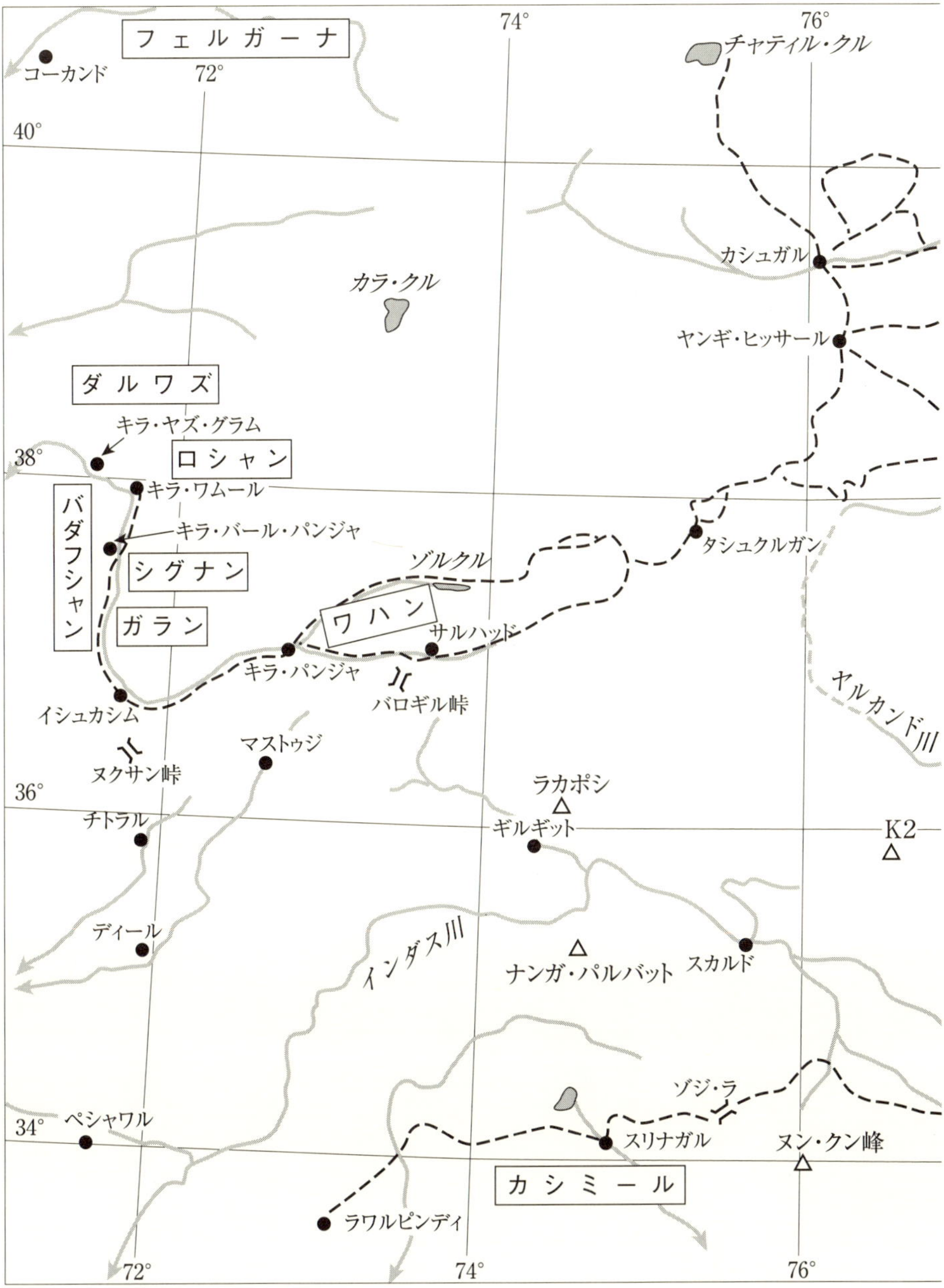
フェルガーナ
コーカンド
72°
74°
76°
チャティル・クル
40°
カラ・クル
カシュガル
ヤンギ・ヒッサール
ダルワズ
キラ・ヤズ・グラム
ロシャン
38°
キラ・ワムール
バダフシャン
キラ・バール・パンジャ
シグナン
タシュクルガン
ゾルクル
ガラン
ワハン
サルハッド
キラ・パンジャ
バロギル峠
イシュカシム
ヤルカンド川
マストゥジ
ヌクサン峠
ラカポシ
36°
チトラル
ギルギット
K2
インダス川
ディール
ナンガ・パルバット
スカルド
ゾジ・ラ
ペシャワル
34°
スリナガル
ヌン・クン峰
カシミール
ラワルピンディ

パンディットは四人起用された。おなじみのナイン・シン、カリアン・シン、キシェン・シン、それにアブドゥル・スバーン（Abdul Subhan）、それぞれに一〜二人の従者がついた。アブドゥル・スバーンはイスラム教徒で、《ザ・ムーンシ》（記号でNA、あるいはA—Sともいう）といった。彼は地形測量部（Topographical Survey）に属するインド人測量士で、トロッターの求めに応じて、インド測量局の長官トゥィリア大佐が出向させたのだった。ほかに第一回の使節団に参加した二人も加わった。ファイズ・バクシュは秘書として、イブラヒム・ハーンはパンジャブ州政府警察出身の警部であったが、彼らはいわゆるパンディットではない。使節団全体の人夫は三五〇人、駄獣は五五〇頭にも及ぶ大規模なものであった。トロッターは測量を北は天山山脈へ、南西はパミール高原とオクサス川へ広げたいと考えていた。さらにできれば、タクラマカン砂漠の北縁はアクス、ロプ・ノールの湖まで、南はコンロン山脈からチベット高原の北縁までも測量したい、という願望を持っていた。

一八七三年九月二〇日、レーに使節団の全員が集合し、二隊に分かれて出発する。先発隊はトロッター、ストリッカ、ビダルフの三隊員にキシェン・シン、カリアン・シン、アブドゥル・スバーンの三パンディット。この隊はチャン・チェンモ渓谷を通る、東寄りの遠回りルートを取った。フォーサイスの本隊はゴードンやナイン・シンを加え、九月二九日にレーを出発。一〇月一二日にカラコルム峠を越え、一〇月二七日にサンジュ着、一一月八日にヤルカンドに到着した。この間、ナイン・シンと助手はレーからサセール峠を越え、サセールまで路線測量をし、サセールで二人はわかれ、ナイン・シンは冬ルートのシャイヨーク川を遡り、助手は東寄りの夏ルートをたどった。そのあと二人はカラコルム峠を越えてヤルカンドへ向かった。またベリューとストリツカはカラカシュ川で玉石《ぎょく》の鉱山を探した。トロッターはレーからシャヒドゥラまでの全行程で三角測量を期待していたけれど、経緯儀の使用は高々度と寒気、雪と雲でそれが裏切られてしまった。

一一月二八日、ヤルカンドを出発。一二月四日にヤンギ・シャール（カシュガルの新市、ヤンギ・ヒッサール）のヤクーブ・ベグの本拠に着いた。フォーサイスはシャヒドゥラから先でのパンディットの活動と、公然たる測量を禁止。

測量用器具を見せるなと厳命していた。

一二月二〇日、フォーサイスは通商条約をエミールに提出する。そして、科学的器具を自由に使ってよいといわれた。そこで大晦日から二つの分遣隊がカシュガルを出発。トロッターとストリツカのグループは天山山脈のロシア国境の北西に向かった。またビダルフはアクスへの道沿いのマラルバシを往復する。そのうち、一八七四年二月二日、エミールは条約を承認したが、まだ冬で雪のため、大きな活動はできず、二月一四日から三月三日にかけて、カシュガル北方のアルティシュ地域へ小旅行を行った。だが、ラサへの探検行はヤクーブ・ベグに拒否されてしまった。

七四年三月一七日、ようやく使節団はカシュガルをあとにした。二一日にゴードンら四人とキシェン・シン、ムーンシ（アブドゥル・スバーン）がヤンギ・ヒッサールを出発し、パミール高原の探検に出た。ヤンギ・ヒッサールから南西に向かい、タシュクルガンからワハン渓谷へ、それからバダフシャン、カーブル経由でインドへ戻りたいと希望。フォーサイスは元旦にイブラヒム・ハーンをカーブルに送り、エミール（シェル・アリ）にアフガン領通過の許可を求めた。タシュクルガンに来て、キシェン・シンはヒンドゥー教徒だからとアフガン行をやめ、ムーンシだけが随行することになった。

一行は四月二日にタシュクルガンを出発。オクサス（ワハン）谷のキラ・パンジャに向かい、そこに四月一三日に着く。カーブルからの返事は否定的で、天候も悪く、一三日間滞在したあと、四月二六日に全メンバーが引き返すことになる。ゴードン、トロッター、ストリツカのチームは新しいルート、大パミール高原とヴィクトリア湖（ウッドの湖）の北ルートをたどり、五月一日にゾルクル（ヴィクトリア湖）に達する。ビダルフはバロギル峠を往復したあと、往路の南ルートをもどり、五月四日に北と南のチームがアクタシュ渓谷で合流し、タシュクルガンを経て五月二一日にヤルカンド着。二八日にヤルカンドを発し、カルガリク、コギアル、ヤンギ・ダワン（峠）、アクターグ、カラコルム峠を越えて、一八七四年六月二九日にレーに帰着した。

チェコ人のストリツカは脊髄膜炎の重病にかかり、体力の消耗が激しく、レーから一一日行程の距離のところ、カラコルム峠を越えてから息を引き取り、レーに埋葬された。一方、フォーサイスと本隊は、春が来るまでヤンギ・ヒッサールで待った。五月三日にゴードンらがカーブルに行けず、引き返したことを知り、そこでヤルカンドに向かう。ナイン・シンとカリアン・シンは冬の間、このヤルカンドに滞在し、周辺の調査をしていた。そしてゴードンが到着する三日前、つまり五月一八日にヤルカンドを去る。ルートはカルガリク、ヤンギ・ダワン、シャヒドゥラを通り、カラコルム峠を越えて六月一七日にレーに達した。

ゴードン隊からわかれ、キラ（カラ）・パンジャに残った測量士アブドゥル・スバーンは、四月二九日にオクサス川を下降する。イシュカシムから北に流れが向きを変えると、川沿いにさらに一五〇キロほど進み、未知のガラン、シグナン、ロシャンと通過。同じとき、七三年九月からペシャワルを出発したハヴィルダールが、一〇日前にファイザバードを出発し、オクサス川の探検に入っていた。ハヴィルダールのことは第九章ですでに述べたとおりだが、二人はお互いにその存在を知らなかった。アブドゥル・スバーンはロシャン地区のキラ・ワムールまで達したが、彼の記録の詳細は不明である。最後はひそかにカーブル経由でインドに戻ったという。

さらに、キシェン・シンはヤルカンドからレーへの帰途の旅で、シルクロードの南ルートのホータンに五月一八日に着き、六月七日まで滞在し、町の地図を作成したあと、ケリアに行く。そしてパンゴン湖に抜け、レーには月末に着いたことは、すでに述べたとおりである。また、ナイン・シンはレーにもどったあと、トロッターに送り出されてチャンタン高原を横断。ラサからツェタン、タワンを経てアッサムに抜けたことも、すでに詳述したところである。

ところで、使節団の通商の目的は十分に果たされず、課題が残った。そこで総督は、ロバート・ショーをイギリス代表としてカシュガルへ送り、条約の批准書の交換を命じた。ショーは批准書を受け取り、インドにもどったが、それはインド総督への挨拶状にすぎなかった。それはともあれ、フォーサイスの使節団は地理的な情報やその他多くのものをもたらした。カシュガル地方の多くの場所が地図化され、位置が確定された。カシュガルやヤルカンドからワハン渓谷を経て、バダフシャンへ行くルートがくわしく判明し、わずかな部分を除き、オクサス上流の流路は完全に踏破された。

また、ラダックと中国領トルキスタンの間の、新しいルートの測量、古いルートもより正確に測量された。その結果、カラコルム山脈を越えてのロシアの進出は、きわめて非現実的だとわかった。一八七六年のロシアのコーカンド征服後、カシュガルへの影響を心配したが、関心はヒンドゥー・クシュ山脈のバロギル峠などに移った。ビダルフや、ビダルフの一週間後のザ・ムラーのバロギル峠越えは、大砲を持った軍隊も簡単に越えられると報告した。

そうこうするうち、中国は一八七六年にウルムチを攻め落とし、七七年五月にはヤクーブ・ベグは自ら毒をあおったか盛られたかで死亡し、彼の時代に幕が下りた。このあと、パンディットによる中国領トルキスタンでの測量は行われず、パンディットの注意、関心はチベットへ、さらにインドの北東辺境区（ＮＥＦＡ）に向けられる。一八七八年五月、イギリスの地理学協会はトロッターにパトロンズ・ゴールド・メダルを授与した。これはフォーサイス使節団に関係した業績と、ナイン・シンをチベット横断の探検に送り出したことによるが、それまでにはモントゴメリーは病死し、フォーサイスはイギリスに帰国していた。

(3) オクサス川に残された空白部

ゴードンたちとわかれたアブドゥル・スバーンは、ゴードンの用意した手紙と贈物を持って、イシュカシムからシグナンに向かった。贈物などはシグナンの支配者にパンディットの安全な通過をよろしく、というものである。彼はキラ・パンジャを七四年四月二九日に出発、オクサス川を下降した。携帯したのはプリズム・コンパス一台、沸点温度計一個、携帯用六分儀一台、時計一個であった。彼もトロッターも知らされていなかったが、ちょうど一〇日前にハヴィルダールがファイザバードからコラブ（クラブ）に向けて出発していた。ハヴィルダールのルートは、モントゴメリーがイギリスで引退する前に決めていたものである。トロッターはフォーサイス使節団の仕事に没頭していたから、ハヴィルダールのことを知らなかった。

二人のパンディットは、イシュカシムから下流の、ワハン（オクサス）の未測量、空白部を埋めるため、お互いに行動しているという事実を知らなかった。ザ・ムーンシ（アブドゥル・スバーン）は下流（北方）に向かって、五月一日にロシャン地区の中心キラ・ワムール（ワマール）に達して引き返した。彼はガラン、シグナン、ロシャンの地域を通って、イシュカシムから北に約一四〇キロのオクサス川の流路を地図化した。

他方、川を上流に向かっていたハヴィルダールは、二か月もしない七月九日にロシャンの国境の村、キラ・ヤズ・グラムに着いた。しかし、それから先に進むことは許されず、キラ・ワムール村との間に、約四〇キロの空白部が残された。距離にすると、長い一日行程にすぎないのだが、この部分だけが未測量として残ってしまった。

この未踏の空白部を埋めたのは一八八一年のパンディット、ムクタル・シャー（Mukhtar Shah　略号MS）である。彼は教育を受けたピール（イスラム教の聖者）で、カシミールの出身、ムーンシ（アブドゥル・スバーン）の友人であった。そのムクタル・シャーがクラブ（コラブ）に旅立とうとしていたときに、ムーンシと出会い、大三角測量部のウォーカー部長と連絡を取るようにすすめられた。ウォーカーはMSが、以前にオクサス源流を旅したことがあるのを聞いて、測量部で働くように頼むと、彼は同意し、デーラ・ドゥンの本部でナイン・シンから数週間のトレーニングを受けた。

一八七八年二月一日、彼はカシミールに向かってデーラ・ドゥンを出発。飢饉のために食料の入手が困難であったが、六月にようやくスリナガルを発し、自分の息子と三人の下男をつれてギルギットに向かう。そこに一〇月に到着し、一一月に出発。一二月一四日にヤシンに達して越冬したが、九か月も拘留されてしまい、やっと七九年九月にウォーカーの指令通りにバロギル峠を越え、ヘイワードが殺害された地点を通過した。バロギル峠ではムラーの一八七三年の測量とつなぎ、さらにワハン谷のサルハッドでオクサス川に出て、ムーンシのルートを下流へ向かった。キラ（カラ）・パンジャ（一八七四年にトロッターらが休止した地点）を経て、イシュカシムでオクサスを離れ、ファイザバー

ド へ進む。本来はオクサスを川沿いに下るのが目的であったのに、シグナンの知事が通過許可をしなかったのだった。それでファイザバードからクラブ（コラブ）へ行く。サムティでオクサス川を渡り、ハヴィルダールがはじめて通ったルートに従った。

ウォーカーはムクタル・シャーに、クラブから先へ、ハヴィルダールが探った地域よりさらに前進するよう、指示していた。それでドアバ渓谷を遡る新ルートをとったが、ダルワズへの峠が雪で閉ざされていたため、少しあともどりして、ドラ・イマム谷に入る峠を越え、東に進んでオクサス川に出た。しかし、シグナンの知事やキルギス人の妨害によって、探検はスムーズに運ばない。オクサス川岸のキラ・バール・パンジャでリューマチになり、その回復を待って冬をすごした。一八八〇年の春になって、支流のシャフダラ渓谷を八〇キロほど探り、オクサスに戻ってから上流へと探査を続けた。

最後はイシュカシム、キラ・パンジャを通り、小パミールのルートをサルハッドに向かう。それからバロギル峠を再び越えた。ガズコル湖を調べ、ダルコット峠にもどり、およそ二年半前に出発した地点で測量を終える。そしてヤシン、ギルギット、スリナガルを経て、一八八二年二月一八日にデーラ・ドゥンにもどったが、スリナガルでは病気治療のために五か月間滞在した。

四年に及ぶ探検で、オクサス上流の最後の測量の空白部を埋め、バダフシャンとオクサス両岸の国ぐにの情報をもたらし、初期のパンディットの路線測量を追認し、訂正することができたが、仕事はたいへんに危険を伴うものであった。距離を測ったり、コンパスを使うのを見つかれば、即決の処刑を意味したといい、ムクタル・シャーは道中で、二人の男が怪しい書類を持っていたからと、喉をかき切られるのを見ていた。また、下男の一人がムルガブ川を渡るとき、筏が大石にぶつかって川に投げ出され、溺死してしまったという。ピール（聖人）としての学歴のおかげで、通った地域の有力者に会ったり、有益な情報をいろいろ得ることができた。

このように、ムクタル・シャーの持ち帰った情報は非常に有用ではあったけれど、歩測は正確でなかったし、緯度の観測はしなかった。とはいえ、一八八一年のベニスでの国際地理学会議は、ムクタル・シャーのバダフシャンでの地理学的貢献に対して、任務の終了前にウォーカー将軍を通じて、メダルを授与したのであった。

第十二章　エヴェレスト峰とカンチェンジュンガをめぐって

(1) ハリ・ラムのエヴェレスト一周

ハリ・ラム（Hari Ram　記号MHまたはNO・9）はクマオンの出身でヒンドゥー教徒であった。インド測量局には一八六八年から雇用されたようである。この年にエヴェレスト峰の北西約八〇キロのティンリに至るが、チベットの役人に捕まり、退去させられたらしい。この記録は未発表である。しかし、退去までには路線測量を行い、高度や緯度の計測を行っていた。

一八七一年には二度目の探検に出発。ダージリンを八月一日に出てシンガリラ尾根を越え、ネパールに入る。ルートは一八四八年にジョセフ・フーカーがたどったものを一部通った。一五日にワルンサムゴーラ（いまワルンチュン・ゴーラという）に着く。一六日にティプタ・ラ（フーカーのいうワランチュン峠）を越える。チベットに入ろうとしたとき、いつものようにハリ・ラムも阻止された。彼を知るものはだれもいなかったし、人物証明をしてもらえなかったからである。

ところが、シッキムの一地区の役人の妻が急病になり、ハリ・ラムは支給されて持参していた薬を彼女に与え、病気を治してしまう。これが大いに効果を発揮し、役人はチベットへ行く許可を出し、さらに部下の一人を案内につけてくれた。彼のおかげで、スムーズに前進できたが、税関だけは例外で、荷物は徹底的に調べられる。幸いにも、器械類はうまく隠してあったから、見つかることはなかった。

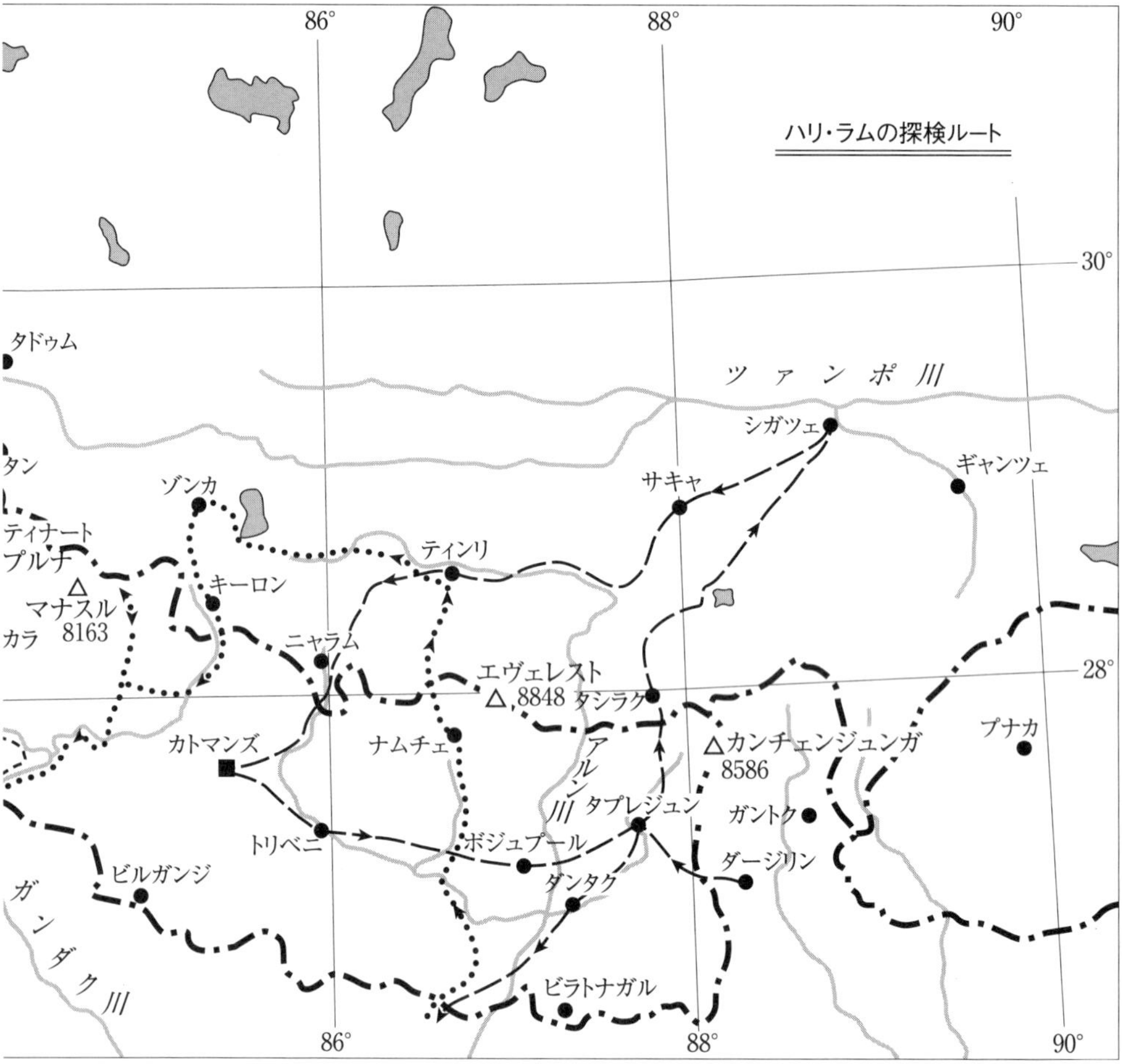

地図 14. ハリ・ラムの探検ルート

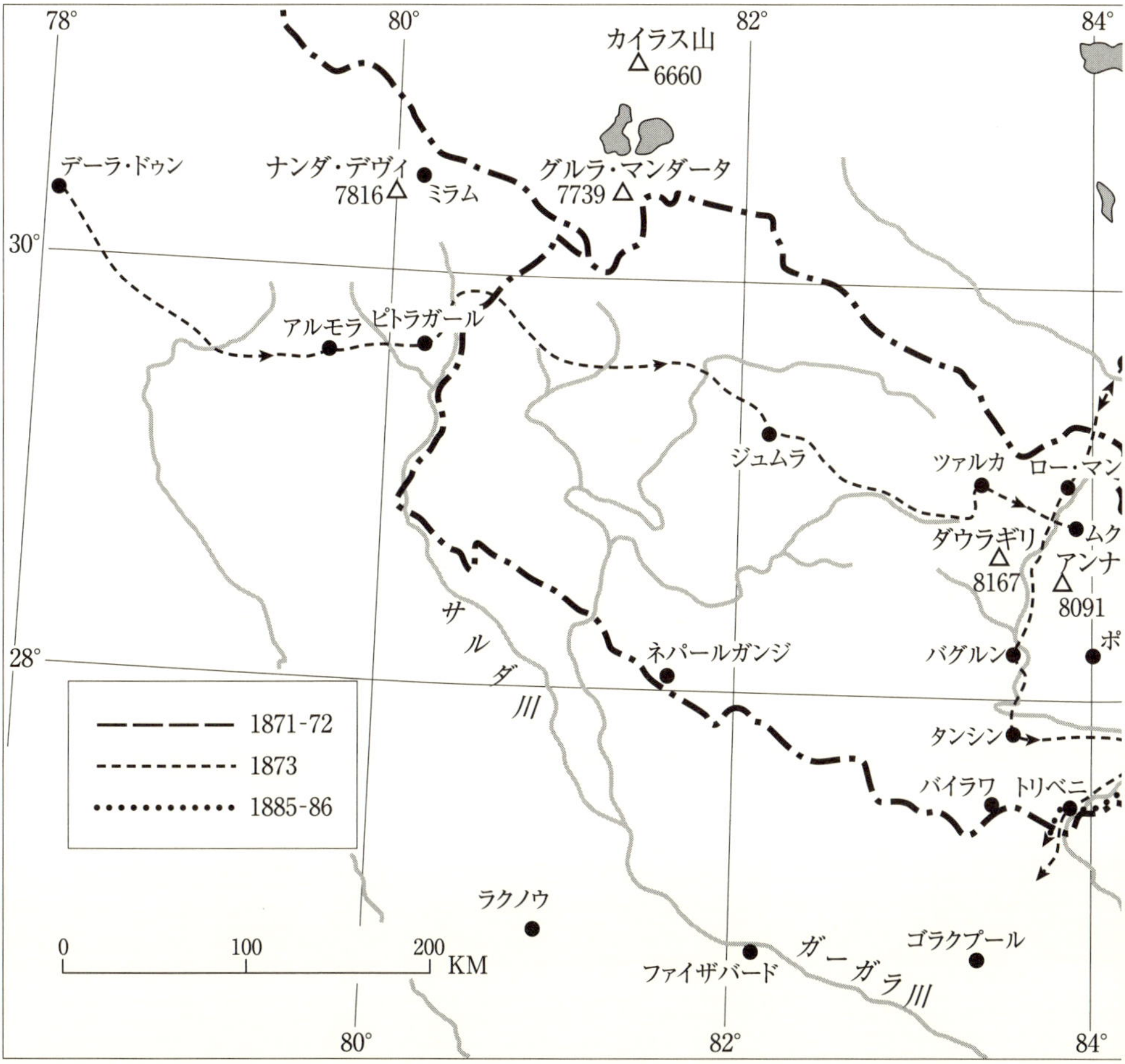
78°
80°
82°
84°
カイラス山
6660
デーラ・ドゥン
ナンダ・デヴィ
7816
ミラム
グルラ・マンダータ
7739
30°
アルモラ
ピトラガール
ジュムラ
ツァルカ
ロー・マン
ダウラギリ
8167
ムク
アンナ
8091
サ
ル
ダ
川
28°
ネパールガンジ
バグルン
ポ
1871-72
1873
1885-86
タンシン
バイラワ
トリベニ
ラクノウ
0
100
200
KM
ファイザバード
ガ
ー
ガ
ラ
川
ゴラクプール
80°
82°
84°

ティプタ・ラは高度一万五六二〇フィート＝四七六一メートル（現在五〇九五メートルとする）であった。そこは雪におおわれ、ネパールとチベットの国境をなし、ほぼ東西に走る分水嶺上にある。それからタシラク村へは二行程であったが、着いたのは二八日だった。峠から北の大地は高度が高く、不毛の地のため、一行が使う食料も燃料もヤクで運ばねばならなかった。そのタシラクは高度四五七八メートル、アルン川の一支流にある、ボティア族の大きな野営地である。パンディットは北へ進み、ニラ・ラの峠を越え、大きなラマ僧院を通過、五〇軒ほどのシャラ村に九月一日に着く。ここで荷物を厳重に調べられたが、シッキムの役人がつけてくれた男のおかげで、先に進むことができた。シガツェへの通行証をもらい、もう途中でとめられることはなかった。

このティプタ・ラを「ティブラ」（本文）、「チプラ峠」（付録地図）として、一九一二年（大正元年）九月二二日に越えたのは青木文教（一八八六＝明治一九年～一九五六＝昭和三一年）であった。彼は滋賀県の西本願寺派の寺に生まれ、仏教大学（現・龍谷大学）に在学中から大谷光瑞法主の弟子、側近として活躍。のちにダライ・ラマ十三世から入蔵の許可を得て、ダージリンからチベットに入った。一九一二年九月九日にダージリンの近くのグームからモンスーンの中を出発。ネパールを経由、九月一〇日にイラム着、一五日にタプランジョン（タプレジュン）を通過、一八日にワルンチュン（ウルンゾンゴーラ）に着いた。

そこには税関があり、チベットの役人もいて、入蔵を取り締まっていたが、ダライ・ラマの許可証を見せて通り抜けた。二一日にそこを出発、高山病にかかりながらも、二二日にティブラ（五七八九メートルという）を越えてチベットに入った。二三日にタシラカ、二七日にティンキゾン。一〇月二日にシガツェに至った。このヒマラヤ越えの様子は『秘密之国・西蔵遊記』（一九二〇年）にくわしく語られている。ラサに入ったのは一九一三年一月二二日、そこを出たのは一六年一月二六日だった。三年間の滞蔵中、主にチベット語と仏教経典の勉強をしたが、「ある時期ある筋の秘密任務にも従事しておった」といい、わが国の陸軍参謀本部と連絡を持っていたようである。

さて九月四日、ハリ・ラムはラマドン村に着く。五〇～六〇戸の村で小麦やエンドウ豆が作られていた。ここに来るまでは、わずかなトウモロコシのほか、耕作は見られなかった。九月六日にティンキ・ラを越え、苦しい行程ののち、チョムト・ドン湖の岸のタシチラン村に来る。湖は高度四四八〇メートルほど、幅二六キロ、長さ三二キロほどの雄大な湖水であり、水はたいへんきれいで、飲用にはよかった。湖はシッキムとチベットとの境界をなすといい、東側がシッキム、西側はチベット領。そしてたいへん高い雪山が湖の東と南にいくつか見られた。七日にナンジ村に着く。わずか五〇軒ながら、素晴らしい犬がたくさん飼われており、少なくとも二〇〇匹はいたという。

九月一一日にチャジョンの温泉に着く。ここで緯度と、温度計による観測を行い、海抜四五七二メートルと計算。周囲が約九メートル、深さ九〇センチほどの貯水槽が四つ、硫黄分を含んだお湯のために作られており、病気によく効くと評判が高く、たくさんの人が訪れる。チベット・カモシカが群棲し、人によく馴れており、温泉の神に奉納されていると考えられていた。一四日にラグルン・ラの峠を越える。海抜四九三八メートル、峠の近くまで氷河が下がっており、峠はシッキムとチベットの国境をなし、タク村で泊まる。そのころはシッキム領がかなり北に広がっていたようだ。

九月一五日に耕地に囲まれたサイ・ゾンの村と歩哨所をすぎ、チョタ・タプ（別名ダルチャ）村で露営。翌日、雪におおわれた峠を越え、ギャリン山脈を横断、人家二〇戸のバル・コティ村に着く。よく耕作され、周囲に多数の村が見られた。平坦な農耕地を通り、九月一九日にシガツェに到着する。

ハリ・ラムはタシルンポ寺のラマに敬意を表し、二ルピーを寄進。また一八七一年四月にラサの大ラマ（ダライ・ラマ）に対して起こった反乱について耳にしたが、その反乱で数百人が殺されたという。九月二九日までシガツェに滞在し、それからティンリに向けて出発、三〇日から路線測量を再開。夕方にはシムラン村に着き、翌日にシャブキ・チュー（川）を越える。川幅は六五歩、深さ一・二メートル、ツァンポに流下するが、村々では収穫がはじまっていた。

一〇月二日、シャキャの大僧院に着いたが、時間がなく、くわしい調査はできなかった。ただ、二五〇〇人の僧が住み、チベットでは結婚を許されている僧侶で、彼らをドゥクパといい、許されないラマ僧はガルパと呼ばれていた。僧院の麓に町があり、シガツェの半分ほどの大きさで、約五〇軒の店はネパールから来たネワール族が所有し、他はボティア族が所有している。海抜四二二五メートルにもかかわらず、周辺はよく耕作されていた。三日にドンゴ・ラを越え、再びアルン川の流域に入る。

一〇月八日にティンリの町に着いた。広く開けた平原にあることから、ティンリ・マイダンとして知られ、町は約二五〇戸、高度は一万三八六〇フィート（四二二五メートル）。町に接近した北の低い丘の上に砦があり、軍司令官兼文官の中国人の役人が駐在し、鉄砲を持ったチベット人兵士の小守備隊がいた。ティンリから非常によい道となった。それは北西方向のゾンカ・ゾンを経て、キーロンの町からカトマンズへ行く。しかし、この道を旅できるのは役人だけで、商人やその他のものには、ハリ・ラムの通るニラム（ニャラム）の道が許されていた。

ハリ・ラムは雪がはやくきてインドへ帰れなくなるのを恐れ、ティンリに滞在せず、先を急いだ。はじめは広くて平坦な道だったが、それから高低のはげしい地帯に入り、一〇月一〇日、トゥン・ラを越えた。そこは古い氷と雪におおわれた峠で、五六二七メートルの高度。翌一一日にニラムの町に着いた。高度四二三七メートル、人家約二五〇戸。そこを二人のゾンポン（知事）が統治していた。ラサ政府はお互いにチェックさせるために二人を派遣しているのだ。そして、このニラムはネパールからの道では最初のチベットの町だから、特別の警戒が必要と考えられていた。そのため、パンディットの一行は荷物を厳重に調べられる。

シガツェからトゥン・ラまでは高度が高いにもかかわらず、平坦な道であった。しかし、ヒマラヤの分水嶺をなすトゥン・ラからは地形がけわしくなった。それはティプタ・ラの峠の南の地域よりももっと難儀な道であった。一四日にニラム（ニャラム、別名クティ）をあとにし、ボティア（ボテ）・コシの川沿いの一般ルートをたどる。ニラムとリスティの間は直線距離で四〇キロほどなのに、二四〜六〇歩ほどの長さの鉄の釣橋が三つと木橋一一箇所、都合一五回も川を渡った。チョクサムの近くでは絶壁の通行は不可能で、道は岩壁に鉄釘を打ち込んで支える必要があり、鉄の棒と釘から釘へと渡した石板の上に土がかけてある。道の幅は四五センチ、ときには二三センチほど。さらに川底から四五〇メートルの高さの岩壁に沿い、そんなのが五〇〇メートルあまり（七七五歩）も続いた。眼下の狭い川底には激流が咆哮し、ハリ・ラムはヒマラヤの困難な場所を多く見てきたが、こんなに悪い道は見たことがないという。荷物を担いだ人間が絶えず通っているのに、小馬やヤクは通れないし、羊と山羊もほとんど通らない。リスティからは特記するほどの道ではなかった。

かくして一二月七日にカトマンズに着いた。そして七二年一月三日まで滞在。翌四日に出発し、八日にスン・コシ川とタムバ・コシ川の合流点トリベニに達する。このあと、エヴェレスト峰の方から南下するドゥード・コシを渡り、ボジュプールをすぎてアルン川を渡った。さらにチャインプールからヌンダキ、ミルキア尾根を越えて、タプラン・ゾン（いまはタプレジュンという）に来て、一周の環をつないだ。筆者は一九六六年一月にチャインプールからミルキア尾根を歩いていた。

タプレジュンからは南西にルートをとり、一月二九日にダンクタのバザール。二日間滞在して二月一日にもう一度タムール川を渡る。そして二月七日にインドの国境近くのナリア・バザールに達する。大三角測量部の本部にもどったのは六月一九日だった。

結局、ハリ・ラムはエヴェレストを一周したのだが、ルート上の大きな山々がエヴェレストをさえぎり、見えなかったようである。あるいは、見えていたとしても、適当な長さの基線をとって、識別できるほどの測量ができなかったのかもしれない。モントゴメリーは山の現地名を調査するように指示していたが、チベットではエヴェレストの名称をハリ・ラムは聞くことができなかった。しかし、カンチェンジュンガとジャヌーのピークはタプレジュンの西方から見え、カンチには大いに感動させられた。この付近の住民はカンチのことを「クムブ・カラン・ラングール（Kumbh Karan Langur）」といっていた。ネパール・ヒマラヤの南側では、すべての雪山を「ラングール」と呼ぶといい、ヒマラヤという言葉は使われていないともいう。

ハリ・ラムの路線測量は一三五〇キロ、そのうち八八〇キロはまったく新しい土地であり、一一地点で緯度を観測し、三一地点で高度を決定した。また彼の歩幅は平均して七五センチであった。その歩測は信頼できるという。

(2) ハリ・ラムの西ネパール横断

三度目のハリ・ラムの探検は一八七三年であった。ネパールに向かう前の春に、クマオンの自宅に行くと、村ではコレラが発生し、妻が死亡していたという。自分も二か月間寝込んでしまった。そのあと、七月一日にピトラガールを出発、路線測量を開始した。自分はジュムラに行く医者だといって、ネパールへたびたび行っている男をアスコットに訪ね、カリ川を渡る最良の地点について意見を求めた。雨季がすでにはじまっていたから、川に張り渡してあるロープは、腐るのを防ぐために取りはずしてあった。

アスコットで聞いたところでは、上流のラティに行けば、カリ川を渡れるだろうといわれ、六日にそのラティに着く。カリ川を渡るロープは一本あり、人は手と足でそれにぶら下がる。運ぶ荷物は胸の上にのせねばならないが、パンディットにその勇気はなく、輪を作らせてその中に身体を入れ、引っ張ってもらって川を渡った。そして七日にネパール側のバルガオンに泊まった。人家は五〇軒ほど。一〇日にコティダル峠（一七六六メートル）を越え、タティガル川を渡ってシプティ村（三〇戸）に達する。

一一日にはチャムリア川の流域に入る。村人は川の豊富な魚をとらえ、家で食べるために乾燥し、大量に貯蔵していた。この魚はどのカーストも食べている。渡ろうとした橋のロープが傷んでいたので、川を三キロほど遡行し、次の橋を渡ったが、主街道にもどるのに半日もかかってしまう。雪のある山々は川の北東二五キロほどのところにある。一四日カララ泊まり、一七日ジョカラ村、一八日にビアシ村（一六四三メートル）に着く。人家は一〇戸ほど、南四〇〇メートルほどのところにバジャンガヤの古い城砦があった。

二二日にバジャンガヤを去り、昼にセティ川に来た。この地点で長さ五〇メートルほど、水面から六メートルぐらいのロープの橋を右岸から左岸へと渡る。二三日はドグラに泊まったが、ネパール当局の徴兵令に起因する人心の動揺がみられた。これまで一〇〇人の兵士を出していたのに、今度は一五〇人出せといわれ、政府に税金も支払っているのにどういうことか、と人びとを怒らせていた。二五日にピナレクの尾根（一七六二メートル）を越え、ジュガラ村（二五戸）に着く。八月三日にここを出発、バウネラ川をロープで渡る。幅四五メートル、水深三メートルほど。五日にパルキアレク（二四六七メートル）を越え、カラポラ村（五〇～六〇軒）に泊まる。六日にカルナリ川に達し、バンダ村の上流二・五キロのところでカルナリ川をジラガートに渡った。ロープの橋は長さ六〇メートル、水面から一八メートルもの高さであった。

八日はカラカタ村（三八〇五メートル、五〇～六〇軒）に泊まり、翌日に同名の尾根（四四二八メートル）を越えてシンジャ・コーラ（別名ヒマワティ川）のルルコン村に着く。一一日にルルコン村の上流三キロほどの地点でシンジャ・コーラを渡った。幅六〇センチ、長さ六〇メートル、水面から四・五～六メートルの長さの木橋を渡ったが、流れはたいへんはやく、水深は二メートル余り。そして八月一二日、ジュムラに到着した。ここはティラ川の川岸に位置し、高度二四四三メートル。泥の家の集合体で街路に一〇軒ほどの商店があり、チャンダン・ナート・マハデオ寺の僧侶四〇～五〇人が住む。街路の東方には税関の役人、三〇〇人の兵士、軍の将校が三人、ジュムラ郡の郡長でもある指揮官もいた。街路の南西には鉄砲、弾薬、食料などを売る商店が並び、街は東西一八〇メートル、南北一二〇メートル、北側には門のある泥の囲い壁があった。ジュムラの谷には多数の村落が散在して、谷全体が耕作されているが、北東から南西へ約五～六キロに広がり、幅は二・五キロほど、三六〇〇メートルぐらいの高さの山に囲まれている。主街道はダイレクを通ってインドのラクノウへ行く。

ハリ・ラムはここでロー・マンタンの土侯あての通行証と紹介状を入手し、一八日にジュムラ（チャウガン）をあとにした。二〇日にモルパニ（三七九七メートル）の峠を越え、翌二一日にティブリコットに来る。ここはベリ川の右岸にあり、北方の雪山からくる小川が合流し、海抜三三〇二メートルほど。村の南の小山の上に寺院が一つと、三〜四軒の人家を囲んだ城（コット）があった。この地の警察署長（タナダール）からも通行証を入手し、二七日にティブリコットを出発した。

ティブリコットからはベリ川（上流でバルブン・コーラという）に従い、いくつかのラマ僧院を通りすぎ、九月四日にチャルカ（ツァルカ）に着く。途中のバルファン僧院には四〇〜五〇人の僧がいた。チャルカはベリ川の最後の村で、川の対岸にゴンパがあり、村に住む家族の長男が僧として入っている。翌五日にはそこを去り、グルカ族にバタリ・パタンと呼ばれる、ゆるやかな傾斜のディギ・ラ（五一四五メートル、現在は五一二四メートルとし、トゥチェ・ラあるいはトゥジェ・ラという）を登った。峠の両側には雪におおわれた山脈があり、峠そのものは広くて、分水嶺の地点には積み石がある。

峠から東へ流れるキンギ・チュー（ギャ・ルンパという）の谷を下り、七日に木橋でカリ・ガンダキの川を渡り、カグベニに着く。ここはカリ・ガンダキとムクティナートから来る川との合流点にあり、海抜二七二九メートル。人家は約一〇〇軒でボト人（チベット系人種）が住んでいる。チャルカからはチベットのタドゥム近くのラブラン・コジャへ直接行く道があるという。それはチャルカから三〇〜四〇キロほどの、雪におおわれた高い峠を越えるのだが、途中でロー・マンタンへ分岐する道もあり、荷物を背にのせた羊、山羊、馬がこれらの道を通行しているともいう。

カグベニからハリ・ラムはムクティナート（海抜三四三九メートル）へ一日の旅をした。寺院やその付近を見るためで、寺院の東三〇メートルほどのところに硫黄の臭いのする泉があり、それが貯水槽に入って、さらにそこから水が一〇八の蛇口から流れ出す。信心者はその一つ一つの下を通る。寺院から二〇〇メートルほど南に小さな丘があり、その基部に硫黄の臭いのする静かな小池がある。その池の端の、丘の裂け目から二〇センチ余りの炎が出ている。池の水が裂け目にあふれ出すことがあると、しばらくは炎が消え、ゴボンゴボンと音がし、また、とつぜんに炎が現われると地元の人がいった。ここをボト人は「チュメ・ギャルサ」と呼んでいる。寺院の北西約三〇〇メートルのとこ

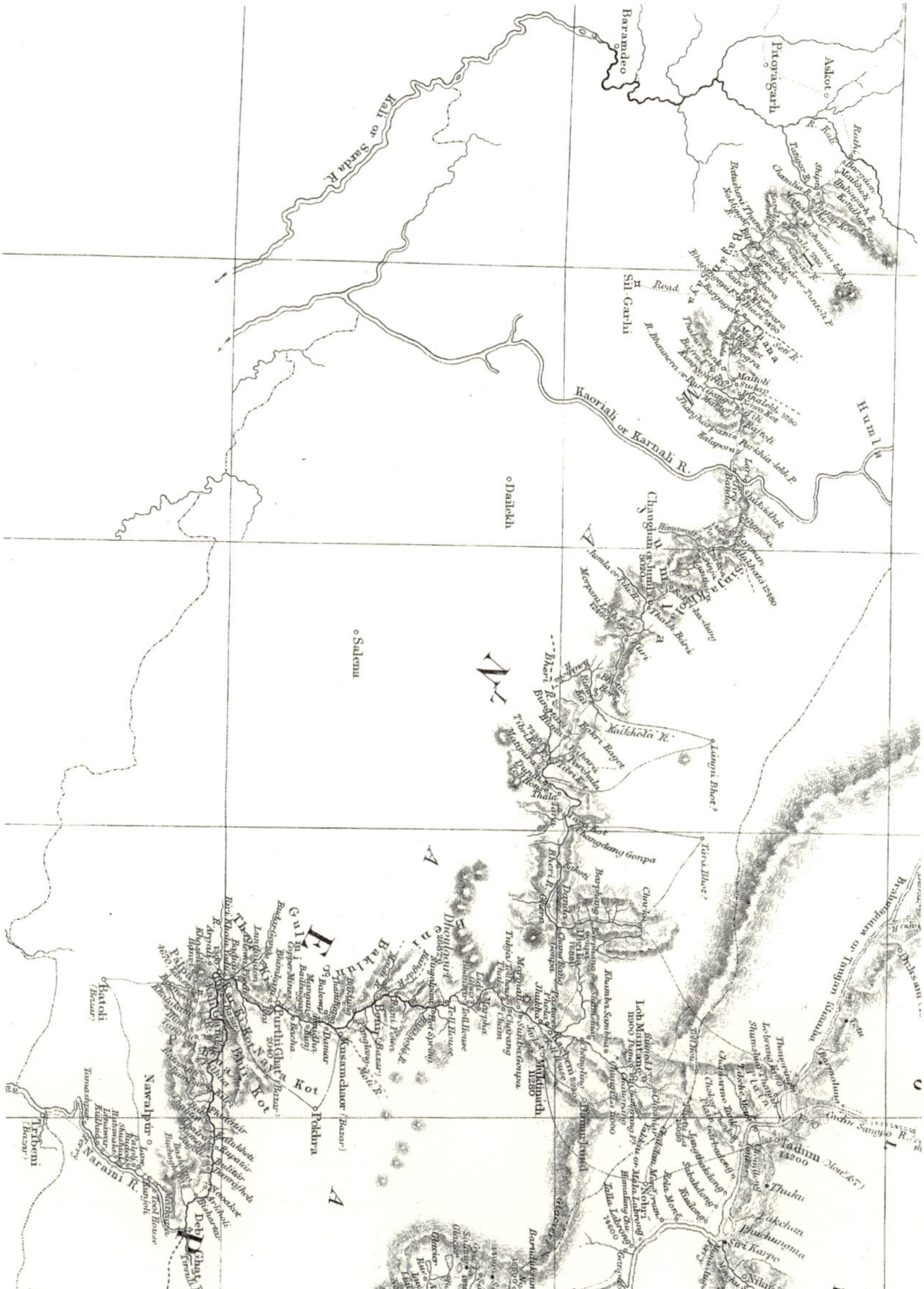

地図15.　ハリ・ラム　1873年（西ネパール横断）（*JRGS*, 45, 1875, p. 299）

ろに三〇〜四〇人の僧が住んでいる僧院がある。ムクティナートの東から南東方向約三キロ余のところには、雪のけわしい山々が北東から南西方向に広がる。

九日にカグベニにもどり、一〇日からカリ・ガンダキの上流へ向かった。一〇キロほどしてダムダルクンドから来る小川を渡った。一一日にカムバ・サムバ村に行く。丘陵の中腹を走る道は広く、交通量もたいへん多い。一二日にチュンギ・ラを越えてチャンラン村に着く。三〇軒の人家と、ロー・マンタンの土侯の冬の住居である城がある。一三日にロー・マンタンに達した。海抜三六二九メートルの平原の中央に位置しており、その平原は水路によって灌漑されている。

町は厚さ一・八メートルほど、高さ四メートルの白い土と小さな石の壁で囲まれ、その壁の長さは一辺四〇〇メートルの方形で、東に門の役目をする入口がある。そして中心部には、高さ一二メートルほどの四階建の土侯の宮殿があり、それは外側から見える唯一の建造物である。囲いの中の北東隅には僧院が一つあり、金を塗った銅製の仏像と二五〇人のラマ僧がいる。街路や路地を構成する、高さ四メートルぐらいの二階建の家がほかに六〇軒ほどあった。飲料水は運河で導かれ、それから溢れた水は街の中をぬかるませている。そしてまた、汚物がいつも堆積しているため、悪臭がたいへん不愉快である。人口調査が行われていないので、何人が住んでいるかわからない。

常住者のほかに、チベットやネパールからの交易者がいつもたくさんいる。彼らはここで物資を交換するか、ラサやネパールで商売に専念するか、のいずれかである。塩と穀物との交易はそれほど遠く北に広がっていない。交易は混血種族で交易階級である「タカリ」族（Thakli）によって主に行われ、彼らはラサへ行く特権を持つ。商品の仕入れにしばしばカルカッタへも行く。ボート（チベット系人種）であるここの土侯は年間一万〜一万二〇〇〇ルピーほどの収入を、あらゆる財源から集めている。それ以外に土地税収からネパール当局に毎年二〇〇〇〜三〇〇〇ルピーを支払っており、北の国境を越えて持ち込まれる物資に課する税金の一〇パーセントをラサ政府に支払っている。

なに人もチベットへ国境を越えさせてはならない、というネパール当局（ジャン・バハドゥール）の厳命があったため、土侯はハリ・ラムの前進に強く反対したが、万難を排しても前進すると決心し、ついに通行証を手に入れることができた。そして一九日にロー・マンタンを去り、二〇日にチベットとネパールの国境をなすフォトゥ・ラ（四五九六メートル）を越えた。峠から下の平原へ約七五メートル下ると、そこに数千頭の野生馬が草を食んでおり、一〇〇頭ぐらいの群にわかれて、物音に少しも動じなかった。

二一日は平原の西へ流れる川のそばの、羊の囲い、チュミクギャクドンに露営。そこに所持品をおいて、一五キロほど離れた露営地のラブラン・コジャへ行く。ここでツァンポ川の川幅は七五メートルほど、たいへんゆるやかな流れである。端を縫い合わせ、側面に棒を取り付けた、ヤクの皮で作った小舟で川を渡る。この皮舟はいつも乾かし、形をそのままにしておく。舟は二〜四本のオールでこぎ、一度に二〜三人を渡すことができる。翌朝の二三日、タドゥムへ向けて出発。ツァンポ（ブラマプトラ河）との合流点から三キロ上流でツァ・チュ・サンポ（川）を渡った。水深は一メートルほど、川幅一八メートルぐらいである。その浅瀬を渡って一キロ余り行くとタドゥムに着いた。

タドゥムには人家一二軒とラマ僧院が一つあり、雪山から北方へのびる脇尾根の麓に位置している。人家にはラサ政府の物資や書類を転送したり、指令を受けてそれを伝えるなどの義務を課せられた人たちが住んでいる。この目的のために、彼らはポニー、ヤク、山羊、羊を所有し、受け持ち区域は二〜三行程の範囲である。その仕事には直接的な報酬がないかわりに、諸税金が免除されている。各駅逓の村長（タルジャム）は諸税金の中から数パーセントを受け取る。ゴンパ（僧院）には一〇〜一二人のラマ僧がいた。到着した翌日、村長に呼び出され、旅行の目的を聞かれた。ハリ・ラムはラサへ行く途中の医者だ、といって通行証を見せたが、村長は命にかけても行かせることはできないといい、それから夜間は監禁されてしまった。翌朝、パンディットの使いの者が、国境までハリ・ラムを監視するよう命令された民兵といっしょにもどって来た。

到着後二日目にして、暴力的な脅迫のもとに不本意ながら帰路につく。そして二八日にロー・マンタンに着いた。一〇月一日にカグベニにもどり、二日にカリ・ガンダキに沿って南下する。はじめの一二キロほどは川岸に沿っていたが、長さ一六メートル、水面から三メートルの高さの木橋を渡る。水深は一・二メートル、さらに五キロ半ほど進んでマルマリ村（人家一〇〇軒、多分いまのマルパのこと）に泊まった。三日、川の右岸を行き、トゥクジェ村（現在のトゥクチェか）を通過。人家は一〇〇軒ほど、税関がある。そして二一メートルの長さの木橋を渡ったあと、リディ村へともう一度川を渡りなおし、その夜はリディ村に泊まる。そこは四〜五軒の小さな村だったが、対岸に人家約一五〇軒のタクという大きな村があった。四日にガス・バンサールを通り、次のダン・バンサールに泊まった。二つともに税関があった。五日はずっとジャングルの中を通り、その夜は密林の中で過ごした。

六日はさらに南下し、カリ・ガンダキに合流する、支流のランガル川（いまのラフガート・コーラか）を鉄製の釣橋で渡る。長さは五〇メートルほど、水面から四〜五メートルの高さで、二本の太い鎖から下がる鉄棒に橋板がかかっていた。さらに右岸を三キロほど行くと、ベニのバザールに着く。人家は二〇〇軒ほど、対岸にも同じ名前の村があり、二つの村の往来はロープの橋で行われている。村の西の山腹には銅の鉱山があり、採鉱中の銅はポカラへ売却、搬出されるか、村の中の溶鉱炉で精錬され、貨幣に鋳造されている。七日はランガル川にかかっていたのと同じような、鉄の釣橋でマイディ川（いまミャグディ川という）を渡り、バクルン（バグルン）村に向かう。そこにも山の方に銅山がいくつかある。役人が一人ここに駐在し、ここと ベニの貨幣鋳造を監視し、あらゆる物資にかける税務を監督している。

八日にバクルンの東八〇〇メートルのところでカリ・ガンダキを小舟で渡る。川幅七五メートル、流れはゆるやかで、少しの危険もなく、水はにごっていたが、流床いっぱいに流れていた。その夜はパンラン村に泊まり、九日は滞在。一〇日にモティ・ナディ川（いまモディ・コーラという）が合流するクサムチャオル（いまクスマという）のバザールに来る。村は一〇〇軒ほど、長さ三キロ余、幅一キロほどの平地に散在している。対岸の丘陵沿いには銅山がある。モティ川を合流点から二キロ半ほど遡ったところに鉄の釣橋があった。長さ四〇メートル、水面から四メートルほど、水深は二メートル余り。ポカラへ行く道はモティ川の左岸にはじまっている。

一一日にダマール村を通過。一〇〇軒ほどの大きな村で、左岸にあってよく耕作されていた。一二日にプルティ・ガートに着く。人家五〇軒に店が一五軒。西の山側には銅山があり、五〇か所で採鉱中である。このプルティ・ガートで冬をすごし、再度、北に向かおうかと考えたが、デーラ・ドゥンへ成果を一度持ち帰ることにした。そして二六日にプルティ・ガートをあとにする。

二八日にタンセンに泊まった。高度一四二三メートル、城が一つ、大砲鋳造所と小銃の製造所、四〇〜五〇軒の商店、駐屯兵の多数の兵舎がある。城は四〇〇メートルほどの方形の建物で、城壁の高さは三メートル半ほど、北に入口があり、レンガとしっくい造りである。以前は一一〇〇人の兵士がいたが、現在一六〇〇人が駐屯している。しかし、冬の間は兵士が二四キロ離れたバトーリへ行き、住民も暖かい地方へ移動する。

タンセンを出たあと、カリ・ガンダキの川沿いに行き、一一月一四日ピルフア、一五日タリタール、一七日タリガオン、一八日ビシャルタール、一九日ムクンドプール、二〇日クンジョリ、二一日リナワル、二二日クルフア村泊まり。二三日の朝に川を渡り、二四日の朝にも小舟で川を渡る。渡河地点で川幅二四〇メートル、右岸の船着場に小屋がいくつかあり、将校と二五人の兵士が冬の間に行われる筏流しの仕事に雇われていた。

ハリ・ラムはそれから南西に一五キロほど離れたギダガオンに旅を続け、さらに同じ方向に五キロほど行って、ネパールの国境の村ボジャガオンに着いた。そこには税関があり、通行証を見せ、荷物も調べられた。そしてボジャガオンをわずかに過ぎて、国境を越えたのだった。

(3) ハリ・ラム　一八八五〜八六年

西ネパールの横断のあと、ハリ・ラムはインド測量局から離れた。一説には、このときに使命を十分に達成できなかったからといわれるが、詳細はわからない。しかし、一二年後の一八八五年三月、彼は月給四五ルピー（約三万二

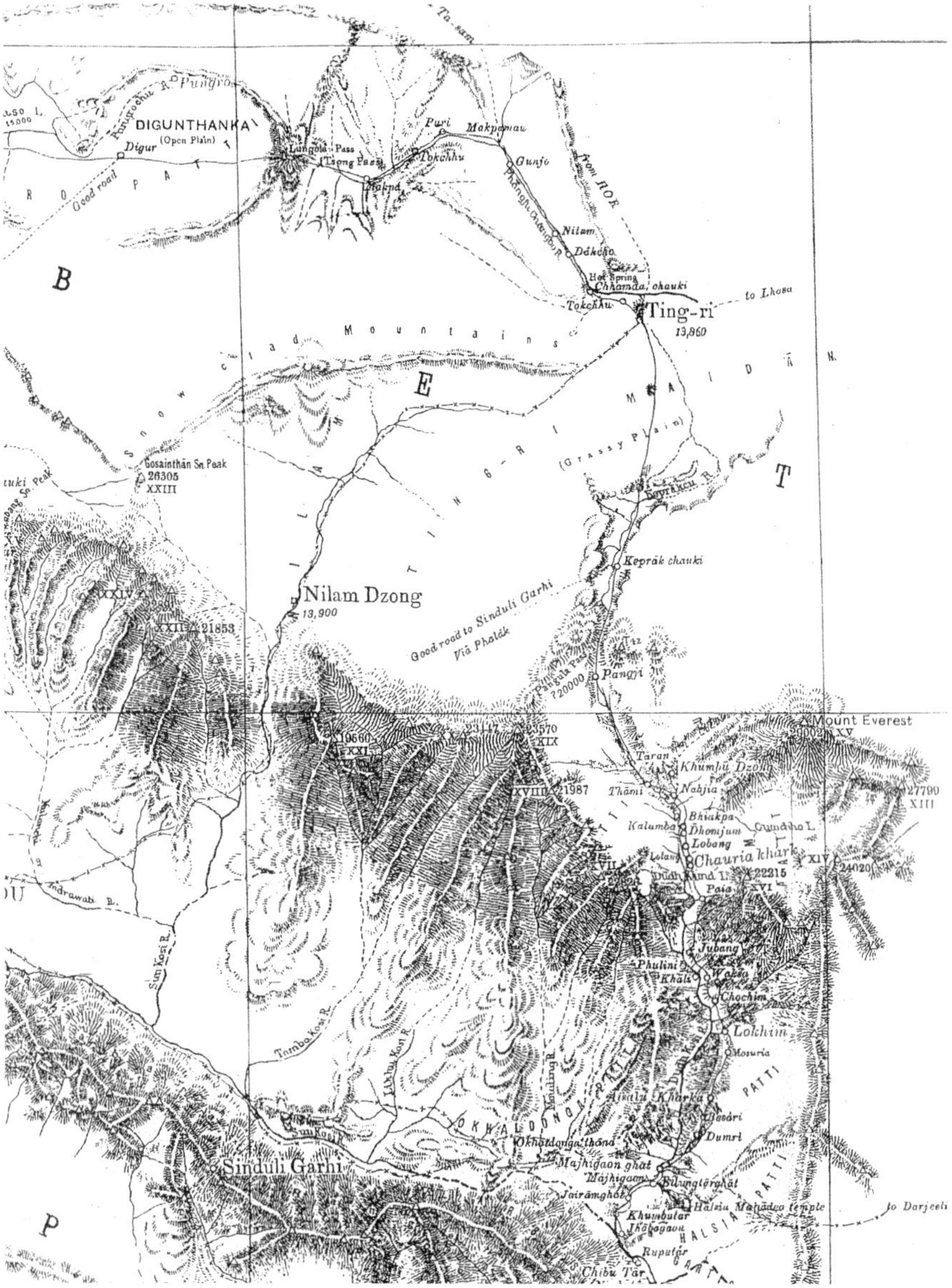

地図 16. ハリ・ラム　1885〜86 年（エヴェレスト一周）(Burrard, SOI, 1915, pl. No. 21)

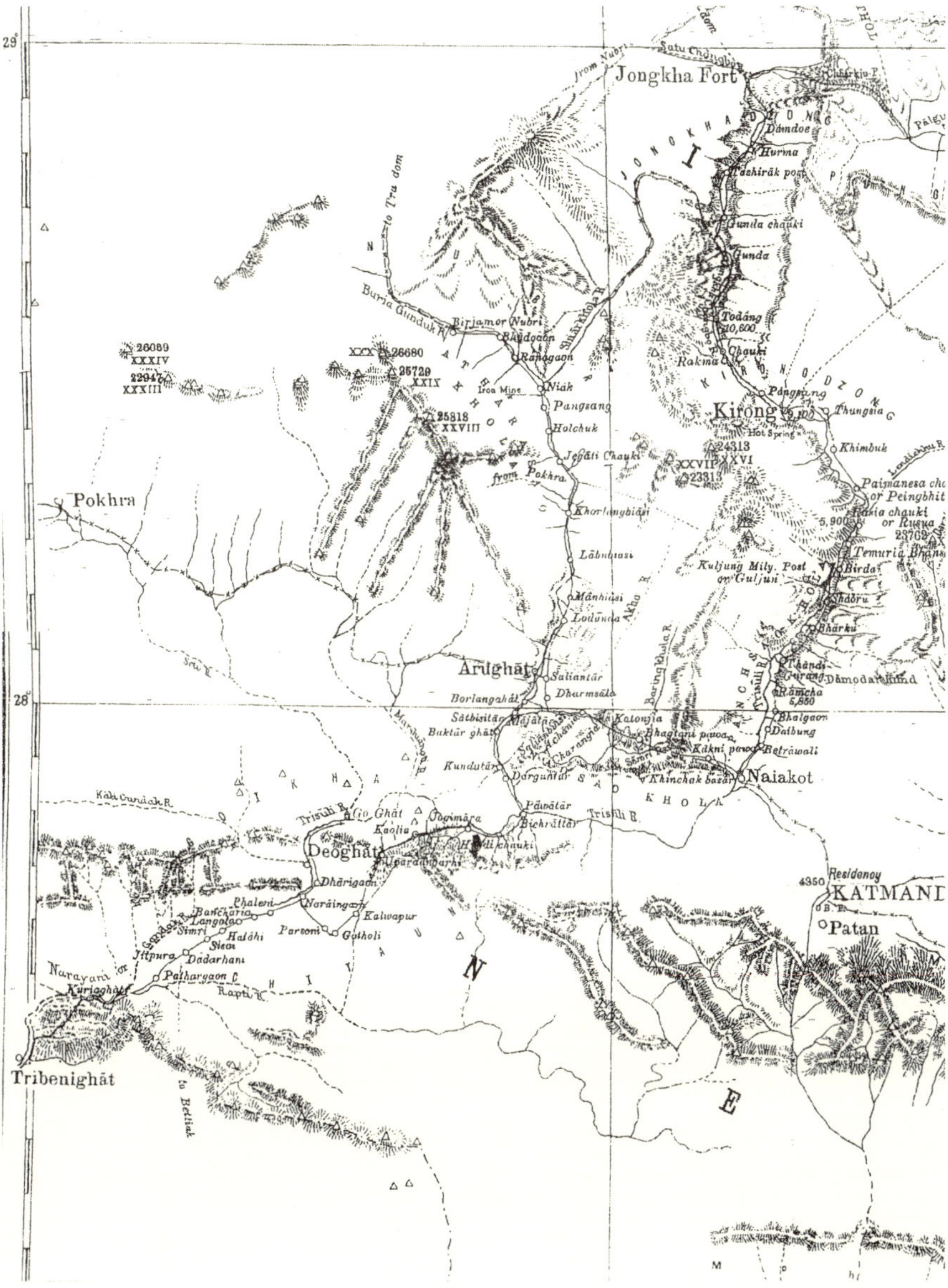
29°
28°
Jongkha Fort
Kirong
Pokhra
Arughāt
Deoghāt
Naiakot
KATMAND
Patan
Tribenighāt
Damdoe
Hurma
Gunda chauki
Gunda
Todang
10,600
Rakma
Pangsang
Thungsia
Khimbuk
Birjamor Nubri
Ranagaon
Niak
Pangsang
Holchuk
from Pokhra
Lābubasi
Mānhiasi
Salliantār
Dharmsāla
Borlangahāt
Sāthisitār
Baktār ghāt
Kundutār
Dargunṭār
Katonjia
Bhagtani pawa
Kākni pawa
Betrāwali
Bhalgaon
Daibung
Khinchak bazār
Rāmcha
5,650
Damodarkund
Bharku
Birda
Kuljung Mily. Post
or Guljun
Temuria
Paimanesa
or Peingbhit
Rasia chauki
or Rusua
23762
5,900
Hot Spring
24313
23313
XXVII
XXVI
26069
XXXIV
22947
XXXIII
26680
XXX
25729
XXIX
25818
XXVIII
Iron Mine
Burja Gunduk R.
Kālā Gundak R.
Trisūli R.
Go Ghāt
Jogimāra
Kaolia
Bichrāttar
Pāwātār
Trisūli R.
Dhārigaon
Phaleni
Narāingarh
Kalwapur
Parsoni
Gotholi
Langola
Simri
Halāhi
Jitpura
Dadarhani
Pathargaon
Rapti R.
Narayani
Kurioghāt
Residency
4350
to Bettiah
to Tra dom
from Nubri
Satu Chongbu
J O N G K H A
K I R O N G D Z O N G
I
N
E
K H O L A

四〇〇円）の高額でパンディットに復職した。そして、さっそく四月一二日、指令を受けた。ネパールのドゥード・コシの谷を遡り、チベットのティンリに行く。それから西のゾンカ・ゾンを経てキーロンに行き、さらにマナスル峰の東のヌブリ（ブリ・ガンダキ川の源）を往復し、ブリ・ガンダキ沿いにトリベニ・ガートに出る、というものだった。

そこでハリ・ラムはデーラ・ドゥンの測量局本部からクマオンに行き、同行させる男四人（一人はクマオン人、三人はネパール人）を雇った。自分は医師に変装し、ヨーロッパと現地インドの薬を用意し、役人などへの贈物も準備した。ダルバンガを出発し、七月九日にジャンジャルプールの鉄道駅に着き、ネパール国境の南約五キロのダグマラ・ターナに行く。ここから作業を開始。一一日にそこを出発してネパールに入り、バグバトプール・ターナ着。翌一二日、贈物をして通行証を入手し、先へ進む。

一三日にモホリア峠を越え、一七日にスン・コシ川の流域に入る。二一日にラムプールに着くと、荷物を検査され、税金を支払った。二三日にはクムブタールでドゥード・コシの谷に入った。少し進んだジャイラムガートで税を支払い、渡し舟で川を渡る。魚が多かった。二七日にアサリアカルク（アイセルカルカ）に来る。銅鉱山があり、四〇〇人のネパール兵士が駐屯していた。六日間滞在し、前進の許可を得たが、ハリ・ラムの一行はジュムラの住人で、これからチベットのティンリ、ゾンカ・ゾン、さらにカグベニを経由してジュムラへもどる、と役人に説明する。

八月八日、チャウリアカルク（いまのチャウンリカルカ）、九〜一〇日はひどい雨だった。だが、ナブジア（いまのナムチェのこと）に到着。この村はクムブ地域の一二か村では最大で、人家は五〇戸。このナブジアの北約二キロの尾根の平坦部にクムブゾン（いまのクムジュン）があり、クムブ地区の知事が住んでいた。カトマンズに年一回行くというこの役人は、チベット人（シェルパ族のこと？）で過去三〇年間この職にある。そしてネパール政府からの給与はなく、この地区の税収の一五パーセントをそれに当てていた。この知事の居所から東方約二四キロのところにエヴェレスト峰がある。

クムジュンの知事は、パンディット一行が北のチベットへ行くことを拒否した。ハリ・ラムのいうルートでは、これまでインド人やゴルカ人（ネパール人）は通ったことがないという。それでしばらく滞在を余儀なくされた。この間、病気を治療して住民に気に入られるよう努力する。この地域でもっとも一般的な病気の一つは甲状腺腫（単なる腫物か?）で、知事の息子の嫁の、この病気を治すことにハリ・ラムは成功。彼女の夫スンナム・ドルジェの好意と協力を得ることになる。ちょうど彼は、交易のために北へ出発しようとしていたが、ハリ・ラムに大いに感謝し、チベットへのキャラバンに加えてくれ、知事もそれを暗黙のうちに了解してくれた。

六週間もの長い滞在ののち、九月二二日に再び予定のルートに出発する。ナブジアから八キロほどの間の谷間には、村がいくつかあり、その最後の村タラン（タルンガか）で樹木の限界となるが、クムブゾンを出る前に薪をヤク二頭で運ばせた。タラン村を過ぎてから道はたいへん悪くなり、約一六キロ歩く。二三日にパンジ・タルムサーラ（休憩所）に着いた。ここでティンリへ行くヤクをつれた、交易の大部隊に追いつく。翌二四日は苦しい登りが五～六時間、ようやく峠に達する。峠までのゴルジュ帯では、両側の高みから大きな岩塊が落下しており、高さ六～九メートルで円周が九～一二メートルの凍結した雪柱の上に、そんな岩が柱頭のようにのっていた。

峠はパングラ（いまナンパ・ラ、あるいはクムブ・ラという）といい、彼の従者が転倒して温度計をこわしていたから、高度を二万フィート（約六〇〇〇メートル）と推定した。最近は五七一七メートル、最新の地図では五七四一メートルとする。峠には石のケルンが積まれ、それに小旗を突きさし、山羊やヤクの角が置かれていた。この尾根筋がチベットとネパールの国境をなし、峠に半時間休んだあと、北に向かって雪原を下る。

ケプラク・チューの谷を下り、ケプラク村につくと、そこの村長はティンリの知事の許可がくるまで前進を拒否。しかし、スンナム・ドルジェといっしょだったから、ティンリの返事がくるまでよく歓待してくれた。四日目には一行の前進を禁ずるという命令がティンリからきた。そこで村長はスンナム・ドルジェをつれて、知事に会いに行ってくれた。数日後に許可が出たという伝令が来て、その二日後には村長本人も戻ってきた。そして、一行をティンリへ案内する案内人を手配してくれた。ケプラクに滞在中、大雨が降り、二日間、大量の降雪があった。

写真37. ナンパ・ラ（空撮・著者）

一〇月八日にケプラク村を出発、九日正午にティンリの町に着く。人家は二五〇戸、ほとんどチベット人だが、ネパール人は五軒、中国の交易人も三〜四人いる。家は石造り、屋根は平らで、大きな木材はパラクかニャラムからくる。周囲には大麦、えんどう豆が作られ、住民にリュウマチが多い。高度は四二二五メートル。近くの丘の上に石造の砦があり、知事と四〇人の中国軍の将校が住み、約五〇〇人のチベット兵がいた。知事は三年交代といい、重大な刑罰以外の、市民や軍隊の裁判権をもち、また、茶と塩の交易専売権も持つ。住民は大麦や貨幣で支払い、それらを買わねばならない。

ハリ・ラムがティンリに着いたとき、知事はシェカル・ゾンに行って留守だった。一〇月二一日にもどって来たので、さっそくスンナム・ドルジェを連れて二二日に訪問する。自分はジュムラの住人で、ゾンカ・ゾンとヌブリ（マナスル峰の東麓）を経由する最短路で帰りたい、と許可を求めた。しかし、知事はゾンカ経由の道は役人にだけ許されており、交易人はもっと西へ行くし、他の者はニラム（ニャラム）経由で南か、ブラマプトラ（ツァンポ）を渡ってドクトルを経て、北へ行くのだといった。

そこでスンナム・ドルジェがゾンカ・ゾンまでハリ・ラム一行に同行すると申し出たので、彼らの態度とドルジェに免じて、願っていた許可を一〇月二四日に与えてくれた。表面上は援助と保護といったが、パンディット一行の方向転換などを見張るため、村から村へと案内人をつけて、進行状況を常に報告するように命じた。街道から離れないということ。

ハリ・ラムはクムブに滞在中、ルート上からエヴェレスト峰を見ることはできなかったようだし、ティンリからは見えるのだが、報告にはそんな山を見たという記述はない。いずれにしても、彼は二四〜二五キロにまで接近していた。一〇月二五日朝、ティンリを出発。チャムダ村を通ってダクチョ村で泊まる。チャムダの谷には人がたくさん住んでいたが、ネパール＝チベット戦争の折、住民のほとんどが殺害され、いまは廃墟と化していた。二六日はプリ村まで三〇キロあまり、二七日はマクパト村まで一六キロ、二八日はルンゴラの峠を越え、ディグールタンカの平原を通り、ディグール村へ。道はよく、四二キロほど進む。二九日、パルグツォ（ペクーツォ）の湖の南を通り、西端でキャンプ。湖は出口がないと護衛がいい、水はきれいで塩気がなくておいしい。長さは一四キロほど、幅は六キロあまり、小魚が見られた。三〇日にチャルキウラの峠（三キロほどは雪中）を越える。西に下ってゾンカ・ゾンに着く。道は悪く、三三キロほど歩いた。

ゾン（砦）は三六〇メートル四方、厚さ一・五メートル、高さ六〜七メートルの壁に囲まれていた。ゾンポンという役人が二人、三年交替でラサから来ており、行政と裁判をする。城内にゴンパがあり、約一〇〇人のラマ僧がおり、ネワール商人の店が一五〜二〇軒、チベット人の家が五〇戸、人口は五〇〇〜六〇〇人。道はここから北西に行くとタドゥムへ行き、西へはサトゥ・チャンボを経てヌブリに行く。友人になったスンナム・ドルジェとわかれた。彼のおかげでここまで来られたのだが、ハリ・ラムは南のキーロンへ向かった。ゾンポンはハリ・ラムの通行証を調べ、西方のヌブリからネパールへ入る許可をくれたが、その峠は雪が深く、閉ざされていると報告されたので、役人に気前のいい贈物をし、南のキーロンに行くように通行証（ティンリの役人が与えたもの）を書きかえてもらった。

一一月三日にゾンカを出発、五日はパンサンの少し手前からゴサインタン（いまのシシャ・パンマ峰、当時は八〇一八メートルとする）とダヤバン（ランタン・リルン峰か、高度を七二四三メートルとした）の雪山が見えた。この村では大麦、カブラ、ジャガイモがたくさん栽培されていた。六日にキーロンに着く。ゾンカより大きく、ネワール商人の二五軒と農民の家が並んでいる。ここで通行証を更新する必要があった。しかし、役人が四キロ離れた温泉に行っていたので、その帰りを待って四日間も滞在する。この町の眺めは、谷が狭まっているためによくないともいう。一一日に旅を再開するも、一三日にパイマネサ・チャウキで通行証のチェックを受ける。それから一六キロの道はたいへん困難で、岩壁に鉄のボルトを埋め、それに厚板を置いた歩廊のようであった。

ラシア（ラスア）・チャウキまではチベット領で、ラシア・コーラ、別名レンディ・チューがネパールとの国境であった。一四日にラシア・コーラを四五歩の木橋で渡る。川幅は二〇歩、深さ一・五メートルほど。そこにラスアガーリの砦があった。砦は三〇〇〜四〇〇歩の石造の方形で、壁は三メートルほどの厚さ、高さも三メートル。ネパール兵が六人ほどおり、ここで検査を受ける。次のテムリア・バンサールでは荷物の検査があり、高い税金を支払った。人家は一〇〜一五戸、バンサールとはネパールで税関の意味である。一五日にシャブルーを通過、一七日にベトラワティ、ナイアコット（いまのナワコット）でトリスリ川にわかれ、西方へ向かう。一九日にサムリ峠を越え、二一日にブリ・ガンダキ川のサリアンタールに出た。

二二日は休息日とし、二三日にロダンダ、二五日はコルラングビアシ。このビアシは冬の居住地を意味するという。二六日にジェガティ・チャウキ（ジャガート）に着くと、ネパール兵が五人と徴税人がいた。二七日は停滞。二八日はパンシン着。二九日にパンシンを出て一キロほどすると、東にピーク27の雪山（ガネッシュ・ヒマール山群）が見え、つぎに西方にピーク30の雪山（いまのマナスル峰で、高度を八一三一メートルとした）が見えた。シアル・コーラが合流してくるニャックを過ぎると、再びピーク27が見えた。三〇日はラナガオン、ブドガオン、そしてネパール名ビルジャム、チベット名でヌブリに達する。道はけわしかったが、ここから引き返すことにした。ここに知事（イラカ）の指令所があり、その範囲は南北八〇キロ、チベットの国境からサリアンタールの北一二キロまでという。

ブリ・ガンダキを引き返し、六日間でアルガート・バザールに着く。川の右岸にあり、人家一五戸、ネパール兵一〇人ほどと徴税人がいた。ここで、なぜヌブリに行ったのか、と役人に聞かれ、ジュムラの自分の家から大金を持って逃走した召使いを探しに行った、しかし、見つからなかったと答える。そして、これからトリベニ経由で家にもどるつもりだといった。それで進行を許されたが、カトマンズでの暴動の結果、ネパールは不安定な状態にあり、これから行く先で拘留を免れないだろうと警告された。

一二月一二日にダルグンタールに着き、五日間滞在し、前進を許可される。川岸で砂金採取の跡を見る。二六日にウパルダンガーリ着、五日間足止めされたあと、前進を許された。このあとは密林のために道は困難となった。ようやくのこと、一八八六年一月一三日、英領国境のトリベニガートに抜け出た。

かくして、高度の計測はうまくいかなかったが、ドゥード・コシを源流までと、ティンリ、ゾンカ、キーロンの南チベットの地図の空白部を埋め、あわせて六七〇キロほどの新しい地域を踏破したことになる。

このあと、ハリ・ラムは一八九二〜九三年に息子のガンガ・ダット（Ganga Datt　記号ＴＧ）をつれて、ネパールとチベットの探検を行ったというが、詳細は不明である。

(4) 東ヒマラヤの小王国シッキム

一三〜一五世紀に先住民レプチャ族のシッキムへ、東チベットのカム地方から移住がはじまった。さらに一六世紀末から一七世紀はじめにかけて、チベットから王族、ラマ僧、一般人の移住があった。そして一六四二年に初代の王プンツォク・ナムギャルが即位し、一応、シッキム王国が誕生する。

一方、西隣のネパールは一七六九年にゴルカ族がカトマンズ盆地の小王国を征服、ネパール全土をほぼ支配し、いまに至るゴルカ王朝が成立した。ゴルカ（ネパール）はその後も領土の拡大、膨張政策をとり続け、一七七四年にはシッキムに侵入、一七八八年にチベットの属国のようなシッキムに再度侵入し、併合してしまった。それが一七九一～九二年の第一次ネパール＝チベット戦争でネパールが敗北、シッキムは失った北部領土を奪回したが、チュンビ渓谷をチベットに譲渡しなければならなかった。さらに、一八一四～一五年のイギリス＝ネパール戦争でのネパールの敗戦の結果、一八一六年のスガウリ条約によって、ネパールが併合していた、残る南部地域をイギリスがシッキムに返還。イギリスはシッキムの安全を保証し、かわりにイギリスはシッキム国内での交易の利権を獲得した。

一八二七年にはネパールはまたもシッキムに侵入してきたが、イギリスの援護を受けて、撃退した。そのあと、シッキムのラジャ（国王）が英領インドにドルジェ・リンを保養地として割譲。焦熱の首都カルカッタの北方四八〇キロ、標高約二二〇〇メートルにあって、その避暑地としての人気リゾートになり、またチベットをのぞく窓ともなっていき、「ダージリン」と改名した。

シッキム・ヒマラヤの探検は植物学者ジョセフ・ダルトン・フーカーにはじまる。一八四八年から四九年にかけて、東ネパールからシッキムの北部を広く踏査した。このフーカーについてはすでに第五章で触れたが、四九年末の帰途において、ダージリンの長官アーチバルド・キャンベル博士（Archibald Campbell　一八〇五～八四年、ベンガル医療隊一八二七～六二年、ダージリンの政務長官一八四〇～六二年）と共に、当時のシッキム王の王宮のあったトゥムロンで拘禁された。これをきっかけにして、多少の軍事的展開があり、イギリスはシッキム南部のタライ平原を併合した。

一八六一年にはイギリスがシッキムに対し、外交に関して宗主権を行使する条約を押しつけ、シッキム領内のチベット国境まで道路を建設する権利を得て、チュンビ渓谷に通じるジェレプ峠まで道路を作った。さらに一八八一年にはカルカッタからシリグリまでの鉄道がダージリンまで延長された。一八八三年にブータン人がチュンビ渓谷のパーリを攻撃、貿易は衰退。八六年にはチベット軍がダージリンの見えるところに砦を築いたが、八八年にイギリス軍は力ずくでチベット軍を追い出した。そして一八九〇年、イギリスと中国（清朝）はシッキム＝チベット条約を結び、九三年に続約として通商協定も締結した。それらの主な内容は、シッキムとチベットの国境の画定、シッキムはイギリスの保護国とする、イギリスの役人が駐在する交易市場をチュンビ渓谷のヤートン（亜東）に創設する、というものであった。これらの条約ではチベット当局は軽視、あるいは無視されていたから、次第に空文化していき、やがては一九〇三〜四年のヤングハズバンドのチベット遠征へと進んでいった。

第二次大戦後、独立インドはイギリスの権益やその他のもろもろを引き継ぐが、ヒマラヤの小王国シッキムに対しても同様であった。しかし、一九七五年、シッキムの王制が廃止されて、シッキム王国に幕が下ろされ、インドの一つの州となった。つまり、インドに完全に併合されてしまったのである。

(5) リンジン・ナムギャルの探検

ヘンリー・トロッター（Henry Trotter　一八四二〜一九一九年、イギリス工兵隊一八六〇〜九〇年、大三角測量部一八六三〜七五年）が一八七五年に外交官に転出したあと、測量局のパンディットの徴募と編制はH・C・B・タナー中尉（Henry Charles Baskerville Tanner　一八三五〜九八年、ベンガル歩兵連隊測量部一八六二〜九〇年）と、H・J・ハーマン大尉（Henry John Harman　?〜一八八三年）に引き継がれた。二人はウォーカー大佐の下で働いていたが、ウォーカーはすでに述べたように、一八七三年から退役する一八八三年までインド測量局の長官を務めていた。

ハーマンは一八七二年、インドに来てまだ二、三か月のとき、モントゴメリーに推薦されて大三角測量部に入った。すぐにクマオンとガルワルの測量に従事し、ついでアッサムで活躍。一八七四〜七五年にダフラ遠征に加わり、七七年から七八年にはミリ丘陵の探検、一八七八年以降は測量局のダージリン分遣隊を任され、シッキムとシッキム＝ネパール国境の測量と地図化の責任者であった。一八八一年にはカンチェンジュンガの周辺に達しようとしたが、健康がすぐれず、果たせなかった。一八八二年一一月一日、タナー中尉が長期休暇からもどったとき、ダージリン分遣隊

写真38. リンジン・ナムギャル
(*AJ*, 106, 2001, p. 191)

を引き渡されたが、ハーマン自身は病気休暇をとり、そのあとすぐの一八八三年に死去した。

また、タナーはベンガル歩兵連隊の将校で、その連隊に入ったのは一八六二年だった。一八七七～七八年のアフガン戦争では陸軍に属し、一八七九年のギルギット駐在官ビダルフ大佐の籠城軍の救出には、騎兵中隊の分遣隊を指揮。ダージリンの分遣隊に任命されたときは四七歳だった。

さて、パンディットのリンジン・ナムギャル（Rinzin Namgyal 一八五〇～?年、記号RN）はシッキムのラマ僧の家系で、その家名はクンライ・ギャツォ・ラデン・ラ（Kunlay Gyatso Laden La）といった。後述するS・C・ダスが校長を務めていたダージリンのブティア（チベット人）寄宿学校で教育を受ける。そして一八七九年から測量作業に従事、シッキム測量隊の先頭で働いているのをダスが見た。ダスはチベットの第一回訪問からもどるときに、測量隊の一行に出会ったのだった。ダスは一八八一～八二年の二度目の入蔵のとき、荷物の輸送隊を編成するのにリンジン・ナムギャルを使用する。

一八八三年一〇～一二月、タナーの測量助手W・ロバートのシッキムの測量に同行し、当時、未知であったタルン渓谷を一人で探検。八四年の春から夏にかけて、タナーに同道してクマオン、チベット、ネパールが会合する国境地帯に向かった。そしてリプ・レク峠を越えて南チベットに入ったものの、チベットの役人に阻止され、カルナリ川の渡河を許されなかった。それで二人は渡河しないことを約束し、二日間の滞在中、略図をかき、測量もした。チベット人はイギリスの侵略に危機感をもっており、ビルマの併合は彼らの不安を増幅するような事件だ、とタナーはいっていた。

二人はクマオンを通ってダージリンにもどった。そこでリンジン・ナムギャルは、八月から月給六〇ルピーでパンディット体制に組み入れられたが、一〇月になって測量に派遣されたときは月給一〇〇ルピー（約七万二〇〇〇円）となった。その仕事は八四年一〇月二日から翌八五年一月三一日まで、単独でシッキムの未探検地域、カンチェンジュンガの北方と西側の探検で、ネパールとチベットの国境地帯の測量である。時どき降雪にあい、食料も燃料もなしで、暴風雨にさらされて夜をすごすこともあった。一行の中の二人は帰路で病気になり、ダージリンに着く前に死亡したが、リンジン・ナムギャルはカンチェンジュンガをはじめて完全に一周し、尾根や谷の略図を作成した。ルートはダージリン→カン・ラ→グンサ→ナンゴ・ラ→ワルンチュン・ゴーラ往復→グンサ→カンバチェン→ジョンサン・ラ→チョルテン・ニマ・ラ→ラチェン谷→ゼムサムドン→ダージリン。このカンチの一周にはフルバ（Phurba　略号ＰＡ）が助手として同行した。

(6) リンジンのブータンとチベット

リンジン・ナムギャルが行った一番大きな路線測量は一八八五〜八六年のブータンでのものだった。八五年八月、タナー大佐を通じて測量局から指令がきた。ダージリンからジェレプ峠を越えてチベットに入り、チュンビ谷を南に行き、ブータンを東に横断してタワンへ。それからチベットのツァンポ川に至り、それを下降する。そしてそれがブラマプトラ河につながるのか、イラワディ川につながるのかを検証せよ、というものだった。しかし、リンジン・ナムギャルはジェレプ峠付近の人たちによく知られ、チベットでの目的も見透かされそうなので、シッキムの原住民である助手フルバに、プリズム・コンパスの使用法を教えて、ジェレプ峠からチベットに入り、ついでミル・ラ（峠）

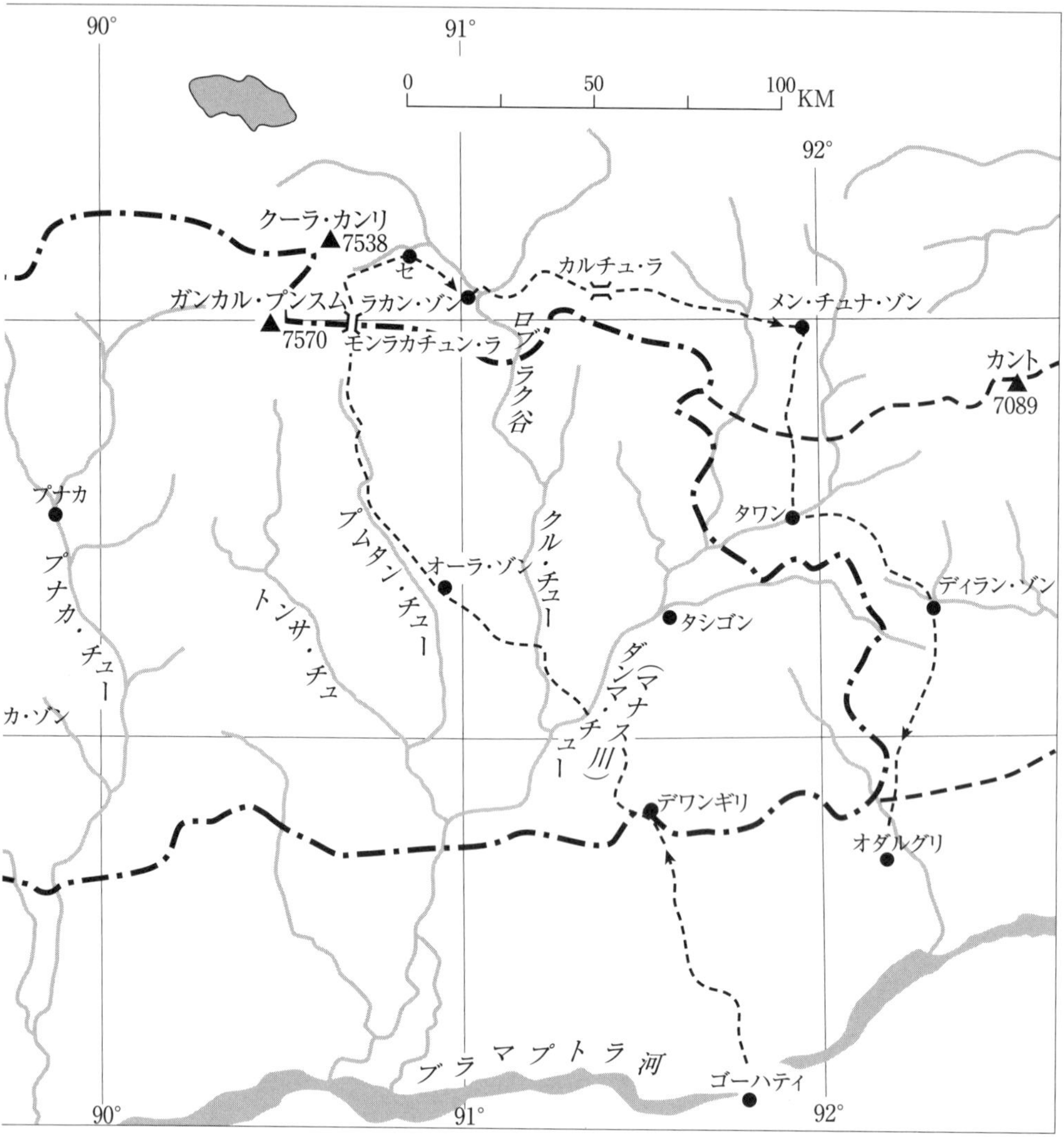

地図17. リンジン・ナムギャルらの探検

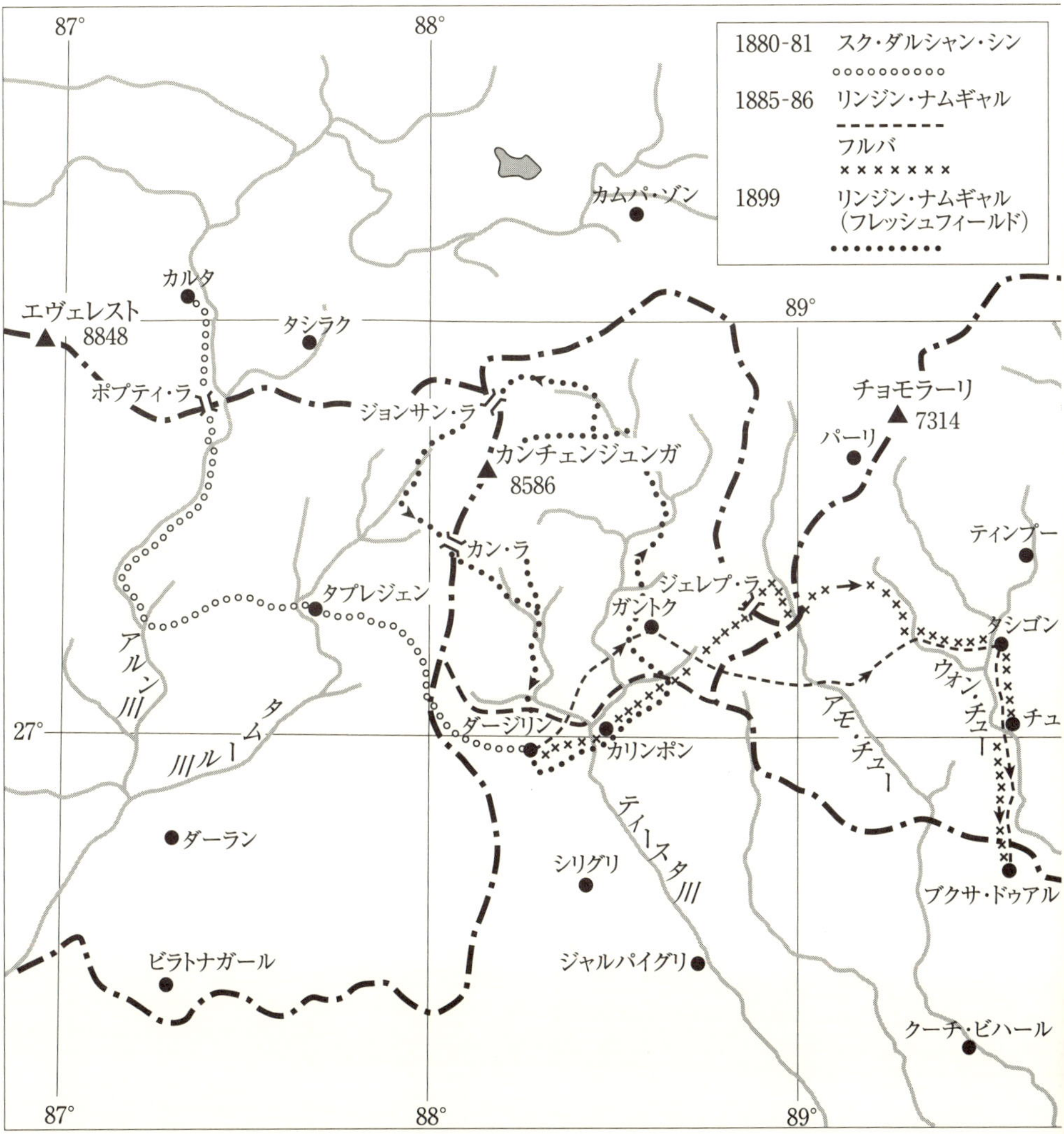
87°
88°
1880-81 スク・ダルシャン・シン
1885-86 リンジン・ナムギャル
フルバ
1899 リンジン・ナムギャル（フレッシュフィールド）
カムパ・ゾン
カルタ
エヴェレスト 8848
タシラク
89°
チョモラーリ 7314
ポプティ・ラ
ジョンサン・ラ
カンチェンジュンガ 8586
パーリ
ティンプー
カン・ラ
タプレジェン
ジェレプ・ラ
ガントク
タシゴン
アルン川
タムール川
ウォン・チュー
アモ・チュー
27°
ダージリン
カリンポン
チュ
ダーラン
ティースタ川
シリグリ
ブクサ・ドゥアル
ビラトナガール
ジャルパイグリ
クーチ・ビハール

越えでハ・チュー（谷）に行き、ハ・チューとウォン・チューの合流点でパンディットに会うように命じる。

そして八五年一一月一日、リンジン・ナムギャルはダージリンを出発。信頼できる三人の仲間、五人の常雇いの下男、荷物を運ぶ数人の人夫をつれていた。全員がシッキムの原住民であった。ランギット川を渡り、八日にティースタ川を越えて、一一日にシッキム王の新宮殿のあるガントクに着く。ジェレプ峠の北方のチョ・ラはチベットの監視人がいるし、ジェレプ峠も監視がきびしいといわれ、途中のコイ村で一二日間も停滞した。そこを一二月一日に出発し、二日にシッキムとブータンの国境であるパンゴ・ラを越える。八日にトゥレ・ラを越えて九日にアモ・チューに出た。これは上流でチベットのチュンビ渓谷となる。

一二月一四日にテゴン・ラを越えてハ・チューを下る。一六日にバッテ・ゾンに着くと、ここで三日間も拘留され、ゾンペン（知事）からいやがらせを受け、布地と金の賄賂で解放された。二一日にタシゴン着。二四日はカプチャ・ゾンからチュカ・ゾンへ。翌朝にウォン・チューの七五メートルの橋を渡ろうとしたが、駐在する監視人はゾンペンの許可証がなければ、通過させられないという。そこで測量器具をかくしてゾンペンのところに出頭すると、ティンプーのゾンペンがタシチュ・ゾンからブクサ・ドゥアルへの道中にあり、二、三日でここチュカに来るから待てという。そのゾンペンはデブ・ラジャ（国王）の第一大臣で、彼の許可が最善だろうともいい、どうやらリンジンの一行は要注意人物と見られているようだった。

一月七日、チュカにティンプーのゾンペンが到着、その日のうちに彼の前に案内された。どこから来て、どこへ行くのか、旅の目的はなにか、といろいろ聞いたあと、鉄砲を持っているかという。持っていると答えると、見せてくれといい、見せたら、自分が使いたいといいだした。もしそれが持てるなら、かわりにブクサ・ドゥアルへの旅を続ける許可証を与えるともいった。そしてゾンペンは九日にブクサ・ドゥアルへ向かっていった。チュカは一一七三メートル、気候は暖かく、狩猟用の鳥獣はたくさんいた。

一一日にチュカの橋を渡り、一四日にブータンと英領インドの国境のシンチュ・ラ（一七三七メートル）の峠を越えてブクサ・ドゥアルに着いた。東ブータンへの横断は失敗したが、鉄砲をくれてやったティンプーのゾンペンは、お返しに通行許可証をくれることを期待し、彼のところへ嘆願に行く。すると彼は、自分の管轄地の許可証をくれたが、東ブータンに有効なものは自分の権限を越えているという。しかし、デブ・ラジャに嘆願書を書いてくれた。その返事は半月後にきたが、その間、ティンプーのゾンペンは銃の弾薬やその他の小物を買いたいというので、パンディットはダージリンを往復した。

一方、別のルートでブータンに入るように指示された助手のフルバは、荷物の運搬と出発に必要なものの手配をしたあと、リンジン・ナムギャルから離れ、八五年一一月二日にダージリンから出発。三日カリンポン、七日にテルク着。ところが、大雨のために周辺の山々に降雪が多く、峠を越えられなかったので、一五日間も滞在を余儀なくされた。二四日にようやくジェレプ・ラを越え、二五日にチベットのリンチェンゴン村に来たフルバは、有能で信頼できる案内人をさがし、食料を仕入れるために、ここで一一日間過ごす。そして一二月六日、三〇メートルの木橋でアモ・チューを渡る。

七日にアモ・チューの支流、ラグルン・チュー（ラングマルポ・チュー）に入り、一〇日にチュ・ラとミル・ラ（チベットとブータンの国境）を越え、ダムタンを経てゲチュカ村（二〇戸）に泊まると、村人はフルバの旅行目的をたずね、必要な通行証を要求し、一行を引き止めた。そこでハ・チューを下り、トゥムフィオンのゾンペンのところに行き、シッキムから聖地巡礼に来たというと、追って沙汰するからと、ゲチュカへ帰らされた。ようやく二三日に出頭命令が伝えられ、出かけて行くと、ミル・ラへもどれといわれた。峠越えを見届ける護送隊がついてきたが、かならず峠を越え、彼らに迷惑をかけないからと、ダムタンで護送隊を帰らせる。フルバの一行はここに三日間滞在し、仲間の一人が足を傷つけ、旅ができなくなったふりをして、ハ・チューを下降する計画をねった。

二九日の夜遅くにフルバはダムタンを去り、同名の川を下降。ついでハ・チューの右岸沿いに行き、先に止められたゲチュカ村を通過し、三〇日は一日中、道を離れて森の中にひそんだ。その夜は隠れ場から出発、ハ・チューの大きな橋を左岸に渡り、両岸のいくつかの村を通過、トゥムフィオン・ゾンの対岸まで川沿いに進んだ。その砦をすぎ、五キロほど行って川岸を離れ、冬に無人となった小村で泊まる。これまでの谷間には村落が多く、狩猟用の鳥獣が多かった。

一二月三一日、数キロ行って、フルバはテゴン・ラから来る本道に合した。そこから一一日間、リンジン・ナムギャルがしばらく前に通った道をチュカ・ゾンへ旅した。しかし、このチュカ・ゾンで一行は一五日間も拘禁されてしまう。そこでフルバはチュカからブクサ・ドゥアルのリンジンに手紙を送り、苦境を伝えると、ティンプーのゾンペンに頼んで、ようやく解放された。解放の指令が届いたその日、フルバは出発し、三日の旅ののち、一八八六年一月二九日にブクサ・ドゥアルでリンジンと合流できたのだった。

さて、ブクサ・ドゥアルにきたデブ・ラジャの返書は、ゾンペンの許可証以上のものではなく、ではこれまでと、ゾンペンのもとを去ることにする。さっそく東ブータンへ案内してくれるラマ僧を一人雇う。ティンプーのゾンペンの通行証は彼の支配地で威力を発揮するが、本物の書類であるがため、東ブータンでも大いに利用価値があった。八六年二月九日、リンジン・ナムギャル、フルバの一行は、ガイドのラマ僧とブクサ・ドゥアルを発ち、牛車、鉄道、汽船と旅して、二一日にゴーハティに着く。そこから二六日にデワンギリに行く。デワンギリはわずかなネパール人と、ブータンの住民だけで、家が藁屋根の大きな村だった。海抜高度は八二三メートル。

二六日にはさらにチュギハットに行く。ここは冬の避寒地で、ブータンから多くの家族が来て、馬などを持ってきて平原の産物と交換していた。草の家が三〇〇戸もあった。二八日にトゥンカ・ラ（二四〇八メートル）、三月二日にケンガ・ラを越える。三日にションガ村に来ると、ゾンペンはデブ・ラジャのところへ公務出張中で、一一日まで滞在させられた。代理のものは一行を前進させて、トラブルになることを恐れたのだが、贈物をして解放してもらう。一四日にワンドン・ラ（三八〇七メートル）、一五日にトゥンシ・ラ（三八一〇メートル）を越え、オーラの大きな村に来た。ここの村人はすべての旅人を捕え、通過させるなと命令されており、パンディット一行の到着をゾンペンに知らせに行っている間に逃げることにし、オーラ・ラ（三六二四メートル）を越えてキャンプする。オーラ村の村人が追跡し、追いつくことを気遣ったが、幸いにもなに事もなかった。

一六日にプムタン川（いまブムタンという）に入る。一八日、ビアカ・ゾンのゾンペンに「食料などがなくなりかかっており、チベットの聖地の一つを参拝するのが目的だから、足留めされるとたいへん困る」というと、彼は「いまブータンとチベットの間に紛争があり、用心のために一行を引き留めざるを得ない」と答えた。まったくうんざりしながら、四月八日までビアカ・ゾンの隣村のアンドゥチョリンに滞在する。ゾンペンに大きなプレゼントをして、ようやく前進に同意してくれた。プムタン・チュー（この源流部をいまムナカ・チューあるいはメラカル・チューという）を遡るが、この地域では小麦、ソバ、ジャガイモが栽培されていた。谷はクーラ・カンリ峰（七五四一メートルとする。これはいまのブータン最高峰ガンカル・プンスムのことで、真のクーラ・カンリはチベット領にあり、現在七五五四メートルとする）の南面から来ている。

九日から再出発し、一一日にチャムパ村（三八二五メートル）に着く。ブータンの守備隊が駐留し、物資の物々交換が行われていた。チベットからは岩塩、毛布、羊毛、皮、磚茶、ジャコウなど。交換されるのは絹布、綿布、真鍮製品、銀、貴金属装身具、米、タバコである。一二日はプクバカの洞穴（四六九四メートル）に泊まる。ところが大雪が降ったために一六日までその洞穴で停滞。一七日に天気がよくなり、峠へのぼる。ラルチャ・ツォ（湖）という凍結した湖（四七二四メートル）がプムタン川の水源だった。さらに五キロほど行き、モンラカチュン・ラ（五三三四メートル、いまは五二五〇メートルとし、メンラ・カルチュン・ラともいう）に着く。この峠に日本人としてはじめて立ったのは、植物学者の中尾佐助さんで、一九五八年の秋であった。峠からは、クーラ・カンリ峰がチベット領にあることをしかと確認された。

峠に立ったパンディットたちの前は、見はるかす雪の海だったが、チベットへと下りだす。峠の両側に大きな氷河があった。一七日はシュフク洞穴に泊まり、一八日はユラ・チューをたどって、ラグパチャチューという温泉（四六三三メートル）に泊まる。温泉は五〇か所にもわき、病気を治そうと湯治しているものもいた。

一九日にユラ・ゾン（四四六五メートル、人家二〇軒）にくると、デバと呼ばれる役人に捕まり、ゾン（砦）の中に監禁され、取り調べられる。幸いにも、ゾンに来る前に器具を途中の岩と雪の中に隠しておいた。ユラのデバは川を一日下った、トゥワ・ゾンのゾンペンの下にあった。それでデバはトゥワの指示を待っていた。ほかに約二〇人のチベット人もここに拘引されていた。

数日後にゾンペンが現われ、リンジン・ナムギャルの一行は彼の前に引き出され、旅の目的などについて、荒々しく尋問される。結局、ラサ当局の指令を待つ、ということで留置場に再拘留された。当時、北からはロシア、ダージリンからはイギリスがチベットを侵略しようとしているというので、チベットに恐怖と狼狽、動揺が蔓延していた。税金は火薬と弾丸の形で、すべての村々から取り立てられていた。また、チベットに入るあらゆる峠の見張りを強化するため、新しい監視員が派遣された。パンディットたちがチベットに入ったのはそんなときで、旅行者はきびしく扱われていた。

五月一日、護衛の監視下でユラを出発。八〇戸のセ村に着く。次の二日にトゥワ・ゾンに来る。そこのサンカル・グトク寺には一〇〇人の僧がいた。ここトゥワで脱走を計画した。テントの中に手荷物を全部置いて、五月四日の真夜中に起床。ユラ谷の川岸を離れ、東に向かい、ロブラク谷の右岸に着く。苦労してそれを渡河し、寝ずの番の見張りに、もう追いつかれる恐れもなくなったと安心する。その日は洞穴にひそんだ。五日は東方へ行動し、追跡者を用心した。六日にラカン・ゾンに行く主街道に達し、川を渡る。七日はなおも東にたどり、ロブラク・カルチに着く。そこにはチベット人にもブータン人にも崇拝されている、岩からしみ出す聖水があり、持ち帰っている。セ村からここまでの距離を八〇キロと見積もった。この日にカルチュ・ラ（五〇二九メートル）を越えて、小川の岸で夜をすごす。

五月八日の朝、タシヤン・チューへ下降を続ける。これはカルチュ峠近くから発し、ダンマ・チューへ流下する。タシヤン谷を渡って一〇キロほど登り、洞穴に入るが、ひどい雨と風のため、一一日まで停滞。一二日にドザム峠を越えて、一三日にドザム・チューに達した。これもダンマ川の北の支流の一つである。一四日は一〇キロほどドザム・チューに従い、ついで東へ。一五日は二〇キロほどを登り下りして、メン・チュナ・ゾンの近くまで行く。それから二日以上の行程でタワンに着き、さらに五日以上でオダルグリに。これは一八七四年にナイン・シンが通ったルートと同じである。かくして八六年五月三一日、ゴーハティにたどり着き、船や鉄道を使って、六月三日にダージリンに帰着した。

この踏査では、当初の計画は失敗に終わったといえる。チベットはツァンポに達するどころか、チベットをほんの少しかすめたにすぎず、ブータンでも後半の記録はいい加減である。あちこちで拘禁が続き、測量器具を途中で隠し置いたりと、散々であったから、致し方がなかったのかもしれない。

一八八七年から八八年にかけては、リンジンはH・C・B・タナーと共に国境地帯の測量櫓《やぐら》から、ネパールの中～西部をおよそ四〇〇キロにわたって測量した。ネパール国内でのインド測量局の公式の測量は、一九二四～二七年まで認められなかったのである。そして八九年には、後述するキントゥプといっしょにアッサムのサディヤに行き、その地の政務官ニーダム（J. F. Needham）とアボール族やミシュミ族の情報を収集、ディハン（ブラマプトラ）川を探検する。ニーダムは一八八五年にロヒット・ブラマプトラ川をチベットのザユール地方、リマの近くまで踏査していた。

リンジン・ナムギャルの最後の大きな仕事は、イギリス山岳会の重鎮ダグラス・フレッシュフィールド（Douglas W. Freshfield　一八四五～一九三四年）の一行とのカンチェンジュンガ一周である。彼はすでに一八八四～八五年に一周していたが、今回は道案内としてのもので、時計の反対回りであった。この「高所巡遊」（high level tour）の山行記録はフレッシュフィールドのヒマラヤの古典『カンチェンジュンガ一周』にくわしいし、地質学者E・J・ガーウッド教授（Edmund Garwood 一八六四～一九四九年）の素晴らしい地図もついている。さらにイタリアの山岳写真の巨匠V・セッラ（Vittorio Sella　一八五九～一九四三年）は見事な写真をそえている。その書にはリンジンとフルバが一八八四～八五年に行った、時計回りのカンチ一周の報告も収録されている。一八七九年に後述のサラット・チャンドラ・ダスとウギェン・ギャツォが越えた峠は、ジョンサン・ラではなく、さらに西の別の峠だといわれている。パンディットではただ一人、このリンジン・ナムギャルがイギリスを訪問した。ベンガルの教育局長アルフレッド・クロフト卿に同行したもので、ヴィクトリア女王に拝謁し、下院議員のジョージ・キャムベルから金時計を贈られた。キャムベルはベンガル総督代理のときの一八七四年にインドから引退していた。そしてリンジンの最後の仕事は、一九〇二年、シッキムの政務官J・C・ホワイト（John Claude White　一八五三〜一九一八年）とのシッキム＝チベット国境の調査であったようである。

(7) スク・ダルシャン・シン

ヒンドゥー教徒のスク・ダルシャン・シン（Sukh Darshan Singh　略号GSS）は、インド測量局から、ネパール東部のタムール川からチベットのティンリに行くように求められた。だが、このタムール川はヒマラヤ山脈を横断しないので、本流になるアルン川を遡ることになった。チベットに入ると、これはプン・チューと呼ばれる。

一八八〇年五月二四日にダージリンを出発し、アルン川の上流のポプティ・ラでチベット国境を越えた。チベットに入ったのは七月中旬、そしてカルタ村に着いたが、それから北のティンリに行くことを役人から拒否され、そこに一〇月まで滞在した。ティンリに達しない限り、カトマンズに行くなと命令されていたので、一八八一年のはじめにインドにもどった。ケニス・メイスンは「彼の仕事は価値なし」と切って捨てるけれど、エヴェレスト峰にたいへん接近していた。

このカルタ地域を含み、チベット側のエヴェレスト周辺の測量と調査は、一九二一年のイギリスのエヴェレスト偵察隊によってはじめて行われた。しかし、これより前の一九一三年、インド陸軍のJ・B・ノエル（John Baptist Noel　一八九〇〜一九八九年）がシッキム北西部のチョルテン・ニマ峠からチベットに潜入。エヴェレストへのアプローチを調査した。イスラム教徒に変装し、三人の従者（ボティア族、シェルパ族、ガルワル人）をつれて、タシラクの少し先まで達した。ノエルはその後、一九二二年と二四年のイギリスのエヴェレスト登山隊に写真担当として参加した。ネパール側は一九五一年のエヴェレスト偵察隊がはじめて、ということになる。

(8) ネパールの地図

ネパール全土の本格的な地形測量は、先に触れたように、ようやく一九二四年からはじまった。それは当時の宰相チャンドラ・シャムシェール・J・B・ラナの要請によって、インド測量局が一九二四年一一月から二七年三月にかけて行ったものである。だが、このときでも写真の撮影は禁止で、イギリス人将校（測量官）の監督、同行を許さず、すべてインド人測量士が現地調査をした。

この測量の結果は一インチ四マイル、通称「クォーター・インチ・マップ」（縮尺二五万三四四〇分の一）としてまとめられ、一九二九年から三〇年代のはじめにかけて刊行。関係図幅は全部で二八葉、経緯度は各一度で区切られている。しかし、これらは時間的な制約と、ヒマラヤの険しい地形のために、あちこちにミスが見られた。

ネパール・ヒマラヤでのはじめての本格的な登山隊である一九五〇年のフランス隊は、目標のアンナプルナI峰を捜し求めて、右往左往したのだが、その途中でティリッォの大きな湖を発見したあと、人類最初の八千メートル峰の初登頂に成功した。『処女峰アンナプルナ』は世界各国でベストセラーとなり、アンナプルナは一躍有名になった。

第二次大戦中にはイギリス陸軍省参謀本部地図局（London, War Office）が、インドのものを複製し、一九五三年には一般に公刊。わが国の陸軍参謀本部陸地測量部もインドの地図を縮尺二五万分の一に修正し、複製していた。ネパールはもとより、ヒマラヤ全域にわたって昭和一七年ごろに刊行、すべてに㊙のマークが印刷されている。戦後も昭和三三年にその海賊版の「山賊版」が東京に現われた。エヴェレストからマナスルに至る間の五枚セットだったが、どの過程で転記ミスをしたものか、ギャチュン・カン峰が九一一六・五メートルとなり、当時、話題になった。

アメリカの工兵部隊地図局も、この大戦中にインド測量局の地図を複製した。ネパールに関係する部分は一九四四〜五〇年に出版、一九五四〜五五年に縮尺を二五万分の一に改め、再編集されたものが通称ＡＭＳ（Washington, Army Map Service）「Ｕ５０２シリーズ、インドおよびパキスタン」であった。図幅の範囲が広くなったため、ネパール部分は一九枚であり、チベット側は「Ｌ５００シリーズ、中国」である。また、内容はいっしょで、余白の註記が中国語という、台湾政府用のものもある。さらに旧ソ連でもヒマラヤ全域にわたり、一〇万〜二〇万分の一の地形図を作成していた。水系をはじめ、地形はかなり正確で、十分に使用できるが、高度などは全面的に信頼できない。これらの地図はソ連の崩壊後、欧米に流出し、日本にも来ているので、東チベットなどでの利用者が多いようである。

さて、インド測量局では一九五五〜五八年にネパールを四万分の一で航空写真測量をし、一九五八〜六五年に五万分の一で地上の再測量を行った。その結果、一九五七年から次つぎに新地図が刊行された。これが一インチ一マイル（六万三三六〇分の一）、「ワン・インチ・マップ」といわれ、日本の五万分の一に相当した。しかし、これは㊙（Restricted）で、一般には目にすることができず、ネパール政府の関係部局で使用され、ネパール全土を二七四枚でカバーするといわれた。

インド政府から提供された三〇〇セットの地図も、各部署で酷使され、満足なものがほとんどなくなったので、ネパール政府に原版を移譲してもらうよう、インドと交渉中だと、元観光大臣で地理学者のハルカ・バハドゥール・グルン博士に聞いたのは一九八二年であった。それと関係があったのかどうかは知らないけれど、わが国の国土地理院に相当する地形測量局（Topographical Survey Branch）が一九九〇年代から航空写真を使用して地形図を作成しはじめた。そして九〇年代後半から公刊しだした。釈迦生誕のルンビニの周辺は、日本の国際協力事業団（ＪＩＣＡ）が担当・協力し、他の大部分はフィンランド政府の協力によるものである。

北部の山岳地帯は五万分の一、南部は二・五万分の一で、全国が完成し、市販もされている。自前の地図だから、もはやインドに気兼ねする必要もなくなった。カトマンズ市内の本局や代理店、欧米の代理店でも入手できる。ただし、東端部のカンチェンジュンガ地域の三葉は、インドとの政治的理由とかで、発売されていない。

このように、ここ一〇年ほどで、ネパールの地図の事情もたいへんに様変わりした。それに引きかえ、中国やインドは精密な地形図を作っているにもかかわらず、依然として秘密主義のままである。人工衛星が頭上を自由に飛び交って、地上のものをなんでもお見通しだという時代なのに……。

第十三章　ベンガルのチベット学者S・C・ダスとラマ・ウギェン・ギャツォ

(1)　サラット・チャンドラ・ダス

インド測量局に雇用されていた、いわゆるパンディットたちは、ほとんどがヒマラヤ山麓の村の出身で、聡明ではあっても、高度な教育を受けたものはいなかった。しかし、ここに登場するサラット・チャンドラ・ダス（Sarat Chandra Das　一八四九〜一九一七年、記号ではDCSまたはSCD、あるいはthe Babu）はベンガル湾の海辺で生まれ、大学の高等教育を受けていた。

ダスは東ベンガル（いまのバングラデシュ）の港町チッタゴンで一八四九年、ヴァイドヤ（医師）のカーストに生まれた。カルカッタに出て、シブプールの州立工科大学（プレジデンシー・カレッジ）で土木工学を勉強。同時にサンスクリット学も学んだという。その在学中に学校視学官のC・B・クラーク教授と公教育局長アルフレッド・クロフト卿に出会い、二五歳のとき、ダージリンで開設されるブティア寄宿学校（Bhutia Boarding School）の校長にクラークから推薦された。マラリアに悩んでいたダスは、よろこんでこれを受ける。

学校はベンガルの総督代理ジョージ・キャムベル卿の指令で一八七四年に開設された。その目的は、シッキムとダージリン地区の若いチベット人や、シッキムの少年にいい教育を提供することである。また、チベットで役に立つ人間の幹部を育成することにあった。一八七三年にシッキムの国境地帯を視察した、ダージリンの副長官ジョン・エドガー（John Edgar）は「英語とチベット語、さらに山地測量の教育のため」に学校は必要だといっていた。最優秀のかったという。

卒業生はデーラ・ドゥンに送り、インド測量局で集中的に訓練することにしていたが、わずかに二、三人しか行かなかったという。

この学校でのチベット語の教師は、ラマ・ウギェン・ギャツォ（Lama Ugyen Gyatso 一八五一～一九一五年ごろ、記号はUG、あるいはThe Lama）といい、エドガーがペミオンチの僧院から雇ってきた。ラマはシッキム系チベット人で、名のある家系の出身。一〇歳でペミオンチ僧院に入り、そこに一二年間いた。のちにダスといっしょにチベットの探検をすることになるが、彼についてはあとでくわしく述べることにしよう。また、すでに触れたリンジン・ナムギャルはウギェン・ギャツォの義弟で、俗称チベット学校で教育を受け、パンディットになった唯一の少年である。

このブティア寄宿学校は、一八九一年に公立中等英語学校に併合された。

さて、ダスは一八七四年四月、ダージリンに着任し、エドガーに迎えられた。エドガーいわく、学校の目的はチベットとの交易を促進、助長するため、シッキムの少年を英語で教育することである。二年後には、エドガーはさらに少年たちに測量を学ばせ、国境を越えての探査を計画したい、とダスに相談した。七四年の八月までにはシッキムの村長や地主の子供、ダージリンのチベット人少年の中から一四人の生徒が入学した。これらの生徒たちは、チベットがイギリスに対して開かれたとき、有用な通訳者、地理学者、探検家になるであろう。ダスも意思の疎通のためにウギェン・ギャツォからチベット語を学んだ。

写真 39. S. C. ダス
（*AJ*, 106, 2001, p. 340）

一八七六年、ダスは休暇を利用してシッキムに行った。ウギェン・ギャツォのペミオンチ僧院も訪ね、ダージリンへの帰り道で、エドガーからクレメンツ・マーカムが編集したボーグル(一七七四〜七五年)とマニング(一八一一〜一二年)のチベット旅行の報告書(一八七六年刊)を貸し与えられた。ダスはこれをいく度も読み返し、ラサ訪問を熱望して、チベットへの探検の思いを高めていった。彼の『自叙伝』によれば、これがダスの人生をかえたといえる。七七年には二度目のシッキム旅行を行い、自分の弟とウギェン・ギャツォをつれて、ペミオンチをはじめ、多くの僧院を訪ねた。七八年にはチベット訪問の心中をウギェン・ギャツォに打ち明けたが、ダージリンの副弁務官からは拒否された。

そこでダスは考えた。ウギェン・ギャツォがペミオンチの一族の僧院の代表として、ラサやシガツェの僧院を訪問し、その折にダスのために入国の招待状、あるいは旅行許可証を入手する。ウギェン・ギャツォは学校からそのための休暇を与えてもらい、費用を援助してもらうことで同意した。三月はじめにA・クロフトが学校の視察にきたとき、この話をしてクロフトの援助、支援を求めたが、反応はいまひとつだった。だが、ダスは手紙を書き、チベットでチベット語の勉強ができれば、計画されているラサへの使節団の秘書として、通訳もできるだろうし、自分の申請が却下されるようなら、ネパール商人に変装してでも、チベットに潜入するといった。

七八年五月、ウギェン・ギャツォはチベットに行き、ラサでの申請はだめだったが、九月にシガツェのタシ・ラマ(パンチェン・ラマ)が発行した通行許可証を持ち帰った。タシ・ラマの執事がヒンドゥー語に興味を持っていたので、ウギェン・ギャツォはその教師としてダスを推薦。タシ・ラマはそれを認可し、通行許可証を同時に与えたのだった。その許可証はダスとウギェン・ギャツォがチベットでの旅に必要なポニー、駄獣、食料、宿泊などを援助し、用意するというものだった。インド総督リットン卿のインド政庁は、二人のチベット行をすぐに許可した。

七九年一月、ダスは校長職のほかに、英領シッキムの副視学官の官職を与えられたが、実際には休暇をとった。そして二人はカルカッタに行き、ついでデーラ・ドゥンに行って、インド測量局のタナーとハーマンの指令を受け、測量の再教育を受ける。パンディットのナイン・シンは二人に六分儀、プリズム・コンパス、沸点温度計の使い方を教えた。しかし、なぜか歩測と数珠玉を使った歩数計算までは教えなかった。ダスはインド測量局からの派遣ではなく、ダス自身のチベットへの関心から、ベンガル教育局からの派遣となり、旅の収穫を最大にするため、二人はインド測量局での訓練を受けたのだった。

一八七九年六月、ダスとラマは案内人一人、人夫二人を連れてダージリンを出発。測量用器具として携帯用六分儀、コンパスが各一台、測高計二台、温度計一台、双眼鏡一台、カメラ一台、写真撮影の手引書、現金一五〇ルピー、それにダスは回転式連発ピストル、ラマは単発式ピストルを携帯していた。シッキムに入って真北に向かい、六月一七日にジョングリに着く。一九日にそこを出発し、二〇日にネパールと国境をなすカン・ラの峠を越え、二三日にヤルン谷を渡り、チュンジェルマ峠を越えてグンサ村に達した。グンサの僧院はペミオンチと同じ紅帽派で、二人はたいへんに歓迎され、協力的であった。新しい人夫、プルチュンという名のガイドもつけてくれた。二五日にグンサを去り、カンバチェン村へ。雨季のために雨と霧、測量はうまくいかず、ネパールに入る峠では、ダスは高山病になってしまった。

二五日にカンバチェン、二六日はラムタンとローナクを経て野宿する。二七日も雪の上で野営となったが、ダスは途中でへたばり、雪の斜面をプルチュンに背負われた。そして、六月二八日、ついにチャタン・ラを越え、三〇日にチョルテン・ニマ・ラを越えてチベットに入ったという。のちにダスは、チャタン・ラの峠をD・W・フレッシュフィールドが一八九九年に越えたジョンサン・ラ（現在は高度六一六四メートルとする）と同じだとしたが、どうも地形の誤認があるように思える。いまのジョンサン・ラの西方約一五キロのチャブク・ラ（現在五九七九メートルとする）を越えたのではないか、とフレッシュフィールドもいっている。

ともかく、チベットに入った一行はカムバ・ゾンの西方を通り、七月七日、シガツェに着いた。ダスははじめてタシルンポ寺院を見る。「みがきぬかれた黄金の、目もくらむばかりの丘のように」目に入ってきたという。パンチェン・ラマは不在であったが、執事は二人をあたたかく迎えてくれた。ダスとウギェン・ギャツォはそれから二か月半も夕シルンポに滞在。執事はポニーで運ばれた本、玩具、幻灯機をよろこんだ。三人はそれから二週間、世俗を離れ、朝はサンスクリット語とヒンドゥー語の勉強をし、あとはカメラの使い方、現像法などを練習した。

八月にパンチェン・ラマがタシルンポに帰ってくると、ダスは拝謁する。「年は二六歳、身体はやせて中程度の身長、目立って広い額、わずかに斜めの大きな目」と表現している。そして、タシルンポに学生として滞在したい、という希望は許可されたが、イギリスのスパイではないかという疑いから、タシルンポに収蔵されているチベット語の経典を勉強するという口実をつくって、僧侶たちがダスの宿舎に交代で生活することになった。行動の監視である。八月末になって、ウギェン・ギャツォがダージリンへお金を取りにもどる予定のところ、変更して二人とも帰国することになり、執事から四〇巻のチベット語の写本をもらう。そして翌年四月にもどってくるようにいわれ、石版印刷機（執事が頭金を出す）、天然痘ワクチン、オルゴール、その他を持ってくるように依頼された。

九月の遅くにタシルンポを出発。カムバ・ゾンを経て、チベット内は通行許可証のおかげでスムーズにいき、ヤクに乗ってシッキム北東隅のドンキア峠を越え、シッキム領内に入った。峠の高度を五六三九メートルと計測したが、いまは五四九五メートルとする。ダージリンには一八七九年一一月一〇日に帰着した。

二人の路線測量は有用であった。それはシッキムの国境からシガツェまでが測量されていなかったからだが、ダスとラマは歩測をしていず、距離は正確でなかった。また、フレッシュフィールドに指摘されるまで、どの峠を越えてチベットに入ったのか、はっきりと認識していなかった。チベットの探検史を一冊にまとめたT・H・ホルディッチ卿（Thomas H. Holdich　一八四三〜一九二九年、イギリス工兵連隊、インド測量局一八六八〜九九年）は、ダスは測量士でなかったし、チベットの組織的探検家、地図作成者とすることもできないという。ダスは新鋭のチベット学者、仏教の研究家であった、としている。一八八〇年にチベットにもどる計画は、シッキムの局地的な騒乱のためにだめになった。ちなみにホルディッチは、イギリスの地理学協会から一八八七年、アフガニスタンでの測量の業績に対して、ゴールド・メダルを受けている。

(2) ダスのラサ行　一八八一～八二年

一八八一年、ダスは七月にクロフト卿に書簡を送り、二万ルピー（二四四〇万円）を要求した。インド政庁はラサまでの探査を認め、ラサで有力者と親交を結ぶように指示し、ラサで勉強を続けてよいとする。ダスに対して、イギリス当局は測量よりも学者兼外交官として興味を持っていたようである。ダスは五〇〇〇ルピー（三六〇万円）相当の金やサンゴ、真珠、その他の売れそうな物品を用意した。ダスの月給は三〇〇ルピー（約二一万六〇〇〇円）に倍増し、帰国前に死亡した場合、未亡人に年金として月額一〇〇ルピー（七万二〇〇〇円）を支払う。またウギェン・ギャツォの月給は一〇〇ルピー、その未亡人の年金は月額二五ルピーとした。

一八八一年一一月七日、ダスとラマはプルチュンを案内人としてダージリンを出発する。ダージリンを出ると、ダスはインド人の服装からチベット人のラマ僧の衣服に着替え、七九年のときにとったルートに似た道をたどった。シッキムからネパールに入ったのは、前回のカン・ラの少し南のチュンボク・ラ（チョンパ・ラ、四四九六メートル）だった。そして、カンチェンジュンガ峰の西側をたどる。プルチュンの生家のあるグンサ村に一一月二三日に着く。その後、ナンゴ・ラ（四八〇二メートル）を越え、ヤンマ村を経て、一一月三〇日にカン・ラ（現在五七四六メートルとする）を越えてチベットに入った。さらにタシラク、カムバ・ゾンを経て、一二月九日にシガツェのタシルンポ寺院に無事に到着した。

来てみると、執事は故郷の町ドンツェにいって留守だったが、ダスはタシルンポで旧交をあたためた、宗教的な実務や修行に忙しかった。またチベット語の勉強にもはげんだ。一方、ダージリンから別送した石版印刷機などがカムバ・ゾンの役人によって国境でとめられていた。プルチュンをそこに送って交渉させたが、うまくいかなかった。しばらくして、ダスは執事からドンツェに来るようにいわれる。そこはギャンツェに行く道中にあったので、ギャンツ

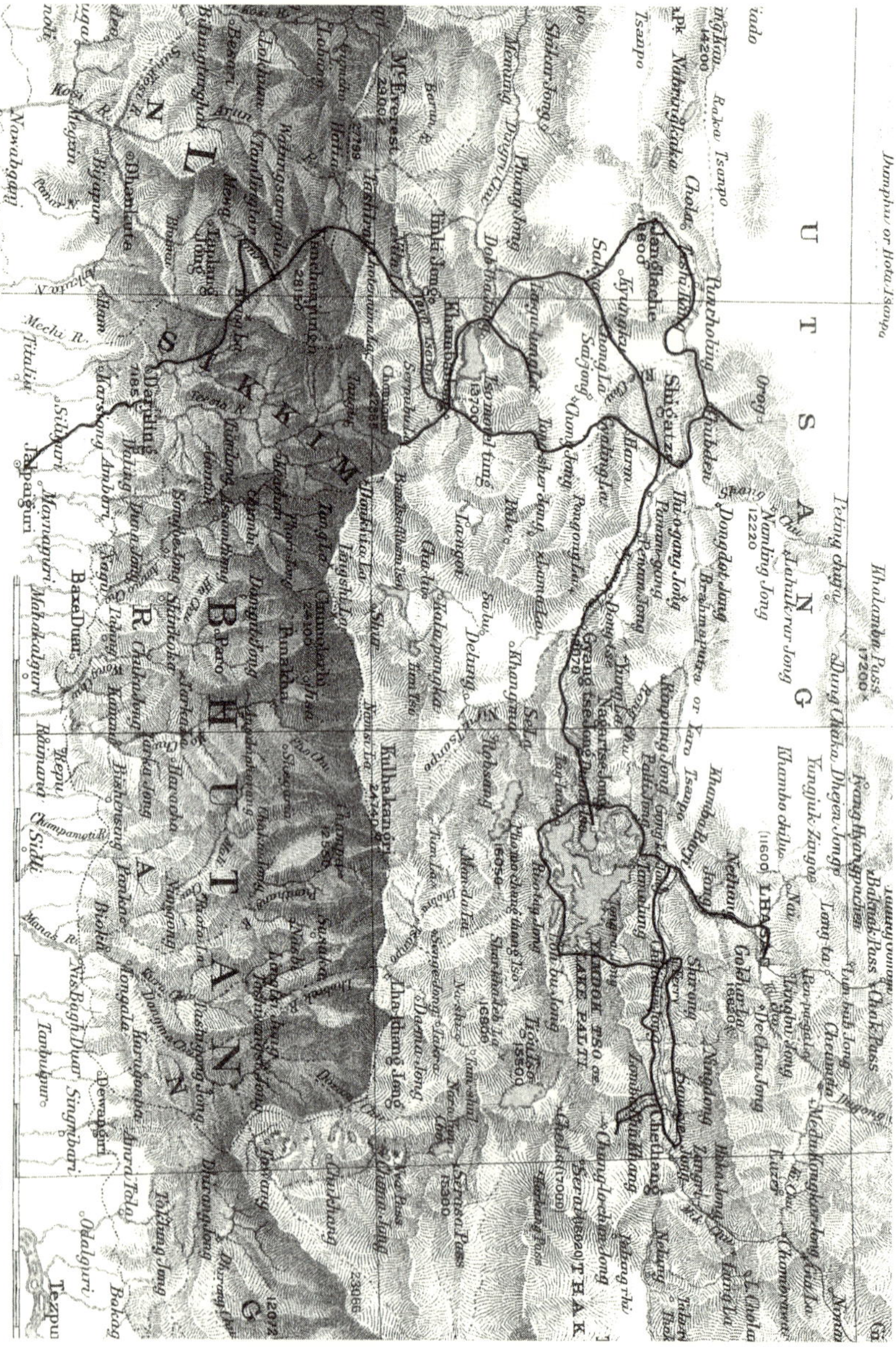

地図 18. ダスの 2 度目のルート（1881～82 年）（Das, 1904 年の付図）

ェを訪ねたいといい、手配をしてもらう。ギャンツェに行くと、ウギェン・ギャツォはラサへの道などを調べ、ギャンツェの中国軍やチベット軍のことを聞き出した。ドンツェに戻ってから三人はタシルンポへ帰る。

一月末にウギェン・ギャツォとプルチュンは、国境に残っている荷物をとりに行く。ダスは執事に電信の基礎や、英語、算数を教えた。そして一八八二年四月二六日、ダスは単身、シガツェを去り、ラサをめざす。ギャンツェを通り、カロ・ラを越え、ヤムドク湖西岸のナガルツェに五月一四日に着く。チベット人はその形から「サソリの湖」と呼んでいる。道中でラサ方面に天然痘が流行していると聞く。

ところが、ナガルツェでダスは高熱を発し、病気になってしまった。幸いなことに、一行の中にラサの高官の夫人がおり、サムディン僧院長にあてた紹介状をダスに書いてくれたので、そこに一〇日間も滞在し、特別の薬を飲んでよくなった。五月二七日にラサに向かう。二八日にカムパ・ラを越え、ツァンポ川に下った。川を渡る鉄鎖の橋があったが、この時季の川水はあふれんばかりで、橋の限界を越えていた。それでダスたちは長さ六メートルほどの小舟で渡る。そして五月三〇日、ついにラサに入った。

ラマ僧の服を着て、タシルンポの僧たちが泊まる宿に入る。それから街路と寺院の地図を作り、チベット語の本を買い求める。「大聖堂」のチョカン寺（大昭寺）などを訪ね、寺院の宗教的儀式にも参加。六月一〇日にはポタラ宮でダライ・ラマ（第十三世、一八七六〜一九三三年）に拝謁した。「利発そうな色白の顔で、赤い頬をした八歳の子供」とダスはいうが、実際は六歳だったようだ。

ダスの下男がラサの天然痘の蔓延に不安を訴えたので滞在を短縮。六月一三日にラサを離れて、一八日にドンツェにもどる。さらにタシルンポに帰ると、ダスはイギリスの手先だという噂が広がりはじめ、もう退去するときだと、ウギェン・ギャツォを一〇月一七日に一足先はやくにインドへ送り出す。他方、ダスとプルチュンは一八日にタシルンポを出発、ギャンツェを二一日にあとにし、もう一度東方へ行く。ヤムドク湖の南岸を通って一〇月三〇日、七七五年ごろに建てられたという、有名なサムイェ寺院に着いた。さらにツェタンに足をのばし、ヤルルン谷を訪ねたあと、ツェタンを一〇日に発し、一一月二四日に再びタシルンポにもどった。この少し前、キシェン・シン(AK)が大探検からインドにもどる途中、一〇月八日にツェタン、一一日にサムイェを通過していた。

シガツェではパンチェン・ラマ(八世、一八五五~八二年)が死去していたので、ダスは執事の仲介でシャペー(大臣)から、インドに出国、チベットに再入国する許可を与える、という通行許可証を入手した。そして一一月三〇日、プルチュンを連れてタシルンポを去り、一二月四日にもう一度サキャ僧院を訪ねた。さらに南東のカムバ・ゾンに行き、一二月一〇日、コングラ・ラ(五一二三メートル)でシッキムの国境を越えた。それからティースタ川に沿って、一二月二七日にダージリンに帰着した。およそ一四か月の長旅であった。

ダスは山地出身のパンディットたちと違って、チッタゴン生まれのベンガル人で、大学教育を受け、口語チベット語を独習した学校長であった。ナイン・シンたちは身分が低いためのハンディキャップがあったが、ダスはチベットの支配階級の生活にも加わったし、ラサへの到達はとくに意義深いものであったといえよう。一八七九年にダスがチベットにいるとき、ロシアの大探検家プルジェワルスキーはラサ入りを阻止されたし、ハンガリーのベーラ・セーチェーニもラサの計画を放棄した。したがって、この時期にラサに入ったことは、非常に高く評価されてよかった。しかし、彼の成功は英領インドの上級官吏の間に、悪意に満ちた噂を引き起こすことになる。ある者はロシアの二重スパイだといい、他の者はペテン師ともいったという。

ダスのラサ紀行の報告書は、一八八五年にカルカッタのベンガル政庁出版局で一〇〇部限定、機密回覧用として公刊された。ツェタンに行った踏査後半のヤルルン紀行は八七年に続刊されたが、前者は刊行直後、ロシアのセントペテルスブルグの自由市場で買えたという。こうなると、機密もなにもあったものではない。その後、一九〇二年にW・W・ロックヒルの編集によって『ラサおよび中央チベットの旅』がロンドンで刊行された。また、フレッシュフィールドの『カンチェンジュンガ一周』(一九〇三年)の付録として、ダスのもとの文章の一部がそのまま転載されている。

ラサからもどったあと、ダスはインド政庁の、正式にはベンガル州政府教育局に雇用され、チベット方面の政治的な仕事に従事した。一八八四年一〇月には、ベンガル州政府の役人コールマン・マコーリー（Colman Macaulay）についてシッキムのチベット国境へ行き、一八八五年一〇月には、ベンガル州政府の大蔵次官だったマコーリーが率いるイギリス使節団に同行して北京へ行った。一八七六年の芝罘《チーフー》条約をよりどころに、使節団のチベット入国の通行許可証を出すように中国政府を説得。チベット政府は拒否したが、中国当局は許可証を出した。だが、ビルマに関して中国との和解から、一八八六年のマコーリーのチベット使節団は中止された。

北京にいたとき、ダスはアメリカ公使館員のW・W・ロックヒル（William W. Rockhill　一八五四～一九一四年）と知り合った。彼はチベットに多大の関心をもち、研究をし、そして一八八八～八九年と一八九一～九二年の二度にわたってラサ到達を試みたが、いずれも失敗していた。そして一九〇二年、ダスのラサ紀行を編集してロンドンから出版する。ロックヒルのチベットに対する並なみならぬ執念をそこにうかがうことができるのだが、ダージリンに戻ったダスは、ベンガル州政府の仕事、チベットの諜報活動に従事し、チベット語の翻訳、そして学究生活に入った。

ダスはチベットにいたとき、インドでは見られない、サンスクリット語で書かれた書物を見つけ、「写本や木版刷りの本を二〇〇巻」以上持ち帰った。これらの文献、資料から、一四〇〇ページほどの分厚い『蔵英辞典』（一九〇二年）や『チベット語文法入門』（一九一五年）などをまとめて公刊し、多くの学問的成果をあげることになる。すでに第七章でのべたが、キプリングの小説『キム』（一九〇一年）に登場する「ハリー・バブー」、別名ザ・バブーあるいはR17、正式名称「ハリー・チャンデル・ムーケルジー」は、ダスがモデルだろうといわれている。バブーというのはインド人紳士という意味であり、バブーは教育を受けた書物好きのパンディットであり、秘密情報員である。

インド陸軍医療部隊のL・A・ウォッデル中佐（Lawrence Augustine Waddell　一八五四～一九三八年）はダスに対して好意を持っていなかった。自分こそ、チベットに関してイギリスの指導的権威者と自認し、チベットに関する著作も有していたが、一八九二年に仏教徒巡礼者としてラサに潜入しようとし、国境で簡単に見破られていた。また一九〇三〜四年のヤングハズバンドのチベット遠征隊に参加し、ラサに入っている。一方、ダスはそんな状況下でも、インド帝国勲爵士を授けられ、政府への奉仕に「ライ・バハドゥール」の称号を与えられた。イギリス地理学協会は一八八七年に「バック賞」を与えた。これは北極の探検家ジョージ・バック海軍大将（George Back　一七九六〜一八七八年）の遺贈金によって運営されていた賞であった。一九〇五年にはロシア帝国考古学協会はダスを客員会員に選んだ。そして晩年は「ラサ・ヴィラ」という山荘で蔵英辞典などの著作にはげんでいた。

(3) ダスと河口慧海

わが国の入蔵第一号、河口慧海（一八六六〜一九四五年）がチベットに潜入するとき、このダスたちにチベット語を学んだ。一八九七年（明治三〇年）に三二歳で神戸港を出発。その年の八月から翌年にかけてダージリンで勉強した。九九年にネパールに行って機会をうかがい、一九〇〇年にチベットに入り、一九〇一年三月二一日にラサに到着する。この慧海が道中のヤムドク湖で聞いた話によると、「ダスがインドからきて、何かまじないをこの湖水の中に吹き込んだ。あるラマ僧がきて、その赤味だけをなくしたけれど、まだ毒成分が残っているという。水が真っ赤になったのは事実なんだが、ダスが帰って間もなくだったので、ダス師がやったという風説が生じたらしい」という。雨が降ったあとに、赤味を帯びた泥水がヤムドク湖に流入することを、筆者も一九八五年八月に見ているが、ダスのチベット潜入を、チベット人が苦々しく表現した作り話のように思える。

ダスがイギリスの手先だったという話が、ラサのチベット当局に届いたとき、ダージリンにスパイが送り込まれ、その事実を調べた。それでダスの入蔵を止められなかった役人、彼を助けた人間はきびしく罰せられ、財産は没収された。まず、タシルンポの執事は一八八七年六月、ラサの市場で公開の鞭打ちの刑、そのあと惨殺され、遺体は川に投げ込まれた。執事の甥であったギャンツェ県の知事とその妻は、ラサでのダスのパトロンだったので、二人は無期懲役、そして獄死。彼らの召使いは手足を切断され、目をえぐり取られ、ゆっくりともだえ死んでいったという。また、ヤングハズバンドのチベット遠征軍がラサのとある牢獄で、ドンツェの村長とその息子を見つけたが、二人はダスを援助したというので、投獄されていたのだった。

慧海がラサにいたとき、チベットの役人からダスのことを聞かれたというが、ラサで自分の素性が露見しそうになり、一九〇二年五月二九日に急いでラサをあとにした。七月三日にダージリンに着き、ダス邸に投宿。だが、翌日からマラリアの発熱で寝込んでしまったが、その後、ダスの依頼で『チベット文典』の著述などをした。ところが、これは三か月で中断せざるを得なかった。というのは、一〇月になって、ラサで世話になった恩人知人が投獄されていると聞き、その救出のためにネパール行を企てたのである。ダスと同じことが慧海の身に降りかかってきたのだ。

一九〇三年一月二一日、慧海はカトマンズに着き、二月一一日、三度ネパール大王（チャンドラ・シャムシェール）に謁見し、ラサで投獄されている恩人救出のため、ネパール国王を通じてダライ・ラマに上書文を送ることを願い、それを許された。それが功を奏したのか、たいへん世話になった大蔵大臣だった人は、獄中で生命も危なかったといわれたが、兄のガンデン寺の座主の尽力もあって、早くに放免された。一九〇四年九月八日にはヤングハズバンドのチベット遠征隊によって、牢獄からダスの関係者二人と慧海の関係者二人が救出、釈放された。

その後、河口慧海は二度目の入蔵を果たす。すなわち、一九一三年（大正二年）一二月二〇日にカルカッタを出発。シッキムを南から北へ縦断して、一四年一月一二日にセポ・ラを越えてチベットに入った。カムパ・ゾンとシガツェを経て、八月七日にラサに着く。翌一五年の正月元旦、ラサに在住の四人の日本人が新年会を開いた。すなわち、慧海、青木文教（一八八六～一九五六年）、多田等観（一八九〇～一九六七年）、矢島保治郎（一八八二～一九六三年）の四人である。慧海はそのあとの一月一九日にラサを去り、往路をたどって五月四日にダージリンに来た。痔の治療などのためにダージリンに二か月も滞在。七月五日にカルカッタに出た。サラット・チャンドラ・ダスはこの一五年か、その前年にダージリンからカルカッタに転住していた。

そして慧海は、六七歳のチベット語の師匠ダスと、その四男（末子のトラブハス・クマル・ダス）を秘書役として帯同し、一五年八月七日にカルカッタを出港、九月四日に神戸に着いた。目的は日本仏教の視察と観光であった。アジア人初のノーベル賞の受賞者ラビンドラナート・タゴールも同道の予定のところ、出発間際に取りやめになる。しかし、彼は翌一六年五月には来日した。

神戸に着いたダスは、その後、大阪、京都、東京などを訪ね、年末か翌一六年のはじめにはインドに帰国したようだが、一九一七年一月五日に死去した。ところが、『パンディット』（一九九〇年刊）の著者D・ウォーラーはじめ、欧米の著述家のほとんどは、ダスは一九一六年に訪日し、日本で死んだと書いている。しかし、ダスの『自叙伝』（一九六九年刊）によれば、「一九一七年一月五日の死の二、三か月前に、ダスは家族全員の反対にもかかわらず、日本へ行くことに決めたといっていた」とある。「…いっていた」とあるから、それはカルカッタに違いない。「日本へ行くことに決めた」のであって、「日本へ行った」のではない。

ダスはまた、インド測量局のパンディットであり、イギリスの手先、情報機関員であった。しかも、自分のラサ紀行、チベット情報を一九〇二年にロンドンで公刊し、彼の存在は公然たるものであった。そのダスにチベット語を習った河口慧海は、その一九〇二年に出蔵してきたし、ラサ滞在中に師匠に手紙も送っていた。ダージリンにもどってからは、ダスに直接、チベット、ラサ情報を語ったであろうし、それらがダスを通じてイギリス当局へ流れたであろう。「ダスを通じて、イギリスのために働いたに違いない」という具合に、欧米では色メガネで見られたり、なかには「日本政府の密偵であった」という人もいるが、筆者は決してそんなことはなかったと考える。しかし、当人の意図や意思にかかわらず、間接的にでも、いろんなチベット情報がダスを通じてイギリスへ伝わり、一九〇三〜四年のヤングハズバンドのチベット遠征に最新情報として利用されたことであろう。したがって、欧米の識者から疑われても仕方のないところもある。スパイとまではいかなくても、結果的に情報提供者となっていく例はいろいろある。

河口慧海がラサにいたころ、ロシアのスパイ、代理人もダライ・ラマ十三世に深く食い込んでいた。その名をアグワン・ドルジェフ（Agvan Dorjiev　一八五四〜一九三八年）という。慧海はロシアの秘密情報員として彼を見て、その動きに注意していたことが旅行記に記されているし、イギリスもロシアのスパイとみていた。ドルジェフはシベリアのバイカル湖付近に生まれたブリアート人で、ロシアの臣民で仏教徒ラマ僧であった。彼は一八八〇年からラサに来て、八五年にデプン寺に入り、このころから活動を開始。九五年に実権を握ったダライ・ラマの信任を受け、政治的顧問となって、ほとんど二〇年間も働いた。

チベットとロシアの関係は、一八九四年の使節の往来にはじまるといわれる。一八九八年にはバラノフ使節団がラサにきたが、ドルジェフはダライ・ラマの意を受けて、続けて二度もサンクト・ペテルスブルグに行った。最初は一八九八年にラサを発ち、一九〇〇年九月三〇日にダライ・ラマの親書を持って、皇帝ニコライⅡ世（一八六八〜一九一八年）に謁見。一一月にペテルスブルグを去ってウルガ（現ウランバートル）経由で、一九〇一年一月にラサにもどった。

しかし、すぐにもう一度ロシアに行くように命じられ、ネパールのカトマンズ経由でインドに出て、コロンボからオデッサ行きのロシア船に乗った。そして一九〇一年七月二三日、皇帝に再び謁見する。カトマンズではボドナートの寺院を訪ねたドルジェフが、砂金とサフランを奉納したことをイギリスの情報機関がつかんでいたという。ラサに一九〇一年三月二一日から翌年五月二九日まで滞在した河口慧海は、こんなあわただしいドルジェフの動きを、当然、チベットの要人から耳にしていたに違いない。一九〇三年秋に東チベットのタチェンルー（現在の四川省康定）にロシア領事館が開設され、ドルジェフはその前にラサにもどっていた。

一九〇二年か三年ごろ、ロシアとチベットが秘密協定を締結したらしいという報告がイギリスへ流れると、インド総督カーゾン卿が大いにいら立ち、一九〇三年にヤングハズバンドをカムバ・ゾンへ派遣し、チベットとの交渉にあたらせた。しかし、交渉はのらりくらりと埒があかず、ついに一九〇四年のチベット遠征軍の出陣となる。遠征隊が八月にラサに入ると、ダライ・ラマ十三世とドルジェフはモンゴルへ逃亡した。一九〇二年に日英同盟ができており、さらに一九〇四年二月から日露戦争がはじまって、ロシアはチベットに対して、なんらの動きも手を貸すこともできなかった。

ドルジェフがダライ・ラマの意を帯して暗躍しているとき、同じブリアートの知識人、G・T・ツィビコフ（Gonbojab T. Tsybikov　一八七三〜一九三〇年）がチベットに入った。彼はウラジボストークの東洋研究所の教授で、青海省から仏教徒巡礼として、巡礼ラマの一行に加わる。ロシア地理学協会の使節団員であり、ロシアの代理人（スパイ）であった。モンゴルのウルガを一八九九年一一月二五日に出発、翌年四月に青海のクンブム寺を発つ。ナクチュ経由で八月三日にラサ到着。シガツェ、ギャンツェ、ツェタンなどで多くの僧院を訪ね、カメラも使用していた。そして一九〇一年九月一〇日、ラサをあとにし、ウルガ経由でキャフタに一九〇二年五月二日に帰着した。

このように、アジア系のブリアート人などは仏教徒となって、容易にラサの巡礼ができたようだ。ドルジェフと行動を共にしたこともあるO・ノルズーノフはカルミク人であった。これに対して、ロシア最高の中央アジア探検家ニコライ・プルジェワルスキーは、いく度もラサをめざしたが、ついに達することができなかった。白系ロシア人であり、仏教徒にはなれなかったのである。スウェーデン人のスヴェン・ヘディンも同様であり、いくら上手に変装しても、ヨーロッパ人種であることを隠すことはできなかった。その点、日本人がたいへん有利であることは、いうまでもなかろう。一九一五年の正月にはラサに日本人が四人も集まっていた。

(4)　ラマ・ウギェン・ギャツォ

ラマ・ウギェン・ギャツォは、すでに述べたように、シッキムのペミオンチ（ペマヤンツェ）僧院のラマ僧であった。一〇歳で僧院に入り、約一二年間、そこで仏教の勉強をしていたが、一八七二年にチベット大蔵経の注釈書（テンギュール）を入手するようにと、僧院の依頼を受け、一年後に二二五巻のセットを持ち帰った。一八七三年にダージリンを訪問したとき、そこでベンガル州の総督代理ジョージ・キャンベル卿に会う。その年末、副弁務官のジョン・ウェアー・エドガーに同行して、シッキムのチベット国境を調査。エドガーがシッキム藩王にダージリンのブティア寄宿学校のチベット語の教師を依頼すると、ウギェン・ギャツォが選ばれ、サラット・チャンドラ・ダスの校長のもとにやって来た。そしてダスに従って、一八七九年と一八八一～八二年の二度、チベットの探査に加わった。ダスの秘書兼測量士として、またときには通訳として働き、インド測量局では「ザ・ラマ」とも呼ばれた。

一八八三年、ベンガル州公教育局勤務であったラマは、最後にして最高の探検を行った。月給は一〇〇ルピー、距離一マイル（一・六キロ）について一ルピーを加算。停滞したときは一日につき四ルピーであった。六月一日に公教育局長A・クロフトから特別任務、チベットへ出発せよとの指令がきて、妻のチョキ（Choki）とその兄弟、すでにのべたリンジン・ナムギャルか、ラマのもう一人の義兄弟キュン・ドゥン・リンジン・ラデン・ラ（Khyung Dung Ringzing Laden La）の二人が同行した。

出発前にインド測量局のタナー大佐の測量隊に合流、プリズム・コンパスの読み方、測高計（液体の沸点から高度を決める計器）の使い方の特訓を受けたが、植物標本の作り方はカルカッタの植物協会で、情報収集についてはベンガル州政府のコールマン・マコーリーから教えられていた。測量作業はシッキム北東のドンキャ峠から開始せよと、測量ルートはクロフトから指示されており、ラマは商品として運ぶ布地、針、タバコなどを購入、旅のための医薬品と資金を十分に用意した。そして六月九日、ダージリンを出発。好奇心の強い隣人たちには自分の故郷のヤンゴン村へ行くと告げる。

ヤンゴン村には一二日に着き、古い家に九日間滞在。叔父は寺院の首席ラマをしていた。雨季の雨の中を前進し、七月六日にラチュンに来る。ジャングルの道にはヒルとヘビが待ちかまえていた。ラチュンでは親類宅に泊まり、チベットの通行許可証の交渉、妻を連れての巡礼だといって、ユムタンに滞在するチベットの役人から許可証を得た。一八日にその役人を連れて出発、七月一九日にドンキャ・ラ（五五一七メートルとする。いまは五四九五メートル）を越

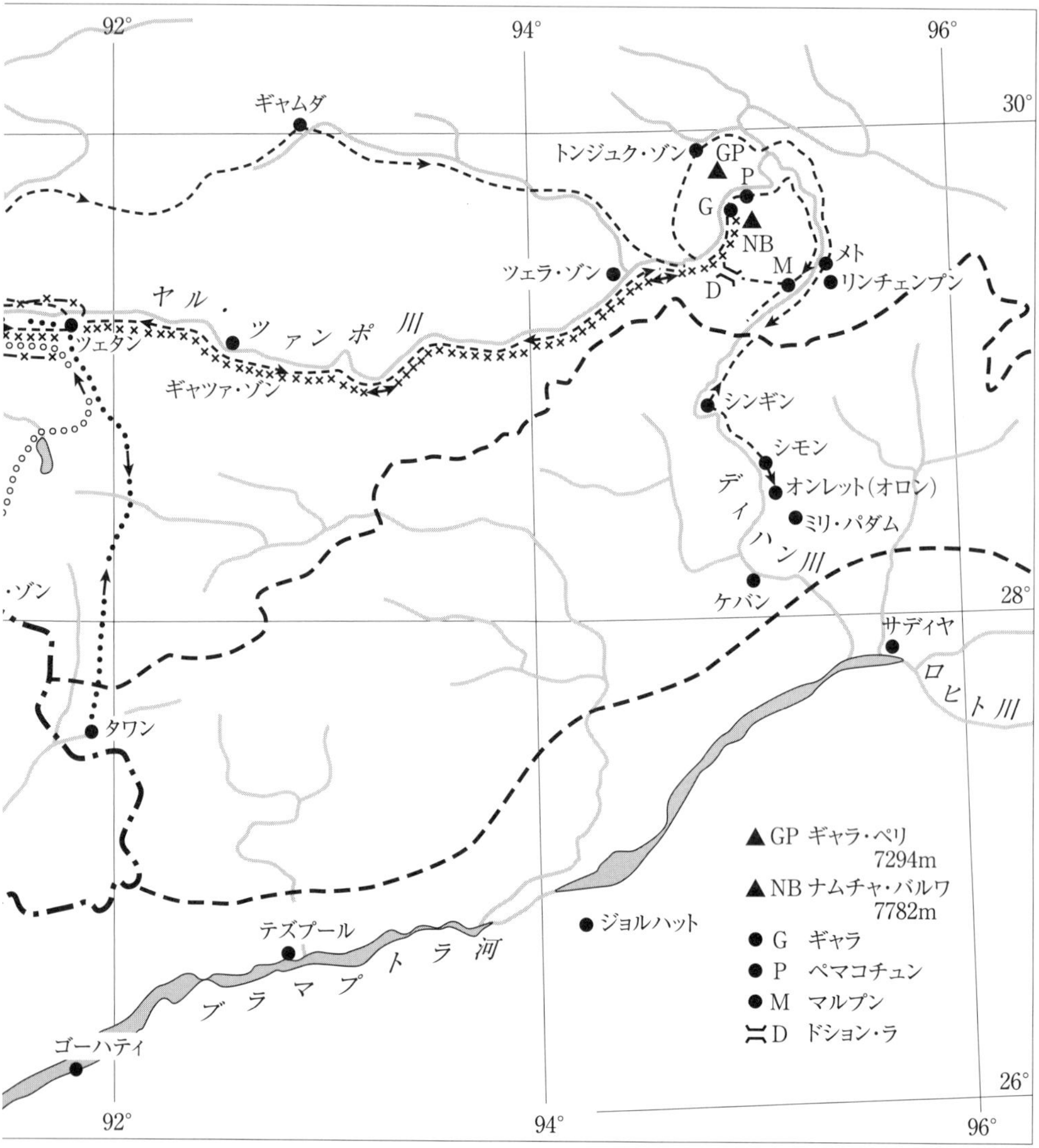

地図 19. キントゥプらの探検ルート

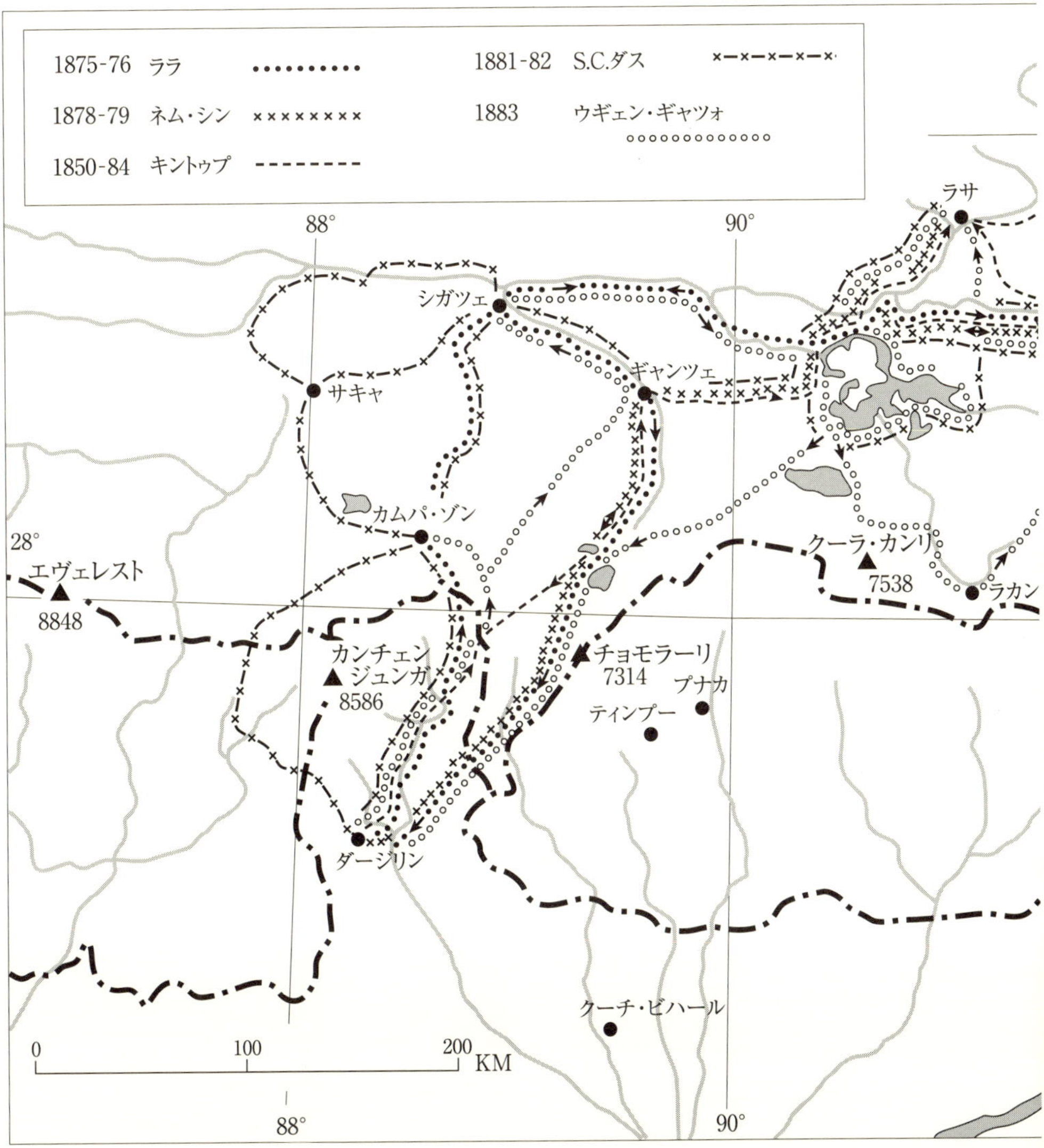
1875-76 ララ
1878-79 ネム・シン
1850-84 キントゥプ
1881-82 S.C.ダス
1883 ウギェン・ギャツォ
ラサ
88°
90°
シガツェ
ギャンツェ
サキャ
カムパ・ゾン
28°
エヴェレスト
8848
クーラ・カンリ
7538
ラカン
カンチェン
ジュンガ
8586
チョモラーリ
7314
プナカ
ティンプー
ダージリン
クーチ・ビハール
0
100
200
KM
88°
90°

える。峠では高山病に苦しむが、測量を開始、植物の標本も採集した。そして二六日にカムバ・ゾンに着く。ここではゾンペン（知事）に贈物をして旅行許可証をもらったが、妻の存在は安心感を与え、本当の巡礼のように見せかけた。

二七日には三五キロの道をゴンプ・タツァンに引き返した。そして北東に向かい、七月三一日にギャンツェに達する。ウギェン・ギャツォを知るシッキム人がいたので、すぐには町に入れなかった。ようやく八月三日に町に入り、友人を見つける。また町と市場を見下ろすギャンツェの寺院を訪ねる許可を得た。「寺院は四四五年に建ち、九層、形は八角形、僧侶の数は六〇〇人」という。これは白居寺（パンコル・チョエデ）のことで、大学堂は一三九〇年の建立で、大チョルテンは九層の高さ三二・五メートル、一四二九年の建立などのほか、諸説がある。河口慧海は一九〇二年に一五〇〇人の僧がいたという。

八月四日にはラマたちはギャンツェを去り、シガツェには七日から一三日まで、七日間滞在した。タシルンポも訪問し、その僧は三〇〇〇人といい、一九〇〇年の慧海は三三〇〇人としている。一四日にシガツェから東へ出発、ツァンポ川の南岸に沿って進む。途中からツァンポを離れ、ヤムドク湖西岸のナガルツェを過ぎ、二三日にサムディン寺に来た。雨と霧の中、八月中はヤムドク湖を調べ、サソリのような形の湖のほぼ全体を探検し、地図を作成した。これは今度の測量の重要な業績の一つであった。

八月二九日にサムディンにもどり、九月一日にそこを発ち、ポモ・チャン・タン湖（四八九二メートル）の東端を通り、南東にクーラ・カンリの雪山を見る。三日にメンダ・ラ（五三一九メートル）を越え、さらに五日にトゥム・ラ（五一三六メートル）を越えた。その先にトンツォ・パマリンという聖湖があり、その南にクーラ・カンリの雪山が絵のように美しく見えた。クーラ・カンリの北にはドーム状のクライ・チャム（クーラ・カンリの妻）といわれる山があり、そのそばにはチェンレジ、チャグシ、ロンチェン・ラトイ・カールなどの支峰がある。七日には南東へ向かい、ロブラク谷とタムシュル谷の合流点のラカン・ゾンに達した。ここはブータンの国境から二日のところである。

ところが、ラカン・ゾンで大きなトラブルが発生した。ラマが近くの寺院を訪ねてもどってくると、泊まっている家に役人が二人来て、荷物の検査をしていた。ラマの妻はノートや器具をかくしたが、役人の疑惑を招く物品がいくつか見つかり、スパイとして告発される。ウギェン・ギャツォは逮捕され、妻とその兄弟は監禁され、重大な事態となった。ラマはゾンペンやその他の役人に賄賂を贈り、これを乗り切ろうとした。ゾンペンはラマの所有物(器具、植物標本、書物、地図など)をすべてラサへ送り、処罰の方法についてラサ当局から回答がくるまで、一行を留め置くことに決めた。そのためにラカン・ゾンでの拘留が長引きそうだったが、役人たちは非常に穏やかに振舞った。そのうちに賄賂も利いてきたのか、ラマがスパイであることを知りつつも、ゾンペンは所有物をすべて返してくれた。ただし、くわしく書き込んだノート類は焼却された。そしてラサには行かないこと、さらにウギェン・ギャツォの逮捕と解放のことを秘匿しておくという約束をして、釈放してくれた。すべての器具や植物標本はもどされ、持ち帰りを許される。さらにゾンペンが支配する地域内の通行許可証も与えてくれた。

九月一五日朝五時、ラカン・ゾンを出発、タムシュル谷を遡る。ダマ・ゾンでまたまた荷物を検査されたが、うまく処理し、ティグ湖を経てヤルルン谷に入り、ツェタンに達した。ついでツァンポを渡河し、左岸を西へ向かう。前年の八二年にダスが来たサムイェ僧院に行く。一〇月七日、ツォンカの渡し舟でミンドルリンへ行くためにツァンポを渡る。川幅は一キロ半ほど。ミンドルリンを往復してから、ツァンポの南岸沿いに西へ進む。三度ツァンポを北岸へ渡り、ドルジェタグ寺へ。それから北上してトゥンゴ・ラ(四九七七メートル)を越え、一〇月九日にキ・チューの川を渡り、ひそかにラサに入った。そしてデプン寺にいた友人にかくまってもらう。

一〇月一六日、ラマはラサ市街の測量を開始、傘をさして二日間で終える。町の一周は九五〇〇歩であった。ラサには鳥葬(天葬)の場所は二か所ある。大きいのは町の北東ラガといわれるところ、もう一つはラサの城壁の中の、寺の近くで、死体処理人をラガパという。

市内の市場で、乞食にダージリンから来ていることを見つかり、金をやって黙らせたが、すぐにラサを出ることにする。一〇月二〇日の夜明けにチョカン寺をお参りし、デプン寺を遠望しながら、キ・チュー川の右岸を行く。二一日にネタンからツァブナに泊まり、二二日にツァンポ北岸のチュシュルに着いた。そこに古い鉄の釣橋があったが、たいへん古いので、いまはだれも使わず、かわって渡し舟を使う。このあと、カムパ・ラ（四五五七メートル）を越え、ヤムドク湖岸のタマルンへ行く。峠越えで難儀したのは、中国の駐蔵大臣がラサへ行くため、その荷物や従者が道をふさいだことであった。

湖に出てから湖岸を東へ測量を進める。東端のシャブシから西へ反転し、一〇月二九日、九月に通過していた南の湖岸のタグルンに来た。これでヤムドク湖を時計回りの方向で、ほぼ一周したことになる。このあと、トゥク・ラ（五一五一メートル）を越えてポモ・チャンタン湖の西岸に出、ついでラブツェ・キャロ峠（五一〇〇メートル）、一一月三日にロブサン峠（四九九九メートル）を越えると、南にチョモラーリの山群が見えてきた。一一月九日にタン・ラ（四五七二メートル）に向かって出発。一〇日にチュンビ渓谷に入り、パーリ、ヤートンを経て、一一月一七日にチョ・ラ（四四三五メートル）を越えてシッキムに入ると、そこで測量を終了した。

ウギェン・ギャツォは一二月六日にペミオンチの自分の寺に到着、しばらく休んだあと、一八八三年一二月一五日にダージリンにもどった。

六か月半にわたる踏査の報告は、ラマが英語で書いたが、ヤムドク湖の測量は最高に有益だったし、ラサ〜ダージリン間の最短ルートの地図化も素晴らしかった。サラット・チャンドラ・ダスの陰にかくれていたが、たいへん優秀で、第一級の仕事をなしたといえよう。ラマは第一線から引退してからもインド測量局に協力していた。後述するキントゥプの報告のまとめを手伝い、モンゴル人ラマ僧セラプ・ギャツォのツァンポ下流の流路の報告も編集。ダスの蔵英辞典も手伝った。

一八八四年一〇〜一一月、ベンガル州政府のコールマン・マコーリーの使節団に加わり、シッキムとチベットの国境に同行。また一八八八年、チベット軍がシッキムに侵入してきたのを排除するためのシッキム遠征では、主任通訳官として働き、チベット兵捕虜の尋問に手を貸し、シッキム国境のジェレプ峠からチュンビ渓谷を通る道について、くわしい情報をイギリス軍に提供し、協力した。その結果、一八九三年にインド政庁はシルバー従軍勲章を与え、同年一〇月三〇日にはライ・バハドゥールの称号とメダルを授与。インド測量局の長官ヘンリー・トウィリア大佐(Henry Ravenshaw Thuillier　一八三八〜一九二二年、長官一八八七〜九五年)から一〇〇〇ルピー(一〇〇ポンド、約七二万円)の報奨金をもらった。この長官の父H・E・トウィリア卿(Henry Edward Thuillier　一八一三〜一九〇六年、長官一八六一〜七七年)も同じ長官を務めていた。

一八九五年六月、ラマはダージリンの政庁保有地の副支配人に指名され、数年後に支配人となった。最後はヤンゴンに引退し、一九一五年ごろに死去したらしい。あとに二人の未亡人が残されたが、その二人にインド政庁から年金が支給されていた。第一夫人のチョキは一九二一年に死亡といい、養女以外に二人には子供がなかった。

第十四章　ツァンポとブラマプトラ河の解明

(1) チベットの大河ツァンポはどこへ

チベットを西から東へ流れ、ついで南に向かってインドに流下するヤル・ツァンポ。ほかに揚子江（長江）、メコン川、サルウィン川が並行して北から南へ流れる。それぞれが狭いところで五〇〜六〇キロほどしか離れていない。サルウィンの西にはイラワディ（エーヤワディ）川があり、ビルマ（ミャンマー）と中国の国境山地からラングーン（ヤンゴン）に流れる。さらに西方では四つの川、ロヒット、ディバン、ディハン、スバンシリがアッサム（インド）とチベット（中国）の国境からインド平原へと南流し、インド平原でブラマプトラ河に合流する。

一八世紀のヨーロッパでは、チベットの大河ツァンポがアジアの他の川とどうつながっているのか。アッサムのブラマプトラ河なのか、ビルマのイラワディ川か、サルウィン川か。地理学者の間では解明されるべき問題であった。

一八世紀のはじめに中国のイエズス会士のデータにもとづく地図は、ツァンポがイラワディにつながるように示し、フランスの地理学者ダンヴィルはそのように信じていた。しかし、これはラサに入ったキリスト教宣教師の情報と矛盾していた。インドの初代測量局長官ジェイムズ・レネルは、カトリック宣教師の考えを正しいものと認めていたし、一七六五年にレネルはアッサムにわけ入り、ブラマプトラを探検し、原住民の情報、その他の資料から、ツァンポ＝ブラマプトラだと結論していた。

すでに触れたボーグルやターナー、パンディットのキシェン・シンらの報告も、二つの大河は同一だといっていた。

だが、アッサムに流下するという、ツァンポの流路をたどったものはいなかったから、いくつかの疑問は残った。ブラマプトラにツァンポを運ぶ水路はどれか、ディハンかスバンシリか、意見の不一致があった。そしてこの地域の探検は非常に困難である。第一はそのきびしい自然条件、赤痢やマラリアが蔓延し、野獣が跋扈する。第二はチベット人ともインド平原の人ともほとんど接触を持たない部族が住み、ごく近くの隣人さえも疑い、よそ者はいうまでもないという地域であった。

そこでイギリスは、アッサム地帯をインドとチベットの緩衝地帯とし、一八世紀は一般的に内政不干渉の政策をとっていた。ところが、一八一七年と一八一九年にビルマがアッサムに侵入して、ベンガルの安全を脅かすところとなる。そこで一八二四年、イギリスは政策を転換し、ビルマ人を追い出す。これが英＝ビルマ戦争である。一八二六年のヤンダボ条約で、ビルマはアッサムに対するあらゆる権利を放棄させられた。他方、イギリスはこの作戦中に、ブラマプトラの源を発見するよう、指令を出していた。そして作戦当初から軍の測量官が活躍した。

一八二四年のビルマ戦争の開始からアッサムの測量がはじまった。ジェームズ・ベッドフォード大尉（James Bedford　一七八八〜一八七一年、ベンガル歩兵連隊）を中心にして、リチャード・ウィルコックス（Richard Wilcox　一八〇二〜四八年、ベンガル歩兵連隊）、フィリップ・バールトン（Philip Burlton　一八〇三〜二九年、ベンガル砲兵連隊）、ロバート・ペムバートン（Robert Pemberton　一七九八〜一八四〇年、ベンガル歩兵連隊）らが活躍した。

ベッドフォードは一八二六年にアッサムから去ったが、ウィルコックス中尉はディハン川、ロヒット川などをさぐり、彼とペムバートンはツァンポとディハンは同一だと聞かされた。バールトンもディハンがツァンポにつながるらしいと報告。いずれもアボール族、ミシュミ族に阻止されるまでディハン川やロヒット川を遡行した。一八二七年にはウィルコックスとバールトンは、殺人的な雨と湿気の中をイラワディ川まで行く。一八二八〜三一年にかけてウィルコックスはブラマプトラの低地部を測量し、これらの探検、測量の結果、ツァンポはディハン川を通ってブラマプトラに流入すると結論した。しかし、ドイツの歴史地理学者ハインリヒ・クラプロートが、一八二六年にツァンポはブラマプトラではなく、イラワディ（アヴァ）川につながる、と主張していたことは、すでに述べた通りである。

インド測量局では、モントゴメリーやトロッターのあと、パンディットのことをタナーとハーマンが引き継いでいたが、一八七〇年代のはじめ、ブラマプトラとツァンポの解明のために、アッサムの原住民を使おうと考える。そして適任者をさがしたけれど、結局はだめだった。それで頼りになるのは、パンディットでもっとも経験豊かなナイン・シンだとなる。そこで一八七四年、フォーサイス使節団に同行したナイン・シンは、さらにレーからチャンタン高原を横断してラサへ行く。ついでツァンポに沿ってインドに出るように命令された。彼はラサからツァンポをツェタンまで下降したが、それ以上は前進できず、タワンを経て翌年三月にアッサムに出た。

そのころの一八七四年一〇月、ハーマンはアッサム渓谷での測量作戦の責任者に任命された。そして彼は、ツァンポの流路決定のために、二方向からの調査を押し進めるときが来たと考える。一つは北からツァンポを下流へ測量をすすめ、探検家を派遣する。第二はハーマン自身がインドから上流に向かって探検する、というものだった。七五年三月にはアボール地域の測量に入ったが、族長に拒否され、七六年に軍の護衛隊をつれて、せまい範囲だったけれど、アボールの領域を測量した。

(2) ララの探検 （地図は二六七ページを参照）

ヒマラヤ山麓のシムラ近くの、シルムール村出身のパンディット、ララ（Lala　記号はL）は、一八七五年三月、ナイン・シンがチベットからもどった直後の三月二九日に、ダージリンを出発した。一八四八〜四九年のJ・D・フーカーのルートとほぼ同じ道をたどり、シッキムを北上してシガツェへ。そこからできるだけツァンポを下流へたどることであった。ラサの訪問は禁止。三人の人夫とチベット語を話す男一人をつれ、六分儀一台、磁石二個、時計一個、温度計四個を持参していた。

ダージリンからナムチを通ってティースタ川、チュンタン、そしてラチェン谷のラチェンに着く。そこはラムテンともいわれ、六〇戸。チベットの役人一人とシッキムの役人が一人いる。このルートは公務上の旅人に指定されており、ララは六日間足止めされたあと、やっと許されたが、ララより一か月も前にダージリンを出発した、カルカッタ帰りの六人のチベット商人は、ラサからの指令を待ってまだ滞在していた。彼らはさらに一か月も解放されなかったと、あとで聞かされた。タングーには四月二〇日に着き、カングラ・ラマ・ラ（ラチェン・ラともいい、五〇二九メートル。いまはコングラ・ラといい、五一三三メートル）を越えてチベットに入る。

カムバ・ゾンの手前五キロほどのところで、五人の騎馬兵に呼び止められ、ゾンペン（知事）が仕事や目的地などを調べるため、ゾン（城砦）に連行される。護衛兵の監視下、砦の外の村で一五日間も監禁され、いろいろ脅かされたが、結局、シガツェへ護衛付きで送られた。シガツェには五月中ごろに着く。三日のうちに解放するから出頭せよ、といわれたものの、カムバ・ゾンの護衛兵の一人の疑念から、ここで五か月以上も拘留されてしまった。シッキムでいっしょだったカルカッタからもどるチベット商人が一〇月末に到着したところで、その商人に保証人になってもらい、ようやく出発を許される。この間、シガツェの町や付近を自由に出歩くことはある程度許されており、この地域やタシルンポ寺院の情報を集めたが、しっかり監視されていたので、逃げ出すことはできなかった。

ようやく一一月はじめに東方への前進を許され、ツァンポの右岸沿いにジャグサまで行く。ここからチャクサムの鉄鎖の釣橋までは川沿いの道がないといわれ、南東のヤムドク湖の北岸に出た。道はさらにカムパ・ラを越え、再びツァンポに出て、鎖の大きな橋に来る。ララは毎日、道中で三〇〇〜四〇〇人の旅人に出会い、すれちがった。ラサへ行くという、布地と真鍮製品を持つ三〇人のネパール商人と、三日間いっしょに歩く。またカシミール人が磚茶を持って戻ってくるのにも出会う。

カムパ・ラを越えたチャクサム・チュリ（鉄鎖の橋）からツァンポ沿いにツェタンに向かった。ずっと右岸に沿う。ツェタンから道はさらに右岸を行くが、商人の強力なグループと同行しなければ、盗賊や弓矢で武装した蛮人に襲撃されるという。そこでツェタンに六日間滞在し、資金も不足になりそうなので、一二月の中ごろに南へ向かって出発した。ナイン・シンがアッサムに抜けたルートに従うつもりであった。

ところが、タワンに着くと、チベットの役人に逮捕、監禁され、南への旅を拒否された。一行はタワンの北約三キロの公共製粉所に一か月も監禁されたが、同時に三〇〇人の交易人が留置されていた。ララはここで罰金を支払うことで解放するように交渉、ついに三人の武装兵がついてラサへ護送されることになる。しかし幸いなことに、兵士が運んでいた書類に途中のゾンの知事が異議を唱えた。書類に若干の誤りがあるから、タワンへもどるように命じた。そのためにララはツェタンへもどる道中で解放されたが、アッサムへの企てをあきらめ、シガツェへ帰るのが最善だと思い、ララはきびしい寒さに苦しみながらもシガツェにもどった。

一八七六年三月末、シガツェで帰国の準備をし、商人の一行とともにギャンツェ、そしてパーリと旅する。パーリには三人の中国の役人と三〇人の騎馬兵がいたが、ここで何かの疑いをかけられたようで、またも一か月間拘留された。幸いにも村の顔役の一人が親切に口利きをしてくれ、中国の役人から釈放される。パーリ・ゾンの周囲は一五〇〇歩。パーリには田畑や耕作が見られず、大麦や小麦の粉はギャンツェから、米はブータンから来ていて、人家は六〇〇～七〇〇戸である。

パーリを出たララは、アモ谷を渡り、シッキム王の夏の居住地のチュンビを経て、ジェレプ峠を越えた。リンタムでダージリンからの馬車道にたどりつき、その道を行くと、カリンポンでダージリンの政務官のキャンプを見つけ、探検の報告をする。そして一八七六年七月、ダージリンで一年四か月の旅を終えた。

測量局のハーマンは、一八七七年一月、ララをアッサムに連れて行き、サディヤに送り出したが、理由がはっきりしないまま、彼がさらに奥地へ行くことは不可能と判明した。またハーマンはアッサムの焦熱と密林によって、大きなダメージを与えられた。そこでウォーカー長官はデーラ・ドゥンに隣接するムスーリーの山の町にハーマンを呼び、療養させ、それまでの成果をまとめさせた。さらにツァンポ＝ブラマプトラの測量計画の準備をさせた。

一方、ララは二度目の踏査を指示された。シッキムとチベットの国境の、カングラ・ラマ・ラ（コングラ・ラ）に前進し、その緯度を決め、また前回のルート上の、いくつかの地点の緯度を補足、決定すること。もしも雪のためにその峠に達することができなかった場合、サロラの湖群での最北の緯度を観測し、そこからパーリ経由でダージリンまで路線測量をするように、とも指示された。

一八七七年九月二九日、ダージリンを出発。コングラ峠までをよく知るレプチャ族一人と三人の人夫が同行した。装備は一五センチの六分儀一台、ポケット・コンパスとプリズム・コンパスを各一個持参。ダージリンから一一キロのセンチャルまで進んだが、天候がずっと曇りだったので、一か月もそこに滞在した。一〇月二七日になって、しばらく晴れたので、すべてのピークを見ることができたけれど、そのあとダージリンに一度もどった。

一〇月二九日、再度、ダージリンから出発。ランギット川畔のランギット村で測量を開始した。パタムを経てチュンタン（ラチェン谷とラチュン谷の合流点）に。ここに三日間滞在するも、雲のために観測できなかった。そして時間不足になるのを恐れ、ラチェンからタンゴへ前進、サロラ湖群へ向かう。湖近くでチベットの役人に一時的に拘束され、もとの道をもどるか、シッキム国王の許可書を見せろといわれた。賄賂を使って、なんとか前進を許されたが、サロラのキャンプ地で、別のチベットの役人からまた要求され、これも賄賂で解決。ギアムセナ湖へ前進すると、そこで三回目の尋問を受け、もどれと命じられた。そのため、少しもどり、前回の路線測量地点で夜をすごし、緯度の観測をする。

カングラ・ラマ峠への前進が許されず、あきらめてタンゴにもどる。そしてその東八キロのパールン丘陵に登るも、降雪のためにあきらめた。タンゴからチュンタンにもどり、そこで八日間滞在、晴天となって観測を行い、ついでラチュン村の東のタンカ・ラへ。そこからチョモラーリやカンチェンジュンガ、その他の山々の方位を測った。タンカ・ラからはパタムの北三キロほどのシンタム・ラへ行く。それから西方のカランギト・クルソン（カルカン）峠で測量をしたあと、カリンポンを経てダージリンに帰った。

(3) ネム・シンとツァンポ（地図は二六七ページ参照）

一八七七年の遅くにハーマンはアッサムにもどった。彼の主な仕事はブラマプトラに流入する川の、どれがツァンポとつながっているのかを決めることであった。第一の候補はディハン川で、これがツァンポにつながるとすれば、広大な地域の水を排出するのだから、ほかの川よりも大量の水を流すはずである、と推定する。一八七八年早々にハーマンは、ブラマプトラの各支流の流水量を確かめる仕事をはじめた。その計測によると、ディハンの流量は他の支流より大きい、それゆえにディハンはツァンポに一番つながりそうだ、ということを確認した。

ディハンの流量　毎秒約一五〇〇㎥と計測
ロヒット 〃 〃 九一二 〃
ディバン 〃 〃 七三四 〃
スバンシリ 〃 〃 五〇〇 〃

しかし、測量局長官ウォーカーは慎重であった。ハーマンといっしょに仕事をしたウッドソープ大尉（Capt. Woodthorpe）は、ツァンポ、ディハン、ブラマプトラは一つの川であると信じていた。

一八七八年四月、H・J・ハーマン中尉はダージリンにもどって来た。そしてチベット語を習うことにし、ペミオンチ僧院の、妻帯していたラマ僧を先生に雇った。その名前はネム・シン（Nem Singh　一八四二?～?年、記号はGMNあるいはNMG）といい、約三〇歳のシッキムのボティア族。ヒンドスタン語による教育を受け、自分の言葉のチベット語に堪能で、チベット語文献にも通じ、わずかだが、英語も知っているという。公共事業部門で人夫頭として雇われ、ダージリンの裁判所では時どき通訳として手伝っていた。その彼にハーマンが測量の基本を教えると、できがよくてパンディットとしての才能を見いだす。プリズム・コンパス、沸点温度計、六分儀の使用法にもすぐ慣れ、読図もできるようになったので、パンディットとして測量に加わるようにすすめると、すぐに応じた。F・M・ベイリーはネム・シンの本名をニマ・ツェリン（Nyima Tsering）ともいっている。

この一八七八年の雨季はたいへん雨が多く、ほとんど一か月間も太陽や星を見ることがなかった。それでハーマンは一シーズンを失うよりも、不完全な知識でも仕事をすすめるのがよいと判断。ネム・シンにツェタンからツァンポ川をできるだけ遠く、下流へたどるように指示した。またヤムドク湖の一周と、ツァンポにかかるチャクサムの鉄鎖の橋についても、くわしく調べるように命じた。助手としてネム・シンの手下の苦力《クーリー》の一人、キントゥプ（Kinthup）をつけた。無学ではあったが、筋骨たくましいシッキムのレプチャ族の若者で、ダージリンで仕立屋をやっていた。

一八七八年八月六日、ネム・シンとキントゥプはダージリンから送り出された。二人はジェレプ峠を越え、チュンビ渓谷のパーリを通過、ギャンツェを経てヤムドク湖の西岸に達する。しかし、理由は不明だが、湖の一周はしなかった。ツァンポの鉄鎖の橋については、ラサへ行く途中で渡った。太さ二・五センチの鉄環の鎖、長さ約二二五メートルの四本の鉄鎖で作られ、これまで見たものではもっとも立派なものという。左右両側の二本の鎖からロープの歩道が吊り下がり、鎖は大きな木柱に巻きつけてあった。その木柱は川の両岸の橋脚、石造建造物の中に埋まっている。一度に一人しか渡れないが、雨季の間は一つの橋脚が洪水で川岸から離れてしまうため、小舟が使われていた。

ラサではしばらく滞在。デプン僧院に行くと、ラマ僧が九八〇〇人もいた。

一〇月にツェタンから作業を開始。ツェタンは一八七四年にナイン・シンが位置を固定し、一八七五年にララも到達していた。右岸を三キロほど行って左岸、つまり北岸に渡り、タクール・ゾン（四〇戸）とンガリ・タツァン（ラマ僧三〇〇人）をすぎ、ツェタンから一六キロでジャムトン（八〇戸）に着く。さらにサングリの小寺院を通り、ツェタンから五〇キロほどしてツァンポから道が離れ、北に向かう。そしてルン峠を越えてチュクルギイ寺（ラマ僧三〇〇人）。そこからチョラモ湖を往復し、ツァンポ河畔のギャツァ・ゾン、タクポ寺に出た。パリ・チョテ（ラマ僧一五〇人）、アル寺（ラマ僧六〇人）を過ぎてからツァンポを右岸にもどる。

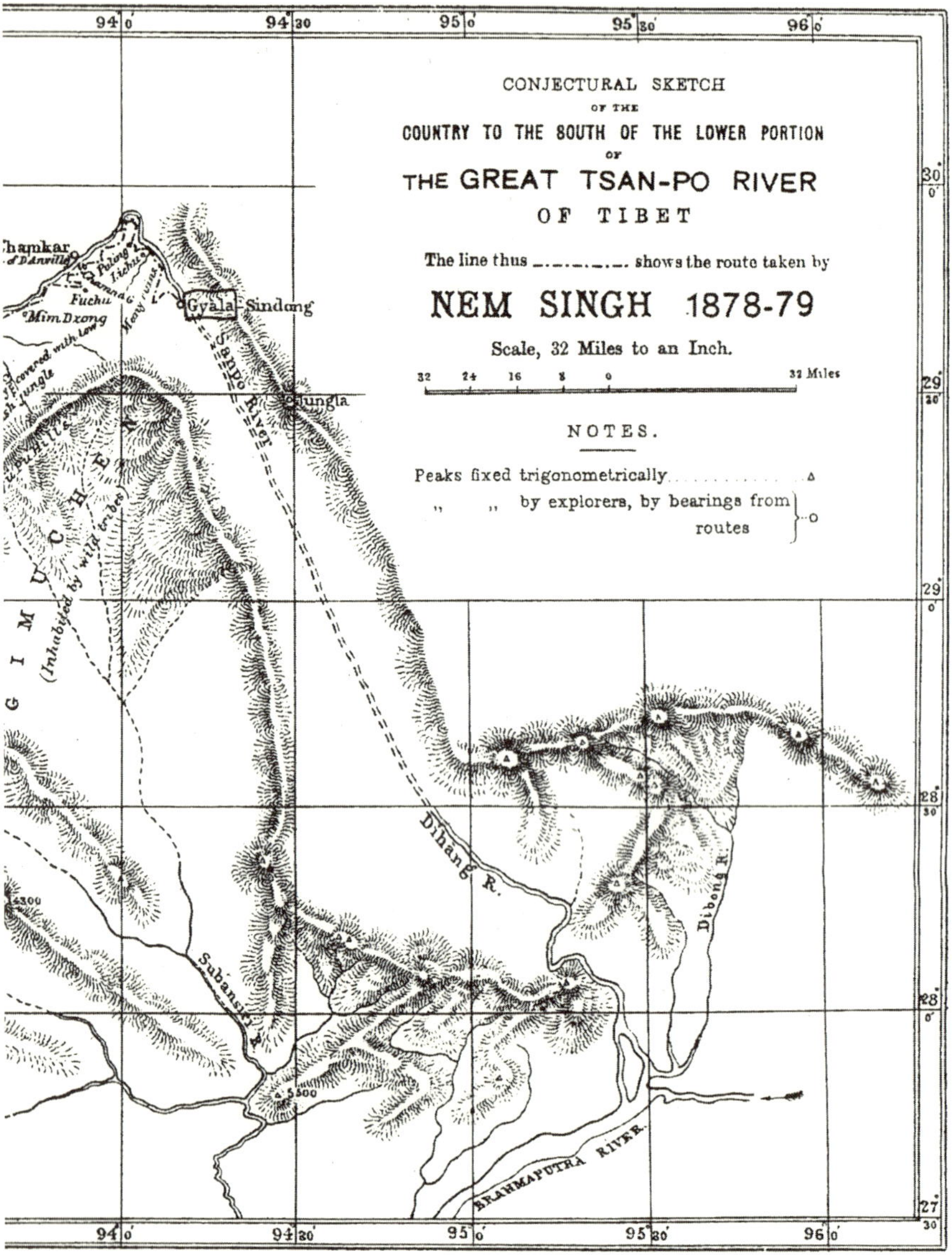

地図20．ネム・シンのルート図（1878〜79年）(Survey of India, 1915, pl. No. 10)

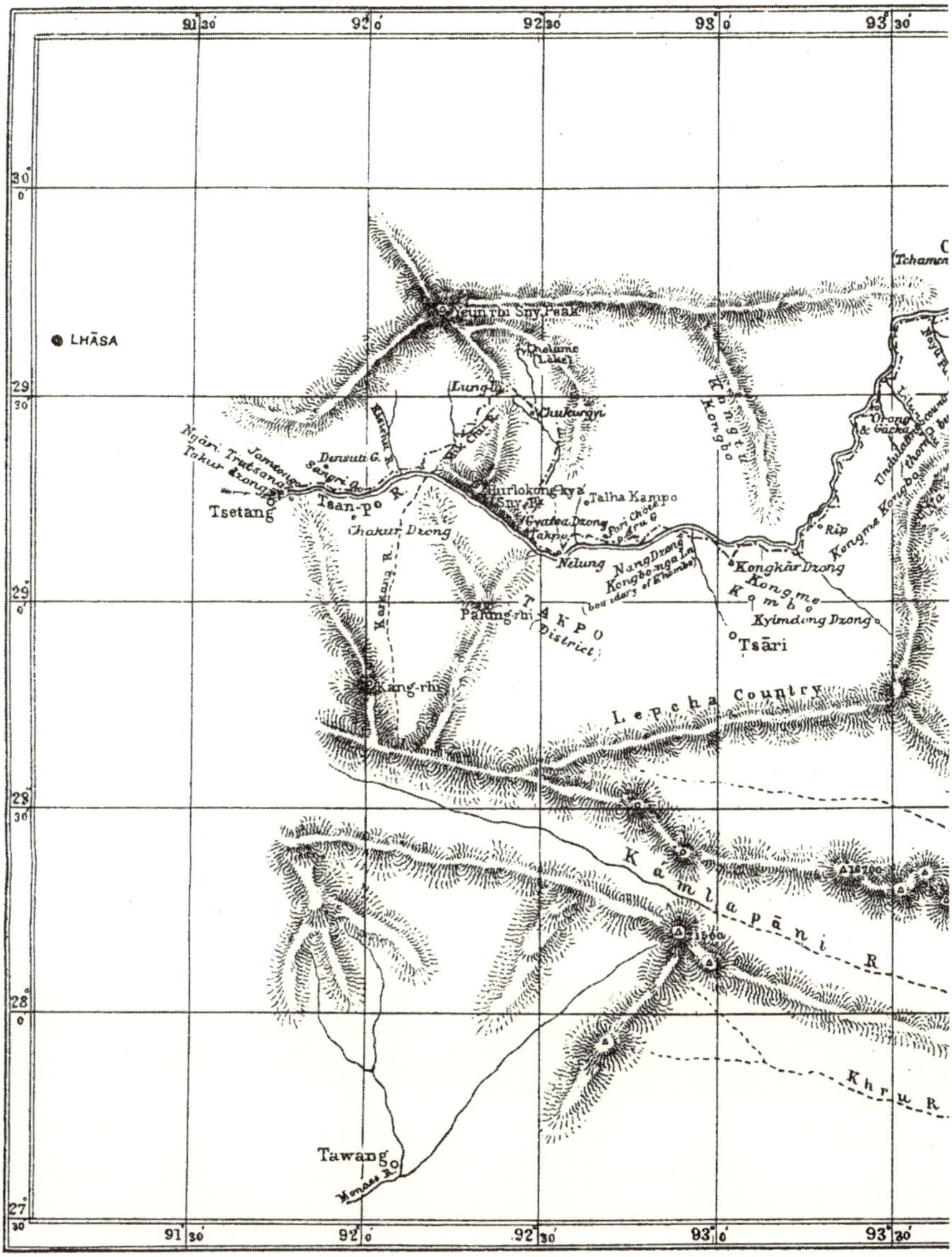
LHĀSA
Tsetang
Tsan-po R.
Chakur Dzong
Densuti G.
Nelung
Talha Kampo
Kongkār Dzong
Tsāri
Kyimdong Dzong
Rip
Pahung-rhi
TAKPO (District)
Kang-rhi
Lepcha Country
Kāmlapāni R.
Khru R.
Tawang
Kongbo
Chukurgn
Lungla
Karkang R.
Ngāri Trutsang
Takur Dzong
Sangri G.
Kurlokongkya Sny. Pk.
Gyatsa Dzong
Takpo
Nang Dzong
Kongbonga La
Kongme
Kombo
Orong & Gacka
Kongme Kongbo
Monass R.
Chelume Lake
91°30′
92°0′
92°30′
93°0′
93°30′
30°0′
29°30′
29°0′
28°30′
28°0′
27°30′

ナン・ゾン、コンカル・ゾンを通り、一〇月二三日にキムドン谷を渡る。ゾンポンが滞在するオロンとガーチャをすぎ、ミム・ゾンで二日滞在。チャムナ寺院（ラマ僧五〇〇人）、そのつぎはチャムカル（ラマ僧四〇〇人）。ついで流れは北東にカーブし、すぐにナムチャ・バルワ（七七八二メートル）と北のギャラ・ペリ（七二九四メートル）の間を切り開いていた。北東から南東へと再び流路が向きをかえる地点に達する。そしてツェタンから約四六〇キロのギャラ・シンドン（ギャラ・ゾン）で停止。それから先はけわしい地形のため、前進できなくなった。地元民は「ツァンポはイギリス人の統治している土地に入る」といっていた。

ギャラに至るまでに村や城の廃墟が多く見られ、ギャラはツェタンより六〇〇メートルほど低く、高度は二四〇〇メートルと推定。川幅は一三〇メートルほどだった。ネム・シンはこのギャラからもとの道を引き返し、七九年一月にダージリンに帰着する。ギャラまで達したことは大きな成果であったが、その測量の正確さは疑わしかった。ノートに測量数値を記録するのを時どき怠ったり、日付が間違っていたり、太陽の高度の計測はきわめてあやしかった。ハーマンは成果を喜ばず、ネム・シンを解雇した。にわか仕込みの素人パンディットに期待しすぎたようで、ネム・シンの代わりに新しいパンディット、モンゴル人（シナ人ともいう）ラマ僧を利用するが、これも大きな判断の誤りであった。それは次のキントゥプのところで述べよう。

ネム・シンは強盗を非常に恐れ、大急ぎで移動したため、方位角は不正確であったという。ナムチャ・バルワ（現在、北緯二九度三五分、東経九五度〇〇分とする）を東経九四度としたが、これは西に寄りすぎで、九五度と訂正したのは一九一一〜一二年のアボール遠征隊であった。またネム・シンのギャラ・シンドンは北緯二九度四〇分とした。これはほぼ正確であったが、経度は九四度一〇分とする。しかし、実際は九四度五五分ほどで、七〇キロぐらいのずれがあった。この付近のツァンポははげしく蛇行し、大屈曲部の手前で北東に向かい、それから南東に流下していく。ネム・シンはこの「く」の字に曲がる大屈曲部を九四度付近に置き、それからツァンポを南東に向けるため、ギャラは大屈曲部をすぎて三〇キロも南東に位置することになった。ペマコチュンも同様で、三八キロも南東にいってしまった。これはまったくの誤りで、このあとのキントゥプ（一八八〇～八四年）やリンジン・ナムギャル（一八八九年）の地図もこれを踏襲し、残念ながら間違ってしまっている。

一八七九年一月にもどって来たネム・シンは、インド測量局からすぐに解雇された。自分はベストを尽くしたのにといって、悲しんだというが、ハーマンは彼をかわいそうに思い、再雇用し、ナイン・シンのところで再教育を受けさせた。そして一八八〇年に二度目の探検に送り出されたが、記録は未公刊で詳細は不明である。シガツェからカムバ・ゾンであろうとされ、三回目で最後は一八八二年、やはりシガツェからカムバ・ゾンの旅といわれる。ともあれ、ネム・シンにいろいろ欠点はあるものの、四六〇キロもの川の測量をし、北東にツァンポが大きく屈曲することを教え、ツァンポ＝ブラマプトラの流路問題の解決に大きく貢献したのであった。

(4) ハーマンとツァンポの課題

アッサムの基本的な三角測量は一八七八年の夏までに完了し、ハーマンはそのあとダージリン地区へ転勤となった。この七八年はじめにJ・T・ウォーカー将軍がインド測量局長官に任命され、しかも三つの部局、大三角測量部と地形測量部、それに歳入調査部が統合されて、インド測量局となる。ハーマンはこの再編成でさらに忙しくなり、健康は過労で損なわれはじめた。

一八七九年、北部シッキムの測量が開始され、ハーマンは同年一〇月にダージリンを出発、一か月後にシッキム＝チベット国境上のドンキア峠の麓に達する。次の日に峠の頂上にたどり着くも、午後も遅かったので、山々は雲にかくれていた。そこで麓のキャンプにもどるよりもと、峠上でビバーク（露営）することにした。彼と二人のチベット人には、毛布がたった一枚しかなかった。峠の高さは現在五四九五メートルとするが、空に雲はなく、たいへん寒かった。三人は火を燃やし、そのそばで寝る。だが、夜中に火が消え、ハーマンの足はひどい凍傷にかかった。それにもかかわらず、さらに二か月、松葉杖にたよったり、人夫に背負われたり、ポニーに乗ったりして仕事を続けた。結局、このためにハーマンは足の指を四本半失ったという。このときのダメージが、一八八三年の早世の原因のひとつになったといえる。

ところで、ネム・シンとキントゥプがギャラに達する一〇年ほど前に、モンゴル人のラマ僧がこの地域に入っていたという。その名はセラップ・ギャツォ（Serap Gyatso）。イギリスの手先として一八五六年に中国から来て、一二年間滞在し、一八六八年にそこを去った。夏はギャラの上流のコンボに住み、冬はその下流のペマコチュンやリンチェンプンにいて、ツァンポ下流の、ほとんどは僧院、聖地、村落の名称リストをインドに送っていたらしい。その中に、〈Riwunamchabarwa〉（雷電の山の意味で、現在のナムチャ・バルワ）、別に〈Kongla Karbu〉とも呼び、ツァンポの北側には〈Gyalbupairi〉（いまのギャラ・ペリ）の雪山がある、という報告もしていた。一九〇〇年の五月には、ラサでのロシアのスパイ、ドルジェフとノルズーノフがこのセラップ・ギャツォの客人として、ダージリンのグームに来ていたという。セラップ・ギャツォはインド当局から五五ルピーの月給をもらっていたといい、後年、彼はインドとロシアの二重スパイだったのかもしれない。

さて、インド測量局のハーマン中尉のデータ、パンディットによるチベット側、ツァンポの情報からも、またハーマン自身のアッサム側の調査からも、ツァンポとディハン川、ブラマプトラは連続していることに間違いない。しかし、いつの時代でも、どの世界でも天の邪鬼はいるものである。イラワディ川の下流、英領ビルマ政庁の公共事業局の技師、ロバート・ゴードン（Robert Gordon）という人物が、ツァンポはイラワディ川に流れ込むという説を、イギリスの地理学協会（ＲＧＳ）の学会誌に発表した。それは一八八五年のことであったが、いまその珍説を深追いはしない。ただ、その論文の中で「測量士アラガ」について言及していた。

アラガ（Alaga）はビルマの原住民パンディット。一八七九年のはじめ、ウォーカー長官はラングーンのイギリス人測量官Ｊ・Ｅ・サンデマン大尉（J. E. Sandeman）に、イラワディ川の探検のためにビルマ人を訓練せよ、と指令した。サンデマンはすぐにアラガをさがしだし、春と夏の間に訓練。その年の一〇月にアラガは自分の甥といっしょに出発した。ほかに二人の老人をつれていたが、一行はラングーンからバーモに前進、そこで測量を開始し、イラワディ川をできるだけ上流に向かった。北緯二六度まで北に進み、一八八〇年四月にラングーンにもどった。一八八〇〜八一年にサンデマンはイラワディ川の上流へ「もう一人のイスラム教徒」のパンディットを派遣したけれど、アラガ以上にさらなる前進はできなかったという。

シッキム奥地でひどく痛めつけられたハーマンは、ダージリンで休養したあと、ツァンポの解明のために、一八七八〜七九年にネム・シンの助手として働いていた、キントゥプをもう一度使うことにした。彼はギャラ・シンドンまで知っているし、好都合であった。しかし、文盲であったから、測量結果を書きとめ、記録を残すことができなかった。そこで中国人（モンゴル人ともいわれる）ラマ僧と組ませ、ラマ僧の召使い兼助手とした。だが、このラマ僧はたいへんな食わせ者であった。ハーマンの大失策であった。

(5) キントゥプの大探検

ダージリンにいたモンゴル人（シナ人ともいわれる）ラマ僧は、ハーマン大尉から訓練を受けたといい、一方のキントゥプ（Kinthup 一八四九？〜一九一五年あるいは一九年？、記号はKP）は、シッキム生まれのレプチャ族で、訓練されたパンディットではなかった。しかし、ハーマンにとっては、このコンビの切り札しかなかったのかもしれない。

二人にギャラ・シンドンまで行き、さらに前進してツァンポの流路をアッサムまで踏査するように指示。もしそれができないときは、特別にマークをつけた丸太をたくさん準備し、ハーマンに連絡してからそれをツァンポに投入する。ハーマンはディハン川がアッサムに流入する地点に人員を配置する。一本でも丸太を発見すれば、ディハンがツァンポとブラマプトラを結びつけることを明確に証明する。

写真40. キントゥプ(中年時代)
(Waddell, 1899, p. 65)

しかし、キントゥプはラマの裏切りによって奴隷に売られ、ラマは中国へ行ってしまう。四年後に奴隷から逃れ、ダージリンにもどってきたが、以前よりも一六〇キロもツァンポを下流へたどり、オンレット(ミリ・パダムまで一行程といい、インド領まで六〇キロのところ)まで達した。ただし、訓練を受けていなかったから、路線測量もしていない。報告は測量局の雇員ノルプ(Norpu)によって英訳され、タナー大佐が編集した。

一八八〇年の夏、二人はダージリンを出発。八月七日にドンキア峠を越えてチベットに入った。チョラモ湖でギャンツェへの輸送の手配に二日間滞在。八月一〇日に出発し、七日間でギャンツェに着く。ここでキントゥプは巡礼に変装し、二三日に発ち、九月一日にラサ着。ラマ僧はセラ寺を訪ね、旧友にもてなされて六日間すごした。ついで二人はチュシュルまでキ・チュー川を小舟で下り、乗りかえてツァンポ南岸のケデショ・ゾンに行く。九月二〇日にサムイェ寺に近い入江に入った。

九月末にツェタンに着くと、ラマ僧は病気になり、中国人の友人のところに行き、二〇日間休息する。その間、キントゥプはラマの馬の草を刈り、最悪の扱いを受けた。ラマが回復したところで、巡礼者のやり方で食べ物を物乞いしながら、川の下降を続ける。川沿いのロンチャカ・ゾンから南に少し迂回、ラギャリ・ゾン(五〇〇戸)からパタン峠を越えて、一〇月一六日にリズールに着く。さらにランダ、ダクプ・ドンパ(一六〇戸)、この村の北側にギャッツァ・ゾンがあった。ナム・ゾンをすぎ、一〇月二五日にドン・カルゴン（ネム・シンのコンカル・ゾンか）に着く。
そしてトゥン・ツンという小村で四か月も滞在した。ここでラマ僧が宿の主人の妻といい仲になり、それを亭主が知るところとなる。そこでなぜだかわからないが、出発前にキントゥプが亭主に二五ルピーの補償金を支払った。一八八一年三月六日、トゥン・ツンを出発。ラムド、デム・ゾン（一〇〇戸、三〇〇〜四〇〇人の僧のいる寺がある）、そしてギャラ（五戸）に三泊する。これから八キロしてシンドンの村があり、さらに前進するも、道がないためにギャラにもどる。ギャラは一八七八年にネム・シンとキントゥプが到達した、もっとも遠い地点であった。

ペマコチュンに行くには、ギャラのゾンペンの許可証が必要だった。それでツァンポを渡って許可証をもらいに行く。ギャラでは僧院とゾンがツァンポをはさんでわかれている。ツァンポは冬季に木と皮で作った小舟で渡るけれど、夏はそれができず、張り渡されたロープにぶら下がって行く。許可証はもどったら返却しなければならない。八キロ行ってニュクタンの洞穴に泊まる。さらに一六キロでペマコチュンに到達、先への道をさがして三日間泊まる。しかし、道はなく引き返す。

写真 41. キントゥプ（晩年時代）
(*GJ*, 44, 1914, p. 348)

ペマコチュンには寺院が一つ（七〜八人の僧）あり、人家はない。「ツァンポの川は寺から二チェーン（約四〇メートル）の距離があり、川を三キロほど行ったところに約一五〇フィート（約四五メートル）の〈シンジ・チョギャル〉という断崖に滝となって落ちている。滝の下に大きな池があり、いつも虹が見られた」。ギャラにもどって許可証をかえす。この大滝の報告は有名になり、四半世紀以上にわたり、探検家に幻想をいだかせることになるが、そのことはあとでまた触れよう。

滝を調べたあと、二人は上流へ向かって引き返し、チョ・ラカン、デム・ゾン、デム・ラの峠、コンブ・ルナン（一四〇戸）を通ってトンジュク（トンキュ）・ゾンの橋まで来ると、知事の許可証をチェックする男がいた。ギャラからおよそ一〇〇キロ歩いた。ラマ僧は橋の男をつれ、知事の許可を取りに行く。キントゥプは三つのコンパスとピストルを隠す。四日後にラマは許可証を持って橋にもどってきた。一八八一年五月一四日、ゾンポン（知事）の下男が来て、「約束した品物をよこせと知事が命令した」という。キントゥプは渡せないと断わると、「命令には従うべし」とののしった。どうやらラマ僧とゾンポンはいく度も会って、自分たちの活動について本当のことを話したらしい。下男はピストルとコンパス一個を持って、知事のところへもどっていった。

このあと、ラマはキントゥプを置いて、知事と八日間すごす。そして五月二四日にもどり、自分は東のポユールに行く用事がある、二、三日のうちにもどるから、その間、知事の家で待つようにと指示した。これがラマ僧の最後の言葉であった。それから二か月、キントゥプは衣服を縫いながら拘禁状態におかれた。そのあと、ラマはキントゥプを知事に奴隷として売りとばし、他所へ行ってしまったことを知る。一〇月六日になって、知事は自分の家で働くようにと命じ、奴隷として留め置かれた。キントゥプはいつか逃亡しようと、機会を待った。

一八八二年三月七日の夕方、脱走に成功。ナムディン・プクパからポー・トイルン（ポトルン）へ。ここで多くのポバの旅人や商人に会う。彼らはキントゥプの目的地や旅の目的を聞いてきたけれど、知事の家へ使いで行くのだといった。そしてポトゥンド・チューの橋を渡り、その場をできるだけ早くあとにした。道は悪かったが、ツァンポとポトゥンド・チューの合流点のドルジユ・ゾンに来る。もう一度ツァンポを東岸にもどり、五キロで下流のパンゴに来て二日間滞在。村はツァンポの流れから一キロ半ほどであった。

ついでパンシン（一五戸）からキン・キンへ進む。寺院には二五人の僧がいた。そこでツァンポをロープで渡ってプパロンへ。タムブ（人家多数）に行ってツァンポを東岸に渡り、リンチェンプン。ここには僧院と新しい城（ゾン）があった。そこから五日間、八〇キロ進んでクンドゥ・ポダンに達する。ゴンパ、ゾン、一五戸の人家があり、そこの高みから北東にザユール、北西にポユールが見えた。三日間でリンチェンプンにもどる。籐のロープの橋でツァンポ西岸へ、ホラを通ってマルプンに着く。僧院には尼僧一五人と男性僧侶が三〇人いた。このマルプンで知事がキントゥプを捕えるべく、追っ手を送ったと聞く。

キントゥプは僧院に駆け込み、大ラマの足元に腰をかがめ、ことの顚末と逃亡したわけをいう。大ラマはキントゥプの目的をたずね、両親がいるかどうかを聞いた。自分は巡礼に行く途中であり、両親はいないと答える。さらに自分を追っ手に渡さないでくれと大ラマに頼んだ。キントゥプが僧院に来て五日後にその追っ手がきた。そしてゾンポンのもとへ連れ帰るという。大ラマはすぐに知事宛に手紙を書き、キントゥプの身代金として五〇ルピーを支払った。一〇日あまりで事態が収まったが、キントゥプにすれば、奴隷主がかわったにすぎない。彼はそれから四か月半も大ラマに仕えた。

そのあと、巡礼に出たいからと、一か月の休暇を申し出る。大ラマはその信仰心のあつさに感心し、同意してくれた。すでに一八八二年八月で、インドをあとにして二年もたち、二度も奴隷として売られた。しかし、キントゥプは自分に与えられた仕事を忘れなかった。しかも資金なしでアッサムへ川を下るのは不可能だから、ハーマン大尉のいう計画の実行、つまり、目印をつけた丸太を川に投入することにした。

マルプンから南へヤルトン（三〇戸と一寺院）をすぎ、パテンに来てツァンポを東に渡り、ビプン（二五戸）へ。ついで塩をさがすという口実で北東のギリン僧院へ行く。ここは人家五〇戸、五日間滞在し、長さ一フィート（三〇センチ）の丸太を五〇〇本作った。五日間ではたいへんな作業であったろうが、五〇〇個のブリキ缶チューブが与えられており、それぞれに識別用の紙片が入っていた。そのチューブを丸太に穴をあけて埋め込む予定だったが、丸ノミ

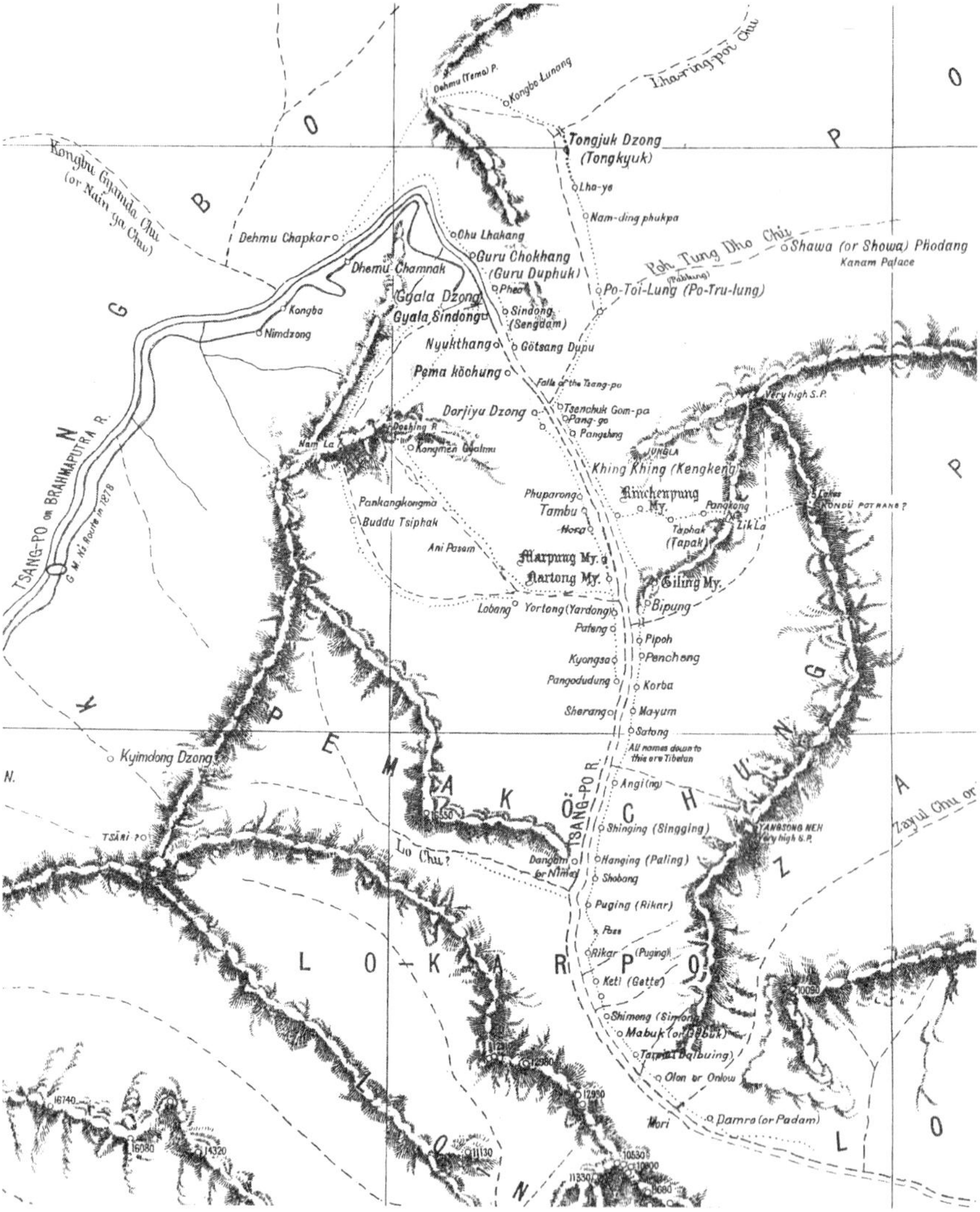

地図21. キントゥプのルート図（1880〜84年）(Survey of India, 1915, pl. No. 18)

をなくしていたので、チューブを丸太に細長い竹ひごでしばった。それらを人跡未踏の洞穴にかくす。こんな大仕事をギリンに滞在した五日間で行ったようだが、キントゥプの報告の筆写間違いではないかといわれる。別のところでは「一か月と四日ののち」、マルプンの大ラマのもとに帰るとあるから、丸太の用意に二〇日あまりかけたのではないか。ギリンとマルプンの間は二五キロほどである。マルプン僧院にもどってさらに二か月間、大ラマのために働くと、次は上流のツァリに巡礼に出たいからと、二か月の休暇を求め、許された。本当の目的はラサであった。

マルプンから西に向かい、ヤルトンを通ってドション・ラの峠を越え、ツァンポの上流へ抜けた。キントゥプの作った地図では、峠を越えるとギャラへ行くように示しているが、まったくの間違いで、もっと上流へ出る。しかもナム・ラの西にあるのに、それらの位置を入れ違えている。それはともあれ、ツァンポを遡ってショカ、ツェタン、サムイェ、そこから北に向かい、ゴカール・ラを越えてラサに入った。ラサではラモチェ寺に三日間滞在。多分、これは一八八二年一二月であろうといわれる。

ラサに来たのはインドからの情報がなかったからである。ラサではシッキムのカジ（村長）の一人と知り合い、その妻がダージリンに帰ろうとしていたので、手紙をことづかってほしいと頼んだ。ダージリンの裁判所の通訳ニムスリン（Nimsring　パンディットのネム・シンのこと）を通じて、インド測量局のチーフに手紙を書いてほしいという。カジはキントゥプの口述を手紙に書きとめ、それをダージリンのネム・シンまで、妻に届けさせることに同意した。手紙には次のように書いてあった。

「拝啓　私といっしょに送り出されたラマ僧は、ゾンポンに私を奴隷として売り飛ばし、持っていた官給品をもって遁走してしまいました。そのため、旅は最悪のものとなりました。しかし、私、キントゥプは（故）ハーマン大尉の命令に従い、五〇〇本の丸太を用意しました。チベット暦のチュルクという一〇月五日から一五日にかけて、ペマコチュン地区のビプンから、ツァンポに一日五〇本の丸太を投入するように予定しています」。この手紙はカジの妻によって、ダージリンの上述の通訳者に届けられたが、ネム・シンはハーマンにそれを伝えなかった。手紙に(故)ハーマンとあるのは、キントゥプの報告が来てから挿入されたものであろう。手紙がラサで書かれたときはまだ存命であったが、手紙がダージリンに着く直前の一八八二年一二月、ハーマン大尉は思いがけない病気のために、インドを去っていた。

ハーマンはドンキア峠での凍傷や、寒気の中でのビバークから回復したと思っていた。そして一八八一年にカンチェンジュンガ地域の探検に出たが、健康状態が悪化し、ダージリンに運び帰された。ついでダージリンに一年間滞在したものの、死が近づいていることを悟り、インド測量局を退職し、ヨーロッパに帰る。自分の姉妹に最後の数か月をみてもらい、イタリアのフィレンツェで一八八三年四月一四日、結核性の肺炎で死去した。ネム・シンはインド測量局のだれかに手紙を渡せなかったか、あるいは渡したとしても放置されたか。F・M・ベイリーによれば、キントゥプの手紙をネム・シンが受け取るまでに、丸太をツァンポに投入する日時が過ぎており、ネム・シンが手紙を捨てたか、という。カジの妻が出発を遅らせない限り、また、チベット内のゆっくりした通信速度を考えても、これはありそうにないといわれる。チュルクというのは、チベット暦で癸未(みずのとひつじ)「水の羊」の年、つまり一八八三年。新年は二月にはじまるから、キントゥプの一〇月はインドのカレンダーで一一月中旬だったろうといわれている。

ハーマンがインドを去り、ブラマプトラ河へ丸太の監視に行くものがだれもいないことを知らないで、キントゥプはマルプンのラマのところにもどった。ラサからは中国へのルート、コンボパ・ラ→ギャムダ・ゾン→ギャムダ川を下ってツァンポ、そしてペマコチュンにもどり、マルプンに行った。知事から助けてくれたラマのところで、ふたたび九か月間働く。その終わりには、ラマもキントゥプを自由の身にしてくれた。しかし、金をいくらか稼ぐため、僧院で一人の男の衣服をぬって、一か月間働き、その報酬に塩と食料を得る。

それからビプンに行き、洞穴にかくした丸太を回収し、一〇日間滞在。一日に五〇本ずつをツァンポに投げ入れた。

そのあと、マルプンにもどって、さらに一か月間滞在する。インドに帰るのに必要な資金を稼ぐためであった。

このあと、ツァンポに沿ってインドに出ようとした。パンゴドゥドゥン（五〇～六〇戸）、ツァンポを東岸へ渡り、コルバ（一二戸）、マユム（四～五戸、耕作なし）、サトン、アンギ（三〇〇戸）、シンギン（六〇戸、人はほとんど裸で下半身に衣類、常に刀と弓をもつ。米、とうもろこし、ヒエを作っている）。さらにハンギン（二〇戸）、プギン（一〇〇戸、松林が豊富、リンゴ、バナナが栽培され、男女は別々の家に住む）。リカール（一三〇戸）、ケティ（二〇戸、道は最悪となる）。シモン（一四〇戸）はツァンポの東岸から一キロ半離れており、近くに一〇〇戸と三〇戸の村があり、三つの村が並んでいる。このシモンではキントゥプが村長に逮捕されたが、金を払って自由になる。泊まった家では、全員に一つまみの塩を与えねばならなかった。

さらにマブク（六〇戸）に進み、五日間滞在する。マンゴーやバナナが見られるが、ツァンポは見えない。タルピン（八〇戸）はツァンポから五キロほど離れていた。最後はオンレット（オロンあるいはオンローという、九〇戸）に達した。そこから一三キロほどのところにミリ・パダム（一〇〇戸、ツァンポから六キロ半ほど離れる）の大きな市場があるといわれたが、アボール族はそれ以上の前進を許してくれなかった。キントゥプによれば、ギャラ・シンドンからオンレットまで直線距離で約一六〇キロ、オンレットから英領インドまで六〇キロほどだとする。

キントゥプはオンレットからペマコチュンへ引き返した。そこで二か月滞在し、ダージリンに帰るための金を稼ぐ。ラサを経て三か月後に故郷の村タシディンに着くと、留守中に母親が死亡しており、その葬式などのために二か月半、わが家に滞在。一八八四年一〇月一九日、再び出発。ナムチ僧院でネム・シンとA・W・ポール氏（A. W. Paul ダージリンの副長官）に出会った。ネム・シンはいっしょにラチェン、ラチュンの渓谷に行くようにいい、彼らと一か月ほど旅をした。そして一八八四年一一月一七日にダージリンにもどった。

キントゥプの大探検は四年以上経過しており、ハーマン大尉は一八八二年にインドを去り、翌年に死去していた。F・M・ベイリーはネム・シンが死んでいたと記しているが、それはハーマンの方であった。また、キントゥプがラサでことづけた手紙は、ネム・シンに届いていたようだが、彼はそれをハーマンがいないからと、勝手に処分したか、測量局の関係者に見せなかったらしい。キントゥプの苦労は無為となり、丸太はむなしくベンガル湾へ流れ去ったのだった。

その後、キントゥプはダージリンで仕立屋の仕事をして、細ぼそと暮していたという。インド測量局の記録では、時どき測量局の仕事もしていたようで、一八八九年にリンジン・ナムギャルに同行してアッサムのサディャへ行き、ディハン川とブラマプトラ河、アボール族やミシュミ族について情報を収集した。また一八八六〜九六年にシッキムでのL・A・ウォッデルのいくつかの山旅に、ガイド兼ポーター頭として活躍した。ウォッデルの著書では「キントゥプは中ぐらいの背丈で信頼でき、がっしりとして活発。不屈の決断力をもつ顔付きをしている」という。

第十五章　その後のツァンポとチベットの探検

(1) キントゥプのその後

キントゥプが奴隷にされている間でも、一八八二年にサラット・チャンドラ・ダスが、八三年にはラマ・ウギェン・ギャツォがツァンポ河畔のツェタンに達していたし、一八七八年から四年もの大探検を行ったキシェン・シンも、インドにもどる最後のところで、一八八二年にツェタンを通った。目的はチベットからアッサムに抜けることであったが、ミシュミ族に妨害され、北西に向きをかえ、ツェタンでツァンポを渡り、ダージリンに帰ったのである。

ハーマンは退職して死去し、その上司のウォーカー将軍も一八八三年二月一二日にインド測量局長官の職から引退していた。それでキントゥプは、ラマ・ウギェン・ギャツォに自分の長期にわたる探検を口述報告した。それをインド測量局の雇員ノルプが英語に翻訳し、ハーマンの後任のタナー大佐が地図を編集して、報告書が公刊された。キントゥプは報奨金三〇〇〇ルピー（現在の金額で約二二〇万円）を受けた。

キントゥプは読み書きができなかったし、パンディットとしての訓練も受けていなかった。すべて記憶で列挙したから、他のパンディットの測量より軽くみられ、測量局以外ではあまり信用されなかった。しかし、タナー大佐はキントゥプの川の虹の報告から、滝の存在を信じていたようである。キントゥプの報告は「かなり真実に近く、信頼できる」とウギェン・ギャツォもリンジン・ナムギャルもいっている、とタナーは述べ、彼自身も「キントゥプの報告は、探検の真実を物語ることに疑問の余地はない」と論評した。キントゥプは学問はなかったけれど、たいへん聡明で、日付や村の名前など、記憶力は抜群であった。「虹の大滝」を別にして、これらの報告は非常に正確なことが三〇年後に立証される。それはあとでまた触れよう。

ハーマンのあと、ヒマラヤの三角測量の責任者であったタナー大佐は、過去にリンジン・ナムギャルといっしょに仕事をしたことがあったが、月給六〇ルピーで測量の仕事から現役のパンディットに転任させた。タナーの指令は一八七八〜七九年にネム・シンとキントゥプが探検したギャラ・シンドンへ、ダージリンからブータンを横断して東に向かう。さらにギャラ・シンドンでツァンポを左岸へ渡り、渡り返すことなく、そのままインドへたどるというものだった。第一二章で述べたように、もう一人のパンディット、フルバが別働隊として一八八五年一一月にダージリンを出発。だが、ブータンを横断してチベットに入ろうとしたものの、阻止され、リンジンとフルバの二人は一八八六年六月三日にダージリンにもどってきた。

この時期、一八八五年から八六年にかけて第三次ビルマ戦争が戦われた結果、ビルマがインド帝国に併合された。ちょうどそのころ、一八八四年から北東アッサムのサディヤの政務官補であったニーダム（J. F. Needham）が、辺境警察のモールズワース大尉（E. H. Molesworth）と原住民の警察分遣隊をつれて、八五年一二月一二日にサディヤを出発。ミシュミ族の地を通り、ロヒット・ブラマプトラ川をチベットのリマの近くまで踏査した。一八八二年にキシェン・シンがこのリマ近くまで来ており、ニーダムたちがもどる途中でキシェン・シンの測量を追認し、リマ（ザユール）川を通って流れる川はイラワディ川ではなく、ロヒット・ブラマプトラであることを証明した。そして一行は八六年一月二〇日にサディヤに帰って来た。

一八八九年にはタナー大佐がリンジン・ナムギャルにキントゥプを同行させ、サディヤに派遣した。二人はニーダムのところに出頭、目的はニーダムとディハン川を遡り、探検すること。キントゥプが八四年に到達した、もっとも低い地点まで行き、さらにそこを越えて、キントゥプのデータを検証しようというものであった。しかし、この計画はアッサムの地方長官から、政治的な理由として拒否された。だが、リンジン・ナムギャルはサディヤ近辺でミシュミ族やアボール族の商人から情報を集め、それをもとにツァンポ下流の地図を改訂・作成した。ニーダムはアボール族やキントゥプに質問する機会を持って、キントゥプはギャラ・シンドンから南へ遠く探検しなかったと結論する。

キントゥプはその後、インド陸軍医療部隊のL・A・ウォッデル少佐の山旅のいくつかに同行。あるとき、ウォッデルはシッキム東部のゴラ峠（五二四八メートル）を越えてキントゥプをチベットへ派遣した。キントゥプはその峠で国境を越え、七日行程進んだところで、チベット当局に逮捕、投獄されたが、最後はなんとか脱走してシッキムにもどったという。

一八九九年、イギリス陸軍軽歩兵隊のデーヴィス少佐（H. R. Davies）がインド測量局のライダー大尉（C. H. D. Ryder 一八六八～一九四五年）と、東からツァンポに接近するように命じられたが、チベット人に阻止され、失敗した。デーヴィスは一八九四年から一九〇〇年にかけて、雲南を四度も踏査し、大著『雲南―インドと揚子江流域の環』（一九〇九年、邦訳・一九八九年）をまとめ、詳細な地図を作成している。ライダーについてはあとで述べるが、ツァンポの上流を測量した。一九〇一年にはJ・F・ニーダムの監督のもと、インド測量局で訓練を受けた二人のゴルカ兵が、ディハン川をサディヤの北西七〇キロのケバンまで遡行する。しかし、そこでアボール族に前進を阻止された。

(2) グレート・ゲームとヤングハズバンド

中央アジアでの英露の角逐、《グレート・ゲーム》の立役者の一人は、フランシス・ヤングハズバンド（Francis Edward Younghusband 一八六三～一九四二年）であることに異議を唱える人はなかろう。インド測量局のパンディットたちが、裏方の黒衣的な存在であるとすれば、ヤングハズバンドはグレート・ゲームのスター・プレーヤーといえようか。彼は一八六三年五月三一日、パンジャブ（現パキスタン領）のマリーで軍人の子として生まれた。一家には軍人が多く、母の兄、つまり伯父はロバート・ショー（Robert Shaw 一八三九～七九年）。ショーはインドのカングラで茶園を経営し、一八六八〜六九年に茶を売るためのマーケッティング・リサーチとして、トルキスタンのヤルカンドやカシュガルに行った。そのあと、フォーサイスの使節団にも加わるが、裏では情報収集のスパイ活動をしていたのではないかともいわれる。

ヤングハズバンドが生まれた前後に、中央アジアの有名な探検家たちも誕生している。オーレル・スタインは一八六二年、スヴェン・ヘディンは一八六五年、チベットの河口慧海は一八六六年という具合である。一八八一年にヤングハズバンドはサンドハーストの陸軍士官学校に合格し、情報部門の軍人として訓練を受けた。そして一八八二年、一九歳でインドに任官、竜騎兵近衛連隊に入った。二一歳のとき、二か月の休暇を得て、伯父ショーの茶園へ行き、そこで伯父の著書を読み、中央アジアに開眼したという。二三歳の一八八六年、休暇旅行で満州へ行った。ロシアはペルシアやアフガニスタンよりも、東の満州に進出すると判断し、その情報収集でもあり、五月から年末にかけて行動する。

北京では上司のマーク・ベル大佐(Mark Bell)に出会った。彼は清朝の対ロシアの防衛力を調べるために中国の奥地に入るという。そこでヤングハズバンドは同道を申し入れたが、インドの許可を取るように助言され、ゴビ砂漠を横断してハミで会おうといわれた。そこでヤングハズバンドはインド総督から休暇延長の許可をもらい、八七年四月四日に出発。ゴビ砂漠を横断し、カシュガル、ヤルカンドを経て、カラコルム峠ではなく、ムスターグ峠を越えた。これで一躍有名になり、ロンドンの王立地理学協会で報告講演もする。そして同協会から一八九〇年にファウンダーズ・ゴールド・メダルを、若干二七歳にして与えられた。

一八八九年、ヤングハズバンドがシムラに出頭すると、インド政庁外務大臣モーティマー・デュランド卿(Henry Mortimer Durand 一八五〇〜一九二四年)から訓令を受けた。当時、レーとカシュガルの間を頻繁に往復していたスコットランド生まれの商人、アンドリュー・ダルグリーシュ(Andrew Dalgleish)が一八八八年にカラコルム街道で暗殺された。カラコルム峠を少し越えたところでアフガン人(パターン人またはパシュトゥーン人という)に四月八日、殺害されたのだった。その現場の確認などのほか、峠をいろいろ調査せよというものである。

ゴルカ兵六人をつれてスリナガルからレーに行き、そこでさらにカシミール兵を十数名加え、八月八日にレーを出発。カラコルム峠を越えて、一五日目にシャヒドゥラ着、それから西に向かい、アギール峠を経てシムシャル峠を往復する。それからタシュクルガンを往復してミンタカ峠を越え、フンザに入る。一一月二三日にフンザを発し、ギルギットを経てインドにもどった。

この五か月の間に一一の峠を越え、また、その踏査の間にいろんな人物に出会った。ヤルカンド川とシャクスガム川の合流点近くで、ポーランド出身のロシアの軍人グロムチェフスキー大尉（Bronislaw L. Grombtchevsky 一八五五〜一九二六年）とドイツの博物学者（昆虫学）のコンラド（M. L. Conradt）に会う。彼らはヤルカンド川源流とパミール側からインドへ出る峠を探っていた。さらにタシュクルガンではカンバーランド少佐（Charles Sparling Cumberland）とH・バウアー大尉（Hamilton Bower 一八五八〜一九四〇年）に会い、コンロン山脈北麓を探検中のフランスの商人ドーヴェルニュ（Henri Dauvergne）にも出会った。バウアーについてはあとでまた述べるが、世界の屋根、パ

写真42. ヤングハズバンド
(M. Taylor, 1985, p. 183)

ミール高原の奥地でロシア、ドイツ、フランス、さらにイギリス人が三人も動き回り、まさに《グレート・ゲーム》そのものである。

一八九〇年六月下旬、ヤングハズバンドはシムラを発って中国領トルキスタン、いまの新疆ウィグル自治区に向かった。同行は二三歳のジョージ・マカートニー（George Macartney　一八六七〜一九四五年）で、彼は中国語に通じた外交官であり、それから二八年間もカシュガル総領事として、その地に過ごすことになる。それはともかく、二人は八月末にヤルカンドに着き、九〜一〇月の二か月はパミール高原を歩いた。対ロシアの情報収集と地図の作成である。そして一一月にカシュガルに入った。さっそく先住のロシア領事ニコライ・ペトロフスキー（Nikolai F. Petrovsky　一八三九〜一九〇九年、一九〇四年に引退）に表敬訪問をした。

カシュガルでマカートニーと越冬したヤングハズバンドは、指令を待ってさらに六月まで滞在するが、その間にカシュガルにスヴェン・ヘディン（Sven Hedin　一八六五〜一九五二年）、フランスのデュトルイユ・ド・ランス（Jules Leons Dutreuil de Rhins　一八四六〜九四年）とグルナール（Fernand Grenard　一八六六〜?年）などの探検家がやって来た。ド・ランスはのちの九四年に東チベットで原住民に殺害された。一八九一年七月になって、ヤングハズバンドはカシュガルを出発し、またパミール高原の踏査に出た。タシュクルガンからワフジール峠を越えたが、ワハン谷に入るとロシア隊によって退去させられた。これが本国に報告されると、英露の外交問題となり、ロシアが謝罪することになる。国境がまだ未画定であったのである。それはともあれ、ヤングハズバンドは一〇月にギルギットを経てスリナガルにもどった。

一九〇三年、インド総督のカーゾン卿は、一向にはかどらないインドとチベットとの外交・通商交渉のため、ヤングハズバンドを起用した。彼は使節団長として、チベットとの国境に近いカムバ・ゾンに出向いたが、チベットとの交渉は物別れ。それで翌四年にラサへの軍事遠征となった。カーゾンは保守党の若手議員で、一八八八年の夏、二九歳の独身貴族のとき、モスクワ経由で中央アジアのタシュケントを訪問し、一八九四年にはパミール高原とオクサス川を探検。その探検やペルシア、インドシナなどの研究と旅行に対し、王立地理学協会は一八九五年にファウンダーズ・ゴールド・メダルを授与した。

ロンドンではインド省の次官もやっていたカーゾンは、一八九九年に三九歳でインド副王（総督、一八九九〜一九〇五年在任）となり、ヤングハズバンドをチベット使節団長に引き立てたという次第。一九〇五年にイギリスにもどったが、在任中には考古学者のスタイン、イタリアのアブルッツィ、カンチェンジュンガを一周したフレッシュフィールドなどを支援した。一九〇四（明治三七）年一一月に再びカルカッタに来た河口慧海は、駐日イギリス公使マクドナルドの、カーゾン卿とヤングハズバンド宛の添書を持参し、容易に二度目のチベット入りができるものと信じていたが、カーゾンに面会すると、彼は「貴下の希望は諒とするが、入蔵は断じて許可しがたい」と拒否され、ネパール行だけが許されたという。

カーゾンはその後、一九一一〜一四年に王立地理学協会の会長をつとめ、一九二二年にはイギリスの外務大臣の重職を担った。その生涯や著作をみると、彼は単なるアームチェアーの政治家ではなく、野心満々のフィールド派といえるのかもしれない。

さて、カムバ・ゾンでの交渉が決裂したあと、チベットへのロシアの影響も排除したかったインドは、ラサに向かって軍事進攻を決定する。その使節団長はヤングハズバンド大佐、英印軍の司令官はマクドナルド准将（James R. L. Macdonald）。一行は一九〇三年一二月五日にダージリンを出発し、一二日にジェレプ峠を越えてチベット入りした。イギリス人将校約一〇〇人、グルカ連隊とシーク旅団の戦闘員は一一五〇人、ミュールが約七〇〇〇頭、雄牛五二〇〇頭、ヤクは約四五〇〇頭（九〇パーセントは死傷）、人夫一万人の大編成であった。

のらりくらりの交渉、ギャンツェやカロ・ラの激戦のあと、一九〇四年の八月三日に遠征軍はラサに入城した。ダライ・ラマはロシアのドルジェフらといっしょにモンゴルに蒙塵する。余談になるが、この遠征隊に参加するため、L・A・ウォッデルがダージリンの麓のシリグリの駅につくと、キントゥプが迎えに来ており、ラサまで同行したという。

使節団長のヤングハズバンドは、チベット側の代表との間で通商条約の調印をラサで行った。同時に、この機会を利用して、チベットの測量などの調査をしようとヤングハズバンドは考える。イギリスの力を思えば、チベットは反対をいえず、宗主権を主張する中国も異議を唱えることはないから、絶好のチャンスであった。ヤングハズバンドは三つの隊を組織、編成する。一つはブラマプトラ（ツァンポ）河を下降してアッサムへ抜ける。第二はツァンポを遡ってガルトクに行き、シムラに出る。三番目は中国四川省（成都）の領事であるウィルトン（Wilton）が、東チベットを通って帰任するというものであった。通行許可証はすべてに発行されたが、実施できたのは第二のものだけであった。これについては次に述べよう。第一の計画が実行されていれば、地理学上の大きな謎がはやくに解明されたかもしれないが、アボール族やミシュミ族の危険地帯だからと、最終段階でインド政庁が潰してしまった。役人たちは最悪の事態の責任から逃れたといわれ、あいにくとカーゾン総督は、ロンドンに帰っていて不在であった。カーゾン卿の〈鶴の一声〉があれば、状況はかわっていたかもしれない。三番目のウィルトンは、ヤングハズバンドが中国との交渉にぜひ必要だからと、旅行計画を中止させてしまった。

(3) ガルトク遠征隊

ヤングハズバンド大佐はチベット当局との交渉に関して、時間がなく、いちいちインドの許可を取ることができなかった。雪で峠が閉ざされ、退路が絶たれるのを気にして、条約に調印した。このことがインド政庁とロンドンを立腹させることになり、ヤングハズバンドは出世コースからはずされることにもなったといわれる。しかし、一九一九年から二二年までイギリスの王立地理学協会の会長を務め、また、一九一九年には同協会とイギリスの山岳会（The Alpine Club）と合同でエヴェレスト委員会（The Everest Committee）を組織し、チベット側からの登山遠征を企画、

写真43．セシル・ローリング
（Snelling, 1990, p. 111）

写真44．ライダー
（Snelling, 1990, p. 110）

一九二一年に最初の偵察隊を送り出すことができた。したがって、ヤングハズバンドはエヴェレスト登山の立役者でもあった。だが、《グレート・ゲーム》においては、彼は《勇敢》ではあったけれど、《不運な競技者》（Unlucky player）であったといわれる。

一九〇四年一〇月一〇日、チベット遠征隊の分遣隊であるガルトク隊がギャンツェを出発した。ツァンポを遡り、マナサロワール湖の北岸から西チベットの中心ガルトクに至り、シプキ峠を越えてインドのシムラに一九〇五年一月一一日に到達した。三か月間の探検的測量であった。隊長はローリング大尉（Cecil G. Rawling　一八七〇〜一九一七年）。彼は前の年の一九〇三年にハーグリーヴズ中尉（A. J. Hargreaves）とレーから北西チベット、ルドックとコンロン山脈の間を踏査、探検し、測量した。二人はサマーセット軽歩兵連隊の所属であったが、ローリングは第一次世界大戦のとき、西部戦線で砲弾によって戦死、准将になっていた。ただ、この一九一七年に王立地理学協会から、西チベットとニューギニアの探検に対し、ゴールド・メダルを授与されている。

副隊長格のライダー大尉は隊長より年上であった。一八九一年からインド測量局に入り、一八九八年から雲南の探検、測量をH・R・デーヴィスと行い、九九年に東からツァンポ川への接近を試みたが、チベット人に阻止されて失敗。チベット軍事遠征の折、一九〇四年にヤングハズバンドに対して、一〇〇人のゴルカ兵の護衛をつれ、ツァンポを下降する遠征を自分が指揮したいと提案した。チベットからのライダーを迎えるため、アッサムの役人J・F・ニーダムが、サディヤからディハン川を遡る予定だった。しかし、アッサム辺境の人びととの紛争を望まなかったインド政庁によって、その計画がとめられたことはすでに述べた。そこでライダーはこのガルトク分遣隊に加わったのである。一九〇六年から一三年にかけては、バルチスタンからチトラルの北西辺境区で、一九一九年まではインドやイラクで仕事をし、測量局長官となって一九二四年に退職した。

このライダーとともにツァンポ川沿いに路線測量を行ったのは、ヘンリー・ウッド大尉（Henry Wood 一八七二～一九四〇年）である。一八九八年にインド測量局に入り、一九〇三年にネパールの許可を得て、ネパール・ヒマラヤの山々の測量を行っていた。一九一四年にはイタリアのデ・フィリッピのカラコルム科学遠征隊に参加し、ヤルカンド川などの測量と地図化をした。第一次世界大戦にはヨーロッパの戦場にあったが、一九一八年にインド測量局にもどり、一九二七年に退役する。

ヤングハズバンドはチベット遠征に有能な人材を数多く加えていた。そのなかの一人がF・M・ベイリー中尉（Frederick Marshman〔Eric〕Bailey 一八八二～一九六七年）で、彼は助手兼チベット語の通訳としてガルトク隊に参加した。サンドハーストの陸軍士官学校を出て、インド陸軍（第一七ベンガル槍騎兵連隊、ついで第三二シーク工兵連隊）に入り、チベット軍事遠征に加わった。このときに彼はチベット語を学習し、このあとのツァンポ探検につないでいくが、チベット遠征が終わったあと、一九〇五年にインド政庁の政治局（Indian Political Service）に移り、ギャンツェのイギリス通商代表にも指名された。このベイリーのツァンポ探検とその後については、あとに述べよう。

(4) H・バウアーとアトマ・ラム

一八八八年にアンドリュー・ダルグリーシュが、カラコルム峠の近くでパターン人に殺害されたことは、すでに述べたが、その翌年にインド陸軍のカンバーランド少佐が休暇をとってパミール高原の狩猟に行く。これにインド情報局のハミルトン・バウアー大尉が同行することになった。そしてラダックのレーに来てみると、フランス人のドーヴェルニュという人物に出会う。彼はダルグリーシュが暗殺された地点に石碑を建てるのだといい、カラコルム峠の北側にそれを建てた。タシュクルガンではヤングハズバンドにも会う。ヤングハズバンドも調査の指令を受けていたが、バウアーがヤルカンドに来ると、インドからダルグリーシュの殺人犯を逮捕するようにと命令がきていた。バウアーは犯人をロシアのサマルカンドまで追いつめたものの、犯人はロシア当局に捕まり、しかもそこの刑務所で首を吊っていたという。

バウアーは、はじめ犯人は天山南路の方面に逃亡しているらしいというので、天山南路を東に追ったあと、カシュガルに行くためにクチャにもどったとき、現地人から樺《かば》の樹皮に書かれた古文書を一束(五一葉)買った。自分は読めないため、古代インド語の学者、カルカッタの英独混血のルドルフ・ハーンリ博士(Augustus Rudolf Hoernle)に送った。すると、解読の結果、紀元五世紀ごろの、インドではすでに滅びたブラフミー文字で書かれたもので、古代インドの医学と外科に関するものだとわかった。これが世にいう「バウアー文書」である。

この二年後の一八九二年、フランスの探検家デュトルイユ・ド・ランスとフェルナン・グルナールがホータンでカロシュティ文字で書かれた「法句経《ほっくきょう》」の断簡を現地人から買いとる。かくして、ヨーロッパ人に売るために砂漠の中の宝探しがはじまった。そこにヘディンやスタイン、ドイツ、フランスやロシア、そしてわが国の大谷探検隊が登場してくる。中央アジアが舞台の《グレート・ゲーム》、情報・外交戦が、金子民雄氏にいわせれば、《埋蔵文化財の獲得競争》に拡大していくのであった。

バウアーは一八五八年、スコットランドの家系に生まれたが、父や兄をはじめ、軍人が多かった。エジンバラ大学と王立海軍兵学校を終えて、一八八〇年に第一一デヴォンシャー連隊に任官、ボンベイで入隊した。六年後にインド陸軍の第一七ベンガル騎兵隊に移籍、そして最初の探検が上述の一八八九〜九〇年の中央アジアであった。ついで一八九一年、当時、インド陸軍大学で大尉であったバウアーは、陸軍情報局の支持を得て、チベット横断の許可を求め、総督の認可を受ける。当時、ロシアのプルジェワルスキーやコズロフ、フランスのボンヴァロ、アメリカのロックヒルなどが、北や東からチベットに突入しようとしており、インドの当局者たちもその辺の情報を欲していた。

写真45. H. バウアー
(Holdich, 1904, p. 275)

一八九一年六月一四日、バウアーはレーを出発した。同行はソラルド軍医（W. G. Thorold インド医療部隊）と測量士補のパンディット、アトマ・ラム（Atma Ram 一八七〇年ごろ〜?）のほか、助手や下男など九人ほどであった。ほとんど無人の北チベットのチャンタン高原を横断、一八七四〜七五年のナイン・シンのルートより北側の自然環境について、くわしい情報を集めようとした。しかし、テングリ・ノールに近づいて、ラサへの接近を阻止され、北方に迂回してナクチュの近くからチャムド、バタン、リタン、そして二月一〇日にタチェンルーに着く。八か月かかっていた。

アトマ・ラムは二四歳ほどで、応募して参加したものだといい、出発前にわずか六か月間ほどシムラのインド測量局で働き、プリズム・コンパスの使用法と、一マイル（約一六〇〇メートル）を二二〇〇歩で歩く訓練を受けたのみという。だが、三二〇〇キロ以上を歩き通し、路線測量を遂行し、地図を作成した。彼の給料は半分が陸軍主計総監局から出ていたといい、それからして、バウアー隊の性格をうかがい知ることができよう。

一行は上海に出て、海路インドにもどったが、バウアーの報告から極秘のものは除いて、一般向けの『チベット横断日記』が一八九四年にロンドンで公刊された。くわしい報告書は前年の九三年にインド政庁で一五〇部の限定出版がされている。バウアーはこの探検の功績によって、一八九四年に王立地理学協会からファウンダーズ・ゴールド・メダルを授与された。しかし、バウアーは二度とチベットへはもどらなかった。

バウアーは一八九六年にスーダンのドンゴラ戦役に参加、一九〇一年から六年に北京のイギリス大使館の警護を託される。ついで、一九〇八年一二月からシロンのアッサム旅団の司令官になり、一九一一年の少将のとき、ウィリアムソン（Noel Williamson）とグレガーソン博士（Dr. Gregorson）がアッサムのアボール族に殺害されたので、その討伐隊の指揮をとることになった。これをいわゆる《アボール遠征隊》という。この遠征隊にF・M・ベイリーが参加する話はつぎに続けよう。バウアー将軍は一九一五年に引退してスコットランドに帰り、一九四〇年に死去した。

(5) 東チベットからアッサムへ

中国本土からインドに至る最短コースは、地形や気候などの自然環境、人種や民族などのことを別にすれば、四川省から雲南、チベットの一部をかすめ、インドのアッサムに通じる道であろう。このルートを「西南シルクロード」と呼ぶ人もある。四川省の省都である成都《チエントウ》からアッサムのサディヤまで直線距離で九〇〇キロ、漢人とチベット人の境界であるタチェンルー（現在の康定《カンテイン》）とサディヤ間は七〇〇キロである。しかし、中国の実質的支配は金沙江《チンシャーチャン》（長江＝揚子江上流）の左岸の巴塘《バタン》までで、それから以西へはチベット当局が入蔵を阻止していた。まずここで政治的障壁があった。

さらに自然的障壁ともいえる横断山脈が南北に走り、その間に大峡谷が深く割って入る。瀾滄江《ランツアンチャン》（メコン川）と怒江《ヌーチャン》（サルウィン川）である。つまり、高い山を越え、谷を低く渡りという次第。最後はチベットのザユール川（察《ザ》隅河《ユール》）がロヒット川と名前をかえて、インドのブラマプトラ河に流入する。

一八六一年、フランスのラザロ派神父オーギュスト・デゴダン（Auguste Desgodins）は、中国当局からチベットの通行証を得て、中国西部から入蔵を試みたが、チベット国境でラサの役人に阻止されて失敗。六二年に引き返した。六三年に再度試みるも、これも完全な失敗だった。ついで一八六八年、イギリスの商人T・T・クーパー（Thomas Thornville Cooper　一八三九～七八年）は東チベットからアッサムをめざした。一月四日に漢口《ハンコウ》（現・武漢《ウーハン》）を、三月七日に成都を出発。四月三〇日にタチェンルーを出発し、リタン（理塘）、バタン（巴塘）と進んだが、チベット人に阻止され、雲南の大理府《ターリーフ》からビルマのバーモに抜ける予定のところ、大理近くになって拘留される。そして揚子江を漢口にもどったのが一一月一一日だった。

一八六九年にクーパーは反対方向、つまり、アッサムから中国へと試みた。一〇月にサディヤを出発、ロヒット川をたどり、ミシュミ丘陵を通ってプルン村まで達した。そこからロエマーの村まで約三〇キロ、その途中にあるサメ村で一八五四年、フランスの神父二人、クリックとブーリが殺害された。クーパーはこのプルンで引き返した。その後、彼はビルマのバーモの住居で一八七八年四月二四日、自分のインド人護衛兵に殺害された。

W・J・ギル大尉（William John Gill　一八四三～八二年）もクーパーと同じように、一八七六年に東チベットからアッサムをめざした。バンガロールに生まれ、王立陸軍士官学校を出たあと、六四年に陸軍工兵隊に入り、六九年九月にインドに行く。一八七三年にペルシア（イラン）を旅し、七六年九月に北京に来た。七七年五月に成都に着き、北に小旅行したあと、七月一〇日に成都を出発、タチェンルーを八月七日にあとにし、リタン、バタンに達する。そのあと南下して雲南の大理府へ。そしてビルマのバーモに出た。北京に着いてから二〇か月が経過していた。一八七八年春にはコンスタンチノープルに転勤。一八七九年にはペルシアの北方辺境地帯での業績に対し、王立地理学協会はゴールド・メダルを授与した。

一八八九〜九〇年にフランスのアンリ・ドルレアン公はガブリエル・ボンバロとともに中央アジアからインドシナに至る大横断を行っていた。ルートはモスクワからセミパラチンスクを経てトルキスタンに入り、天山山脈を越えてロプ・ノールに来る。さらにコンロン山脈を越えてチベットのラサをめざすも、テングリ・ノール（ナムツォ）で阻止され、東のバタン、タチェンルーを経て、ハノイに出る大探検であった。そのドルレアン公が一八九五年一月から九六年一月まで約一年、今度はハノイからインドに向かった。メコン川沿いに北上して雲南に入り、アトンツ（阿敦子、現在の徳欽《デチエン》）から西に進み、アッサムのサディヤに横断した。

二〇世紀に入り、一九〇六年にイギリスのJ・W・ブルーク大尉（John Weston Brooke 一八八〇〜一九〇八年）はツァンポとブラマプトラの謎解きを試みるが、アッサムからの入蔵はインド政庁に拒否され、中国側からはチベット人に阻止された。上海を六年八月一日に出発、一〇月に西寧でダライ・ラマと会見し、中国内陸伝道団のリドリー神父（Father Ridley）と青海湖からタングラの峠を越え、七年一〇月に上海にもどる。帰ってすぐの一二月、今度はミアズ（C. H. Meares）を同道して上海を出発し、東チベットに向かう。しかし、八年一二月二四日にブルークは四川省南部でロロ族（いま彝《イ》族という）に殺害された。

この五年前の一九〇一年（明治三四年）、僧侶の能海寛《のうみかん》（一八六八〜一九〇一年）は三度目の入蔵を試み、四月に大理を出発、麗江《リキアン》に向かったまま、消息を絶ってしまった。多分、道中で殺害されたものであろう。ブルークと似た地域である。

また、フランスのジャック・バコー（Jacques Bacot）は一九〇七年に雲南の北西隅から南東チベットのバタンまで行き、さらに一九〇九年から一〇年にかけて、タチェンルーから南東チベットのリタンを通り、アトンツ近くから雲南のメコン川、サルウィン川の流域を踏査していた。

(6) ウィリアムソンとアボール遠征

《グレート・ゲーム》の重要な一翼を担ったインド測量局のパンディットは、一九世紀末にはその使命を終えていたが、《グレート・ゲーム》そのものの幕引きは一応、一九〇七年とされる。フランスの仲介によって、八月三一日に英露協定が成立、調印されたのである。一九〇二年の日英同盟、一九〇四年の日露戦争とヤングハズバンドのラサ侵攻。それやこれやでイギリスはロシアがドイツ寄りになることを恐れ、またドイツの東進を阻止しようと、内陸アジアの支配権と両国の利害の調整をはかるものであった。

チベットについては、清国の宗主権下にあることを確認、英露両国とも外交官をおかず、外交交渉は清朝政府を通じて行う。鉱山・電信・鉄道などの利権を求めない。イギリスはヤングハズバンドが獲得したものをほとんど放棄した。アフガニスタンの独立は認めるが、イギリスの勢力圏内にあること。外交交渉はイギリスを通じて行い、お互いに秘密情報員を送らないこと。そしてイギリスとアフガニスタンはロシアの中央アジアに干渉しない。ペルシアについては英露に勢力範囲を二分し、北半分はロシア、南半分はイギリスの範囲とする。

かくして、イギリスの勇敢な戦士たちが一世紀にわたり、生命をかけて展開してきた《グレート・ゲーム》も、外交交渉によって幕を閉じたことになる。しかし、それから一〇年した一九一七年にロシア革命。そのために帝政ロシアが締結したあらゆる条約は破棄され、英露協定も反古となった。そして新しい《グレート・ゲーム》がはじまる。

すでに述べたJ・F・ニーダムのあとを受けたサディヤ（アッサム）の政務官補ノエル・ウィリアムソンは、一九〇五年からサディヤに来て、アッサム奥地を積極的に踏査した。当時の中国はチベット南東部のポメとザユール地区、ザユール川を下流のロヒット・ブラマプトラ川に向かって支配を拡大していた。これは英領インドのアッサムの大きな脅威になっていた。そこでウィリアムソンは一九〇七年一一月二八日にサディヤを出発、ロヒットを遡った。測量をしながら、一二月二七日にサティ村に着き、二九日に引き返す。ついで一九〇九年の一〜二月、彼はラムズデン大佐（D. M. Lumsden）とディハン川（ツァンポ川）をケバンまで往復した。アボール族と友好関係を結ぶためである。さらに一九一一年三月からディハン川に入るも、同行のグレガーソン博士とともにアボール族に殺害されてしまった。

そこでインド政庁は近隣の部族に友好使節団を送る一方、アボール族には懲罰の遠征隊を派遣。その指揮官にハミルトン・バウアー将軍があたったことはすでに述べた。そしてこの遠征隊は報復とは別に、チベットとインドの国境を測量し、中国の影響の度合いを調査し、またディハン川の流路の地図化の仕事も担っていた。行動は一一年一二月から開始された。隊の主力はディハン川をケバンまでアボール族の土地に入り、他の分遣隊はディハンの支流の探査をする。一隊はディハンをかなり北へ進み、キントゥプが達した最南地点の北約六四キロのシンギン村まで行く。この部隊に遠征隊の政務官ベンティンク（A. Bentinck）が同行、キントゥプがこの地域を歩いたかどうかについて、意見がわかれた。キントゥプの観察したものと、自分の見たものの間に一致するものはほとんどない、とベンティンクがいう。しかし、メンバーの別の一人は、ディハン川沿いの村々の名称はキントゥプのものと、驚くほどによく一致していたと断言する。

このアボール遠征隊にF・M・ベイリーも参加した。そして、それがキントゥプのいう、「ツァンポの大滝」の謎の解明につながっていく。

(7) ツァンポ川とベイリー

F・M・ベイリーはヤングハズバンドのチベット遠征に従軍し、つづくガルトク分遣隊に加わって西チベットを横断した。このあと、インド政庁の政治局に転任し、一九〇五年にギャンツェのイギリス通商代表に指名され、ギャンツェ、チュンビ渓谷と、チベットで三年以上も務めたのち、イギリスで休暇を取る。このチベットでの勤務中にチベ

写真46. F. M. ベイリー
(*AJ*, 105, 2000, p. 276)

ットの文献を読み、言葉を学び、キントゥプのいう「ツァンポの大滝」について、その疑問を解決したいと決心していた。彼は一八九九年にデーヴィスとライダーが雲南方面の東からツァンポに行こうとする探検に失敗したことを知っていた。そこで、チベット語をしゃべり、習慣によく通じ、下男を一人だけ連れた個人的な、小さな隊で旅するような場合、厄介な地域でも「するり」と通り抜けられるかもしれないと思った。

一九一一年一月までに計画を立て、インドにもどる途中に、休暇の残りをツァンポ川の探検に使おうと考える。王立地理学協会から借りた測量器具を持ち、シベリア横断鉄道で三月八日に北京に着く。それから鉄道を乗り継いで漢口に行き、揚子江を船で遡る。自動車と徒歩で前進し、成都（四月二二日～二七日）を経て、五月九日にタチェンルーに達した。同一九日に出発、リタン（五月二八日～二九日）を通って六月二日にチベット国境のバタンに着いた。

六月六日にバタンを出て、ほどなく一八八二年にパンディットのキシェン・シンが横断した地域に入った。ドワ・ゴンパから北へ六日間行くと、シュグデン・ゴンパ（六月二八日～二九日）に達した。ベイリーははじめ〈Shiuden〉とし、あとで〈Shugden〉とする。僧侶は七〇人いたというが、ベイリーはそこから引き返した。そして三〇年も経っているのに、キシェン・シンの通ったルート上の村名と位置について、彼の記述の正確なことを検証した。

このシュグデン・ゴンパは中国名で「休登寺」と書き、一九九五年一〇月と一九九九年五月の二度も東京の中村保氏が訪れている。寺院は文化大革命で破壊され、九五年に僧は一二人だったという。キシェン・シンのときは一〇〇人と報告にある。この寺院のすぐ北側にナゴン・チューという川があり、それがツァンポに流入するとベイリーは考え、それをたどってツァンポに出れば、キントゥプの大滝をさがし、確認ができるであろう、それが自分の目的だと信じていた。

ところが、ベイリーが行こうとしていた地域では、中国人の支配と課税に対するチベット人の抵抗運動のため、前進は不可能になった。僧院長（地方のゾンポン＝郡長・役人でもあった）は、ベイリーが部族の連中に殺されるか、スパイとして中国人に処刑されるかもしれないと案じた。ベイリーは落胆し、残念ながら引き返すことにする。そして七月五日にリマに着き、七日に出発。一八八五〜八六年にニーダムがリマまで来たルートに従い、ミシュミ族の地域を通り、ロヒット川に沿った。ロヒットを下降できたのはミシュミ族をアヘンで買収した結果だという。そして一九一一年八月七日にアッサムのサディヤに到着した。途中のティネ村でウィリアムソンらの殺害のことを耳にした。

サディヤからカルカッタに出たベイリーは、公的な支援も受けず、しかも休暇がのびたことを叱責された。そしてデリーの南西二〇〇キロのアリガルーに配置転換となったが、すぐにシムラに呼び出され、くわしい探検報告を求められた。インド政庁はこの探検を高く評価したし、王立地理学協会はギル・メモリアル・メダルを、インド三軍共同軍事研究所はマグレガー・メダルを授与した。シムラに呼び出されたとき、ベイリーは外務大臣のヘンリー・マクマホン（Sir Henry McMahon　一八六二〜一九四九年）に働きかけ、アボール遠征隊に加えてもらった。そして一九一一年一〇月九日にサディヤにもどった。遠征は同年一二月からはじまった。

ベイリーが中国からアッサムに向かっているとき、ウィリアムソンが暗殺され、その報復、討伐隊が計画された。できうるならば、その隊はペマコイの大滝まで行って確認し、ついでにツァンポとブラマプトラの同一性についても解決するよう、その地域をできるだけ測量し、調査せよという次第。ベイリーは大滝の謎を解くチャンスがきたと思った。彼はアボール遠征隊の指揮官ハミルトン・バウアー将軍のキャンプに出頭すると、チュリカッタ族とアボール族の関係について調べるようにいわれる。チュリカッタはアボールが抹殺されることを期待していた。この仕事が終わり、ベイリーはシムラにもどり、さらにアリガルーに帰任した。

しかし、一九一一～一二年の冬の間の測量隊は、そのシーズン中に作業を終えることができず、一九一二年秋にベイリーはサディヤに呼び戻された。そこでミシュミ地区の探検測量隊の情報士官に指名される。このチームはディバン川流域の地図化を指示されていた。隊がディバン川を遡り、サディヤの真北一六〇キロの、チベット人のミピ村に一三年二月末に入ると、ツァンポをいつも遡ったり下ったりしているチベット人に会う。彼はキントゥプが川に丸太を投げ込んだ話を聞き知っており、驚いたという。またベイリーはチベット語の練習ができ、村長がいろいろ手を貸してくれ、チベットへの案内人を用意するともいった。これはアッサムからチベットへ抜ける絶好のチャンスとみて、指揮官のネヴィル大尉（G. A. Nevill）を通じて上層部へ上申する。そして測量隊員のヘンリー・モーズヘッド大尉（Henry Treise Morshead　一八八二～一九三一年）に同行を求め、二人は測量隊が四月に撤収したあとも、ミピ村に残った。シムラの当局からは探検行の認可がでたが、チベットには入るなといってきた。このあとの二人のツァンポ探検は次項にゆずる。

もう一つのアボール測量隊は、一九一一～一二年の冬、一二月二七日に基地のケバンを出発、ディハン川をシンギンまで往復した。さらに一二～一三年冬の測量チームのジョージ・ダンバー（George Dunbar）はキントゥプの報告のコピーを持って、ディハン川を遡る。キントゥプはアボール族の方言に不案内だったから、時どき村名は間違っていた。だが、ツェタンから東部の一五〇村のうち、一三〇村が一致し、二〇村は洞穴、キャンプ地、あるいは三〇年の間に放棄された村に相当する、と測量隊は結論する。そしてダンバーはマルプンで僧院長に五〇ルピーを寄付した。というのは、この僧院長の前任者がキントゥプをかくまい、五〇ルピーを出してくれていたからだという。

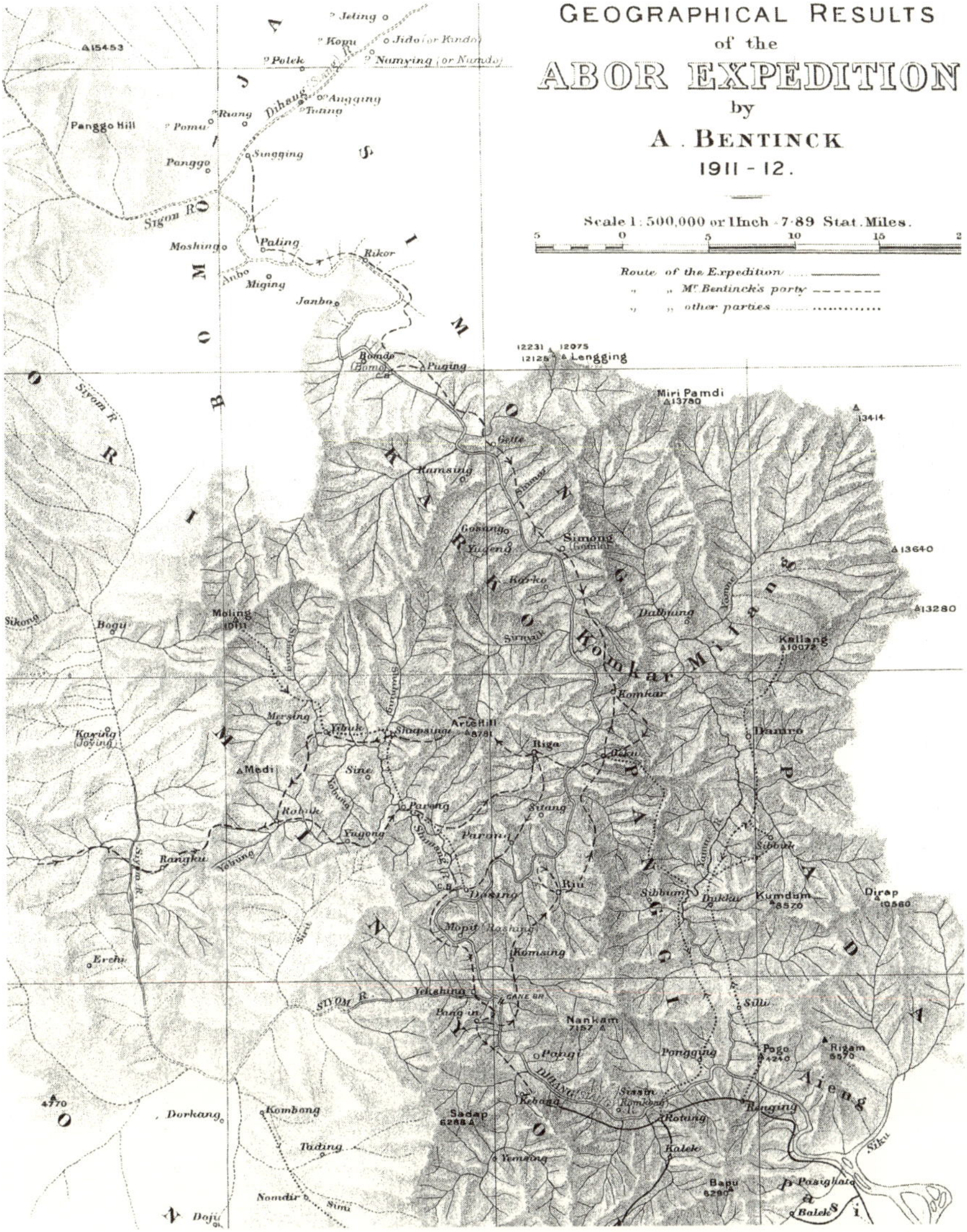

地図22. アボール族遠征隊（1911〜12年）（*GJ* 41, 1913, p. 200）

(8) ベイリーとモーズヘッドの探検

ベイリーがツァンポ探検の仲間に選んだのはモーズヘッド大尉であった。彼はベイリーと同年の生まれだが、ウールウィチの陸軍士官学校を出たあと、一九〇一年一二月から陸軍工兵隊に入り、一九〇六年一二月三日にインド測量局に着任。一九一一～一二年の冬と一二～一三年の冬のアボール遠征隊のミシュミ探検測量隊に参加した。そして一九一三年にベイリーとツァンポの探検に出かけたが、その詳細はあとにまわそう。一二年末に大尉に昇進、一六年末に少佐に任官、第一次大戦の一九一七年九月には負傷する。一六年にはツァンポ探検の功績によってマグレガー勲章を与えられた。

さらにモーズヘッドは一九二〇年にケラス博士（Alexander Mitchell Kellas 一八六八～一九二一年）とガルワルのカメット峰に行き、一九二一年と二二年にイギリスのエヴェレスト隊に参加、測量を担当した。しかし、二二年のとき、凍傷にかかり、右手指を三本失って、二四年のエヴェレスト隊には参加できなかった。一九二七年には休暇でイギリスにいるとき、ケンブリッジ大学のスピッツベルゲン遠征隊に参加。二八年四月にデーラ・ドゥンにもどり、二九年五月からビルマの測量部長に指名されて赴任する。ところが、一九三一年五月一七日、ビルマのマンダレーの東、メイミョーで殺害された。日曜日の早朝の乗馬のとき、ジャングルの中で反英運動家による狙撃といわれている。

さて、二人は一九一三年五月一六日、激しい雨の中、一〇人の人夫と三人の地元の案内人をつれて、ディバン川畔のミピを出発した。くわしい報告はベイリー自身の『ヒマラヤの謎の河』にゆずるが、ネヴィル隊長の暗黙の了解のもとに出発、もし中止せよという電報が来たら、すでに出発した、ということにしてもらう。

まず北西に進み、五月二六日にヨンギャップ・ラ（三九六八メートル）の峠に達し、ついでプンプン・ラ（四三六二メートル）を越えた。越えたところのチムドロ地区はアッサムとチベットの国境地帯となり、高度は二〇〇〇～三〇〇〇メートルの山地。竹藪や密林の中をヒルに血を吸われての行進だった。チムドロの谷に出て六月五日、カプの村に着く。ディバン川から完全にディハン川、つまりツァンポの上流域に入ったのである。ベイリーは部族との交渉、植物や動物の標本を集め、モーズヘッドは路線測量を続けていた。ところが、モーズヘッドは測量に欠かせない照準器を途中でなくしたので、アボールの測量隊へ使者を送り、代わりをもらって来るように指示した。そして二人はその間、カプからツァンポの東岸を二五キロほど下流のリンチェンプンまで往復、片道四日であった。

六月一六日、今度はツァンポの上流をめざして再びカプを出発する。しばらくして二人はポバ族の族長にとめられた。族長は彼らが中国人のために働いていると疑っており、その中国人はごく最近にこの地域から撤退していた。うまく言い逃れて、二人は解放されたが、ツァンポ川をさらに遡ることは許されなかった。それでシュ・ラ（四〇九八メートル）を六月二三日に越え、二五日にポ・ツァンポ川のショワに着く。僧院と宮殿は中国人によって破壊されていた。ツァンポの本流から大きく北に迂回し、ギャラ・ペリ峰の北側を通ってツァンポ大屈曲部の上流部に出ることにした。この部分のツァンポ川岸は断崖絶壁で、歩行は不可能といわれていた。トンキュクの橋を七月八日に渡り、一二日にツァンポ左岸のティムパに達した。

この二日前、ルナンという村で、ベイリーは有名な《青いケシ》を発見していた。発見というには語弊がある。正しくは実物標本を持ち帰ったのである。これに植物採集家であり、東部チベットの探検家のキングドン＝ウォード（Francis Kingdon-Ward　一八八五～一九五八年）が、ベイリーの名前をつけて発表し、世界的に有名になった。長い学名だが、〈Meconopsis betonicifolia baileyi〉という。七月一三日にティムパから対岸のペ村に渡り、ツァンポ本流の右岸を下降。一七日にギャラに到着した。そこについてのキントゥプの記述は正確だとベイリーはいう。

二人はキントゥプが露営したのと同じ洞窟に泊まりながら、ギャラから四日でペマコチュンに来る。「ツァンポは僧院から四〇メートルほど離れており、三キロ余りすると、ツァンポは約四五メートルの高さからシンジ＝チョギャルと呼ばれる断崖を落下している。いつも虹が見られる滝の足下に大きな湖がある」とキントゥプは報告していた。

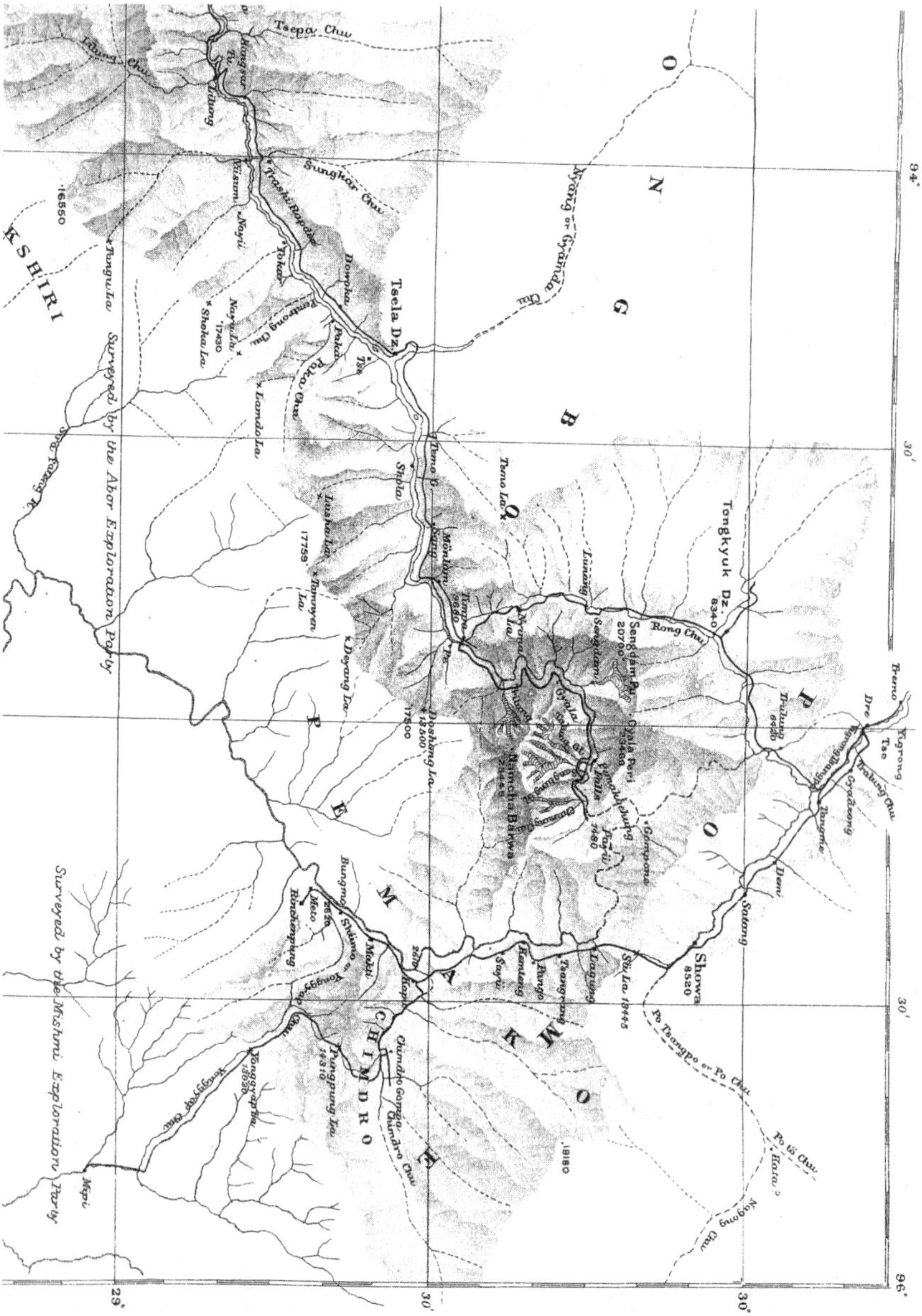

地図 23．ベイリーのツァンポ探検（1913 年）（*GJ* 44, 1914, p. 428）

あるはずのこの滝を確認するため、大峡谷をさらに下降しようとするも、断崖絶壁は通過不可能。ベイリーは水面から三〇メートルほどの岩の上から、ツァンポの下流を眺めると、七月の雪解けの水があふれんばかりであった。幅五〇メートルの狭いゴルジュを、泡立つ白い水が、一連の早瀬となって一〇メートルほど落下し、激しく突進していた。虹のかかる水煙はベイリーのところまでも広がっている。四五メートルも落下しているという滝は、どこにも見られなかった。ベイリーとモーズヘッドは、キントゥプが混乱していたのだろうと断定した。

結局、シンジ゠チョギャルと呼ばれる滝は見つかったが、それはギャラの対岸に流入する小さな流れにすぎなかった。毎年五月に二〇〇〜三〇〇人の巡礼が訪れるといい、巡礼たちはバターランプをもやし、滝の背後の神像を見ようとした。その神像は滝の裏の岩に彩色され、彫刻されていたが、水量が多くてそれを見つけることができなかった。ベイリーは滝の高さがおよそ一〇メートルといい、モーズヘッドは、ここに一五メートルほどの滝が三つ連続しているのを観察していた。

ベイリーはペマコチュンを越え、さらに一九キロ下流に向かって進んだ。しかし、食料の不足と、シャクナゲの森を通過できず、それ以上に進めなかった。かくして、わずか七二キロだが、ツァンポに未探検地域が残り、しかもそこにキントゥプのいう大瀑布はありそうになかった。この地域の住民も、ある距離は急流が続くが、大滝はどこにもないといった。

二人はツァンポを上流へ引き返し、八月二八日にツェタンに着く。その後、ヤルルン谷を通って一〇月一六日にタワン、一一月九日にブータンのタシガン・ゾン、そして一一月一五日、東ベンガルの鉄道駅ランギヤに着いた。一部はナイン・シンの足跡をたどったが、ミピからの踏破距離は二六八八キロ、六か月の長旅であった。一七日にカルカッタに着き、一一月二六日にシムラに帰着したのだった。

第十六章　チベットとツァンポの探検余話

(1) ベイリーの成果とその後

ベイリーとモーズヘッドの探検は多大の成果をあげた。ディバン川からツァンポに達したこと、ポ・ツァンポ（ナゴン・チューの下流）の地図化、ギャラ・ペリ峰（七一五一メートル、現在七二九四メートルとする）の発見、ナムチャ・バルワ峰（七七五六メートル、現在七七八二メートルとする）の位置の測定など、モーズヘッドの確かな路線測量があった。ツァンポとブラマプトラはディハン川でつながり、同一であることが最終的に証明され、わずかな部分が未観察で、川の地図化されていないところは、約七〇キロとベイリーは見積もった。また、ベイリーは自分の観察とキントゥプのそれが一致することを発見する。キントゥプは一貫して距離を過小評価していたが、囚われの身から逃れ、生命の危険を考えれば、それは意外なことではないといわれていた。

このようにキントゥプの報告がきわめて正確であるといえるのに、ツァンポの大峡谷部で四五メートルの滝を見たと、どうして報告したのか。そこでベイリーは、シッキムの友人を通じてキントゥプをさがす。すると、彼は元気だが、ダージリンでみじめな生活をし、仕立屋として働いていることがわかった。一九一四年五月、キントゥプをシムラに呼ぶため、当時のインド測量局長官バラード大佐（Sidney Gerald Burrard　一八六〇～一九四三年）は資金の支出を認める。バラードは陸軍工兵隊から一八八四年にインド測量局に入り、引退の一九一九年まで三五年間も勤務。一八九九～一九一〇年は大三角測量部長、一九一一年から一九年まで局長であった。その彼が地質学者のヘイドン

(Henry Hubert Hayden 一八六九〜一九二三年) といっしょに著した『ヒマラヤとチベットの地理地質概要』(カルカッタ、一九〇七〜八年、改訂一九三二〜三三年) は、かつてヒマラヤに関するバイブルといわれた時期がある。

さて、ベイリーはシムラに来たキントゥプにいろいろたずねた。三〇年も経っていたが、ギャラの断崖を落ち、シンチェ・チョギェ (シンジ・チョギャル) 神をかくしている四五メートルの流れ、またペマコチュンの下流の九メートルの急流についてくわしく話をし、本流に四五メートルの滝を見たと報告したことは決してないという。キントゥプの話をまとめたウギェン・ギャツォか、それを英訳したノルプのどちらかが、ギャラの滝とペマコチュン下流の急流の、別々の観察を一つの大きな滝としてしまったようだった。

こうして、キントゥプの名誉は回復され、安楽に余生を送ることができるように、とベイリーは考え、バラード長官もそれに同意して、年金の支給を当局に提案した。しかし、彼は九〇歳までも生きるかもしれないと反対され、結局、政庁は報奨金一〇〇〇ルピー (現在の金額で約六〇万円) を一括払いにし、インド総督からの羊皮紙の表彰状をバラード長官から贈られた。それらを手にしてキントゥプはダージリンにもどったが、それから数か月して、彼は死亡したという知らせをベイリーは受けた。年金は月額八ルピーだったというから、多額の一時金をもらったことになり、そのほうがよかったのかもしれない。ベイリーの著書によれば、死亡は一九一五年のようだが、モーズヘッドは一九一九年一一月三日としている。

ベイリーの探検報告には、多くの政治的な情報があり、インド政庁にとって大いに役立った。とくにアッサム・ヒマラヤの主脈を越えての、チベットの南方への、影響力の度合いの評価である。タワンについての情報とともに、この評価は外務大臣のヘンリー・マクマホン卿にとって、北東辺境地域 (NEFA) のインドと中国の国境を画定する、一九一四年の「マクマホン・ライン」設定のために重要であった。これはインド (イギリス)、中国、チベットの三代表が集まったシムラ会議に提案されたが、あいにくと第一次世界大戦が勃発し、しかも中国が同意しないまま、うやむやになってしまった。第二次大戦後の新インドと新中国は、まだこれを解決できずにいる。中印国境紛争での武力衝突は、そんなに遠い過去のことではない。

そして、一九一四年に休暇でロンドンにもどったベイリーは、王立地理学協会で探検のくわしい報告をした。同協会はベイリーのこの業績に対し、一九一六年にパトロンズ・ゴールド・メダルを授与した。一方のモーズヘッドはインドの軍事研究所からマグレガー・メダルを与えられた。その後のベイリーは、一九一九年にロシア革命後の政治状況をさぐるため、「タシュケント使節団」に加わり、ソ連領中央アジアに入った。一九二一〜二八年にシッキムの政務官となり、その間の一九二二年の六月から九月にかけて、ブータンを横断し、南チベットを旅した。自分の妻とその母（義母）、医師のダイア博士（Dr. Dyer）、インド測量局からミード大尉（H. R. C. Meade）が参加した。ルートはチュンビ渓谷のヤートンからキュ・ラを越えてブータンに入り、パロ→プナカ→ブムタンと進む。ここからブムタン谷を北上し、メンラカルチュン峠を越えてチベットに。そしてトワ・ゾン〜ヤムドク湖南岸〜ギャンツェ〜シッキムのガントクと歩く。さらに一九二四年にチャールズ・ベル（Charles A. Bell）とラサを往復したが、その折にベイリーはツァンポをツェタンまで下降した。一九三〇〜三二年は中央インドのバローダ駐在官、一九三二〜三三年にカシミールの総督代理、三五〜三八年はカトマンズで駐ネパールの公使。そして三八年に引退、一九六七年にノーフォークで死去、享年八五歳であった。

(2) キングドン＝ウォードとツァンポ

ベイリーが王立地理学協会でツァンポの探検を発表したのは、一九一四年六月二二日であった。それから一か月もしないうちに第一次世界大戦が勃発し、世間の関心はそちらの方へ向いてしまう。それは当然の成り行きであろう。そしてツァンポの大屈曲部の探検がもう一度、話題になるのは一九二四年であった。イギリスの有名なプラント・ハンター（植物採集家）のフランシス［フランク］・キングドン＝ウォードがコーダー伯爵（Earl Cawdor）といっしょに、ツァンポを下降し、大峡谷部のパイまで達したのである。

キングドン゠ウォードはランカシアに生まれ、父はケンブリッジ大学の植物学教授。母はマリー・キングドンといい、その姓をミドル・ネームとして、フランシス・キングドン・ウォードと命名されたが、仲間うちの通称「フランク」をのちに公式に使うようになる。さらに母の旧姓と父のウォードをつないで、一九四六年の五九歳のときからキングドン゠ウォードとするようになったという。一九〇四年にケンブリッジ大学に入ったが、二年後に父が急逝し、学業を中断。父の友人の紹介で、上海の学校の教師として一九〇七年に中国へ渡った。

それが一九〇九年、アメリカの動物学者マルコム・アンダーソン（Malcom P. Anderson）の隊に参加をすすめられ、学校をやめてそれに参加した。この甘粛、四川への旅が第一回目となり、彼の人生を決定づけた。それから死ぬ直前までプラント・ハンティングが続く。四川、雲南、北ビルマ、アッサム、チベットなどと、一九回もの植物を求めての旅が行われ、多数の著作が著された。こうなると、彼のことを植物学者、探検家、著述家などと、いくつもの肩書きがつけられる。

一九二四〜二五年の旅はキングドン゠ウォードにとって六回目の旅であった。ケンブリッジ大学に在学中のコーダー卿といっしょに一九二四年二月にイギリスを出発。三月にカルカッタに到着し、ダージリンから入蔵した。シッキムのガントクでは政務官のF・M・ベイリーに会う。旅行許可はインド政庁とチベット政府からスムーズに下りており、植物の調査と採集、ベイリーのやり残したツァンポ大屈曲部の踏査と、キントゥプの「虹の滝」の再確認などを目的としていたけれど、ベイリーにいろいろ教えてもらいながらも、やはり、自然的障壁はどうしようもなかった。

チベットに入った二人は、ラサには目もくれず、ヤムドク湖からツァンポ河畔のツェタンに行く。さらに東に進んでナン・ゾンへ。ついでツェラ・ゾンから北岸のテモ・ラを越えてトゥムバツェを基地にする。ツァンポを南に渡河して、ナムチャ・バルワの南に位置するドション・ラ（四一一五メートル）とナム・ラ（五二八七メートル）を往復。この二つの峠は白人としてはじめての踏査であった。八月になって、北西のチベット高原に五週間ほどの旅を行う。ト

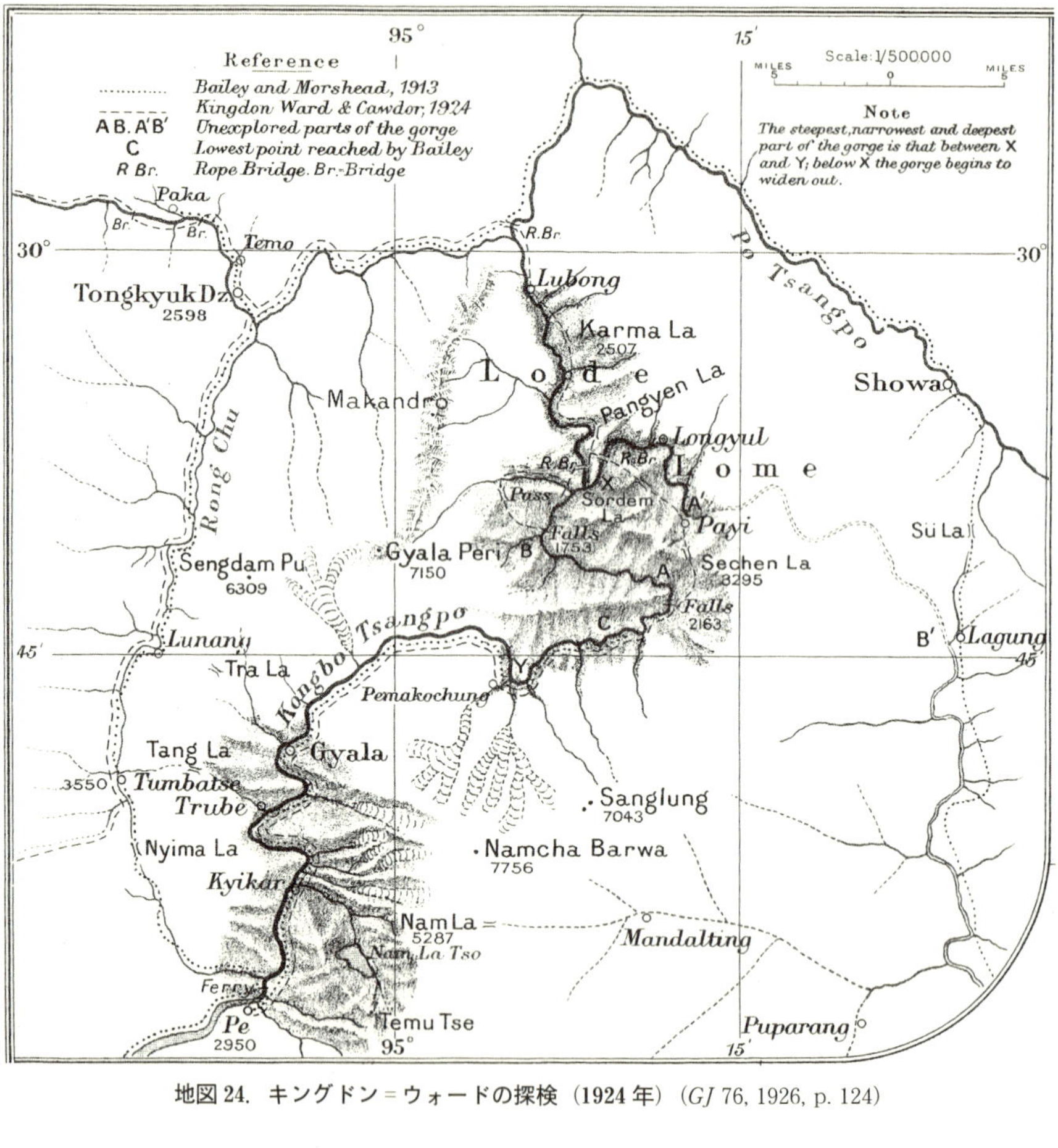

地図 24．キングドン＝ウォードの探検（1924 年）（*GJ* 76, 1926, p. 124）

ンキュク・ゾンからナムブ・ラ（四五三五メートル）、タスム・キェ・ラ（五一九〇メートル）、バンダ・ラ（五四六〇メートル）にまで到達。これまでヨーロッパ人が入っていない地域であった。

一一月になって《幻の大滝》を再調査しようと、ツァンポ渓谷のけわしい断崖を下ってペマコチュンに行く。渓谷は三〇〇メートルも垂直に切れ落ちた大絶壁で、山々は雪化粧していた。人夫たちも座り込む始末で、一二月七日にポ・ツァンポ川が北から大屈曲点に合流する地点のゴンポ・ネに来た。ここにはベイリーでも来ていなかったが、出会ったモンバ族の猟師は、この付近には川床をたどる道もないし、滝もないといった。

一九日にポ・ツァンポに沿って遡り、カルマ・ラを越える。一二月二六日にトンキュクに到着。それから西方へ旅し、ギャムダに来て、周辺を踏査したあと、一九二五年一月二四日にツェタンに向かって出発。一月三一日にツェタンに着く。翌日からヤルルン谷に入り、ツォナ・ゾンを経て二月一四日にブータンに入国し、タシガンを通ってインドにもどった。カルカッタ到着は二月二五日だった。

一九三〇年には王立地理学協会から、中国とチベットでの地理学および植物分布の調査に関する業績に対し、ファウンダーズ・ゴールド・メダルを授与された。しかし、キングドン＝ウォードはそれに満足せず、死ぬ前年まで探検の足を止めることはなかった。一九二四〜二五年のツァンポと東チベットの探検記録は『ツァンポー渓谷の謎』（金子民雄訳、岩波文庫、二〇〇〇年）にくわしいから、それにゆずろう。

(3) 終わりに、情報公開をめぐる確執

カルカッタで一八二〇年代から石版印刷がはじまった。地図もそこで印刷されたが、その地図は最高の機密文書であった。一八五八年、セポイの反乱のあと、インドの政治権力はイギリスの国王の手に移り、ロンドンに新しく「インド省」（India Office　一八五八〜一九四七年）が創設され、内閣の中の一つのポストとしての大臣によって統率され

た。東インド会社の秘密委員会の仕事はインド省の政治情報局に引き継がれる。そしてインドから届いた秘密事項を調査・検閲し、インド省の地理部局と王立地理学協会に非政治的な科学的データが伝えられた。しかし、インド省に報告が届く二週間以上も前に、王立地理学協会に一部が送付されて、『ザ・タイムズ』紙にいち早く書評が出たりしたという。デリック・ウォーラーはその著『ザ・パンディット』（レキシントン、一九九〇年）の中で、政府当局者とインド測量局、王立地理学協会との確執、軋轢についてくわしく触れている。

初期のパンディットの情報・データは自由に公刊され、公に入手できる雑誌類に機密資料が出ても罰則の規定すらなかった。一八六三年のアブドゥル・ハミドのヤルカンド行のレポートは、王立地理学協会の『ジャーナル』に掲載された。イスラム地域なので、イスラム教徒の商人に変装した様子が詳しく報告され、地図も入っている。一八六五〜六六年のナイン・シンの第一回のチベット探検についても、変装や器具のこと、マニ車や数珠のことなどを明かし、しかも国境の役人は、マニ車を宗教用具として調べないことも報告。唯一、パンディットの名前と出身村を明らかにしなかった。

一八六八〜六九年のミルザのカシュガル報告では、バダフシャンのミール（土侯）の人物評や政治的な資料は、王立地理学協会の報告で削除されたものの、探検の詳細は彼の経歴とともに出ていた。また、一八七一〜七二年のキシェン・シンのテングリ・ノールからラサへの公式報告（インド測量局）と王立地理学協会の報告の違いは、地理学協会ではクマオンでのコレラの発生を省略しているぐらいのものであった。

インド測量局のモントゴメリー、トロッター、ウォーカーたちは、王立地理学協会の集会や刊行物を通じて、自分たちの業績、パンディットたちの成果の公表を当然のように希望した。地理学協会の『ジャーナル』などに掲載されれば、そして高い評価を得て同協会からゴールド・メダルを授与されれば、自分たちの経歴に輝かしい栄誉が付け加わることになるのである。事実、一八六五年にモントゴメリーが、一八七八年にトロッターが協会からゴールド・メダルを授与されたし、ウォーカーはメダルをもらわなかったが、引退後の一八八五〜九五年の一〇年間、同協会の評議員会で活躍した。

また、モントゴメリーは、中国当局が地理学協会の報告を読んでいないか、読んだとしても関心がないか、官僚が無能なるがゆえに、そんな情報では行動を起こさない、と考えたらしいという。ただ、ナイン・シンの知人の一人がチベットの役人に通報していたかもしれない、ともいわれたようだ。

他方、イギリス政府やインド政庁と、インド測量局の考え方は対立的であった。政府の役人は、パンディットの密入国の方法や、測量の様子を公表するのは時期尚早で、将来において、探検家たちの生命を危険にさらすことになる、と考えた。そこでインド測量局の報告は注意深い吟味と、機密を保たねばならない。不都合なデータを削除したあと、一般に公開しよう。政府部内での配布は限定部数で刊行すること。そういうわけで、一八八〇～八四年のキントゥプの探検報告の全文は一八八九年にインド測量局から一五〇部限定、一八七九年のダスとウギェン・ギャツォの報告は、全文が二五部、要約版が二六部。一八八三年のウギェン・ギャツォの報告は一五〇部限定印刷であった。一八八一年のムクタル・シャーのオクサス源流の報告はたった二五部である。

パンディットたちの探検の成果がロンドンやカルカッタの政府当局者にとって、非常に役に立ったことはいうまでもないが、ロシアにとっても軍事的価値のある、地理的な情報をたくさん含んでいた。とくにアフガニスタンとインド北西辺境区のものがそうであった。

一八六〇年代にロシアは中央アジアの藩王国を次つぎに屈服させ、版図を拡大していた。そんなとき、ジェームズ・ウォーカーは、ロシア人と地理的資料を交換することはいいことだといい、ロシアがロシア辺境地帯の地図を提供してくれるなら、かわりに自分の資料の提供にやぶさかではないとした。実際、一八六四年にウォーカーはセントペテルスブルグに旅し、ロシア地理学協会の会員に選ばれ、ロンドンのインド省の地図を贈呈した。かわって、イギリス大使の助力で、ロシア陸軍省から地図や資料を入手していた。そして、ウォーカーはマニ車の秘密の使用法をくわしく述べ、ロシア地理学協会の書記にパンディットの資料とともに、マニ車も送っていたという。

一八六八〜六九年にウォーカーはパンジャブ州の副知事の認可なしに、ミルザをアフガンとトルキスタンに派遣した。これをインド総督がきびしく批判したという。インド政庁と大三角測量部、とくに部長のウォーカー大佐との軋轢が大きかった。このウォーカーは一八七八年にインド測量局長官に昇進するが、一年もしないうちに、インド外務省とトラブルを起こす。それはムラーの一八七六年の探検（インダス河をギルギットとヤシンまで遡行）と、一八七八年の探検（インダス河上流とスワット川）の報告書にムラーの名前を出すか、出さないかということであった。

一八七六年にはウォーカー部長が、トロッター大尉に三人のパンディットのデータを分析し、報告をまとめるようにいった。①ハヴィルダール（一八七三〜七四年、バダフシャンとオクサス上流域）、②ムラー（一八七三〜七四年、バロギール峠からワハン谷を経てヤルカンド）、③ナイン・シン（一八七四〜七五年、レーからラサへの横断）の三つの記録である。題して『一八七三〜七四〜七五年の大三角測量部の雇員によるヒマラヤ越えの探検に関する秘密報告』は、一八七六年にカルカッタの政庁で印刷された。そのうちの何部かが刊行直後、数日にして流布。インド総督はこれを知り、大いに怒って、国境を越えてのすべての探検報告は、極秘にすべきであると厳命した。ウォーカーにもこれが伝えられた。公刊は地理学的成果の記録にとどめるべき、と外務省が決定する。

これに対して、ウォーカーは強く反対した。もし外務省の規則がきびしく守られるとすれば、報告の八〇パーセントは省かれることになろう、といったといわれる。果たして、情報漏洩の元凶は大三角測量部のウォーカー部長だったのか。あるいは報告書の作成者トロッター大尉の可能性もある。パンディットの情報は「茶漉しを通り抜ける水のように」役人の手からすり抜けていった、とウォーラーはいう。ウォーカーはまさしくそういう役人の一人だったのか。もとよりインド総督の命令に違反していた。外務省の官僚の一人は、ウォーカーを解任するように求めたが、専門家としての優秀さ、抜群に長い勤務記録のゆえに、すぐにクビになるようなことはなかった。そして彼は、一八八四年一月一二日、将軍の地位で退職していく。イギリスに帰ってからは、王立地理学協会の評議員として活躍するのであった。そして、パンディットたちの探検記録は、〈付録1〉にみるように、ほとんどすべては王立地理学協会の機関誌に発表された。それも立派な地図とともに……。

あとがき

山登りをはじめたころは、ちょうどエヴェレスト峰の初登頂やわが国のマナスル登山など、新聞や雑誌にヒマラヤの記事が数多くみられた時期であった。それらに自然と触発されて、いつの日にかは自分も行きたい、行かねばならないと思うようになる。そして、ヒマラヤの登山と探検の歴史に興味、関心を持つことになった。

すると、登山以前の、ながい探検の歴史のなかで、インド測量局の果たした役割がきわめて大きかったことを知る。さらに、そのインド測量局の裏方として、測量と情報収集にあたった隠密・密偵、つまりスパイがイギリス人の入れないチベットや中央アジアの奥地深くに潜入していった。その彼ら、インドの原住民を、学者でもないのに「パンディット」（インド人学者）と呼んだ。比較すべくもないが、インドの偉大な首相ジャワハルラル・ネルーを、単に「パンディット・ネルー」と呼んでいたものである。

インド測量局に永年いたイギリスのケニス・メイスンは、一九二三年に「パンディット」に関する論文を書く。これにいち早く注目された故望月達夫さんが、日本山岳会の『山岳』（一九三九年）に「ヒマラヤ探検史の一齣」として翻訳、紹介されていた。ナイン・シンやキシェン・シンの名前を知ったのはそれからである。

一九七四年に故吉澤一郎さんの『古稀記念文集』にパンディットに関する一文を寄せたあと、一九八〇年代からロンドンのイギリス地理学協会（ＲＧＳ）などからコピー料を支払って資料を取り寄せていた。それから四半世紀、ようやくにして「パンディット」について一書をまとめることができた。王立地理学協会のほかに、ロンドンの大英博物館（British Museum）とインド省図書館（India Office Library）にも手紙を書き、貴重な文献資料のコピーを送ってもらった。あとの二つは一九九四年に統合されている。さらに、インドはデーラ・ドゥンのインド測量局から、フィリモアの測量局史を手配してもらったこともある。

本書の上梓にあたっては、いつものように多くの友人、知人からサポートを受けた。文献や資料に関しては大西保、雁部貞夫、高山龍三、中村保、吉永定雄の諸氏にたいへんお世話になった。また甥の吉沢一也君は大学図書館でＲＧＳの古い文献の複写を労をいとわずにやってくれた。

また、古くからお付き合いをいただいている白水社の前社長・藤原一晃氏のご助力、常務取締役の佐藤英明氏の力強いご支援によって、地図や写真を豊富に挿入した、立派な研究書が完成した。私の古稀のよい記念となり、諸氏のご支援に対して心からお礼を申し上げたい。ありがとうございました。

なお、筆者が原図を作成した地図は別にして、RGSの会報や報告書類から転載した地図は、踏査ルートを赤線にした色刷りが多いし、図幅そのものが大きい。それらを一～二頁に縮小し、黒一色にしたから、ますます見づらくなってしまった。でも、先駆者たちが素晴らしい地図を作っていたのだという事実だけでも知ってもらえれば幸いである。原寸で折り込み、あるいは別封にできたら最高であったろうが、コストの関係でそれは叶わぬことであった。さらに索引は、本文中の重要と思われる人名、地名などを拾い、すべてを取り上げたものでないことをお断りしておく。

二〇〇六年七月

著　者

【参考文献】

文献の略記号は次の通り。
AJ＝*The Alpine Journal*, London.
GJ＝*The Geographical Journal*, London.
HJ＝*The Himalayan Journal*, Calcutta.
JRGS＝*Journal of the Royal Geographical Society*, London.
PRGS＝*Proceedings of the Royal Geographical Society*, London.
NS＝*New Series*. OS＝*Old Series*.

Anonymous (1871) ; *Route of Ibrahim Khan from Kashmir through Yassin to Yarkand in 1870*. PRGS, Old Series, Vol. 15, p. 387–392.

Do (1872) ; *Journey from Pesháwar to Kashgar and Yarkand in Eastern Turkestan, or Little Bokhárá, through Afghánistán, Balkh, Badakhshan, Wakhan, Pamir, and Sarkol. Undertaken by Faiz Buksh in connection with the mission of T. D. Forsyth, during 1870*. JRGS, Vol. 42, p. 448–473.

Do (1880) ; *The Sanpo of Tibet*. PRGS, New Series, Vol. 2, p. 370–372. 〔一八七五年のララの記録〕

Do (1880) ; *The Mullah in the Valleys of the Swat and Upper Indus*. PRGS, NS, Vol. 2, p. 434–436. 〔一八七八年のアタ・ムハマッドの記録〕

Do (1888) ; *Work of the Native Explorer M–H in Tibet and Nepal in 1885–86*. PRGS, NS, Vol. 10, p. 89–91. 〔ハリ・ラムの記録〕

Do (1894) ; *Rewards to Tibetan Explorers*. GJ, Vol. 4, p. 61–62.

Do (1914) ; *Kinthup's Exploration of the Tsang-po*. GJ, Vol. 44, p. 503–504.

Alder, G. J. (1985) ; *Beyond Bokhara. The life of William Moorcroft, Asian explorer and pioneer veterinary surgeon, 1767–1825*. London, Century.

Allen, Charles (1982) ; *A Mountain in Tibet. The search for Mount Kailas and the sources of the great rivers of India*. London, Andre Deutsch. 『チベットの山―カイラス山とインド大河の源流を探る』宮持　優訳、未来社、一九八八年。

Bailey, F. M. (1914) ; *Exploration on the Tsangpo or Upper Brahmaputra*. GJ, Vol. 44, p. 341–364.
Do (1924) ; *Through Bhutan and Southern Tibet*. GJ, Vol. 64, p. 291–297.
Do (1945) ; *China–Tibet–Assam. A journey, 1911*. London, J. Cape.
Do (1957) ; *No Passport to Tibet*. London, Hart-Davis. 『ヒマラヤの謎の河』諏訪多栄蔵・松月久左訳、あかね書房、一九六八年。
Bentinck, A. (1913) ; *The Abor Expedition: Geographical Results*. GJ, Vol. 41, p. 97–114.
Bower, Hamilton (1894) ; *Diary of a Journey across Tibet*. London, Percival.
Bruce, C. G. (1910) ; *Twenty Years in the Himalaya*. London, Arnold.
Burrard, S. G. (direct., 1915) ; *Exploration in Tibet and Neighbouring Regions*. (Records of the Survey of India, Vol. 8) Dehra Dun, Survey of India.
Do (1931) ; *Mount Everest and its Tibetan Names. A review of Sir Sven Hedin's book*. (Survey of India, Professional Paper, No. 26) Dehra Dun, Survey of India.
Burrard & H. H. Hayden (rev., 1933) ; *A Sketch of the Geography and Geology of the Himalaya Mountains and Tibet*. Delhi, Geological Survey of India. (1st ed., 1907–08)
Cameron, Ian (1980) ; *The History of the Royal Geographical Society 1830–1980. To the farthest ends of the earth*. London, Macdonald.
Do (1984) ; *Mountains of the Gods. The Himalaya and the mountains of Central Asia*. London, Century.
Curzon, G. N. (1896) ; *The Pamirs and the Source of the Oxus*. GJ, Vol. 8, Nos. 1–3. Reprint, Liechtenstein, Kraus Print, 1978. 『シルクロードの山と谷』吉沢一郎訳、あかね書房(世界山岳名著全集①の五〜一一一頁)、一九六七年。
Dabbs, Jack A. (1963) ; *History of the Discovery and Exploration of Chinese Turkestan*. Hague, Mouton. 『東トルキスタン探検史』(山書研究8、抄訳) 水野 勉訳、日本山書の会、一九六七年。
Dainelli, Giotto (1934) ; *La Esplorazione della Regione fra l'Himàlaja Occidentale e il Caracorùm*. (Spedizione Italiana de Filippi nell'Himàlaia, Caracorùm e Turchestàn Cinese 1913–1914. Ser. 2–Vol. 1) Bologna, Zanichelli.
Do (1959) ; *Esploratori e Alpinisti nel Caracorùm*. Torino, UTET. 『カラコルム登山史』河島英昭訳、あかね書房、一九七〇年。
Das, Sarat Chandra (1904) ; *Journey to Lhasa and Central Tibet. Ed. by W. W. Rockhill*. London, Murray / New York, Dutton. (1st ed., 1902)
Do (1969) ; *Autobiography. Narrative of the incidents of my early life*. Calcutta, Past & Present.
Davies, H. R. (1909) ; *Yün-Nan. The link between India and the Yangtze*. London, Cambridge Univ. Press. 『雲南―インドと揚子江流域の環』田畑久夫・金丸良子編訳、古今書院、一九八九年。
Dunbar, George (1932) ; *Frontiers*. London, Nicholson & Watson.

Ettinger, N. (1971) ; *Aldus Encyclopedia of Discovery and Exploration: the Heartland of Asia*. Aldus Books.『秘められたアジア内陸』(図説探検の世界史⑩) 後藤冨男訳、集英社、一九七五年。

Field, J. A. (1913) ; *The History of the Exploration of the Upper Dihong*. GJ, Vol. 41, p. 291–293. 〔ネム・シンとキントゥプについて〕

Filippi, Filippo de (1937, 2nd ed.) ; *An Account of Tibet. The travels of Ippolito Desideri of Pistoia, S. J., 1712–1727*. London, Routledge & Sons.『チベットの報告』(全二巻) 薬師義美訳、平凡社、一九九一〜九二年。第二版、二〇〇六年。

Fleming, Peter (1961) ; *Bayonets to Lhasa. The first full account of the British invasion of Tibet in 1904*. London, Hart-Davis.

Forsyth, T. D. (1877) ; *Ost-turkestan und das Pamir-plateau nach den Forschungen der Britischen Gesandtschaft unter Sir T. D. Forsyth 1873 and 1874*. (Erg. No. 52, Petermann's Geographischen Mittheilungen) Gotha, Justus Perthes.

Freshfield, D. W. (1903) ; *Round Kangchenjunga*. London, Arnold.『カンチェンジュンガ一周』薬師義美訳、あかね書房、一九六八年。

Gordon, Thomas E. (1876) ; *The Roof of the World*. Edinburgh, Edmonston & Douglas. (Repr. ed., New Delhi, 1994)『世界の屋根』田中一呂訳、生活社、一九四二年。

Grueber, Johannes (1985) ; *Als Kundschaften des Papstes nach China 1656–1664. Die erste Durchquerung Tibets. Hersg. von F. Braumann*. Stuttgart, Thienemann.

Gurung, Harka (1983) ; *Maps of Nepal*. Bangkok, White Orchid Press.

Hamilton, Angus (1912) ; *In Abor Jungles. Being an account of the Abor expedition, the Mishmi mission and the Miri mission*. London, E. Nash.

Hamilton, Francis [Buchanan] (1819) ; *An Account of the Kingdon of Nepal*. London & Edinburgh, Constable & Longmans. (Repr. ed., New Delhi, 1971 & 1986)

Hayward, G. W. (1870) ; *Journey from Leh to Yarkand and Kashgar, and Exploration of the Sources of the Yarkand River*. JRGS, Vol. 40, p. 33–166.

Heaney, G. F. (1968) ; *Rennell and the Surveyors of India*. GJ, Vol. 134, p. 318–327.

Hedin, Sven (1922) ; *Southern Tibet. (Vol. 7: History of exploration in the Karakorum mountains)*. Stockholm, Lithographic Institute of the General Staff of the Swedish Army.『カラコルム探検史』(全二巻) 水野 勉・雁部貞夫訳、白水社、一九七九〜八〇年。

Do (1926, 2nd ed.) ; *Mount Everest*. Leipzig, Brockhaus. (1st ed., 1923).

Heichen, Walter (1921) ; *Deutsche Forscher in Tibet*. Leipzig, Engelmann.

Hennessey, J. B. N. (1884) ; *Report on the Explorations in Great Tibet and Mongolia, made by A–K in 1879–82*. Dehra Dun, Survey of India.

Holdich, Thomas (1904) ; *Tibet, the Mysterious*. London, Alston Rivers.

Hooker, J. D. (1854) ; *Himalayan Journals.* (*2 vols.*) London, Murray. 『ヒマラヤ紀行』薬師義美訳、白水社、一九七九年。

Hopkirk, Peter (1982) ; *Trespassers on the Roof of the World. The race for Lhasa*. London, Murray. 『チベットの潜入者たち—ラサ一番乗りをめざして』今枝由郎・鈴木佐知子・武田真理子訳、白水社、二〇〇四年。

Do (1984) ; *Setting the East Ablaze. Lenin's dream of an empire in Asia*. London, Murray. 『東方に火をつけろ—レーニンの野望と大英帝国』京谷公雄訳、NTT出版、一九九五年。

Do (1990) ; *The Great Game. On secret service in High Asia*. London, Murray. 『ザ・グレート・ゲーム—内陸アジアをめぐる英露のスパイ合戦』京谷公雄訳、中央公論社、一九九二年。

Huc & Gabet (1851–52) ; *Travels in Tartary, Thibet, and China during the Years 1844–6*. London, National Illustrated Library. 『韃靼・西蔵・支那旅行記』後藤富男・川上芳信訳、生活社、一九三九年。復刻、原書房、一九八〇年。

Ibrahim Khan (1871) ; *Route from Kashmir through Yassin to Yarkand in 1870*. PRGS, OS, Vol. 15, p. 387–392.

Jacquemont, Victor (1936) ; *Letters from India, 1829–32*. London, Macmillan.

Johnson, W. H. (1867) ; *Report on his Journey to Ilchí, the Capital of Khotan, in Chinese Tartary*. JRGS, Vol. 37, p. 1–47 & PRGS, OS, Vol. 11, p. 6–14.

Keay, John (1977) ; *When Men and Mountains Meet. The explorers of the western Himalayas 1820–75*. London, Murray.

Do (1979) ; *The Gilgit Game. The explorers of the western Himalayas 1865–95*. London, Murray.

Do (2000) ; *The Great Arc. The dramatic tale of how India was mapped and Everest was named*. New York, Collins.

Kingdon-Ward, Frank (1926) ; *The Riddle of the Tsangpo Gorges*. London, Arnold. 『ツァンポー峡谷の謎』金子民雄訳、岩波書店〔岩波文庫〕、二〇〇〇年。

Do (1934) ; *Notes A. K.—Rai Bahadur Kishen Singh.* (*Letter to K. Mason*) HJ, Vol. 6, p. 152–153.

Kipling, Rudyard (1901) ; *Kim*. London, Macmillan. 『少年キム』斎藤兆史訳、晶文社、一九九七年。

Kirkpatrick, William J. (1811) ; *An Account of the Kingdom of Nepaul*. London, Miller. (Repr. ed., New Delhi, 1969 & etc.)

Landon, Perceval (1905) ; *Lhasa.* (*2 vols.*) London, Hurst & Blackett.

Lumsden, D. M. & N. Williamson (1911) ; *A Journey into the Abor Country, 1909*. GJ, Vol. 37, p. 621–629.

MacGregor, John (1970) ; *Tibet. A chronicle of exploration*. London, Kegan Paul. 〔本名はJohn Waller, CIAスタッフ〕

Manphúl, Pandit (1872) ; *Badakhshán and the Countries around it*. JRGS, Vol. 42, p. 440–448. 〔一八六五〜六六年のマンフールの記録〕

Markham, C. R. (1875) ; *Travels in Great Tibet, and Trade between Tibet and Bengal*. JRGS, Vol. 45, p. 299–315 & PRGS, OS, Vol. 19, p. 327–347.

Do (1876 or 1879) ; *Narratives of the Mission of Bogle to Tibet* (*1774*) *& of Manning to Lhasa* (*1811–12*). London,

Trübner.
Do (1878) ; *A Memoir on the Indian Surveys*. London, Trübner, 2nd edition.
Mason, Kenneth (1923) ; *Kishen Singh and the Indian Explorers*. GJ, Vol. 62, p. 429–440.「ヒマラヤ探検史の一齣」望月達夫訳、『山岳』第三四年（日本山岳会）、一九三九年、一六三〜一八二頁。
Do (1955) ; *Abode of Snow. A history of Himalayan exploration and mountaineering*. London, Hart-Davis.『ヒマラヤ―その探検と登山の歴史』田辺主計・望月達夫訳、白水社、一九五七年＆一九七五年。
Do (1956) ; *Great Figures of Nineteenth-century Himalayan Exploration*. Journal of the Royal Central Asian Society, London, Vol. 43, p. 167–175.「一九世紀におけるヒマラヤ探検を推進した人びと」水野　勉訳、『山書月報』第一二五号（日本山書の会）、一九七三年六月。
McNair, W. W. (1884) ; *A Visit to Kafiristan*. PRGS, NS, Vol. 6, p. 1–18.
Meyer, K. E. & S. B. Brysac (1999) ; *Tournament of Shadows. The Great Game and the race for empire in Central Asia*. Washington, Counterpoint.
Montgomerie, T. G. (1866) ; *On the Geographical Position of Yarkund, and Some Other Places in Central Asia*. JRGS, Vol. 36, p. 157–172.〔一八六三年のモハメッド・イ・ハミドの記録〕
Do (1868) ; *Report of a Route-survey made by Pundit, from Nepal to Lhasa, and thence through the Upper Valley of the Brahmaputra to its Source*. JRGS, Vol. 38, p. 129–219 & PRGS, OS, Vol. 12, p. 146–173.〔一八六五〜六六年のナイン・シンとマニ・シンの記録〕
Do (1868/69) ; *Report of the Trans-Himalayan Explorations during 1867*. PRGS, OS, Vol. 13, p. 183–198.〔一八六七年のナイン・シンら三人のトク・ジャルン金山の記録〕
Do (1869) ; *Report of the Trans-Himalayan Explorations during 1867*. JRGS, Vol. 39, p. 146–187.〔ナイン・シンの一八六七年の記録〕
Do (1869/70) ; *Report of the Trans-Himalayan Explorations made during 1868*. PRGS, OS, Vol. 14, p. 207–214.〔一八六八年のカリアン・シンの記録〕
Do (1871) ; *Report of the Mirza's Exploration from Caubul to Kashgar*. JRGS, Vol. 41, p. 132–193.〔ミルザの一八六八〜六九年の記録〕
Do (1872) ; *A Havildar's Journey through Chital to Faizabad in 1870*. JRGS, Vol. 42, p. 180–201.
Do (1875) ; *Narrative of a Exploration of the Namcho, or Tengri Núr Lake, in Great Tibet, made by a Native Explorer, during 1871–2*. JRGS, Vol. 45, p. 315–330.〔一八七一〜七二年のキシェン・シンの記録〕
Do (1875) ; *Journey to Shigatse, in Tibet, and Return by Dingri-Maidan into Nepaul, in 1871, by the Native Explorer No. 9*. JRGS, Vol. 45, p. 330–349.〔ハリ・ラムの記録〕

Do (1875) ; *Extracts from an Explorer's Narrative of his Journey from Pítorágarh, in Kumaon, via Jumla to Tadum and back, along the Káli Gandak to British Territory*. JRGS, Vol. 45, p. 350–363.〔一八七三年のハリ・ラムの記録〕

Moorcroft & Trebek (1841) ; *Travels in the Himalayan Provinces of Hindustan and the Panjab*. London, Murray.

Moorcroft, W. (1987) ; *A Journey to Lake Manasarovara*. Delhi, Gian Publ. House.

Müller, C. C. & W. Raunig (ed.) (1982) ; *Der Weg zum Dach der Welt*. Innsbruck, Pinguin & Frankfurt, Umschau.

Needham, J. F. (1888) ; *Mr. J. F. Needham's Journey along the Lohit Brahmaputra, between Sadiya in Upper Assam and Rima in South-Eastern Tibet*. (Supplementary Papers, RGS, Vol. 2–Part 3, p. 485–555)

Noel, J. B. L. (1927) ; *Through Tibet to Everest*. London, Arnold.『西蔵を越えて聖峰へ—エヴェレスト冒険登攀記』大木篤夫訳、博文館、一九三一年。

Paquier, J.–B. (1876) ; *Le Pamir. Étude de Géographie Physique et Historique sur l'Asie Centrale*. Paris, Libraires–Editeurs.

Pearse, Hugh (1905) ; *Moorcroft and Hearsey's Visit to Lake Manasarowar in 1812*. GJ, Vol. 26, p. 180–187.

Phillimore, R. H. (1945–68) ; *Historical Records of the Survey of India.* (*5 vols.*) Dehra Dun, Survey of India.

Vol. 1 : 18th Century. (1945)

Vol. 2 : 1800 to 1815. (1950)

Vol. 3 : 1815 to 1830. (1954)

Vol. 4 : 1830 to 1843, George Everest. (1958)

Vol. 5 : 1844 to 1861, Andrew Waugh. (1968)

Preller, Du Riche (1913) ; *The Tsang-po and the Dihong*. GJ, Vol. 41, p. 293–295.

Rawat, Indra Singh (1973) ; *Indian Explorers of the 19th Century. Account of explorations in the Himalayas, Tibet, Mongolia and Central Asia*. New Delhi, Government of India.

Rawling, C. G. (1905) ; *The Great Plateau*. London, Arnold.

Rawlinson, H. C. (1867) ; *On the Recent Journey of Mr. W. H. Johnson from Leh, in Ladakh, to Ilchi in Chinese Turkistan*. PRGS, OS, Vol. 11, p. 6–14.

Rodd, Rennell (1930) ; *Major James Rennell : Born 3 December 1742. Died 29 March 1830*. GJ, Vol. 75, p. 289–299.

Ryder, C. H. D. (1905) ; *Exploration and Survey with the Tibet Frontier Commission, and from Gyangtse to Simla via Gartok*. GJ, Vol. 26, p. 369–395.

Sandberg, Graham (1904) ; *The Exploration of Tibet. History and particulars*. Calcutta & London, Thacker (New Delhi, Cosmo Publ., repr. ed., 1973)

Schlagintweit, H. & others (1861–66) ; *Results of a Scientific Mission to India and High Asia*. (4vols. & one atlas) Leipzig, Brockhaus/London, Trübner.

Schlagintweit, Hermann von (1869–80) ; *Reisen in Indien und Hochasien.* (*4 vols.*) Jena, Costenoble.

Shaw, Robert B. (1871) ; *Visits to High Tartary, Yârkand and Kâshghar, and Return Journey over the Karakoram Pass.* London, Murray.

Smith, J. R. (1999) ; *Everest. The man and the mountain.* Scotland, Whittles Publ.

Smyth, Edmund (1882) ; *The Pundit Nain Singh.* (*Letter to RGS*) PRGS, NS, Vol. 4, p. 315–317.

Snelling, John (1990, rev. & enlarged) ; *The Sacred Mountain. Travellers and pilgrims at Mount Kailas in western Tibet and the great universal symbol of the sacred mountain.* London, East-West Publ. (1st ed., 1983)

Strachey, H. R. (1853) ; *Physical Geography of Western Tibet.* JRGS, Vol. 23, p. 1–69 & New Delhi, Asian Educ. Service, repr. 1995.

Strahan, G. (1889) ; *Report on the Explorations in Sikkim, Bhutan, and Tibet.* Dehra Dun, Survey of India. 〔Lama Serap Gyatsho, 1856–68/Explorer K–P, 1880–84/Lama U. G., 1883/Explorer R. N., 1885–86/Explorer P. A., 1885–86〕

Styles, Showell (1970) ; *The Forbidden Frontiers. The Survey of India from 1765 to 1949.* London, Hamilton.

Tanner, H. C. B. (1891) ; *Our Present Knowledge of the Himalayas.* PRGS, NS, Vol. 13, p. 403–423.

Taylor, Michael (1985) ; *Le Tibet. De Marco Polo à Alexandra David-Neel.* Fribourg, Office du Livre.

Toscano, G. M. (1977) ; *Alla Scoperta del Tibet.* Bologna, E. M. I.

Trotter, H. (1877) ; *Account of the Pundit's Journey in Great Tibet from Leh in Ladákh to Lhása, and of his Return to India via Assam.* JRGS, Vol. 47, p. 86–136 & PRGS, OS, Vol. 21, p. 324–350. 〔ナイン・シンの一八七三〜七五年の記録〕

Do (1878) ; *On the Geographical Results of the Mission to Kashgar, under Sir T. Douglas Forsyth in 1873–74.* JRGS, Vol. 48, p. 173–234.

Tsybikov, G. T. (1992) ; *Un Pelerin Bouddhiste au Tibet.* Paris, Peuples du Monde.

Turner, S. (1800) ; *An Account of an Embassy to the Court of the Teshoo Lama, in Tibet.* London, Nicol.

Verrier, Anthony (1991) ; *Francis Younghusband and the Great Game.* London, Jonathan Cape.

Vigne, G. T. (1842) ; *Travels in Kashmir, Ladak, Iskardo,* ……. London, Colburn. (New Delhi, Sagar Publ., repr. ed., 1981)

Waddell, L. A. (1899) ; *Among the Himalayas.* London, Constable.

Walker, J. T. (1883) ; インド測量局の報告。 PRGS, NS, Vol. 5, p. 368–371. 〔MS＝ムクタル・シャー、DCS＝ダス、GSS＝スク・ダルシャン・シンのことなど〕

Do (1885) ; *Four Years' Journeyings through Great Tibet, by One of the Trans-Himalayan Explorers of the Survey of India.* PRGS, NS, Vol. 7, p. 65–92.

Waller, Derek (1990) ; *The Pundits: British Exploration of Tibet & Central Asia.* Lexington, Univ. Press of Kentucky. 『パンディット—チベット・中央アジアにおける英国測量史の一側面』諏訪順一訳、日本山書の会、二〇〇六年。

Ward, Michael (1992/93) ; *The Exploration of the Nepalese Side of Everest*. AJ, Vol. 97, p. 213–222.
Do (1994) ; *The Exploration and Mapping of Everest*. AJ, Vol. 99, p. 97–108.
Do (1997) ; *Exploration of the Bhutan Himalaya*. AJ, Vol. 102, p. 219–229.
Do (1998) ; *The Survey of India and the Pundits. The secret exploration of the Himalaya and Central Asia*. AJ, Vol. 103, p. 59–79.
Do (2000) ; *The Exploration of the Tsangpo River and its Mountains*. AJ, Vol. 105, p. 124–130.
Do (2001) ; *Early Exploration of Kangchenjunga and South Tibet by the Pundits Rinzin Namgyal, Sarat Chandra Das and Lama Ugyen Gyatso*. AJ, Vol. 106, p. 191–196.
Do (2002) ; *The Pundits and the Pamir. The Mirza, the Havildar and the Mullah*. AJ, Vol. 107, p. 222–229.
Do (2003) ; *The Pundits beyond the Pamir. The Forsyth missions of 1870 and 1873*. AJ, Vol. 108, p. 203–208.
Do (2003) ; *Everest: a Thousand Years of Exploration. A record of mountaineering, geographical exploration, medical research and mapping*. Glasgow, The Ernest Press.
Waugh, A. S. & others (1857) ; *Papers relating to the Himalaya and Mount Everest*. PRGS, OS, Vol. 1, p. 345–350.
Do (1858) ; *On Mounts Everest and Deodanga*. PRGS, OS, Vol. 2, p. 102–115.
Wessels, C. (1924) ; *Early Jesuit Travellers in Central Asia*. Hague, Martinus Nijhoff.
Wilford, John N. (2000) ; *The Mapmakers*. New York, Random House (1st ed., 1981)『地図を作った人びと』鈴木主税訳、河出書房新社、一九八八&二〇〇一年。
Williams, Donovan (1968) ; *Clements Robert Markham and the Geographical Department of the India Office 1867–77*. GJ, Vol. 134, p. 343–352.
Williamson, Noel (1909) ; *The Lohit-Brahmaputra between Assam and South-Eastern Tibet, November, 1907, to January, 1908*. GJ, Vol. 34, p. 363–383.
Wood, C. (1887) ; *Report on Explorations in Nepal and Tibet by Explorer M–H* (*Season 1885–86*). Dehra Dun, Survey of India.〔ハリ・ラムの記録〕
Wood, John (1872) ; *A Journey to the Source of the River Oxus*. London, Murray & Karachi, Oxford U. P., 1976.
Woodcock, George (1971) ; *Into Tibet. The early British explorers*. London, Faber & Faber.
Younghusband, F. E. (1896) ; *The Heart of a Continent*. London, Murray.『カラコルムを越えて』石 一郎訳、白水社、一九六六年&一九八一年。
Do (1910) ; *India and Tibet*. London, Murray.『西蔵―英帝国の侵略過程』松山公三訳、小島書店、一九四三年（原書の前半のみ）

青木文教（一九二〇年）『秘密之国・西蔵遊記』内外出版社。中公文庫、一九九〇年。芙蓉書房、一九六九年&一九九五年。

奥山直司（二〇〇三年）『評伝・河口慧海』中央公論新社。

オドリコ（一九六六年）『東洋旅行記』家入敏光訳、桃源社。光風社出版、一九八九年。

金子民雄（一九七八年）『中央アジア探検小史』三省堂。

同（一九八二年）『西域列伝―シルクロードの山と人』岳書房。

同（一九八四年）『初期ヒマラヤ―人と本』未来工房。

同（一九八七年）「ヤングハズバンド」（『中央アジア探検家列伝』）日本山岳会海外委員会。

同（一九九三年）『東ヒマラヤ探検史』連合出版。

同（二〇〇二年）『西域・探検の世紀』（岩波新書）岩波書店。

カルピニ&ルブルク（一九六五年）『中央アジア・蒙古旅行記』護雅夫訳、桃源社。光風社出版、一九八九年。

河口慧海（一九〇四年）『西蔵旅行記』博文館。講談社、一九七八年など。

酒井敏明（二〇〇〇年）『旅人たちのパミール』春風社。

下中弥三郎編（一九五八年）『中央アジア』（世界文化地理大系⑧）平凡社。

西蔵自治区測絵局編（一九九六年）『西蔵自治区地図冊』北京・中国地図出版社。

中国科学院地理研究所編（一九九〇年）『青蔵高原地図集』北京・科学出版社。

中尾佐助（一九五九年）『秘境ブータン』毎日新聞社。社会思想社、一九七一年。

中村　保（一九九六年）『ヒマラヤの東―雲南・四川、東南チベット、ミャンマー北部の山と谷』山と溪谷社。

同（二〇〇〇年）『深い浸食の国―ヒマラヤの東、地図の空白部を行く』山と溪谷社。

同（二〇〇五年）『チベットのアルプス』山と溪谷社。

平位　剛（二〇〇三年）『禁断のアフガーニスターン・パミール紀行―ワハーン回廊の山・湖・人』ナカニシヤ出版。

深田久弥（一九七一年）『中央アジア探検史』白水社。再版、二〇〇三年など。

本田毅彦（二〇〇一年）『インド植民地官僚―大英帝国の超エリートたち』講談社。

薬師義美（一九七四年）「ネパールにおける初期の探検―パンディットの記録」（『カラコラム―吉澤一郎古稀記念文集』日本ヒンズー・クシュ、カラコラム会議編、茗溪堂、一六八～二一二頁）。〔一八六五年のナイン・シン、一八七一年のハリ・ラムの東ネパール、一八七三年のハリ・ラムの西ネパール横断の記録〕

同（一九八四年）「ネパール・ヒマラヤの地図と標高」（『岩と雪』第一〇〇号、五八～七三頁）。

同（一九八九年）『雲の中のチベット―トレッキングと探検史』小学館。

薬師義美・雁部貞夫編、藤田弘基写真（一九九六年）『ヒマラヤ名峰事典』平凡社。

索引（人名，重要地名と事項）

キ

ク

ケ

コ

サ

シ

ス

セ

ソ

タ

ヒ

フ

ラ

リ

ル

レ

ロ

ワ

ン

〔付録1〕 パンディットによる探検記録

年　代	名　前（記号など&回数）	概　要　と　文　献
1860–61	Abdul Mejid	インド政庁の使者として，ペシャワルからカーブル，コーカンドへ。パミールを南から北へ，測量は未訓練。 J.-B. Paquier; *Le Pamir*. Paris, 1876, p. 109–111.
1863–64	Abdul Hamid (Mohammed-i-Hamid) (Mahomed-i-Hameed)	モントゴメリーの最初の雇用。ラダックからカラコルム峠を越えてヤルカンドへ。6か月滞在し，ヤルカンドの位置決定。帰途にレーに近づいて病死。 JRGS 36, 1866, p. 157–172.
1865–66	Nain Singh (1) (No. 1, 記号A, the Pundit, あるいはChief Pundit) 従者はChumbel	1864年末のクマオンからの入蔵は失敗。65年1月デーラ・ドゥンを出発，3月7日カトマンズ着。キーロン，タドゥムを経て66年1月10日ラサ着。ラサに3か月滞在し，位置と高度の決定。帰路はマナサロワール湖からムスーリーに出る。従兄のマニ・シンは入蔵断念。 JRGS 38, 1868, p. 129–219. PRGS 12, 1867/68, p. 146–173. RSOI 8, 1915, p. 1–79.
1865	Mani Singh (1) (No. 2, GM, the 2nd Pundit, the Patwar)	ナイン・シンとカトマンズから入蔵を試みるも断念。西ネパールを横断して帰国。 JRGS 38, 1868, p. 194–195.
1865–66	Pundit Manphool (1) と3人の仲間	バダフシャンとブハラの探検。インド測量局とは無関係で，測量は未訓練。 JRGS 42, 1872, p. 440–448.
1867	Nain Singh (2) Mani Singh (2) Kalian Singh (1) (GK, C, the 3rd Pundit)	6月にマナ峠から西チベットに入り，トク・ジャルン金山を探検。このあと，ナイン・シンはガルトクの町，従弟カリアン・シンはインダス源流の探査。 JRGS 39, 1869, p. 146–187. PRGS 13, 1868/69, p. 183–198. RSOI 8, 1915, p. 79–109.
1868	Kalian Singh (2) Chumbel	西チベットのルドックからトク・ジャルン金山へ。そこからラサに向かうも入れず，シガツェまで。下男チュンベルはタドゥムからネパールを縦断して帰国。 PRGS 14, 1869/70, p. 207–214. RSOI 8, 1915, p. 109–116.
1868	Hari Ram (1) (No. 9, MH)	ティンリ平原とエヴェレスト峰北方の探検。1190マイルの路線測量，ティンリで役人に阻止される。記録は未公表。
.868	Pundit Manphool (2)	ペシャワルからバダフシャンの踏査。

年　代	名　前（記号など&回数）	概　要　と　文　献
1868–69	Mirza Shuja（1） （The Mirza）	アフガンのカーブルからバダフシャンに入り，オクサス（ワハン）川を遡って，タシュクルガン，カシュガル，ヤルカンドを経てカラコルム峠からレーにもどる。 JRGS 41, 1871, p. 132–193. PRGS 15, 1871, p. 181–204 & p. 286–287.
1869	パターン人（氏名不詳）	スワート川を源流まで探り，スワートで殺害される。文書類は回収。
1869	Kishen Singh（1） （D, AK, Krishna）	ナイン・シンの従弟。ミラムからラカスタール湖を経て，西ネパールのカルナリ川をカタイガートへ出る。記録は未公刊。400 マイルの探検。 PRGS NS-7, 1885, p. 83. Sandberg ; *The Exploration of Tibet*. London, 1904.
1870	Havildar（1） （Hyder Shah） Ata Mahomed（1） （The Mullah）	ペシャワルからチトラルを経て，バダフシャンのファイザバード往復。 JRGS 42, 1872, p. 180–201. Markham ; *A Memoir on the Indian Survey*. London, 1878, p. 159.
1870	Faiz Buksh（1） Ibrahim Khan（1）	2 人は第 1 回フォーサイス使節団の別働スパイ。ファイズはペシャワルからパミール高原。イブラヒムはカシミール，ギルギット，ヤシン，ヤルカンドを踏査。 JRGS 42, 1872, p. 448–473. PRGS 15, 1871, p. 387–392.
1871–72	Kishen Singh（2）	クマオンからガルトクに入り，マナサロワール湖からシガツェ。テングリ・ノール（ナム湖）を回ってラサへ。ついでシガツェに出て，往路をデーラ・ドゥンにもどる。 JRGS 45, 1875, p. 315–330. RSOI 8, 1915.
1871–72	Hari Ram（2）	ダージリンからネパールのタムール川に入り，ティプタ・ラからタシラク，ティンキを経てシガツェ。それからサキャ，ティンリ，ニャラムを通ってカトマンズへ。さらに東ネパールを横断してダージリンに帰る。 JRGS 45, 1875, p. 330–349. RSOI 8, 1915, p. 116–133.
1872	Havildar（2）	カーブルからブハラ往復。記録は未発表。 JRGS 42, 1872, p. 180–201.
1872–73	Mirza Shuja（2）	ミルザと義理の子供はブハラ（？）で睡眠中に暗殺。 GJ 62, 1923, p. 434.
1873	Hari Ram（3）	インドのピトラガールからジュムラを経て西ネパール

年　代	名　前（記号など&回数）	概　要　と　文　献
		を横断。さらにチベットのタドゥムを往復し，カリ・ガンダキを下降してトリベニへ。 JRGS 45, 1875, p. 350–363. RSOI 8, 1915, p. 117–148.
1873	Nain Singh（3）	フォーサイスの第2回ヤルカンド使節団に同行。ヤルカンド，カシュガルを踏査。
1873–74	Kishen Singh（3） Abdul Subhan （The Munshi, AS, NA）	2人ともフォーサイスの第2回ヤルカンド使節団に同行。ヤルカンド，カシュガルを歩き，のち南東方面を探り，パンゴン湖からタンクセへ。スバーンは途中からオクサス川の下流へ。ほかにカリアン・シン，ファイズ・バクシュ，イブラヒム・ハーンが参加していた。 JRGS 48, 1878, p. 210–217, p. 184–187 & p. 232–233. GJ 48, 1916, p. 229. RSOI 8, 1915, p. 149–151.
1873–74	Havildar（3）	カーブルからバダフシャンのファイザバード，オクサス川地域へ。 GJ 48, 1916, p. 229. Markham；前掲書，p. 159.
1873–74	Ata Mahomed（2） （Ata Muhammad）	ジャララバードまでハヴィルダールに同行。のちチトラル，バロギル峠，ワハン谷のサルハッド，タシュクルガン，ヤルカンドを経由し，カラコルム峠からレーにもどる。 GJ 62, 1923, p. 434. Rawat；*Indian Explorers of the 19th Century.* New Delhi, 1973, p. 209–210.
1874–75	Nain Singh（4） Chumbel	フォーサイス使節団に同行した帰途で，レーからチャンタン高原を横断し，ラサに至る。ついでツェタン，タワンを経て南チベットを南下してアッサムに出た。 JRGS 47, 1877, p. 86–136. PRGS 21, 1877, p. 325–350. PRGS NS-4, 1882, p. 315–317. RSOI 8, 1915, p. 160–197.
1875–76	Lala（1） （記号　L）	ダージリンからシガツェに行き，ツァンポをツェタンまで下降。そしてタワンを往復して引き返す。ギャンツェ，パーリ経由でダージリンにもどる。 PRGS NS-2, 1880, p. 370–372. RSOI 8, 1915, p. 197–198 & p. 205.
1876	Ata Mahomed（3） Sayid Amir	インダス河をギルギット川の出合いまで溯り，ヤシン，ブンジなど探る。
1877	Lala（2）	シッキムからチベット国境地帯の踏査。

年　代	名　前（記号など&回数）	概　要　と　文　献
		RSOI 8, 1915, p. 198 & p. 207–208.
1878	Ata Mahomed（4）	インダス上流，スワート川の探査。 PRGS NS-2, 1880, p. 434–436.
1878–79	Nem Singh（1） (GMN, NMG) Kinthup（1） (KP)	キントゥプを助手にダージリンから出発。ヤムドク湖からラサに行き，ついでツァンポ川をギャラまで下降。 RSOI 8, 1915, p. 209–213. GJ 41, 1913, p. 291–293.
1878–82	Mukhtar Shah (MS)	1874 年に残ったオクサスのわずかな空白を埋める。オクサス，ワハン，バダフシャン，ギルギットなど。1881 年が中心，記録は未公刊。 PRGS NS-5, 1883, p. 368–371. Waller; *The Pundits*. Lexington, 1990, chapter 5.
1878–82	Kishen Singh（4） Chumbel (L-c)	下男チュムベルをつれてダージリンを出発。シガツェを経てラサ着。そこに 1 年滞在し，青海から敦煌へ。ついでチベットを南東に横断し，東チベットのタチェンルーに至る。そこからまた西に向かい，シッキムにもどる。 PRGS NS-7, 1885, p.65–92. RSOI 8, 1915, p. 215–325. GJ 62, 1923, p. 429–440. HJ 6, 1934, p. 152–153.
1879	Rinzin Namgyal（1）	シッキムの探査。
1879	Sarat Chandra Das（1） (DCS, the Babu) Ugyen Gyatso（1） (UG)	シッキムからシガツェ往復。タシルンポ僧院に 3 か月間滞在。 Freshfield; *Round Kangchenjunga*. London, 1903. PRGS NS-5, 1883, p. 368–371.
1879–80	Alaga	ビルマ人，イラワディ川源流の調査。 PRGS NS-3, 1881, p. 400. PRGS NS-4, 1882, p. 257–273.
1880	Nem Singh（2）	シガツェからカムバ・ゾンへ。記録は未公刊。詳細不明。 PRGS NS-5, 1883, p. 368–371.
1880–81	1 人のイスラム教徒	イラワディ川上流。 PRGS NS-4, 1882, p. 268.
1880–81	Sukh Darshan Singh (GSS)	ダージリンから東ネパールに入り，アルン川を溯り，ポプティ峠からチベットのカルタを往復。 PRGS NS-5, 1883, p. 370. Ward; *Everest*. Glasgow, 2003, p. 16.
1880–84	Kinthup（2）	中国（モンゴル）の僧の下男としてダージリンを出発。ツァンポをできるだけ下降し，マークをつけた丸太を

年　代	名　前（記号など&回数）	概　要　と　文　献
		投入予定のところ，途中で僧に裏切られ，奴隷として売られる。ようやく脱走してツァンポをマルプンまで下降。丸太を投入して4年後にダージリンにもどる。この報告は疑われていたが，1913年のベイリーとモーズヘッドの探検で，その正確さが証明された。 RSOI 8, 1915, p. 329–338. Strahan, 1889, p. 7–17. GJ 41, 1913, p. 291–293 & 44, 1914, p. 503–504.
1881–82	Sarat Chandra Das (2) Ugyen Gyatso (2)	シッキムからネパールのグンサ，チベットのタシラクを経てシガツェへ。UGはそこまで同行。ダスは82年にラサに入り，ツェタンを往復。 Das; *Journey to Lhasa and Central Tibet.* London, 1902 & 2nd ed., 1904. Freshfield; 前掲書。
1882	Nem Singh (3)	シガツェ，カムバ・ゾン。 PRGS NS-5, 1883, p. 370.
1883	Rinzin Namgyal (2)	シッキム，タルン谷。
1883	Ugyen Gyatso (3) UGの妻と義兄	シッキムからドンキャ・ラを越え，カムバ・ゾン，ギャンツェを経てシガツェ着。それからツァンポ南岸からヤムドク湖，クーラ・カンリ峰の北麓，ラカン・ゾン，ツェタンとまわってラサに到着。帰路はヤムドク湖からチュンビ渓谷を通ってダージリン。 Strahan, 1889, p. 18–37. GJ 4, 1894, p. 61–62. RSOI 8, 1915, p. 339–357.
1883	2人のパンディット	インド測量局のWilliam McNairがサイウドとメアーの2人のパンディットをつれてカフィリスタンの踏査。 PRGS NS-6, 1884, p. 1–18.
1884	Rinzin Namgyal (3)	西ネパール，クマオン，リプ・レクの探査。
1884–85	Rinzin Namgyal (4) Phurba (1) (PA)	シッキムからカン・ラ越えでネパールに。ツェラム，グンサ，カンバチェンを通り，ジョンサン・ラからシッキムにもどるカンチェンジュンガの一周。 Freshfield; 前掲書。
1885–86	Hari Ram (4)	ネパールのスン・コシ川からドゥード・コシ川に入り，クーンブからナンパ・ラを越えてティンリへ。ついでゾンカ・ゾン，キーロン，ヌワコットを経てネパールを縦断し，トリベニに出る。 PRGS NS-10, 1888, p. 89–91. RSOI 8, 1915, p. 383–399.

年　代	名　前（記号など＆回数）	概　要　と　文　献
		Survey of India, 1887.
1885–86	Rinzin Namgyal（5） Phurba（2）	ダージリンからブータンに入り，南下してもう一度ブータンに入る。クーラ・カンリ峰の東のモンラカルチュン・ラから南チベットを通り，タワンからアッサムに抜ける。 Strahan, 1889, p. 37–57. RSOI 8, 1915, p. 363–383.
1887–88	Rinzin Namgyal（6）	H. Tanner とネパール中部～西部の国境地帯の測量。
1888	Ata Mahomed（5）	アフガニスタンの探検。
1889	Rinzin Namgyal（7） Kinthup（3）	サディヤの政務官 Needham に同行。アッサムのサディヤでアボール族，ミシュミ族の情報収集。ディハン（ブラマプトラ）川の探検。 RSOI 8, 1915.
1891–92	Atma Ram	H. Bower に同行し，ラダックから北チベットを横断。カム地方からタチェンルーに達する。 Bower ; *Diary of a Journey across Tibet*. London, 1894. RSOI 8, 1915.
1892–93	Hari Ram（5） Ganga Datt（TG）	ハリ・ラムは息子の TG とネパールとチベットの探検。詳細不明。 GJ 62, 1923, p. 438.
1899	Rinzin Namgyal（8）	フレシュフィールドとカンチェンジュンガ峰の一周。 Freshfield；前掲書。
*1856–68	Serap Gyatsho	インド測量局に雇用されていなかったが，モンゴル人ラマ僧セラップ・ギャツォが中国から来てペマコ，リンチェンプンなど，ツァンポ下流部に12年間滞在。夏はコンボ，冬はペマコに住み，インドに情報を送っていたという。のちにダージリンでイギリスのスパイとして活動。 Strahan, 1889, p. 5–7. RSOI 8, 1915, p. 325–327.

〔文献の略記号〕

JRGS＝*Journal of the Royal Geographical Society*, London.
PRGS＝*Proceedings of the R. G. S.*, London.
GJ＝*The Geographical Journal*, R. G. S., London.
HJ＝*The Himalayan Journal*, Calcutta.
RSOI＝*Records of the Survey of India*, Dehra Dun.
NS＝*New Series*.

〔付録 2〕 ヒマラヤ・チベット・中央アジア探検年表

年　代	名　前（記号など&回数）	概　要　と　文　献
1271-74	Marco Polo 一族	父 Niccolo, 叔父 Maffio の 3 人でイタリアから中央アジアを経て中国へ。
1328-30	Odorico de Pordenone（イタリア，フランシスコ会士）	カンバリク（北京）から青海経由ラサに至り，ヨーロッパに帰国。詳細は不明。入蔵せずに，また聞きの報告か，ともいわれる。
1497-98	Vasco da Gama（ポルトガル）	インド西海岸カリカットに到達。インド航路の発見。
1527	ムガール帝国の建国	
1600	イギリス東インド会社設立	1602 年オランダ東インド会社設立。
1602-07	Benedict（Bento）de Goes（ポルトガル，イエズス会士）	ラホールからアフガニスタン，ワハン渓谷～トルキスタン。粛州（現在の酒泉）で病死。
1612	イギリス東インド会社	インドのスーラトに商館建設。1640 年マドラス，1690 年カルカッタの建設。
1624	Antonio de Andrade（ポルトガル，イエズス会士）Manuel Marques 同行	チベットのグゲ王国ツァパランへ。ヨーロッパ人最初のヒマラヤ越え。
1625-30	Antonio de Andrade Gonzales de Sousa 同行 Manuel Marques 同行	第 2 回のツァパラン行。1626 年教会建設，27 年ルドックにも教会建設。1912 年に G.M. ヤングがその教会の痕跡を発見。
1626-27	F. Godinho ら 3 人（イエズス会士）	アンドラーデの支援にツァパランへ。
1626-28	Estevão Cacella João Cabral（ポルトガル，イエズス会士）	ブータンからシガツェへ。カブラルはすぐにネパール経由でフーグリにもどる。
1629-32	Cacella & Cabral Manuel Diaz	カブラルはフーグリでディアスと合流，再びシガツェへ。カセッラはネパール（?）経由でフーグリにもどり，先の 2 人を追って合流。まずディアスとカセッラがシガツェに向かうも，途中でディアスが死亡。カセッラもシガツェ到着後に死亡。31 年 6 月にカブラルがシガツェ着。32 年に本部の決定で帰国。
1631-35	Francesco de Azevedo（ポルトガル，イエズス会士）	アンドラーデの教会再開のためにツァパランへ。グゲ王国がラダック王国との戦に敗れ，35 年に布教と教会を放棄。
1635	Nuno Coresma ら 7 人（イエズス会士）	マルケスの案内でツァパランをめざすも，2 人だけ到達。しかし，圧迫のために引き揚げる。
1640	Manuel Marques Stanislao Malpichi（イエズス会士）	ツァパランをめざすも，マナ峠を越えて捕えられる。マルピキが逃れたが，マルケスは本部に救助を求める手紙を送ったまま，消息不明。

年　代	名　前（記号など&回数）	概　要　と　文　献
1661–62	Johannes Grueber（オーストリア，イエズス会士） Albert d'Orville（ベルギー，イエズス会士）	北京から青海を経てラサ着。ついでシガツェ，カトマンズ，そしてインドに出たが，ドルヴィルはアグラで病死。64年にグリューベル1人がバチカンに帰着。
1707–45	Capuchins Lhasa Mission（カプチン派） ①1707–11年 D. da Fano ら4人 ②1715–33年 D. da Fano ら4人 ③1740–45年 O.della Penna ら7人	1702年にチベットがフランシスコ会カプチン派の布教区に指定。ネパールからラサ入り。1723年に教会建設を許されたが，45年にペンナらは永久にラサから去る。 1715年にネパールのカトマンズ盆地パタンにも教会開設。しかし1768年に新興ゴルカによって追放。
1715–22	Ippolito Desideri（イタリア，イエズス会士） Emanoel Freyre（ポルトガル，イエズス会士）	1712年にローマ出発。アグラで同行者フレイレを見つけ，14年9月にデリー発，スリナガルへ。16年3月ラサ着。フレイレは1か月滞在後，ネパールからインドにもどる。デシデリは5年滞在ののち21年に出発，ネパールからインドに出て，28年にローマに帰る。
1729–37	Samuel van de Putte（オランダ）	1721年にオランダからインド，セイロンに行き，29年にカトマンズに数か月滞在し，盆地の地図作成。のちラサへ行く。31年に隊商に加わり，中国へ。青海経由にて34年に北京着。37年にラサにもどり，デシデリのルートを西に向かい，カシミールを経て42年にインドに出る。45年にバタビア（現・ジャカルタ）で死亡。
1735	J. B. B. D'Anville（フランス）	『シナ新地図集』（42葉）刊行，J.B. Du Halde の『シナ帝国誌』（全4巻，パリ，1735年）の付図として。
1757	プラッシーの戦い	イギリス東インド会社とベンガル太守の戦争。
1765	インド測量局（ベンガル）設置	東インド会社の Lord Clive が James Rennell にベンガルの測量を命ずる。1767年にレネルはベンガル測量局長官に任命され，77年まで在任。
1769	ネパールのゴルカ族	ゴルカ族がカトマンズ盆地を占領，マッラ王朝の滅亡。
1774–75	George Bogle Alexander Hamilton（東インド会社）	ブータン経由で11月3日シガツェに到着，75年4月出蔵。79年に再度のシガツェ行を予定するも，タシ・ラマ（パンチェン・ラマ）は北京で死亡，ボーグルも81年にカルカッタで死去。
1783	James Rennell	『ヒンドゥスタン地図』刊行。
1783–84	Samuel Turner Robert Saunders Samuel Davis（東インド会社）	ブータン経由シガツェへ。生後18か月のパンチェン4世に祝意を表し，2か月滞在。シガツェの経度・緯度の測定。
1788	第1回ネパール＝チベット戦争	ネパール（ゴルカ）のチベット侵入。

年　代	名　前（記号など&回数）	概　要　と　文　献
1791-92	第2回ネパール＝チベット戦争	ネパール軍はシガツェまで侵攻。清軍がネパール軍を一掃し，カトマンズ近くまで反撃。
1792	チベットの鎖国	清朝がチベットに宗主権の確立。
1793	イギリスがネパール＝チベット戦争の仲介	William Kirkpatrick が両国の戦争和平の仲介にカトマンズへ。
1801-03	Charles Crawford William Knox	初代イギリス駐在官がカトマンズへ。あわせてカトマンズ周辺での測量。
1802	マドラス測量部	「大三角測量」(Great Trigonometrical Survey）の開始。
1806	ネパール（ゴルカ）	クマオン・ガルワルの併合。
1808	Capt. W. S. Webb Lieut. Hearsey Lieut. Raper	ガンジス川の源流，ガルワル・ヒマラヤの探検。
1811-12	Thomas Manning （東インド会社）	カルカッタからブータン経由でギャンツェ，そしてラサに。7歳のダライ・ラマと会見。12年4月ラサ発，6月にインド着。
1812	William Moorcroft Hyder Young Hearsey （東インド会社）	カイラスを巡礼，マナサロワール湖にも達する。
1812-13	Mir Izzet Ullah	ムーアクロフトによって，カシミールとトルキスタンへ派遣される。
1814-15	英＝ネパール（ゴルカ）戦争	1816年スガウリ条約，ガルワルとクマオンが英領となり，ネパールは鎖国。
1815	インド測量局	ベンガル，ボンベイ，マドラスの3部長職を廃止，マドラスのC. マッケンジーが長官に。
1817-28	クマオンの踏査	Gerard 兄弟はバシャールの探検。クマオンの副知事 G. W. Traill は民政官としてクマオンを広く踏査。
1819-25	W. Moorcroft Trebek, Guthrie ら	1819年からムーアクロフトとトレベックはラダック，カシミール，アフガニスタンを探検。25年にムーアクロフトはクンドゥズ近くで病死，トレベックもその直後に病死。
1819	Ranjit Singh	カシミールの征服。1839年に死去。
1823-43	George Everest	大三角測量部長，1830-43年はインド測量局長官を兼任。
1824-26	第1次英＝ビルマ戦争	アッサム地方の英領化。1852年第2次&1885-90年第3次のビルマ戦争。
1825-28	Wilcox 中尉	ディハン川の遡行，ロヒット川やイラワディ川の西の支流など探検。ツァンポはディハン川を通ってブラマプトラ河に流入と結論。
1830	イギリス王立地理学協会の創立	The Royal Geographical Society（略称 RGS)

年　代	名　前（記号など＆回数）	概　要　と　文　献
1831-32	Victor Jacquemont（フランス）	カシミールの動植物の調査。ボンベイで熱病のために客死。
1832	Joseph Wolff	ブハラ，カーブルへ。
1832	Burnes & Gerard	ブハラへ。
1833	シッキム	ダージリン一帯を東インド会社に割譲。
1833	インド総督の誕生	ベンガル総督がインド総督となる。東インド会社の商業活動停止。
1835-38	G. T. Vigne	カシミール，ラダック，カラコルムの探検。
1835-38	John Wood	クンドゥスからオクサス川源流とパミール高原，ヴィクトリア湖（シル・イ・コル）の探検。
1836-38	A. Burnes	アフガンのカーブル使節。
1837-38	R. B. Pemberton	ブータンへの使節。
1838	C. Stoddart A. Conolly	ブハラへ派遣。42 年に処刑される。
1838-42	第 1 次アフガン戦争	39 年英軍がカーブル占領，41 年バーンズはカーブルで殺害。42 年英軍がカーブル再占領。
1841	ドグラ戦争	ジャンムの Zorawar Singh が西チベットのタクラコットまで侵入。
1843-45	Joseph Wolff	ブハラへ使節。
1844-46	Evarist Huc Joseph Gabet （フランス，ラザロ派）	内蒙古から西寧，青海経由で 46 年 1 月 29 日ラサ着。2 か月後に追放されてタチェンルーから成都へ。
1845-46	第 1 回シーク戦争	シーク族はジャンム，カシミール，ラダックをイギリスに割譲。
1846	インド測量局	ヒマラヤ山麓沿いに三角測量の開始。
1846	Henry Strachey（兄）	西チベット，マナサロワールとラカスタール湖の踏査。
1847-48	Thomas Thomson	カラコルム峠に到達。
1848-49	第 2 回シーク戦争	パンジャブの英領インドへの併合。
1848	Richard Straychey（弟） J. E. Winterbottam	ラカスタール，マナサロワール湖の探検。カイラス山の高度と位置の決定。
1848-49	Joseph D. Hooker	東ネパールとシッキム・ヒマラヤの探検。
1849	Henry Strachey（兄） Richard Straychey（弟）	ガルワル・ヒマラヤと西チベットの探査。
1851 & 53	Edmund Smyth	マナサロワール湖で水泳，狩猟。
1851-53	Nicolas-Michel Krick Father Boury （フランスの宣教師）	1851 年 12 月〜52 年 3 月ミシュミ丘陵からチベット国境へ。53 年にアボール地区，54 年にそのアボールで殺害。
1852	第 2 次英＝ビルマ戦争	イギリスの南ビルマ征服。
1852	世界の最高峰の発見	インド測量局は Peak XV の高度を世界の最高と発見。1865 年にこれを Mount Everest と命名。

年　代	名　前（記号など&回数）	概　要　と　文　献
1854–56	第2次ネパール＝チベット戦争	
1855–57	Schlagintweit 兄弟 Herman（長男） Adolf（次男） Robert（三男） （ドイツ，東インド会社嘱託）	南はセイロンから北は新疆のカシュガル，東はアッサムから西はカラコルムまで広く踏査。55年にアドルフとロベルトが西チベットに入り，56年末にヘルマンはカトマンズに。57年8月26日アドルフはカシュガルに至る道中で殺害。
1855–90	A. Desgodins （フランス）	東チベットでの伝道活動。
1856	Edmund Smyth John Speke	マナサロワール湖付近で狩猟。
1856–57	Peter Semyonov （ロシア）	天山山脈の探検，ハン・テングリ峰（7203m）の発見。
1857	イギリスの山岳会	ロンドンで The Alpine Club の設立。
1857–59	セポイの反乱	
1858	ムガール帝国の滅亡	
1858	インド測量局	K2の高度発見（28,250 ft.＝8611 m）
1858	東インド会社	イギリス政府に吸収され，解散。インド省（India Office）の設置，イギリスの直接統治。
1858–60 & 61–63	H. H. Godwin-Austin	カシミールとジャンムの探検。ついでカラコルムとラダックの探検。K2に彼の名前が一時つけられたことがある。
1860–61	A. Eden	シッキムの占領。
1861–62	A. Desgodins Renaud （フランス，ラザロ派）	中国から通行証を得ていたが，チベット国境でラサの役人に阻止されて入蔵失敗。1863年も失敗した。
1862–63	ドンガン（東干）の反乱	同治の回乱ともいい，陝西省で発生。東トルキスタンに拡大し，政情が不安定，ヤクーブ・ベクの台頭。
1862–71	F. Drew	カシミールの探検。
1863	A. Vambery （ハンガリー）	ブハラ，サマルカンドへの旅。
1863–64	Eden 使節団	ブータン使節は失敗に終わる。
1863–68	アフガン内乱	
1864	Thomas W. Webber Edmund Smyth Henry Hodgson Robert Drummond	タクラコット（プラン）からグルラ・マンダータ（ナイモナニ）峰の東方へ。1855年か60年にドラモンドがマナサロワール湖をゴムボートで渡ったというが，詳細は不明。
1864–65	英＝ブータン戦争	65年にシンチュ・ラ条約の締結。
1865	Yakub Beg	カシュガルの占拠，全新疆を支配。のち12年間独裁，77年3月左宗棠に討たれ，自殺か毒殺か。
1865	H. U. Smith	7〜8月，リプレクからマナサロワール湖で魚釣り。

年 代	名 前（記号など&回数）	概 要 と 文 献
	A. S. Harrison	帰りはガルトクからサトレジ川へ。
1865	Adrian Bennett	8月にチベットのダバに入り，1か月滞在。ニティ峠からもどる。
1865	W. H. Johnson	ホータンへ。
1865–93	インド測量局	Punditsの活躍→〔付録1〕参照のこと。
1866	ロシアの中央アジアへの進出	ブハラまで到達，1868年サマルカンドまで。
1867	Graf von der Osten-Sacken（ロシア）	東トルキスタンから天山山脈の探検。
1868–69	G. Hayward	ヤルカンド，カシュガルへ。1870年ダルコットで殺害。
1868–69	Thomas T. Cooper	東チベットからアッサムへの横断を試みるも失敗。69年は逆にアッサムから中国へ試みたが，これも失敗した。
1868–71	Robert Shaw	ヤルカンド，カシュガルなどトルキスタンの探検。
1868–71	Alexis Fedchenko（ロシア）	トルキスタン，パミール，アライ渓谷の探検。カウフマン（レーニン）峰の命名。
1870	第1回フォーサイス使節団 Thomas Forsyth R. Shaw & G. Henderson	ヤルカンド，カシュガルへ。インド政庁のスパイ2人は別働でカシュガルへ。（ファイズ・バクシュ&イブラヒム・ハーン）
1870	P. Potagos（ギリシア）	カーブルからクンドゥスを経てバダフシャン，ワハン渓谷を通り，カシュガル，そしてシベリアに抜ける。
1870–73	N. M. Prejevalsky（1）（ロシア）	キャフタから出発，青海湖，揚子江源流からラサをめざすも断念。
1873–74	第2回フォーサイス使節団	Gordon, Trotterなどが加わりヤルカンドへ。ナイン・シンらのパンディットも参加。
1876–77	William J. Gill	成都からリタン，バタン，大理，そしてビルマのバーモへ。
1876–77	Kuropatkin（ロシア）	カシュガルから天山南麓の探検。
1876–77	G. N. Potanin	アルタイ山脈と天山山脈。
1876–78	N. M. Prejevalsky（2）	クルジャから天山山脈を越え，ロプ・ノールに達するもラサを断念。
1876–79	Pevtzov（ロシア）	ジュンガリア，天山，アルタイ，ゴビ砂漠。
1877	インド帝国の成立	ヴィクトリア女王がインド皇帝となる。
1877–79	A. Regel	東トルキスタンのトルファンへ。
1877–80	Béla Széchenyi（ハンガリー） Gustav Kreitner（オーストリア） Ludwig Lóczy（オーストリア）	セーチェーニ隊長のもと，上海から蘭州，西寧，そしてラサをめざすも，敦煌から東チベット，成都〜ビルマのバーモへと出る。
1878	インド測量局の統合	大三角測量部（Great Trigonometrical Survey），地形測量部（Topographical Survey），歳入調査部（Re-

年　代	名　前（記号など&回数）	概　要　と　文　献
		venue Survey）の3部門をインド測量局（Survey of India）として統合，長官が統括。
1878-81	第2次アフガン戦争	
1878-83	J. Biddulph	ギルギットに6年間滞在。フンザ，ナガールなどを調査。
1879-80	N. M. Prejevalsky（3）	ハミを経てラサをめざすも，ナクチュで阻止される。
1880-81	Ujifarvy 夫妻	ラダックからカラコルム，フェルガーナからアラル海へ。
1880-82	G. Bonvalot G. Capus（フランス）	ロシア領中央アジア，タシュケント，サマルカンド，ブハラなど。
1882	H. Lansdell	タシュケント，フェルガーナ，ブハラ，アム・ダリアへ。
1882	新疆省制定	中国清朝は東トルキスタンに新疆省を制定。
1883	W. W. Graham	シッキムとナンダ・デヴィ地域での登山。
1883	W. Watts McNair	カフィリスタンの探検。
1883-85	N. M. Prejevalsky（4）	キャフタを出発，黄河源流と揚子江上流の探検。なお1888年にコズロフ，ロボロフスキーらとチベットに出発するも，10月20日イシク・クル湖岸で病死。
1884-85	H. C. B. Tanner Rinzin Namgyal	リプ・レクからタクラコット（プラン）に入るも，役人に阻止される。
1884-86	英露国境交渉	84年交渉開始，85年再開，86年決裂。
1884-86	G. N. Potanin 夫妻 （ロシア）	北京から西寧，青海湖，チベット北部，ゴビ砂漠からキャフタに出る。
1885	Grombtchevsky （ロシア）	カシュガル，ヤルカンド，パミール高原の探検。
1885	Ney Elias	インドの特使として東トルキスタンへ。パミール高原からオクサス川をイシュカシムまで探検。
1885-86	Andrew Dalgleish A. D. Carey	ダルグリーシュは1882-84年にもヤルカンドへ。85年にはレーからアクサイチン高原，北部チベット，タリム盆地の探検。88年にダルグリーシュはカラコルム峠で殺害。
1885-86	J. F. Needham E. H. Molesworth	サディヤからロヒット・ブラマプトラ川を探検。
1885-86	第3次ビルマ戦争	ビルマはインド帝国に併合。
1886-87	F. Younghusband	ゴビ砂漠を横断し，カラコルムを越えてインドへ。
1887	G. Grum-Grjimailo 兄弟	北部パミールを西から東へ，タシュクルガンからヤルカンド川上流へ。
1887-88	G. Bonvalot Capus Pepin（フランス）	サマルカンドからオクサス源流へ。バロギール峠からチトラルに出る。

年　代	名　前（記号など&回数）	概　要　と　文　献
1888–89	W. W. Rockhill （アメリカ）	青海湖からツァイダムへ，ラサに入れず，デチューからタチェンルーへ。
1888–90	H. Lansdell	クルジャからカシュガル，ホータン，ラダックへ。
1888–90	Grombtchevsky	88年にキリク峠からフンザ，89年パミール高原からヤルカンド，ホータンの探検。
1889	Douvergne	ラダック，パミール，東トルキスタン。
1889–90	Hamilton Bower C. S. Cumberland	パミール高原からカシュガル，クチャの踏査。バウアー文書の発見。
1889–90	G. Bonvalot Henri d'Orléans Father Dedeken	モスクワから天山越えでロプ・ノール。テングリ・ノールに来て阻止され，東のタチェンルーから雲南，ハノイに出る。
1889–91	M. A. Pievtsov	プルジェワルスキーの突然の死により，ペフツォフが隊長となり，天山，タリム盆地，コンロン山脈など北西チベットを探査。
1890	Roborovskii	タリム盆地の探検。
1890	シッキム＝チベット条約	両国の国境を定め，シッキムをイギリスの保護領とし，チベットは中国の支配下に。
1890	G. R. Littledale 夫妻	パミール高原を北から南へ。バロギール峠，ダルコット峠を越える。
1890–91	F. Younghusband G. Macartney	90年にカシュガルに行き，91年にパミール高原の探検。
1891	フンザ＝ナギール戦役	
1891–92	H. Bower W. G. Thorold Atma Ram	88年に殺害されたダルグリーシュの調査を命じられ，同時に情報収集のため，ラダックから北部チベットを横断。カム地方からタチェンルーに抜ける。
1891–92	W. W. Rockhill	北京から青海を経てラサをめざす。タングラ峠を越えて阻止され，東チベットへ出る。
1891–92	G. Merzbacher	第1次天山山脈の探検。
1891–93	Col. Woodthorpe Major Hobday	イラワディ川上流から南東チベットへ。
1891–95	J. L. Dutreuil de Rhins F. Grenard	カシュガル，ホータンからコンロンを越えてチベットを南下。ラサ入りを阻止され，北東のジェクンドへ。94年6月ドュトルイユ・ド・ランスは殺害された。
1892	Earl of Dunmore	レーからヤルカンド，パミール高原，コーカンドの探検。
1892	W. M. Conway ら	カラコルムのバルトロとヒスパー氷河を中心に踏査。
1892	H. Lansdall	イリから天山山脈を越えて，カシュガル，ホータン，カラコルム峠からラダックへ。
1892–93	Annie Taylor （イギリスの伝道団）	西寧からチベット人に変装して入蔵。ナクチュで阻止され，東のタチェンルーへ。

年　代	名　前（記号など&回数）	概　要　と　文　献
1892–94	W. Obruchev	ツァイダム盆地，青海，天山山脈の探検。
1893	De Poncins	パミール高原からギルギット，スリナガルへ。
1893	G. R. Littledale 夫妻	サマルカンドからカシュガル，さらにロプ・ノールから蘭州へ。
1893–95	Roborovskii Kozlov	プルジェワルスキーなどの探検に参加したロボロフスキーは東天山，青海湖，ツァイダムへ。病気のため四川への計画は断念。
1893–97	Sven Hedin (1) （スウェーデン）	パミール高原からカシュガルに至り，タクラマカン砂漠やツァイダム盆地の探検。
1894	Obruchev	チベット縁辺と天山山脈東部。
1894	G. N. Curzon	パミールの踏査。のちにインド総督となる。
1894	Madame Massieu （フランス）	ラダック，カラコルム，カシュガルの旅。
1894	William J. Reid George Burton （アメリカ）	北東チベットの探検。上海から揚子江，金沙江を溯り，オーリン湖から黄河沿いに下る。
1895	G. R. Littledale 夫妻 W. A. L. Fletcher G. Rassul Galwan	カシュガルからラサをめざすも，テングリ・ノールで阻止され，夫人が病気になり，西のレーに向かう。
1895	A. F. Mummery ら	ナンガ・パルバット峰の試登。
1895–96	Henri d'Orléans （フランス）	ハノイからメコン川を北上，アトンツェから西に向かい，アッサムのサディヤへ。
1895–96	英露パミール国境協定	ワハン回廊をアフガン領とし，緩衝地帯とする。
1895–99	Peter & Susie Rijnhart （オランダ&カナダ）	1894 年に故国を出発。98 年春に 11 か月の子供をつれてラサをめざす。上海，西寧，青海，ツァイダム，ナクチュで前進を阻止され，タチェンルーから四川へ。途中でラインハルトは子供と夫を川に流され，失う。
1896	M. S. Wellby N. Malcolm	レーから出発，北部チベットからツァイダム，青海を経て北京へ。
1896	W. Rickmer Rickmers	西パミールの探検。
1896–97	O. Olufsen （オランダ）	パミール北部の探検。
1896–99	H. H. P. Deasy Arnold Pike R. P. Cobbold（一部の参加）	カラコルムからヤルカンド，ホータン，天山，そして北西チベットの探検。
1897	A. H. S. Landor	クマオンからマナサロワール湖の南岸まで。
1897–98	Karl Futterer Holderer	ロシアからカシュガルに入り，タリム盆地，ゴビ砂漠，青海湖などの探検。
1898	C. G. Bruce	ヌン・クン山群の探検。
1898	W. R. Rickmers	ブハラ地方の踏査。

年　代	名　前（記号など＆回数）	概　要　と　文　献
1898–99	O. Olufsen ら	オクサス川とパミールの探検。
1898–1900	C. H. D. Ryder H. R. Davis	雲南と東チベットの探検と測量。
1898–1901	O. Narzounof ら	ラサ訪問。
1898–1912	F. B. & W. H. Workman 夫妻	前後7回にわたり，カラコルムやパンジャブ・ヒマラヤでの登山と探検。
1899	A. H. S. Landor	ネパール西端とチベット国境地域の踏査。ナンパ峰（現在のアピ）に登ったと主張したが，のちにデタラメと否定された。
1899	D. W. Freshfield ら	シッキムとネパール，カンチェンジュンガ峰の一周。
1899	寺本婉雅 能海　寛	成都から入蔵を試み，バタンで阻止される。寺本はいったん帰国，能海は残留。
1899–1901	P. K. Kozlov ら	蒙古からツァイダム，青海湖，東チベットの探検。
1899–1902	Sven Hedin（2）	ロプ・ノールでローランを発見。のちにチベットに入るも，ラサ入りは失敗。
1899–1902	G. T. Tsybikov	モンゴルのウルガを出発。1900年8月3日ラサ着。約1年間滞在。その間にギャンツェ，シガツェ，ツェタンを訪問。
1899–1902	河口慧海	ネパールを経て入蔵。ラサではセラ寺で仏教の研究。
1900	W. Filchner	パミール高原，カシュガル，タシュケントの調査。
1900–01	Aurel Stein（1）	第1回中央アジア探検（ホータン，カシュガルなど）。
1901	能海　寛	雲南から入蔵をくわだて，消息を絶つ。
1901–02	成田安輝	ダージリンからラサ往復。
1902	O. Eckenstein ら（国際登山隊）	K2遠征登山。
1902–03	G. Merzbacher	天山山脈の踏査。
1902–04	第1次大谷探検隊 （大谷光瑞ら）	中央アジアの探検（カシュガル，ヤルカンド，ミンタカ峠，ギルギットへ）。
1903	Oscar T. Crosby F. Anginieur	ロシアからヤルカンドに入り，ホータン，チベットのアクサイチン高原の探検。
1903	A. Grünwedel ら	ドイツ中央アジア探検隊。天山山脈からトルファン。
1903	Louis d'Orléans	スリナガルからギルギット，フンザ，キリク峠，カシュガル。そして天山山脈越え。
1903	H. Wood	カトマンズに入り，許可を得てネパール・ヒマラヤの山々の測量。
1903	C. G. Rawling A. J. Hargreaves	レーから北西チベットの探検。ルドックとコンロン山脈の間の踏査。
1903–04	R. Pumpelly ら	天山山脈とパミールの探検。
1903–04	イギリスのチベット遠征 （F. Younghusband）	3年7月にカムバ・ゾンでの交渉のあと，英印軍はギャンツェを攻撃。のちラサに入城し，条約を結ぶ。
1903–05	W. Filchner 夫妻	西寧から青海，バヤンカラ山脈の北側・黄河上流の探

年　代	名　前（記号など＆回数）	概　要　と　文　献
	A. Tafel	検。
1903-32	キリスト教伝道団（アメリカ）	東チベットでの Foreign Christian Missionary Society の活動。Moyes 夫妻と Susie Rijnhart, Shelton 夫妻，Z. Loftis, Maclead 夫妻，Duncan 夫妻など。
1904-05	A. von Le Coq ら	第2次ドイツ中央アジア探検。トルキスタンからタリム盆地。
1904-05	Jacques de Lesdain 夫妻	北京〜青海〜テングリ・ノール〜シガツェ〜シッキムの踏査。
1904-05	C. G. Rawling C. H. D. Ryder H. Wood F. M. Bailey	チベット遠征隊の分遣隊として，ギャンツェからツァンポを溯行。ガルトクからシプキ峠を越えてインドへ。
1905	寺本婉雅	西寧から青海，ラサ〜シガツェ〜シッキムと踏査。
1905	T. G. Longstaff C. A. Sherring ら	シャーリングは公式使節としてガルトクへ。ロングスタッフはブロシュレル兄弟とグルラ・マンダータ（ナムナニ）峰の試登。
1905	日本山岳会の創立	
1905	J. Jacot-Guillarmod ら（国際登山隊）	ジャコ＝ギャルモらスイス人3人などカンチェンジュンガを試登。ヤルン側でパッヘとポーター4人が雪崩で遭難。
1905-06	E. Huntington	レーからカラコルム峠を越えてホータン，トルファン，ウルムチへ。
1905-06	E. C. M. Browne Miss Sullivan	女性宣教師2人がタクラコットからマナサロワール，ラカスタール湖を旅行。
1905-06	C. D. Bruce W. T. Layard	レーからアクサイチン高原を越え，タクラマカン砂漠から蘭州，北京へ。
1905-07	Grünwedel Le Coq	第3次ドイツ中央アジア探検。カシュガル，トルファン，パミール高原，スリナガル。
1905-07	Albert Tafel	黄河源流，ツァイダム，東チベットの探検。
1905-07	F. O'Connor	1904年にチベット遠征隊に参加。5年からギャンツェのイギリス通商代表として滞在。6年に帰国，7年に帰任。
1905-25	David Macdonald	4年のチベット遠征に参加。1905-25年はイギリス通商代表としてヤートンやギャンツェに勤務。21年にはC. Bell とラサへ。
1906	H. Calvert	クルーの副弁務官カルバートはガルトクとルドックを訪問。
1906	Erich Zugmayer	タリム盆地からコンロン山脈，西チベットの探検。パンゴン湖からレーへ出る。
1906-07	David Fraser	パンチェン・ラマがインドから帰国のとき，同行して

年　代	名　前（記号など＆回数）	概　要　と　文　献
		シガツェまで。のちにカラコルム峠を越えてホータン，ヤルカンド，カシュガル，コーカンド，そしてテヘランへ。
1906–07	日野　強	中央アジアの諜報探検。ウルムチ〜イリ往復〜カシュガル〜カラコルム峠〜レー。
1906–07	John W. Brooke Father Ridley （中国内陸伝道団）	ツァンポ川の解明のため，アッサムからと中国側から入蔵を試みるも，いずれもインド政庁とチベット人に阻止される。6 年 10 月に西寧でダライ・ラマと会見，青海湖からタングラ峠を越え，上海へ。
1906–08	Paul Pelliot	中央アジア・新疆での探検，カシュガル，トルファン，敦煌など。
1906–08	Aurel Stein（2）	第 2 回中央アジア探検。タクラマカン砂漠，楼蘭，敦煌，ホータン，カシュガルの調査。
1906–08	D'Ollone	ハノイ〜雲南〜四川〜オルドス〜北京へ。
1906–08	Sven Hedin（3）	チャンタン高原からシガツェへ。ラサに行けず，マナサロワール湖からインダス流域に出てレー，シムラへ。そのあとレーから厳冬のチャンタンを探検したが，ラサは断念。
1907	英露協定調印	“グレート・ゲーム”に終止符を打とうというもの。
1907	T. Longstaff	トリスル峰初登頂。
1907	W. S. Cassels	アルモラの副弁務官は 7 月にタクラコット経由，ギャニマとラカスタール湖南岸へ。
1907	Jacques Bacot	雲南の北西から南東チベットのバタンまで。
1907–08	J. W. Brooke C. H. Meares	第 1 回の探検から帰ってすぐの 7 年 12 月に上海出発。東チベットに向かうも 8 年 12 月，ブルークは四川省南部のロロ族に殺害。
1907–08	Merzbacher	天山山脈の探査。
1907–08	Noel Williamson	サディヤの政務官補はアッサムから南東チベットへ。ロヒット川をサティ（12 月 27〜29 日）に達してもどる。
1907–09	G. v. Mannerheim	ロシアから中央アジアを横断，北京まで。
1907–09	P. K. Kozlov ら	青海からツァイダム盆地の探検。
1908	Bhagwan Shri Hamsa	居所ボンベイからチベットのマナサロワール，カイラス山の巡礼。
1908–09	第 2 次大谷探検隊 （橘　瑞超，野村栄三郎）	北京からトルファン，カシュガル，ヤルカンド，カラコルム峠，そしてレーへと踏査。
1909	Noel Williamson D. M. Lumsden	アボール族と友好関係を結ぶため，アッサムからディハン川をケバンまで。
1909	Theo Sörensen	中国内陸伝道団として 1903–22 年はタチェンルーに滞在。9 年にカンツェ，チャムド，バタン，リタンと歩く。

年　代	名　前（記号など&回数）	概　要　と　文　献
1909	イタリア Abruzzi 公登山遠征隊	カラコルム・K2峰の試登。
1909	P. T. Etherton	パミール高原とカシュガルの探検。
1909–10	Jacques Bacot	東チベットのタチェンルーからリタンを通り，雲南のメコン，サルウィン川の流域へ。
1909–10	F. Kingdon-Ward M. P. Anderson	上海からタチェンルーに至り，甘粛南部の植物調査。
1910–11	矢島保治郎	成都から入蔵に成功。ラサに達してダージリンに出る。
1910–14	第3次大谷探検隊 （橘　瑞超，吉川小一郎）	トルファン，楼蘭，カシュガル，ホータンなどの調査。
1911	Noel Williamson Dr. Gregorson	11年3月からディハン川に入るも，2人ともアボール族に殺害。
1911	F. Kingdon-Ward	中国西部からチベット南東部のバタンまで。
1911	A. D. Stewart N. C. Stiffe	7月に西チベットのギャニマ往復。
1911	F. M. Bailey	成都からタチェンルー，バタン，チベット南東部からロヒット川に入り，リマを経てアッサムのサディヤへ。
1911	A. M. Kellas	シッキム・ヒマラヤでの登山活動。
1911–13	Abor 遠征隊 （H. Bower 隊長）	ウィリアムソンがアボール族に殺害された報復をかね，アボール，ミシュミ，ミリ地区の探検。
1912	インドの首都移転	カルカッタからデリーへ。
1912	G. M. Young	インド通商代表として，西チベットのガルトクとツァパランへ。
1912–16	青木文教	ダライ・ラマの許可を得て入蔵。13年1月ラサ着，3年間滞在。
1912–18	矢島保治郎	シッキムから12年夏にラサ着。6年滞在し，チベット軍顧問となる。ラサの豪商の娘と結婚し，19年に帰国。
1913	John B. Noel	イスラム教徒に変装し，シッキム北西部からエヴェレスト峰のアプローチの調査。
1913	F. M. Bailey T. H. Morshead	アッサムからツァンポ＝ブラマプトラの探検。ギャラ・ペリ峰の発見，キントゥプの踏査の追認。
1913	F. Kingdon-Ward	雲南と東チベットの探検。
1913–14	シムラ会議	英（印）・中国・チベットの会議。マクマホン・ラインの提案。
1913–14	De Filippi カラコルム遠征隊	ラダックからカラコルムのリモ氷河やヤルカンド川源流域の探検。
1913–14	Le Coq ら	第4次ドイツ中央アジア探検。ロシアからカシュガル，クチャへ。
1913–15	河口慧海	シッキムから入蔵し，シガツェ，ラサに滞在。
1913–16	Aurel Stein（3）	第3回中央アジア探検。カシュガル，楼蘭，カラホト，

年　代	名　前（記号など&回数）	概　要　と　文　献
		トルファンへ。
1913–23	多田等観	ブータン西部から35日ほどでラサ着。セラ寺で10年間の仏教研究。
1914	Walther Stötzner	成都からタチェンルーに入り，8か月間にわたり四川～東チベットの探検。
1914	L. V. S. Blacker	レーからカラコルム峠，ヤルカンド，カシュガル，オレンブルク。
1914–16	A. David-Neel	1911–13年にカトマンズを往復。14年にシッキムに移動し，シガツェを往復。
1914–18	第一次世界大戦	
1915	Sykes 兄妹	フェルガーナからパミール～カシュガル～ホータン。
1915	M. P. Brown 夫妻	チベット芸術研究のためにギャンツェ往復。
1916	Yunas Singh	カイラス山の巡礼。
1916–17	Oliver Coales	タチェンルーの英領事館員。チャムド，リウォチェの旅。
1917–21	A. David-Neel	北京から西寧，クムブム寺，青海湖付近の旅。
1918	Theo Sörensen	タチェンルーからカンツェ，デルゲゴンチェンの近くまで。
1918	Edwin G. Schary	レーからガルトク，マナサロワール湖に達し，ツァンポ川を下降。途中でネパールのラスワガーリに入ったあと，ギャンツェに至り，ダージリンに出る。1920年にはスリナガルから出たところで捕まり，刑務所入りし，帰国。
1918–19	Eric Teichman	中蔵境界地帯の内戦調停のため，東チベットのカム地方を広く踏査。タチェンルーからカンツェ，ジェクンド，チャムド，バタンなどを歩く。
1920–21	C. A. Bell	1904年のチベット遠征隊に参加。20年11月にダライ・ラマの招待でラサ入り。1年ほど滞在，イギリスのエヴェレスト登山の許可取得に尽力。
1921	第1回エヴェレスト遠征登山 (Howard-Bury 隊長)	ハワード＝ベリーのもと，イギリスの最初の偵察隊。
1921	F. Kingdon-Ward	雲南から四川西部，ルートは大理～ユンニン～ムリ～バーモ。
1921–22	George Pereira	イギリスの北京駐在武官ペレイラは，アムネ・マチンに接近し，青海からラサに入り，カルカッタに出た。
1921–22	A. David-Neel	西寧からラブラン寺を経て成都に行き，カンツェ，ジェクンド，そしてタシ・ゴンパを往復。
1922	第2回エヴェレスト遠征 (C. G. Bruce 隊長)	J. ブルースとフィンチが8320 m に到達。ノース・コル直下の雪崩でシェルパが7人遭難。
1922	Theo Sörensen	ラサをめざすも，チャムドで阻止される。

年　代	名　前（記号など&回数）	概　要　と　文　献
1922	C. J. Morris J. B. Noel	エヴェレスト隊の科学班としてアルン川を下降，ネパールの国境まで踏査。
1922	H. H. Hayden C. Cosson	ヘイドンは1904年のチベット遠征に地質学者として参加。22年にチベット当局の求めにより，鉱物資源の調査。ダージリンからラサに行ったあと，チャンタン高原と南東のツァンポ流域の踏査。
1922	J. W. Gregory（父） C. J. Gregory（子）	5–9月に北ビルマからメコン，サルウィン，揚子江流域の雲南と四川，東チベットを広く探検。
1922	W. H. King W. P. Rosemeyer	ギャンツェ～ラサ間の電信線の建設。ラサにも滞在。
1922	F. M. Bailey 夫妻 Lady Cozens-Hardy Dr. Dyer	ブータンと南チベットの探検。ブータンのブムタンからヤムドク湖に至り，ギャンツェからガントクに出る。
1922	G. E. O. Knight W. M. McGovern ほか3人	映画撮影のためにダージリンからギャンツェ往復。ラサ入りは拒否。
1922–23	Rai Bahadur S. R. Kashyap	リプレクから入蔵。カイラス山とマナサロワール湖を訪ね，マナ峠から戻る。23年にもカイラス山を巡礼。
1922–23	F. Kingdon-Ward	雲南，四川，南東チベット，北ビルマの探検。
1922–23	A. David-Neel	ジェクンドからメコンとサルウィン川の間を南のリウォチェなど往復。のちにザリン湖，クムブム寺の北部を歩く。
1922–24	C. P. Skrine	カシュガルのイギリス総領事はスリナガル，カシュガル，ヤルカンド，ホータン，ケリアなど踏査。
1923	W. M. McGovern	ギャンツェ往復ののち，23年4月に単身でシッキムのセルポ・ラからシガツェ，ラサに潜入。変装してラサに6週間滞在したというが，これはフィクションらしいという評者もある。
1923	George Pereira H. G. Thompson	雲南から東チベットの国境沿いに北京へ向かう。その途中のカンツェでペレイラは病死。
1923–24	A. David-Neel	成都，麗江，ギャムダを経て，ついにラサに潜入。乞食に変装して2か月滞在し，ギャンツェからインドへ。
1924	C. A. Bell F. M. Bailey	ラサに入る。のちにベイリーはツァンポ川をツェタンまで下降し，04年のチベット遠征隊の測量と13年の自分の地図をつなぐ。
1924	第3回エヴェレスト遠征 （Norton 隊長）	隊長のC. G. ブルースが途中でマラリアにかかり，シッキムに帰ったため，かわってノートンが指揮をとる。第6キャンプから出発したマロリーとアーヴィンは頂上に向かったまま，帰って来なかった。
1924–25	F. Kingdon-Ward Lord Cawdor	ベイリーらの探検の穴を埋めようと，ギャンツェを経てツァンポ川を下降。ゴルジュ地帯のパイまで達した

年　代	名　前（記号など&回数）	概　要　と　文　献
		あと，タワンからブータン東部を通ってインドにもどる。
1924–33	I. Smignov	ソ連から亡命，25年に新疆に入り，26年末にウルムチへ。タリム盆地，青海，ツァイダムを放浪して33年に天津へ。
1925	Theodore & Kermit Roosvelt 兄弟	スリナガルからパミールを越え，カシュガルを経て天山山脈の探検。
1925–28	N. K. Roerich（父） E. Roerich（母） G. N. Roerich（長男）	スリナガルから新疆のホータン，カシュガル，ウルムチからソ連領に入り，ついでモンゴルへ。それから南下してチベットを縦断。ナクチュ，ティンリ，カムパ・ゾンからダージリンへ。
1926	H. Ruttledge 夫妻 R. C. Wilson	チベット交易の視察に西チベットに入り，カイラス山を一周。
1926	W. J. Morden J. L. Clark	スリナガルからブルジル峠，アクス川，カシュガルとたどり，シベリアへ抜ける。
1926	Rai Bahadur S. R. Kashyap	カイラス山とマナサロワール湖。
1926	F. Kingdon-Ward	北ビルマとアッサムの探検。
1926	Joseph F. Rock	1922年から12年間，雲南・四川の山地に滞在。この1926年にアムネ・マチン峰の探検。この山群に9峰あり，少なくとも2万8000 ft. はある巨大ピラミッドだといったが…。
1926–27	Owen Lattimore 夫妻	ゴビ砂漠を越え，ウルムチ，イリ，カシュガル，ヤルカンド，そしてカラコルムを経てインドに。
1926–28	W. Filchner Mathewson	中央アジアから北チベット，西チベットを経てレーへ。
1927	E. Toeplitz-Mrozowska	ダージリンからギャンツェ往復。
1927	長谷川伝次郎	5–8月にチベットに入り，マナサロワール湖からカイラスの巡礼。
1927–28	F. Kingdon-Ward	アッサムとミシュミ丘陵のデレイ谷の探検。
1927–31	R. C. F. Schomberg	カラコルムから中央アジアに数度にわたる探検。
1927–33	西北科学考査団 （Sven Hedin 団長）	天山からトルファン，ロプ・ノール，イリなど。
1928	W. R. Rickmers ら	アルタイ・パミールの踏査。
1928	G. Tucci	カシミール，パンジャブから西チベットの探検。1927–48年の間に8回チベットに入る。
1928	E. E. N. Sandeman J. A. Davies	4–5月にギャンツェ往復。
1928	Swami Pranavananda	スリナガルからラダック，ガルトクを経てカイラス，マナサロワール湖の巡礼。ニティ峠からインドにもどる。

年　代	名　前（記号など&回数）	概　要　と　文　献
1928–29	A. David-Neel	青海湖，東チベット，ブータンと歩く。
1928–29	K. & T. Roosevelt 兄弟 S. Cutting 夫妻 H. Stevens J. H. Edgar	ビルマから雲南を通り，タチェンルーから東チベットをかすめる。
1928–29	Joseph F. Rock	南東チベット，ミニヤ・ゴンカ付近の探査。
1929	L. R. Fawcus	8–9 月にギャンツェ往復。
1929	E. B. Wakefield H. Ruttledge	チベット交易の視察にルドック，ガルトクからマナサロワール湖を訪ねる。
1929	ドイツ登山隊 （Paul Bauer 隊長）	カンチェンジュンガの登山。
1929–30	劉曼卿	蔣介石の命令で，中蔵和平使節として四川からラサ入り。3 か月滞在し，帰路はインドを経由。
1929–30	G. Tucci	カシミールからラダック，西チベットへ。
1929–30	Ph. C. Visser ら	オランダ隊のカラコルムの探検。
1930	Thyra Weir 夫妻	シッキムの政務官としてラサに入り，2 か月滞在。
1930	G. O. Dyhrenfurth ら	国際登山隊によるカンチェンジュンガ登山。
1930	S. Cutting 夫妻ら	ギャンツェとカムバ・ゾンの往復。
1930–31	Arnold Heim Eduard Imhof ら	国立中山大学川辺調査団として南東チベット，ミニヤ・ゴンカとその周辺の調査。
1930–31	F. Kingdon-Ward	北ビルマからチベット国境付近の調査。
1931	G. Tucci	カシミールからパンジャブ，ラダックの西チベットの調査。
1931	Paul Bauer ら	ドイツ隊のカンチェンジュンガ登山。
1931–32	Georges-Marie Haardt のシトローエン隊	ベイルートからカーブル〜スリナガル〜ギルギット〜タシュクルガン〜カシュガル〜ウルムチ〜北京と，自動車による中央アジアの横断。
1931–32	Brooke Doran E. Schäfer ら	成都から東チベットを通り，雲南からビルマのマンダレー。
1932	W. Merkl ら	ドイツのナンガ・パルバット登山。
1932	T. Weir 夫妻ら	2 度目のラサ行。
1932	Richard Burdsall ら	アメリカ隊はミニヤ・ゴンカ峰の初登頂。
1932	F. Williamson F. Ludlow	シッキム政務官のウィリアムソンらが 8–10 月にアルモラからガルトク訪問。カイラス一周とマナサロワール湖の探検。
1933	G. Tucci ら	西チベットのガルトクまで。
1933	F. Kingdon-Ward R. Kaulback ら	アッサムと南東チベット，ビルマの踏査。ザユール地区を探検し，サディヤからロヒット川をリマまで。
1933	F. Williamson 夫妻 G. Sherriff	ガントクからナトゥ・ラ越えでブータンに入り，ブムタンまで横断。のちにラサへ。ラドローは 1923–26 年

年　代	名　前（記号など＆回数）	概　要　と　文　献
	F. Ludlow	にギャンツェで植物調査。
1933	Houston のエヴェレスト航空遠征	フェローズ隊長のもと，2度にわたり，エヴェレストの上空を飛行。
1933	第4回エヴェレスト遠征隊 (Hugh Ruttledge 隊長)	8570 m まで到達。途中でアーヴィンが使っていたピッケル発見。
1933–35	Sven Hedin ら (Sino-Swedish expedition)	新疆自動車探検隊。北京～ゴビ砂漠～ウルムチ～ロプ・ノール。
1933–35	Charles Bell	3度目のラサ行。
1934	F. Williamson	シガツェへ。
1934	F. Ludlow G. Sherriff	アッサムから東ブータン，南チベットの探検。
1934	W. Merkl ら	ドイツ・オーストリア隊のナンガ・パルバット攻撃。
1934	E. Shipton ら	ナンダ・デヴィ登山。
1934	Maurice Wilson	エヴェレストの単独登山，そして行方不明。
1934	G. O. Dyhrenfurth ら	カラコルムでの遠征登山。
1934–35	Brooke Doran Ernst Schäfer	東チベットの探検。タチェンルー，バタン，ジェクンド，黄河と揚子江の源流。約18か月を費やす。
1934–35	Peter Fleming Ella Maillart	北京～新疆～ヤルカンド～カシュガル～インド。
1935	G. Tucci ら	カイラスの一周とマナサロワール湖の一周，ガルトクからレーへ。
1935	F. Kingdon-Ward	アッサムからタワンを経て南チベットに入り，ツァンポの北側を探検。
1935	R. Kaulback J. Hanbury-Tracy	北ビルマからチベット，ザユール地区の探査。メコンとサルウィン川の源流を探り，ロヒット川からインドへ。
1935	Swami Pranavananda	ガンゴトリからカイラス一周。それ以後，毎年のようにカイラス，マナサロワール地域に入る。
1935	Richard Hilton	西チベットのガルトクへ。
1935	C. S. Cutting 夫妻ら	チベット政府の招待でラサへ。
1935	第5回エヴェレスト遠征隊 (E. Shipton 隊長)	許可が遅れ，偵察的な登山で終わる。付近の 6000 m 級の山を20以上登頂。M. ウィルソンの遺体発見。
1935	E. Teichman	天山山脈南麓，ホータン，パミール高原。
1935–37	W. Filchner	青海，ツァイダム，新疆，のちカラコルム峠からデプサン高原を越えてレーに出る。
1936	第6回エヴェレスト遠征登山 (Hugh Ruttledge 隊長)	モンスーンの来襲が早く，ノース・コル到達が精一杯。
1936	H. W. Tilman ら	ナンダ・デヴィ初登頂。
1936	Arnold Heim Augusto Gansser	西チベットに入り，カイラス一周とマナサロワール湖の探査。

年　代	名　前（記号など&回数）	概　要　と　文　献
1936	立教大学登山隊 （堀田弥一隊長）	ナンダ・コット初登頂。
1936	Herbert Tichy Chatter Bhuj Kapur	カイラス山の一周とグルラ・マンダータの試登。
1936	F. Ludlow G. Sherriff ら	アッサムから東ブータンを通り，南チベットのツォナ，タクポをさぐる。2–11 月の 10 か月間の踏査。
1936–37	Basil Gould F. S. Chapman Hugh Richardson P. Neame	グールドは 1912–13 年ギャンツェの英通商代表，35–45 年シッキム政務官。35 年に F. ウィリアムソンのラサでの急病死のため，その後任として 36 年にラサへ。チャップマンはグールドの個人秘書として同行，37 年にチョモラーリ峰の初登頂。リチャードソンはチベット語のできる役人で，グールドの帰国後もラサに残り，36–40 年と 46–47 年はイギリスの役人として，47–50 年は独立インドの代表としてラサに滞在。
1936–37	André Guibaut Victor Liotard	雲南のサルウィン川流域から南東チベットの探検。
1936–38	Swami Pranavananda	36–37 年にカイラスとマナサロワール湖の巡礼。38 年にはマナサロワール南岸のトゥゴロ・ゴンパに 12 か月滞在。
1937	F. Kingdon-Ward	北ビルマから南東チベットへ。ビルマ奥地のカ・カルポ・ラジ峰に接近。
1937	G. Tucci F. Maraini	シッキムの踏査ののち，ギャンツェ往復。
1937	C. S. Cutting 夫妻	チベット当局の招待でラサ往復。
1937	Theos Bernard 夫妻	ギャンツェからラサ入り。45 年ごろの再入域は不許可。47 年にクルーの山地で行方不明，殺害か。
1937–38	W. Filchner	34 年から行動を起こし，蘭州，青海，ツァイダム，チェルチェン，ホータン，カシュガル，カラコルム峠，そしてレーへ。
1938	第 7 回エヴェレスト遠征登山 （H. W. Tilman 隊長）	少数精鋭の隊だったが，8290 m の到達で終わる。
1938	ドイツ隊（Paul Bauer 隊長）	ナンガ・パルバット攻撃。
1938	アメリカ隊（C. Houston 隊長）	K2 攻撃。
1938	F. Kingdon-Ward	アッサムからバリパラ地区，南チベットのタワン地区からメンユールへの 6 か月の探検。
1938	F. Ludlow G. Sherriff G. Taylor	カリンポンからギャンツェ，ツェタンに至り，ツァンポを下降。ギャラからゴルジュ地帯をさぐり，ブータン東部からアッサムへ。
1938–39	E. Schäfer ら	チベット当局の招待でラサにしばらく滞在。ツェタン～ヤムドク湖～シガツェ～ギャンツェ～ガントク。別

年　代	名　前 (記号など&回数)	概　要　と　文　献
		にシッキムからカムバ・ゾンとドプトラを往復。
1939	アメリカ隊 (F. Wiessner 隊長)	K2 の攻撃。
1939	ドイツ隊 (P. Aufschnaiter 隊長)	ナンガ・パルバットの攻撃。
1939	G. Tucci F. Boffa ら	シッキムからシガツェ，ギャンツェ，カムバ・ゾン，タシガンなど。
1939	Robert Hamond	40 年にアリン・カンリの登山を計画。そのためにガルトクまで偵察。
1939	H. W. Tilman	アッサムからタワンを経て，ゴリチェン峰をめざす。
1939–45	第二次世界大戦	
1939–40	R. W. Godfrey	アッサムからディハン地区と，ロヒット川をリマまで踏査。
1939–40	野元　甚蔵	シッキムからラサ往復。シガツェに半年滞在。
1940	André Guibout Victor Liotard	タチェンルーから北東チベットのゴロク族の地方へ。ギボーはかろうじて脱出したが，リオタールは殺害された。
1940	Basil Gould	ダライ・ラマ 14 世の即位式にラサへ。
1942	Steiner	カイラスとマナサロワール湖の 2 度目の巡礼。
1942–43	Ilya Tolstoy Brooke Dolan	アメリカ軍の諜報員。ダージリンからラサに入り，3 か月滞在。のちにラティン・ゴンパ〜ジェクンド〜青海湖〜蘭州へ。トルストイは大文豪の孫。
1942–45	F. Ludlow G. Sherriff	ラドローは 42 年 4 月から 1 年間，ラサのイギリス代表部に勤務。そのあとにシェリフは 45 年 4 月までラサに勤務。
1943–44	Swami Pranavananda	マナサロワール湖岸のトゥゴロ僧院に 16 か月滞在。1938 年以来，カイラス 13 回，マナサロワール湖 13 回の巡礼。はじめからだと，カイラス 24 回，マナサロワール 26 回という。
1943–50	西川一三	特別の任務を与えられ，モンゴルからチベットに潜入。50 年に帰国。
1943–50	木村肥佐生	西川同様，特別任務でチベットに潜入。50 年に帰国。途中で西川と行動をともにしたこともある。
1944	Basil Gould	3 度目のラサ訪問。
1944–51	Heinrich Harrer Peter Aufschnaiter Hans Kopp	1939 年のドイツのナンガ・パルバット登山隊員は帰途にカラチで逮捕，デーラ・ドゥンの収容所へ。44 年 7 月に脱走，ハラーとアウフシュナイターはラサへ。コップはタドゥムからネパールのカトマンズへ。ハラーらは 50 年にラサを去り，インドへ。
1945	T. S. Blakeney	カイラス山の往復。
1946–47	André Migot	ハノイから雲南の昆明に入り，成都からタチェンルー〜カンツェ〜ジェクンドへ。そこからラサをめざすも，

年　代	名　前（記号など&回数）	概　要　と　文　献
		紅軍に捕まり，引き返す。青海，西寧から北京へ。
1946-47	F. Ludlow G. Sherriff 夫妻ら	シッキムから南東チベットへ。途中でシェリフが病気になり，インドにもどるが，他はツァンポを下降。ショワ，ギャラ，ペマコチュンなどを探検し，ギャンツェからカリンポンに帰る。
1947	インド・パキスタンの分離独立	
1947	Earl Denman	エヴェレストへ単独行。ロンブク氷河からノース・コルに達する。
1947	H. W. Tilman	カシュガルからパミール，オクサス川からアフガンへ。そしてドラー峠からパキスタンのチトラルへ。
1947	A. de Riencourt	リヤンクールは許可を得てラサに入り，3週間滞在。
1947	Lama Anagarika Govinda 夫妻	ガントクからギャンツェ，そしてシガツェ近くまで往復。
1948	F. & J. Shor 夫妻	アフガンからワハン回廊，ワフジール峠を越えて新疆に入るも，中国のパトロールのためにフンザへ南下。さらに上海に行き，ウルムチへ飛び，トルファン，ハミ，敦煌，蘭州へ。
1948	G. Tucci F. Maraini ら	47年にチベットとインド両国の許可を得て，48年にラサ往復。ラサに1週間滞在，シガツェ，カムバ・ゾンも訪問。
1948-49	Lama Anagarika Govinda 夫妻	アルモラから入蔵。マナサロワール湖からカイラスを一周。グゲ王国のトーリンとツァパランを訪ねる。
1948-50	Robert Ford Reginald Fox	フォックスは37年，ラサにイギリス代表部の創設と同時に勤務。無線を担当。彼が休暇を取ったとき，フォードが代役に指名され，のちにチベット政府に無線技師として雇用，48年にラサへ。ラサ放送局を建設。その後，チャムドへ行くが，解放軍にスパイとして逮捕され，50年12月に重慶へ。
1949	Lowell Thomas 父子	ラジオ解説者トーマス父子がラサに入り，1週間ほど滞在。アメリカの軍事援助と対中国のゲリラ戦について助言という。
1949	Leonard Clark	西寧から青海に入り，アムネ・マチンの探検をし，高度を9041 m と測量。クラークは戦争中，アメリカ情報局にあり，中国での日本軍の後方攪乱に従事。
1949	ネパールの開国	
1949	中華人民共和国の成立	
1949-50	George Patterson Geofferey Bull	2人の宣教師は中蔵国境で活動。50年はじめ，パターソンは食料と医薬品の購入のため，タチェンルーからポテウ，ミシュミ丘陵を経てアッサムのサディヤと旅する。

年　代	名　前（記号など&回数）	概　要　と　文　献
1950	F. Kingdon-Ward	サディヤからロヒット川，ワルン，リマ地区の踏査。
1950	アンナプルナＩ峰初登頂	フランス隊（M. Herzog 隊長）による。
1951	R. B. Larsen	ダージリンからネパールに入り，ナムチェ・バザールからナンパ・ラを越え，ロンブク氷河に入る。そしてエヴェレスト単独登山をめざすも，ノース・コルへの途中でシェルパに逃げられ，引き返す。
1952	スイスのエヴェレスト登山	春隊（Ed. Wyss-Dunant 隊長），秋隊（G. Chevalley 隊長）。
1953	エヴェレスト初登頂	イギリス隊（J. Hunt 隊長）がついに初登頂。

写真・地図一覧表

【写真】

【地図】

[著者略歴]
薬師義美（やくしよしみ）
一九三六年、富山県生まれ。日本山岳会、日本ネパール協会各会員。

[著　書]
『遥かなるヒマラヤ』（あかね書房、一九六九年）
『神々の白い峰』（あかね書房、一九七二年）
『雲の中のチベット』（小学館、一九八九年）
『新版・ヒマラヤ文献目録』（白水社、一九九四年）

[訳　書]
フレッシュフィールド『カンチェンジュンガ一周』（あかね書房、一九六八年）
ティルマン『カラコルムからパミールへ』（白水社、一九七五年）
フーカー『ヒマラヤ紀行』（白水社、一九七九年）
スイス山岳研究財団『マウンテン・ワールド　一九五三年』（小学館、一九八七年）
デシデリ『チベットの報告』（平凡社、一九九一～九二年、第二版二〇〇六年）
クリンチ『ヒドンピーク初登頂』（共訳、ナカニシヤ出版、一九九八年）

[編著書]
『ヒマラヤ名峰事典』（共編、平凡社、一九九六年）

大ヒマラヤ探検史
——インド測量局とその密偵たち

二〇〇六年八月一五日　印刷
二〇〇六年九月一〇日　発行

著　者 ©　薬　師　義　美
発行者　川　村　雅　之
印刷所　株式会社　理　想　社
発行所　株式会社　白　水　社

東京都千代田区神田小川町三の二四
電話　営業部〇三（三二九一）七八一一
　　　編集部〇三（三二九一）七八二一
振替　〇〇一九〇―五―三三二二八
郵便番号一〇一―〇〇五二
http://www.hakusuisha.co.jp
乱丁・落丁本は、送料小社負担にてお取り替えいたします。

松岳社（株）青木製本所

ISBN 4-560-03046-4

Printed in Japan

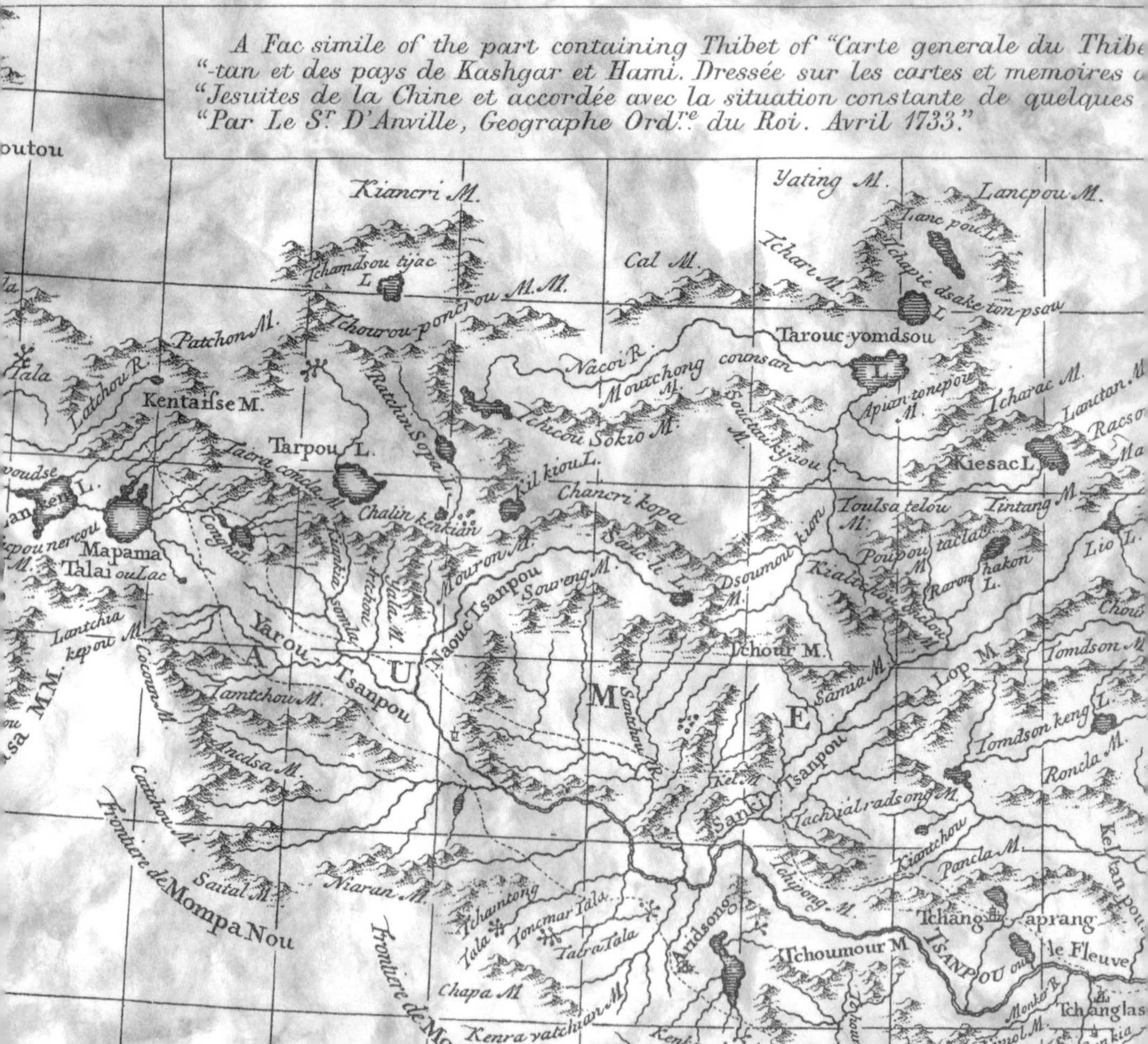

地図 2-B.ダンヴィルの地図(1733 年出版)、(Markham,1879)